江苏文库 研究编
江苏历代文化名人传

江苏文脉整理与研究工程

江苏历代文化名人传·范仲淹

魏福明 著

江苏人民出版社

图书在版编目(CIP)数据

江苏历代文化名人传.范仲淹/魏福明著.--南京：
江苏人民出版社,2023.1
（江苏文库.研究编）
ISBN 978-7-214-27138-9

Ⅰ.①江… Ⅱ.①魏… Ⅲ.①文化-名人-列传-江苏②范仲淹(989—1052)-传记 Ⅳ.①K825.4
②K827=441

中国版本图书馆 CIP 数据核字(2022)第 056864 号

书　　　名	江苏历代文化名人传·范仲淹
著　　　者	魏福明
出版统筹	张　凉
责任编辑	郑晓宾
装帧设计	姜　嵩
责任监制	王　娟
出版发行	江苏人民出版社
地　　　址	南京市湖南路1号A楼,邮编:210009
照　　　排	江苏凤凰制版有限公司
印　　　刷	苏州市越洋印刷有限公司
开　　　本	718毫米×1000毫米　1/16
印　　　张	27.5　插页4
字　　　数	396千字
版　　　次	2023年1月第1版
印　　　次	2023年1月第1次印刷
标准书号	ISBN 978-7-214-27138-9
定　　　价	92.00元

(江苏人民出版社图书凡印装错误可向承印厂调换)

江苏文脉整理与研究工程

总主编

吴政隆　许昆林

学术指导委员会

主　任　周勋初

委　员　（按姓氏笔画排序）

　　　　　冯其庸　邬书林　张岂之　郁贤皓　周勋初
　　　　　茅家琦　袁行霈　程毅中　蒋赞初　戴　逸

编纂出版委员会

主　　编　张爱军　马　欣

副 主 编　梁　勇　赵金松　孙真福　樊和平　莫砺锋

编　　委　（按姓氏笔画排序）

马　欣　王　江　王卫星　王月清　王华宝
王建朗　王燕文　双传学　左健伟　田汉云
朱玉麒　朱庆葆　全　勤　刘　东　刘西忠
江庆柏　许益军　孙　逊　孙　敏　孙真福
李　扬　李贞强　李昌集　佘江涛　沈卫荣
张乃格　张伯伟　张爱军　张新科　武秀成
范金民　尚庆飞　罗时进　周　琪　周　斌
周建忠　周新国　赵生群　赵金松　胡发贵
胡阿祥　钟振振　姜　建　姜小青　贺云翱
莫砺锋　徐　俊　徐　海　徐之顺　徐小跃
徐兴无　陶思炎　曹玉梅　梁　勇　彭　林
蒋　寅　程章灿　傅康生　焦建俊　赖永海
熊月之　樊和平

分卷主编　徐小跃　姜小青（书目编）
　　　　　　周勋初　程章灿（文献编）
　　　　　　莫砺锋　徐兴无（精华编）
　　　　　　茅家琦　江庆柏（史料编）
　　　　　　左健伟　张乃格（方志编）
　　　　　　王月清　张新科（研究编）

出版说明

江苏文化源远流长、历久弥新,文化经典与历史文献层出不穷,典藏丰富;文化巨匠代有人出、彪炳史册,在中华民族乃至整个人类文明的发展史上有着相当重要的地位。为科学把握江苏文化的内涵与特征,在新时代彰显江苏文化对中华文化的贡献,江苏省委、省政府决定组织实施"江苏文脉整理与研究工程",以梳理江苏文脉资源,总结江苏文化发展的历史规律,再现江苏历史上的文化高地,为当代江苏构筑新的文化高地把准脉动、探明趋势、勾画蓝图。

组织编纂大型江苏历史文献总集《江苏文库》,是"江苏文脉整理与研究工程"的重要工作。《文库》以"编纂整理古今文献,梳理再现名人名作,探究追溯文化脉络,打造江苏文化名片"为宗旨,分六编集中呈现:

(一)书目编。完整著录历史上江苏籍学人的著述及其历史记录,全面反映江苏图书馆的图书典藏情况。

(二)文献编。收录历代江苏籍学人的代表性著作,集中呈现自历史开端至一九一一年的江苏文化文本,呈现江苏文化的整体景观。

(三)精华编。选取历代江苏籍学人著述中对中外文化产生重要影响、在文化学术史上具有经典性代表性的作品进行整理,并从中选取十余种,组织海外汉学家翻译成各国文字,作为江苏对外文化交流的标志性文化成果。

(四)方志编。从江苏现存各级各类旧志中选择价值较高、保存较好的志书,以充分发挥地方志资治、存史、教化等作用,保存江苏的地方文献与历史文化记忆。

（五）史料编。收录有关江苏地方史料类文献，反映江苏各地历史地理、政治经济、文化教育、宗教艺术、社会生活、风土民情等。

（六）研究编。组织、编纂当代学者研究、撰写的江苏文化研究著作。

文献、史料、方志三编属于基础文献，以影印方式出版，旨在提供原始文献，以满足学术研究需要；书目、精华、研究三编，以排印方式出版，既能满足学术研究的基本需求，又能满足全民阅读的基本需求。

"江苏文脉整理与研究工程"工作委员会

江苏文库·研究编编纂人员

主　编
王月清　张新科

副主编
徐之顺　姜　建　王卫星　胡发贵　胡传胜　刘西忠

一脉千古成江河

——江苏文库·研究编序言

樊和平

"江苏文脉整理与研究工程"是江苏文化史上继往开来的一个浩大工程。与当下方兴未艾的全国性"文库热"相比,江苏文脉工程有三个基本特点:一是全面系统的整理;二是"整理"与"研究"同步;三是以"文脉"为主题。在"书目编—文献编—精华编—史料编—方志编—研究编"的体系结构中,"研究编"是十分独特的板块,因为它是试图超越"修典"而推进文化传承创新的一种学术努力。

"盛世修典"之说不知起源于何时,不过语词结构已经表明"盛世"与"修典"之间的某种互释甚至共谋,以及由此而衍生的复杂文化心态。历史已经表明,"修典"在建构巨大历史功勋的同时,也包含内在的巨大文化风险,最基本的是"入典"的选择风险。《四库全书》的文化贡献不言自明,但最终其收书的数量竟与禁书、毁书、改书的数量大致相当,还有高出近一倍的书目被宣判为无价值。"入典"可能将一个时代的局限甚至选择者个人的局限放大为历史的文化局限,也可能由此扼杀文化多样性而产生文化专断。另一个更为潜在和深刻的风险,是对待传统的文化态度。文献整理,尤其是地域典籍的整理,在理念和战略上面临的最大考验,是以何种心态对待文化传统。当今之世,无论对个体还是社会,传统已经不仅是文化根源,而且是文化和经济发展的资源甚至资本。然而一旦传统成为资源和资本,邂逅市场逻辑的推波助澜,就面临沦为消费和运作对象的风险,从而以一种消费主义和工具主义的文化态度对待文化传统和文献整理。当传统成为消费和运作的对象,其文化价值不仅可能被误读误用,而且也可能在对传统的消费中使文化坐吃山空,造就出文化上的纨绔子弟,更可能在市场运作中使文化不断被糟蹋。"江苏文脉整理与研究工程"的"整理工程"以全面系统的整理的战略应对可能存在的第一种风险,即入典选择的风险;以"研究工程"应对第二种可能的风险,即消费主义与工具主义的风险。我们不仅是既往传统的继承者,更应当是未来传统的创造者;现代人的使命,不仅是继承优秀传统,更应当创造新的优秀传统,这便是传统的创造性转化与创新性发展的真义。诚然,创造传统任重道远,需要经过坚忍不拔的卓越努力和大浪淘沙般的历史积淀,但对"江苏文脉整理与研究工程"而言,无论如何必须在"整理"的同时开启"研究"的千里之行,在研究中继承和发展传统。这便是"研究编"的价值和使命所在,也是"江苏文脉整理与研究工程"在"文库热"中于顶层设计层面的拔群之处。

一 倾听来自历史深处的文化脉动

20世纪是文化大发现的世纪,20世纪以来西方世界最重要的战略,就是文化战略。20世纪20年代,德国社会学家马克斯·韦伯的《新教伦理与资本主义精神》,揭示了西方资本主义文明的文化密码,这就是"新教伦理"及其所造就的"资本主义精神",由此建构"新教伦理+资本主义"的所谓"理想类型",为西方资本主义进行了文化论证尤其是伦理论证,奠定了20世纪以后西方中心论的文化基础。20世纪70年代,哈佛大学教授丹尼尔·贝尔的《资本主义文化矛盾》,揭示了当代资本主义最深刻的矛盾不是经济矛盾,也不是政治矛盾,而是"文化矛盾",其集中表现是宗教释放的伦理冲动与市场释放的经济冲动分离与背离,进而对现代西方文明发出文化预警。20世纪70年代之后,亨廷顿的《文明的冲突与世界秩序的重建》将当今世界的一切冲突归结为文明冲突、文化冲突,将文化上升为西方世界尤其是美国国家战略的高度。以上三部曲构成西方世界尤其是美国文化帝国主义的国家文化战略,正如一些西方学者所发现的那样,时至今日,文化帝国主义被另一个概念代替——"全球化",显而易见,全球化不仅是一种浪潮,更是一种思潮,是西方世界的国家文化战略。文化虽然受经济发展制约甚至被经济发展水平所决定,但回顾从传统到现代的中国文明史,文化问题不仅逻辑地而且历史地成为文明发展的最高最难的问题,正因为如此,文化自信才成为比理论自信、道路自信、制度自信更具基础意义的最重要的自信。

在全球化背景下,文脉整理与研究具有重大的国家文化战略意义,不仅必要,而且急迫。文化遵循与经济社会不同的规律,全球化在造就广泛的全球市场并使全球成为一个"地球村"的同时,内在的最大文明风险和文化风险便是同质性。全球化催生的是一个文化上的独生子女,其可能的镜像是:一种文化风险将是整个世界的风险,一次文化失败将是整个人类的文化失败。文化的本质是什么?梁漱溟先生说,文化就是人的生活的根本样法,文化就是"人化"。丹尼尔·贝尔指出,文化是为人的生命过程提供解释系统,以对付生存困境的一种努力。据此,文化的同质化,最终导致的将是人的同质化,将是民族文化或西方学者所说地方性知识的消解和消失;同时,由于文化是人类应对生存困境的大智慧,或治疗生活世界痼疾的抗体,它所建构的是与自然世界相对应的精神世界和意义世界,文化的同质性将导致人类在面临重大生存困境时智慧资源的贫乏和生命力的苍白,从而将整个人类文明推向空前的高风险。应对全球化的挑战和西方文化帝国主义的国家战略,"江苏文脉整理与研究工程"是整个中华民族浩大文化工程的一部分和具体落实,其战略意义决不止于保存文化记忆的自持和自赏,在这个全球化的高风险正日益逼近的时代,完整地保存地方文化物种,认同文化血脉,畅通文化命脉,不仅可以让我们在遭遇全球化的滔滔洪水之时可以于故乡文化的山脉之巅"一览众山小"地建设自己的精神家园和文化根据地,而且可以在患上全球化的文化感冒甚至某种文化瘟疫之后,不致乞求"西方药"来治"中国病",而是根据自己的文化基因和文化命理,寻找强化自身的文化抗体和文化免疫力之道,其深远意义,犹如在今天这个独生子女时代穿越时光隧道,回首当年我们的"兄弟姐妹那么多"

和父辈们儿孙满堂的那种天伦风光,不只是因为寂寞,而且是为了中华民族大家庭的文化安全和对未来文化风险的抗击能力。

"江苏文脉整理与研究工程"是以江苏这一特殊地域文化为对象的一次集体文化自觉和文化自信,与其他同类文化工程相比,其最具标识意义的是"文脉"理念。"文脉"是什么?它与"文献"和文化传统的关系到底如何?这是"文脉工程"必须解决的基本问题。

庞朴先生曾对"文化传统"与"传统文化"两个概念进行了审慎而严格的区分,认为"传统文化"可能是历史上曾经存在过的一切文化现象,而"文化传统"则是一以贯之的文化道统。在逻辑和历史两个维度,文化成为传统都必须同时具备三个条件:历史上发生的,一以贯之的,在现实生活中依然发挥作用的。传统当然发生于历史,但历史上发生的一切,从《道德经》《论语》到女人裹小脚,并不都成为传统,即便当今被考古或历史研究所不断发现的现象,也只能说是"文化遗存",文化成为传统必须在历史长河中一以贯之而成为道统或法统,孔子提供的儒家学说,老子提供的道家智慧,之所以成为传统,就是因为它们始终与中国人的生活世界和精神世界相伴随,并成为人的生命和生活的文化指引。然而,文化并不只存在于文献典籍之中,否则它只是精英们的特权,作为"人的生活的根本样法"和"对付生存困境"的解释系统,它必定存在于芸芸众生的生命和生活之中,由此才可能,也才真正成为传统。《论语》与《道德经》之所以成为传统,不只是因为它们作为经典至今还为人们所学习和研究,而且因为在中国人精神的深层结构中,即便在未读过它们的田夫村妇身上,也存在同样的文化基因。中国人在得意时是儒家,"明知不可为而偏为之";在失意时是道家,"后退一步天地宽";在绝望时是佛家,"四大皆空",从而建立了与自给自足的自然经济结构相匹合的自给自足的文化精神结构,在任何境遇下都不会丧失安身立命的精神基地,这就是传统。文化传统必须也必定是"活"的,是在现实中依然发挥作用的,是构成现代人的文化基因的生命因子。这种与人的生活和生命同在的文化传统就是"脉",就是"文脉"。

文脉以文献、典籍为载体,但又不止于文献和典籍,而是与负载它的生命及其现实生活息息相关。"文脉"是什么?"文脉"对历史而言是

"血脉",对未来而言是"命脉",对当下而言是"山脉"。"江苏文脉"就是江苏人的文化血脉、文化命脉、文化山脉,是历史、现在、未来江苏人特殊的文化生命、文化标识、文化家园,以及生生不息的文化记忆和文化动力。虽然它们可能以诸种文化典籍和文化传统的方式呈现和延续,但"文脉工程"致力探寻和发现的则是跃动于这些典籍和传统,也跃动于江苏人生命之中的那种文化脉动。"江苏文脉整理与研究工程"的最大特点就在于它是"文脉工程"而不是一般的"文化工程",更不是"文库工程"。"文化工程""文库工程"可能只是一般的文化挖掘与整理,而"文脉工程"则是与地域的文化生命深切相通,贯穿地域的历史、现在与未来的生命工程。

"江苏文脉整理与研究工程"是"整理"与"研究"的璧合,在"研究工程"中能否、如何倾听到来自历史深处的文化脉动,关键是处理好"文献"与"文脉"的关系。"整理工程"是对文脉的客观呈现,而"研究工程"则是对文脉的自觉揭示,若想取得成功,必须学会在"文献"中倾听和发现"文脉"。"文献"如何呈现"文脉"?文献是人类文明尤其是人类文化记忆的特殊形态,也是人类信息交换和信息传播的特殊方式。回首人类文明史,到目前为止,大致经历了三种信息方式。最基本也是最原初的是口口交流的信息方式,在这种信息方式中,信息发布者和信息传播者都同时在场,它是人的生命直接和整体在场并对话的信息传播方式,是从语言到身体、情感的全息参与,是生命与生命之间的直接沟通,但具有很大的时空局限。印刷术的产生大大扩展了人类信息交换的广度和深度,不仅可以以文字的方式与不在场的对象交换信息,而且可以以文献的方式与不同时代、不同时空的人们交换信息,这便是第二种信息方式,即以印刷为媒介的信息方式或印刷信息方式。第三种信息方式便是现代社会以电子网络技术为媒介的信息方式,即电子信息方式。文献与典籍是印刷信息方式的特殊形态,它将人类文化史和文明史上具有特殊价值的信息以印刷媒介的方式保存下来,供后人学习和研究,从而积淀为传统。文字本质上是人的生命的表达符号,所谓"诗言志"便是指向生命本身。然而由于它以文字为中介,一旦成为文献,便离开原有的时空背景,并与创作它的生命个体相分离,于是便需要解读,在解读中便可能发生误读,但无论如何,解读的对象并不只是文字本身,而是文字背后的生命现象。

文献尤其是典籍是不同时代人们对于文化精华的集体记忆,它们不仅经受过不同时代人们的共同选择,而且经受过大浪淘沙的历史洗礼,因而其中不仅有创造它的那个个体或文化英雄如老子、孔子的生命表达,而且有传播和接受它的那个民族的文化脉动,是负载它的那个民族的文化生命,这种文化生命一言以蔽之便是文化传统。正因为如此,作为集体记忆的精华,文献和典籍是个体和集体的文化脉动的客观形态,关键在于,必须学会倾听和揭示来自远方的生命旋律。由于它们巨大的时空跨度,往往不能直接把脉,而需要具有一种"悬丝诊脉"的卓越倾听能力。同时,为了把握真实的文化脉动,不仅需要对文献和典籍即"文本"进行研究,而且需要对创造它们的主体包括创作的个体和传播接受的集体的生命即"人物"进行研究。正如席勒所说,每个人都是时代的产儿,那些卓越的哲学家和有抱负的文学家却可能成为一切时代的同代人。文字一旦成为文献或典籍,便意味着创作它的个体成为一切时代的同代人,但无论如何,文献和它们的创造者首先是某个时代的产儿,因而要在浩如烟海的文献和典籍中倾听到来自传统深处的文化脉动,还需要将它们还原到民族的文化生命之中,形成文化发展的"精神的历史"。由此,文本研究、人物研究、学派流派研究、历史研究,便成为"文脉研究工程"的学术构造和逻辑结构。

二 中国文化传统中的江苏文脉

江苏文脉是中国文化传统的一部分,二者之间的关系并不只是部分与整体的关系,借助宋明理学的话语,是"理一"与"分殊"的关系。文脉与文化传统是民族生命的文化表达和自觉体现,如果只将它们理解为部分与整体的关系,那么江苏文脉只是中国文化传统或整个中华文化脉统中的一个构造,只是中华文化生命体中的一个器官。朱熹曾以佛家的"月映万川"诠释"理一分殊"。朗月高照,江河湖泊中水月熠熠,此番景象的哲学本真便是"一月普现一切水,一切水月一月摄"。天空中的"一月"与江河中的"一切水月"之间的关系是"分享"关系,不是分享了"一月"的某一部分,而是全部。江苏文脉与中国文化传统之间的关系便是"理一分殊",中国文化传统是"理一",江苏文脉是"分殊",正因为如此,关于江苏文脉的研究必须在与整个中国文化传统的关系中整体性地把握和展开。其中,文化与地域的关系、江苏文化在中华文化发展中的贡献和地位,是两个基本课题。

到目前为止的一切人类文明的大格局基本上都是由以山河为标志的地理环境造就的,从轴心文明时代的四大文明古国,到"五大洲四大洋"的地理区隔,再到中国山东—山西、广东—广西、河南—河北,江苏的苏南—苏北的文化与经济差异,山河在其中具有基础性意义。在这个意义上,可以将在此以前的一切文明称为"山河文明"。如今,科技经济发展迎来一个"高"时代:高铁、高速公路、电子高速公路……正在并将继续推倒由山河造就的一切文明界碑,即将造就甚至正在造就一个"后山河时代"。"后山河时代"的最后一道屏障,"山河时代"遗赠给"后山河时代"的最宝贵的文明资源,便是地域文化。在这个意义上,江苏文脉的整理与研究,不仅可以为经过全球化席卷之后的同质化世界留下弥足珍贵的"文化大熊猫",而且可以在未来的芸芸众生饱尝"独上高楼,望尽天涯路"的孤独之后,缔造一个"蓦然回首"的文化故乡,从中可以鸟瞰文化与世界关系的真谛。江苏独特的地域环境与江苏文化、江苏文脉之间的关系,已经不是所谓"一方水土一方人"所能表达,可以说,地脉、水脉、山脉与江苏文脉之间的关系,已经是一脉相承。

我们通过考察和反思发现,水系,地势,山势,大海,是对江苏文脉尤其是文化性格产生重大影响的地理因素。露水不显山,大江大河入大海,低平而辽阔,黄河改道,这一切的一切与其说是自然画卷和自然事件,不如说是江苏文脉的大地摇篮和文化宿命的历史必然,它们孕生和哺育了江苏文明,延绵了江苏文脉。历史学家发现,江苏是中国唯一同时拥有大海、大江、大湖、大平原的省份,有全国第一大河长江,第二大河黄河(故道),第三大河淮河,世界第一大人工河大运河,全国第三大淡水湖太湖,全国第四大淡水湖洪泽湖。江苏也是全国地势最低平的一个省区,绝大部分地区在海拔50米以下,少量低山丘陵大多分布于省际边缘,最高峰即连云港云台山的玉女峰也只有625米。丰沛而开放的水系和低平而辽阔的地势馈赠给江苏的不只是得天独厚的宜居,更沉潜、更深刻的是独特的文化性格和文脉传统,它们是对江苏地域文化产生重大影响的两个基本自然元素。

不少学者指证江苏文化具有水文化特性,而在众多水系中又具长江文化的特性。"水"的文化特性是什么?"老聃贵柔",老子尚水,以水演绎世界真谛和人生大智慧。"天下莫柔弱于水,而攻坚强者莫之能胜。"柔弱胜刚强,是水的品质和力量。西方文明史上第一个哲学家和科学家泰勒斯向全世界宣告的第一个大智慧便是:水是万物的始基。辽阔的平原在中国也许还有很多,却没有像江苏这样"处下"。老子也曾以大海揭示"处下"的智慧:"江海所以能为百谷王者,以其善下之,故能为百谷王。"历史上江苏的文化作品、江苏人的文化性格,相当程度上演绎了这种"水性"与"处下"的气质与智慧。历史上相当时期黄河曾经从江苏入海,然而黄河改道、黄河夺淮,几番自然力量或人力所为,最终黄河在江苏留下的只是一个"故道"的背影。黄河在江苏的改道当然是一个自然事件或历史事件,但我们也可能甚至毋宁将它当作一个文化事件,数次改道,偶然之中有必然,从中可以发现和佐证江苏文脉的"长江"守望和江南气质。不仅江苏的地脉"露水不显山",而且江苏的文化作品,江苏人的文化性格,一句话,江苏文脉,也是"露水不显山",虽不是"壁立千仞",却是"有容乃大"。一般说来,充沛的水系,广阔的平原,往往造就自给自足的自我封闭,然而,江苏东临大海,无论长江、淮河,还是历史上的黄河,都从这里入大海,归大海,不只昭示江苏的开放,而且演绎江苏文化、江苏文脉、江苏人海纳百川的博大和静水深流的仁厚。

黄河与长江好似中华文脉的动脉与静脉,也好似人的身体中的任督二脉,以长江文化为基色的江苏文化在中华文脉的缔造和绵延中作出了杰出贡献。有学者指出,在中国文明史上,长江文化每每在黄河文化衰弱之后承担起"救亡图存"的重任。人们常说南京古都不少为小朝廷,其实这正是"救亡图存"的反证,"天下兴亡,匹夫有责"的口号首先由江苏人顾炎武喊出,偶然之中有必然。学界关于江苏文化有三次高峰或三次大贡献,与两次大贡献之说。第一次高峰是开启于秦汉之际的汉文化,第二次高峰是六朝文化,第三次高峰是明清文化。人们已对六朝文化与明清文化两大高峰对中国文化的贡献基本达成共识,但江苏的汉文化高峰及其贡献也应当得到承认,而且三次文化高峰都发生于中国社会的大转折时期,对中国文化的承续作出了重大贡献。在秦汉之际的大变革和大一统国家的建构中,不仅在江苏大地上曾经演绎了波澜壮阔的对后来中国文明产生深远影响的历史史诗,而且演绎这些历史史诗的主角刘邦、项羽、韩信等都是江苏人,他们虽然自身不是文化人,但无疑对中国文化产生了深远影响。董仲舒提出"罢黜百家,独尊儒术"的主张,奠定了大一统的思想和文化基础,他本人虽不是江苏人,却在江苏留下印迹十多年。江苏的汉文化高峰对中国文化的最大贡献,一言概之即"大一统",包括政治上的大一统和思想文化上的大一统。六朝被公认为中国文化发展的高峰,不少学者将它与古罗马文明相提并论,而六朝文化的中心在江苏、在南京。以南京为核心的六朝文化发生于三国之后的大动乱,它接纳大量流入南方的北方士族,使南北方文化合流,为保存和发展中国文化作出了杰出贡献。明朝是中国历史上第一次在南京,也是第一次在江苏建立统一的帝国都城,江苏的经济文化在全国处于举足轻重的地位,扬州学派、泰州学派、常州学派,形成明清时代中国文化的江苏气象,形成江苏文化对中国文化的第三次重大贡献。三大高峰是江苏的文化贡献,在重大历史转折关头或者民族国家危难之际挺身而出,海纳百川,则是江苏文化的精神和品质,这就是江苏文脉。也正因为如此,江苏文化和江苏文脉在"匹夫有责"的担当精神中总是透逸出某种深沉的忧患意识。

　　江苏文脉对中国文化的独特贡献及其特殊精神气质在文化经典中得到充分体现。中国四大文学名著,其中三大名著的作者都来自江苏,这就是《西游记》《红楼梦》《水浒》,其实《三国演义》也与江苏深切相关,虽然罗贯中不是江苏人,但却以江苏为重要的时空背景之一。四大名著中不仅有明显的江苏文化的元素,甚至有深刻的江苏地域文化的基因。《西游记》到底是悲剧还是喜剧?仔细反思便会发现,《西游记》就是文学版的《清明上河图》。《清明上河图》表面呈现一幅盛世生活画卷,实际却是一幅"盛世危情图",空虚的城防,懈怠的守城士兵……被繁华遗忘的是正在悄悄到来的深刻危机。《西游记》以唐僧西天取经渲染大唐的繁盛和开放,然而在经济的极盛之巅,中国人的精神世界却空前贫乏,贫乏得需要派一个和尚不远万里,请来印度的佛教,坐上中国意识形态的宝座,入主中国人的精神世界。口袋富了,脑袋空了,这是不折不扣的悲剧。然而,《西游记》的智慧,江苏文化的智慧,是将悲剧当作喜剧写,在喜剧的形式中潜隐悲剧的主题,就像《清明上河图》将空虚的城防和懈怠的士兵淹没于繁华的海洋一样。《西游记》喜剧与悲剧的二重性,隐喻了江苏文脉的忧患意识,而在对大唐盛世,对唐僧取经的一片颂歌中,深藏悲剧的潜主题,正是江苏文脉"匹夫有责"的担当精神和文化智慧的体现。鲁迅说,悲剧将人生的有价值的东西毁灭给人看。《西游记》是在喜剧形式的背后撕碎了大唐时代人的精神世界的深刻悲剧。把悲剧当作喜剧写,喜剧当作悲剧读,正是江苏文化、江苏文脉的大智慧和特殊气质所在,也是当今江苏文脉转化发展的重要创新点所在。正因为如此,"江苏文脉研究"必须以深刻的哲学洞察力和深厚的文化功力,倾听来自历史深处的江苏文化的脉动,读懂江苏,触摸江苏文脉。

三　通血脉,知命脉,仰望山脉

　　江苏文化的巨大魅力和强大生命力,是在数千年发展中已经形成一种传统、一种脉动,不仅是一种客观呈现的文化,而且是一种深植个体生命和集体记忆的生生不息的文脉。这种文化和文脉不仅成为共同的价值认同,而且已经成为一种地域文化胎记。在精神领域,在文化领域,江苏不仅有灿若星河的文学家,而且有彪炳史册的思想家、学问家,更有数不尽的才子骚客。长江在这片土地上流连,黄河在这片土地上改道,淮河在这片土地上滋润,太湖在这片土地上一展胸怀。一代代中国人,一代代江苏人,在这里缔造了文化长江、文化黄河、文化淮河、文化太湖,演绎了波澜壮阔的历史诗篇,这便是江苏文脉。

为了在全球化时代完整地保存江苏文脉这一独特地域文化的集体记忆,以在"后山河时代"为人类缔造精神家园提供根源与资源,为了继承弘扬并创造性转化、创新性发展中国优秀传统文化,2016年江苏启动了"江苏文脉整理与研究工程"。根据"文脉"的理念,我们将研究工程或"研究编"的顶层设计以一句话表达:"通血脉,知命脉,仰望山脉。"由此将整个工程分为五个结构:江苏文化通史,江苏历代文化名人传,江苏文化专门史,江苏地方文化史,江苏文化史专题。

"江苏文化通史"的要义是"通血脉",关键词是"通"。"通"的要义,首先是江苏文化与中国文明的息息相通,与人类文明的息息相通,由此才能有民族感或"中国感",也才有世界眼光,因而必须进行关于"中国文化传统中的江苏文脉"的整体性研究;其次是江苏文脉中诸文化结构之间的"通",由此才是"江苏",才有"江苏味";再次是历史上各个重要历史时期文化发展之间的"通",由此才能构成"史",才有历史感;最后是与江苏人的生命与生活的"通",由此"江苏文脉"才能真正成为江苏人的文化血脉、文化命脉和文化山脉。达到以上"四通","江苏文化通史"才是真正的"通"史。

"江苏文化专门史"和"江苏文化史专题"的要义是"知命脉",关键词是"专",即"专门"与"专题"。"江苏文化专门史"在框架上分为物质文化史、精神文化史、制度文化史、特色文化史等,深入研究各类专门史,总体思路是系统研究和特色研究相结合,系统研究整体性地呈现江苏历史上的重要文化史,如哲学史、文学史、艺术史等,为了保证基本的完整性,我们根据国务院学科分类目录进行选择;特色研究着力研究历史上具有江苏特色的历史,如民间工艺史、昆曲史等。"江苏文化史专题"着力研究江苏历史上具有全国性影响的各种学派、流派,如扬州学派、泰州学派、常州学派等。

"江苏地方文化史"的要义是"血脉延伸和勾连",关键词是"地方"。"江苏地方文化史"以现省辖市区域划分为界,13市各市一卷。每卷上编为地方文化通史,讲述地方整体历史脉络中的文化历史分期演化和内在结构流变,注重把握文化运动规律和发展脉络,定位于地方文化总体性研究;下编为地方文化专题史,按照科学技术、教育科举、文学语言、宗教文化等专题划分,以一定逻辑结构聚焦对地方文化板块加以具体呈现,定位于凸显文化专题特色。每卷都是对一个地方文化的总结和梳理,这是江苏文化血脉的伸展和渗入,是江苏文化多样性、丰富性的生动呈现和重要载体。

"江苏历代文化名人传"的要义是"仰望山脉",关键词是"文化"。它不是一般性地为江苏历朝历代的"名人"作传,而只是为文化意义上的名人作传。为此,传主或者自身就是文化人并为中国文化的发展、为江苏文脉的积累积淀作出了重要贡献;或者虽然自身主要不是文化人而是政治家、社会活动家等,但对中国文化发展具有重大影响。如何对历史人物进行文化倾听、文化诠释、文化理解,是"文化名人传"的最大难点,也是其最有意义的方面。江苏历史上的文化名人汗牛充栋,"文化名人传"计划为100位江苏文化名人作传,为呈现江苏文化名人的整体画卷,同时编辑出版一部"江苏文化名人辞典",集中介绍历史上的江苏文化名人1000位左右。

一脉千古成江河,"茫茫九派流中国"。江苏文脉研究的千里之行已经迈出第一步,历史馈赠我们一次千载难逢的宝贵机遇,让我们巡天遥看,一览江苏数千年文化银河的无限风光,对创造江苏文化、缔造江苏文脉的先行者们献上心灵的鞠躬。面对奔涌如黄河、悠远如长江的江苏文脉,我们惟有以跋涉探索之心,怵惕敬畏之情,且行且进,循着爱因斯坦的"引力波",不断走近并播放来自江苏文脉深处的或澎湃,或激越,或温婉静穆的天籁之音。

我们一直在努力;

我们将一直努力!

目　录

绪　论 …………………………………………………………… 001

上编　范仲淹的生平和事功

第一章　西北统兵前的范仲淹 ………………………………… 011
第一节　青少年时期 …………………………………………… 011
第二节　初入仕途 ……………………………………………… 031
第三节　"三黜三光" …………………………………………… 049

第二章　范仲淹的御边生涯 ……………………………………… 080
第一节　宋夏战争的缘起 ……………………………………… 080
第二节　临危受命 ……………………………………………… 091
第三节　"边境名将" …………………………………………… 097
第四节　文臣统兵的反思 ……………………………………… 122

第三章　范仲淹与"庆历新政" ………………………………… 131
第一节　"庆历新政"的背景——北宋中期的社会危机 ……… 131
第二节　"庆历新政"的发生 …………………………………… 141
第三节　"庆历新政"的失败及历史影响 ……………………… 161

第四章　烈士暮年 ………………………………………………… 191
第一节　由邠知邓 ……………………………………………… 192
第二节　知杭州 ………………………………………………… 200

第三节　知青州 …………………………………… 206

下编　范仲淹的思想和学术

第一章　范仲淹在北宋儒学复兴中的地位和作用 …………… 215
第一节　兴办学校 ………………………………… 216
第二节　奖掖儒士 ………………………………… 221
第三节　义理之学 ………………………………… 225

第二章　范仲淹的哲学思想 …………………………………… 231
第一节　从义理之学到性理之学 ………………… 231
第二节　"易兼三材、乾坤本体"的本体论 …… 235
第三节　"性以诚著、德由明发"的心性论 …… 241
第四节　"感而遂通、穷神知化"的大化论 …… 247

第三章　范仲淹的名节观 ……………………………………… 252
第一节　范仲淹名节观形成的历史背景 ………… 253
第二节　范仲淹的"大厉名节"及对"无名论"的反思 … 258
第三节　对儒家名节观的丰富和发展 …………… 265

第四章　范仲淹的政治思想 …………………………………… 271
第一节　范仲淹的"三代"论 …………………… 271
第二节　回向"三代"的政治路径 ……………… 284
第三节　回向"三代"的政治主体 ……………… 297
第四节　范仲淹政治思想的哲学基础 …………… 314

第五章　范仲淹的教育思想 …………………………………… 326
第一节　兴学办教 ………………………………… 326
第二节　人才培养 ………………………………… 335
第三节　"尊严师道" …………………………… 349
第四节　教育改革 ………………………………… 366

第六章　范仲淹的军事思想 …… 374
第一节　范仲淹军事思想形成的背景 …… 374
第二节　范仲淹军事思想的主要内容 …… 391
第三节　范仲淹军事思想的特点 …… 400

参考文献 …… 409
后　记 …… 413

绪　论

一、范仲淹与江苏

　　范仲淹是北宋杰出的政治家、军事家、教育家、思想家和文学家，他于宋太宗端拱二年(989年)出生于河北正定。青少年时期主要在山东长山度过，后入应天书院读书，入仕后为官各地，四海为家。宋仁宗皇祐四年(1052年)，范仲淹在迁任颍州途中，卒于江苏徐州，后随母葬于河南洛阳，享年六十四岁。范仲淹的出生和成长之地都不在苏州，卒后也未能葬于苏州祖茔，但历史上一般都视范仲淹为苏州人，这主要是由于范仲淹祖籍为苏州，其先祖范履冰虽在陕西邠州，但至其四世祖范隋之间的谱系已漫不可考，只是在范隋率家人定居苏州后，范氏自此"遂为吴人"，其家族才世居于此，于是范隋就成为苏州范氏范仲淹一支的始祖，其家族谱系至此才清晰可辨，故范仲淹视苏州为祖籍。他自称"高平范某"，时人也常以"高平"相称，《宋元学案》就设《高平学案》。显然，范仲淹视"高平"为郡望。关于"高平"所指，历来有多种说法，但据方健先生考证，"高平"是"姑苏郡望的指代"①。另外，范仲淹的《岁寒堂》诗云："我先本唐相，奕世天衢行。子孙四方志，有家在江城。"②范仲淹将其苏州祖庭的家塾命名为"岁寒堂"，因此这里的"江城"系指苏州。可见，范仲淹视苏州为郡望、为"家"、为其风水血脉之地。他幼时随母

---

① 方健：《范仲淹评传》，南京大学出版社2001年版，第9页。
② 《范仲淹全集》(上)，凤凰出版社2004年版，第35页。

图1 位于苏州市郊天平山的范仲淹雕像

改嫁长山朱文瀚,取名"朱说",后来他竭力要求恢复"范"姓,终于认祖归宗;其母谢氏去世后,他也希望将母葬于苏州祖茔,但未果。这也能表明范仲淹的苏州情结。更为重要的是,范仲淹晚年用一生的积蓄在苏州设立了"范氏义庄",用以接济族人,这是范仲淹的家族情结——当然也是其社会情结的最为充分的表达了。

范仲淹具有浓厚的苏州情结,这不仅是因为他与苏州血脉相连,还因苏州"老家"优良的家风深深地吸引着他、召唤着他,使他难以割舍这个精神家园。据富弼的《范文正公仲淹墓志铭》记载:范仲淹的曾祖范梦龄,苏州人,"以才德雄江右";其祖范赞时,苏州人,"幼聪警,尝举神童,任秘书监,集《春秋》洎历朝史为《资谈录》六十卷,行于时";其父范墉,苏州人,"博学善属文,累佐诸王幕府"。宋太宗太平兴国三年(978

年),范墉等兄弟六人随吴越王钱俶纳国归宋。范墉曾在成德军、武信军和武宁军三任节度掌书记之职。范墉为官清廉,最终病逝于武宁军节度掌书记任上。由此可见,范仲淹的家风崇文尚德,清白忠厚。受此优良家风的影响,范仲淹一生躬行儒道,素称忠良,被朱熹视为"天地间气,第一流人物"。实际上,范仲淹对于先祖之风一直心存感念,敬仰有加。他在《岁寒堂三题》中说:

> 某少长北地,近还平江,美先人之故庐,有君子之嘉树。清阴大庇,期于千年,岂徒风朝月夕为耳目之资者哉?因命其西斋曰"岁寒堂",松曰"君子树"。树之侧有阁焉,曰"松风阁"。美之以名,居之斯逸。由我祖德,贻厥孙谋。昆弟云来,是仰是则。可以为友,可以为师。持松之清,远耻辱矣。执松之劲,无柔邪矣。禀松之色,义不变矣。扬松之声,名彰闻矣。有松之心,德可长矣。念兹在兹,我族其光矣。子子孙孙,勿剪勿伐。惟吾家之旧物,在岁寒而后知。天地怜其材,而况于人乎!作诗纪之,以永长也。①

范仲淹"少长北地",他既不生于苏州,也不长于苏州,却称苏州先人之故庐为"吾家",又说"吾家"因有"祖德"而"我族其光"。可见,"吾家"的家风作为挥之不去的文化背景,超越时空地影响着他。他命名先人故庐为"岁寒堂",松曰"君子树",阁曰"松风阁",这些美名皆有缅怀祖德,激励子孙之意。简言之,范仲淹的文化生命,也是根在苏州的。

当然,范仲淹绝非狭隘的家族主义者,他所秉持的是儒家"修、齐、治、平"的人生信念和家国情怀,故他能从家族利益出发却又能超越家族利益,而终达于忠君爱民、以天下为己任的境界。他为官清廉,推行德政,锐意改革,以民为本;他热心文教,兴学育才,明体达用,博学多能;他大厉名节,勇于谏诤,戍边御敌,不顾身家安危。他在《岳阳楼记》中所说的"不以物喜,不以己悲,居庙堂之高则忧其民,处江湖之远则忧其君。是进亦忧,退亦忧。然则何时而乐耶? 其必曰:先天下之忧而忧,后天下之乐而乐乎!"正是他自己精神境界的写照。故范仲淹视苏

---

① 《范仲淹全集》(上),凤凰出版社2004年版,第35页。

州为家,也视天下为家。例如,他视成长之地淄州长山为故乡,他在《鄂郊友人王君墓表》中说:"暨予东归长白山,以亲之故,就禄养者仅十五秋,君犹隐而未出。"[1]这是说他的亲人和故乡就在长白县的长白山下,他要回到故乡。在其晚年的《寄乡人》这首诗中,他称自己是"长白一寒儒"[2],故乡之情溢于言表。对于养育教导他的继父朱文瀚,他一直念念不忘,心存感恩之情,故在显达后对朱氏及子弟多有眷顾,可谓仁至义尽。他一生辗转各地,为官一任,必造福一方,真正做到了乐土爱民,以四海为家。

范仲淹之所以成为江苏的历史文化名人,还由于他曾在江苏多地为官,且建树颇多,历史影响深远,与江苏结下了不解之缘。

从天禧五年(1021年)到天圣四年(1026年)的六年时间里,范仲淹均在江苏泰州地区任职,这期间他最重要的政绩是主持修复了捍海大堰——后人称为"范公堤"。天圣初,范仲淹在任西溪盐官期间倡导修复捍海堰;天圣三年,朝廷任命范仲淹为兴化县令,主持这项修复工程。不过在工程尚未结束时,范仲淹便因丁母忧而离职了,后在胡令仪和张纶的主持下,工程得以完成。捍海大堤的修复,解决了苏北沿海的海水倒灌、淹没卤化农田、毁坏盐场等问题,使得土地得以耕种,二千六百余户农民得以回归家园,农事、课盐两便。因此捍海堰的修复,是一项重大的惠民工程。

景祐元年(1034年)六月,范仲淹在贬谪途中徙职苏州。苏州为江南富庶大郡,但当时正值霖雨,结果积潦成灾,水害严重,灾民达十万户,范仲淹到苏州后立即"夙夜营救"。不过,以苏州为中心的太湖流域,虽然富饶,但自古以来就是水乡泽国,容易发生水患灾害,治理难度很大。面对严重的灾情,范仲淹表现出了高度的责任心和治水才能,经过认真的调研,他认为要根本解决苏州的水患问题,必须疏通松江及入江入海的诸多河渠,使积潦导入江海,因此他制定了以疏为主的治水方

---

[1]《范文正公文集》卷十五,《鄂郊友人王君墓表》,《范仲淹全集》(上),凤凰出版社2004年版,第329页。
[2]《范文正公文集逸文》,《律诗·寄乡人》,《范仲淹全集》(上),凤凰出版社2004年版,第673—674页。

案,采用以工代赈的办法,招募游民兴修水利,疏通五条河渠,导太湖积水入海,解决了水患问题。

范仲淹在苏州任内的另一大政绩是兴学办教。景祐二年,范仲淹请立郡学,并将所得风水宝地南园辟为学校,希望"天下之士咸教育于此",他还聘请大儒胡瑗为教授,讲授"明体达用之学"。胡瑗是著名的教育家,他创立的"苏湖教法"独步当世,他还为学校制定了良密学规。因有优良的学风和教学方法,结果学风整肃,培养的人才众多。故东南学术之昌,自范仲淹苏州建学始。

景祐四年十二月,范仲淹在又一次的遭贬途中徙知润州。推行德政是范仲淹的为政理念,而兴学办教是其德政理念的重要组成部分。到润州后,他重建州学,并写信邀请大儒李觏前来讲学,他在信中说:"今润州初建郡学,可能屈节教授?"①不过李觏因忙于著述,此次并未应约前来。

凭吊古迹和寄情山水,是我国传统士大夫的精神特质,范仲淹也不例外。在到达润州之后,他游览了道教圣地茅山,写下了《移丹阳郡先游茅山作》一诗,其中有"竭节事君三黜后,收心奉道五旬初"的句子。从诗意来看,此时已五十岁的范仲淹,在"竭节事君"却遭遇三次贬黜之后,心境是十分苍凉的。他似乎有了"收心奉道"、归隐山林的念头。在另一首《赠茅山张道士》诗中,他也说:"有客平生爱白云,无端半老尚红尘。只应金简名犹在,得见仙岩种玉人。"这是说,自己本来是喜爱出世生活的,但如今半老了尚在红尘,自己何时才能成为"仙岩种玉人"呢?不过这些也只是一时的激愤之语,是在特定情境下某种微妙和复杂情感的流露。其实,就在《润州谢上表》中,他还向仁宗表示"徒竭诚而报国,弗钳口以安身",并说"重江险恶,尽室颠危。人皆为之寒心,臣独安于苦节"。这才是其积极入世、不畏崎岖的人生态度的真实表达。

---

① 《范文正公尺牍》卷下《与李泰伯》,《范仲淹全集》(上),凤凰出版社2004年版,第625页。

二、关于本书的体例和基本内容

范仲淹是影响深远、家喻户晓的历史人物。其政治生涯跌宕起伏，多次遭受贬黜，还经历过景祐党争、西北御边、庆历新政等重大的历史事件，也处理过许多涉及复杂伦理问题的个人及家族事务，如怎样安葬其母，如何平衡与继父朱氏家族的关系，如何解决范吕矛盾和个人恩怨等等。范仲淹的思想见识广博精深，他在哲学、政治、道德、教育、管理、军事、经济和文学等诸多领域都有杰出的造诣。因此，要为范仲淹立传，必然涉及大量的史料尤其是宋史资料，这要求传记作者不仅要有掌握史料、辨别史料的能力，还要具备广博的学术视野和合理的立场，这样才能写出一部严谨的传记作品。笔者非史学专业出身，于古典文献资料不算精通，故对传主大部分的生平事迹，如其家世、任职西北军旅之前的履历，以及新政改革之后的晚年州郡经历，都只好采用"略述"的方式进行处理，只是对其"御边生涯"和"庆历新政"部分稍加以翔实论述，这实为无奈之举。事实上，关于范仲淹的生平事迹，尽管前辈和时贤已有大量论述，成果斐然，笔者在写作过程中也尽量参考了这些研究成果，但如上所述，值得进一步探讨的问题还是很多的。

范仲淹是著名的政治家、改革家、教育家、军事家、思想家和文学家，是集政治事功和道德文章于一身的杰出历史人物。范仲淹的一生，对国家和社会作出了许多重要贡献，拥有杰出的事功和令人折服的道德操守，但其学术思想和学术地位反而是被忽视和低估的。例如，朱熹对范仲淹的道德功业推崇备至，说他是"天地间气，第一流人物"，能够"大厉名节，振作士气"，并认为宋儒"好议论"的传统始于范仲淹，但范仲淹到底"议论"了什么，朱熹是只字未提的。后世论者也大都持此腔调。现在也有研究者认为范仲淹重在"制度之学"的建构，因此对其哲学等思想不宜拔高。不过，随着学界对范仲淹研究的不断深入，他在北宋儒学复兴过程中的开创地位越来越受到重视，诸多学人不仅肯定作为政治家的范仲淹对儒学复兴所发挥的推动作用，还特别强调其对北宋义理之学的开拓之功。笔者欣赏这些观点，也认为范仲淹是北宋义理之学乃至性理之学的先驱，是宋学的开创者。在此基础上，笔者认为范仲淹在学术思想领域亦卓有建树,他创立了自己的哲学体系,以此为指导,他在道德、政治、教育、军事和文学等领域亦取得了杰出的理论成就。因此,笔者运用比较多的精力和篇幅,着力对他的学术思想进行了论析,以期恢复范公的本来面目,努力回归范仲淹的"思想者"形象,这或许是本书的一点新意。不过,因学识所限,这一目标能否达成,尚待检验,但这是笔者努力的方向。

范仲淹是"先儒范子",是北宋"新型士人"的杰出代表,在他的身上,传统文人的优良品质得到了充分体现,这是无可争辩的。但他毕竟是君主专制时代的士大夫,他的思想,归根到底是宗法小农社会的产物,他不可能完全超越时代对他的限制,从根本上来说,他的思想还未超越民本主义的框架。因此,如何将范仲淹置身于北宋特定的历史场域中去理解他、审视他,如何以客观全面的学术态度去认识他,这是今天的研究者必须深入思考的。我们既不能以文化消费主义的逻辑来"操作"范仲淹,以取媚大众的消费娱乐口味;也不能将范仲淹概念化和符号化,将其视为"神"一样的存在而不是活生生的人的存在,以满足某种观念的需要。笔者认为,这两种对待范仲淹的方式都会导致对他的曲解。以此观点为指引,笔者在写作时尽量做到言必有据,不道听途说,不轻易下笔,立论也尽量客观公允,不媚俗不盲从,做到既符合历史也符合逻辑,力图刻画一个真实的历史伟人。这也是笔者努力的方向。

上编　范仲淹的生平和事功

第一章　西北统兵前的范仲淹

本章大体按历史顺序，简略介绍并评述范仲淹在西北统兵前的生平事迹。全章由"青少年时期""初入仕途"和"三黜三光"三节构成。因西北御边和"庆历新政"是范仲淹最为重要的历史活动，故本书列专章（"范仲淹的御边生涯"和"范仲淹与'庆历新政'"）单独加以论述。而范仲淹在"庆历新政"后的晚年事迹谨列一章（"烈士暮年"）简述之。

第一节　青少年时期

范仲淹先祖世居陕西邠州，自四世祖范隋一支始定居苏州。范仲淹的祖茔及范氏主要亲族都在苏州，其所设"义庄"亦在苏州，故一般认为范仲淹的祖籍为江苏苏州。但范仲淹的青少年时期主要是在淄州长山（今山东省邹平市长山镇）度过的，其出仕后又转展各地，四海为家，卒后也未葬在苏州，而是随母葬在了河南洛阳。本节主要讲述范仲淹的家世及出仕前的青少年生活。

一、家世和亲属

范仲淹（989—1052年），字希文。生于北宋太宗端拱二年八月二十九日（989年10月1日），宋仁宗皇祐四年五月二十日（1052年6月19日）卒于江苏徐州，享年六十四岁。范仲淹的出生地是河北成德军（即真定府，治所在今河北省正定县）节度掌书记官舍，这里是他父亲的为官之地。其父范墉时任成德军节度掌书记。

关于范仲淹的出生地,历来被认为是"徐州节度掌书记官舍"。这个说法出自南宋楼钥撰写的《范文正公年谱》(以下简称《年谱》)。据《年谱》记载:"太宗皇帝端拱二年己丑秋八月丁丑,公(范仲淹)生于徐州节度掌书记官舍。"但据《范仲淹评传》的作者方健先生考证,《年谱》的这个记载,无论是时间还是地点都有错误,后世谬种流传,皆为《年谱》所误。① 其实对于自己的出生地,范仲淹曾有明确的说明,据《范文正公尺牍》卷中《与韩魏公》云:"真定名藩,生身在彼,自识别以来,却未得一到,谅多胜赏也。"②范仲淹在写给韩琦的这封信中说,自己出生在真定,真定还是名藩,可惜自己一直没有机会回去看看那里的胜景。

关于范仲淹的家世和亲属,《宋史》本传说:

> 范仲淹字希文,唐宰相履冰之后。其先,邠州人也,后徙家江南,遂为苏州吴县人。③

富弼撰写的《范文正公仲淹墓志铭》,对范仲淹的家世亦有记载:

> 曰公之先,始居河内,后徙长安。唐垂拱中,履冰相则天,以文章称,实公之远祖也。四代祖隋,唐末尝为幽州良乡县主簿,遭乱奔二浙,家于苏之吴县,自尔遂为吴人。④

楼钥的《范文正公年谱》(以下简称《年谱》),对范仲淹家世的记载为:

> 公昔远祖博士范滂为清诏使,裔孙履冰为唐丞相鸾台凤阁平章事,世居河内。四世祖上柱国隋,懿宗朝咸通二年任幽州良乡主簿,诰书犹存。至十一年,迁处州丽水县丞,一支渡江。中原乱离,不克归,子孙遂为中吴人。⑤

---

① 方健:《范仲淹评传》,南京大学出版社2001年版,第一章之第一节《家世和亲属考》。
② 《范仲淹全集》(上),凤凰出版社2004年版,第613页。
③ 《宋史》卷三百一十四《范仲淹传》。
④ 《范文正公褒贤集》卷一《范文正公仲淹墓志铭》,《范仲淹全集》(下),凤凰出版社2004年版,第942页。
⑤ 《年谱》前言。

范仲淹在世时，有感于自己家族四世祖以上家谱遗失的状况，决定续修家谱，并于皇祐三年（1051年）正月八日为续修的家谱作序。序文为：

> 吾家唐相履冰之后，旧有家谱。咸通十一年庚寅，一枝渡江，为处州丽水县丞，讳隋。中原乱离，不克归。子孙为吴中人，太平兴国三年，曾孙坚、坰、墉、埙、埴、言六人，从钱氏归朝，仕宦四方，终于他邦，子孙流离，遗失前谱。至仲淹蒙窃国恩，皇祐中来守钱塘，遂过姑苏，与亲族会。追思祖宗，既失前谱未获，复惧后来昭穆不明，乃于族中索所藏诰书、家集考之。自丽水府君而下四代祖考及今子孙，支派尽在，乃创义田，计族人口数而月给之，又葺理祖第，使复其居，以求依庇。故作《续家谱》而次序之。①

从序文来看，范仲淹视唐相范履冰为本族始祖，显然范履冰之前的家族谱系，已汗漫不可考。其实范履冰之下，四世祖范隋之上的世系也难究其详了，只是"四代祖考及今子孙，支派尽在"，即指范隋及以下四代的谱系，确切可考。

由上述材料可知，范氏先世，"始居河内，后徙长安"。范仲淹祖籍实为陕西邠州（今陕西省彬州市），其远祖范履冰，为唐武则天垂拱年间宰相。高祖范隋，唐懿宗咸通二年（861年）曾任幽州良乡县主簿；至十一年，任处州丽水县（今浙江省丽水市）丞。后因中原战乱，无法回归陕西祖籍，遂举家迁往苏州定居，范氏自此"遂为吴人"，范隋就成为苏州范氏范仲淹一支的始祖。

不过范隋的祖籍是在哪里，这也存在问题。《宋史》称范仲淹"其先，邠州人也，后徙家江南"，那么按此说来范隋是邠州人，他在幽州和处州游宦，后因中原战乱回不了祖籍，就在苏州定居了。但范仲淹在《与中舍书》中与其兄谈及祖宗往事时说："闻祖先元是蓝田人，不知记否？此一事切在心寻去。访十二姑，亦必有记得事。"②不可思议的是，范仲淹在其撰写的《太子中舍致仕范府君墓志铭》一文中，又说"四代祖

---

① 《范文正公集补编》卷一《序·续家谱序》，《范仲淹全集》（上），凤凰出版社2004年版，第666页。
② 《范文正公尺牍》卷上《家书·与中舍》，《范仲淹全集》（上），凤凰出版社2004年版，第594页。

讳某,幽州人也,唐末为处州丽水县丞。"①以此看来,仲淹和仲温兄弟已搞不清楚四世祖范隋的籍贯了,范仲淹一会说是"蓝田人",一会又说是"幽州人",让人疑虑丛生。但笔者怀疑"幽"字为"邠"字的误写,加之范隋曾在幽州为宦,就误把"邠州"写成"幽州"了。而"邠州"为"邠州"的古称,所以,《宋史》说范仲淹祖先是邠州人,目前尚无确切证据可以推翻。但方健先生持相反的观点,他认为范隋是幽州人,"邠州"为"幽州"之伪。②

图2 苏州市的天平山,是范仲淹先祖的归葬之地

①《范仲淹全集》(上),凤凰出版社2004年版,第325页。
② 方健:《范仲淹评传》,南京大学出版社2001年版,第8页。

图 3　位于苏州天平山的范仲淹高祖范隋墓地

范仲淹的曾祖范梦龄,祖范赞时,父范墉,皆于"五代之际,世家苏州,事吴越"①。后来"朝廷以公(指范仲淹)贵,用太保、太傅、太师追赠三代,又择徐、许、越、吴四大国追封王妣陈氏,妣陈氏、谢氏为太夫人"②。其中:

曾祖范梦龄,苏州人。"以才德雄江右",曾任吴越国"苏州粮料判官"(即中吴节度判官)③,"宋赠太师、徐国公"④。娶陈氏,追封徐国太

---

① 《范文正公褒贤集》卷一《资政殿学士户部侍郎范公神道碑铭》,《范仲淹全集》(下),凤凰出版社2004年版,第936页。
② 《范文正公褒贤集》卷一《范文正公仲淹墓志铭》,《范仲淹全集》(下),凤凰出版社2004年版,第943页。
③ 《范文正公褒贤集》卷一《范文正公仲淹墓志铭》,《范仲淹全集》(下),凤凰出版社2004年版,第943页。
④ 《年谱》前言。

夫人。

祖范赞时，苏州人。"幼聪警，尝举神童，任秘书监，集《春秋》洎历朝史为《资谈录》六十卷，行于时。"①"宋赠太师、唐国公。"②娶陈氏，先后追封许国太夫人、韩国太夫人。

父范墉，苏州人。"博学善属文，累佐诸王幕府。"③宋太宗太平兴国三年（978年），范墉等兄弟六人随吴越王钱俶纳国归宋。范墉曾在成德军、武信军和武宁军三任节度掌书记之职，终官武宁军节度掌书记。"封太师、周国公。"④先娶陈氏，后追封为越国、楚国、周国太夫人。后娶谢氏（范仲淹生母），曾封吴国夫人，后封秦国太夫人。范墉共有五子，其中三子早夭，因此范墉膝下只有两子，即长子仲温，为陈氏所生，次子仲淹，为谢氏所生。

可见，范仲淹曾祖、祖、父三代皆娶陈氏，苏州范家与陈家是世婚关系。其实古人的这种婚姻习俗，从优生学的角度来看并不好。范墉在陈氏过世后再娶谢氏，谢氏为范仲淹之母，后来范仲淹娶妻李氏，子孙多出优秀人才，这与婚姻圈的扩大是有关系的。

范仲淹的《岁寒堂》诗云："我先本唐相，奕世天衢行。子孙四方志，有家在江城。"⑤"江城"即苏州。可见，范仲淹视苏州为其血脉之"家"，为其祖籍，为其风水，为其郡望。古人有署名署其郡望的习惯，苏州古称高平，所以范仲淹常自称高平，他人有时也称范仲淹为高平或高平公，《宋元学案》就专设了《高平学案》。

范仲淹的生母为谢氏。淳化元年，范仲淹的父亲范墉在徐州节度掌书记任上病逝，范仲淹当时只有两岁。因失怙无依，其母谢氏夫人带着范仲淹再嫁淄州长山朱文瀚，从朱姓，名"说"（同"悦"）。富弼在《范文正公仲淹墓志铭》中云：

---

① 《范文正公褒贤集》卷一《范文正公仲淹墓志铭》，《范仲淹全集》（下），凤凰出版社2004年版，第942页。
② 《年谱》前言。
③ 《范文正公褒贤集》卷一《范文正公仲淹墓志铭》，《范仲淹全集》（下），凤凰出版社2004年版，第942页。
④ 《年谱》前言。
⑤ 《范文正公文集》卷二《古诗·岁寒堂》，《范仲淹全集》（上），凤凰出版社2004年版，第35页。

> 公讳仲淹,字希文,不幸二岁而孤,吴国太夫人(范母谢氏所获封赠)以北归之初,亡亲戚故旧,贫而无依,再适长山朱氏。公既长,未欲与朱氏子异姓,惧伤吴国之心,姑姓朱。①

可见,范仲淹自幼就随同其母来到了淄州长山,直到二十三岁离开长山前往南都学舍。这期间,范仲淹可能有随同继父游宦他乡的经历,但主要还是生活在长山。如今各种历史文献对于范仲淹的介绍,通常都说他是苏州人,那是就他的祖籍而言的。其实,范仲淹既不出生于苏州,也不成长于苏州。他在《岁寒堂三题序》中自述道:"某少长北地,近还平江,美先人之故庐,有君子之嘉树。"②《序》中的"北地"是指山东长山,"平江"即是范的祖籍苏州。范仲淹在其所撰写的《鄠郊友人王君墓表》中说:"暨予东归长白山,以亲之故,就禄养者仅十五秋,君犹隐而未出。"③这是说他的亲人和故乡就在长白县的长白山下。范仲淹晚年在《寄乡人》这首诗中,也称自己是"长白一寒儒"④。可见,范仲淹的青少年时期,主要是在山东长山朱文瀚家度过的。

朱文瀚曾任澧州安乡(今湖南省安乡县)县令,终官淄州长山县令,是一个基层官员。他对继子朱说"既加养育,复勤训导"⑤,可谓恪尽为父之责。司马光在《涑水记闻》中说范仲淹曾"与朱氏兄弟俱举学究"⑥,这说明继父朱文瀚对他视同己出,并未另眼相待。这些都令范仲淹心存感恩之情。可见,范仲淹是在一个寒族地主家庭中长大成人的,自小受过良好的启蒙教育,加之个人的勤奋努力,后来终成大器。

范仲淹与朱氏异姓兄弟的关系如何呢?从《范集》所保存的十五封"与朱氏"⑦家书来看,双方来往密切,关系也很融洽,完全像一家人似

---

① 《范文正公褒贤集》卷一,《范仲淹全集》(下),凤凰出版社2004年版,第943页。
② 《范仲淹全集》(上),凤凰出版社2004年版,第35页。
③ 《范文正公文集》卷十五,《鄠郊友人王君墓表》,《范仲淹全集》(上),凤凰出版社2004年版,第329页。
④ 《范文正公文集逸文》,《律诗·寄乡人》,《范仲淹全集》(上),凤凰出版社2004年版,第673—674页。
⑤ 《范文正公集逸文·奏疏·乞以所授功臣勋阶回赠继父官奏》,《范仲淹全集》(上),凤凰出版社2004年版,第700页。
⑥ (宋)司马光:《涑水记闻》卷十。
⑦ 《范文正公尺牍》卷上《家书·与朱氏》,《范仲淹全集》(上),凤凰出版社2004年版,第598—603页。

图 4　位于山东省邹平市长山镇的范公祠

的,与其兄长仲温及侄子的家书通信并无两样。

但据《年谱》的记载,范仲淹与其异姓兄弟之间似乎存在严重的隔阂,而且双方的关系还一度闹到了很紧张的地步:

> 公以朱氏兄弟浪费不节,数劝止之。朱氏兄弟不乐曰:"吾自用朱氏钱,何预汝事?"公闻此疑骇,有告者曰:"公乃姑苏范氏子也,太夫人携公适朱氏。"公感愤自立,决欲自树立门户。佩琴剑,径趋南都。谢夫人亟使人追之,既及,公语之故,期十年登第来迎亲。①

按照《年谱》的这个说法,范仲淹似乎是在被朱氏兄弟羞辱并知道了自己的身世之后,才选择离开家朱家的,而且是"感泣去""感奋自立"那样

---

① 《年谱》大中祥符四年。

一种负气出走的局面。因为要强的他无法接受一种寄人篱下、遭人白眼、隐姓埋名的耻辱生活,于是他决心自立自强并直奔南都(今河南商丘)应天府学而去,他立志在这里读书成才,科举登第。他向母亲承诺:十年内中举入仕,然后回来迎养娘亲。这一年是大中祥符四年(1011年),范仲淹二十三岁。

关于范仲淹因何要离开长白前往南都求学,也有不同于《年谱》的说法。如南宋丁黼就说:"朱氏云族有在应天府者,故公以及冠,辞母,绝江逾淮,学于应天。"①按照丁黼的说法,朱文瀚先前就告诉过范仲淹,说朱家有族人在应天府,言下之意,范仲淹若去应天府求学,可以寻求那里的族人帮助。于是到了二十岁时,范仲淹就"学于应天"了。

丁黼说范仲淹是在"及冠"之年去的应天府学,这与《年谱》的记载有出入。但关键问题是,丁黼关于"朱氏云族有在应天府者"的说法,意味着范仲淹离开家乡就学于南都应天府学,并不是因与朱氏异姓兄弟出现抵牾而负气出走的结果,反而是其继父朱文瀚支持的结果。这与《年谱》的说法就有本质区别了。另外,《范集》亦有"公与南都朱某相善"的记载,这就印证丁黼的说法是有依据的。《范集·言行拾遗事录》云:

> 公(指范仲淹)与南都朱某相善。朱且病,公视之,谓公曰:"某常遇异人,得变水银为白金术。吾子幼,不足传,今以传君。"遂以其方并药赠公。公不纳,强之乃受,未尝启封。后其子寀长,公教之,义均子弟。及寀登第,乃以所封药并其术还之。②

"朱某"为范仲淹的异姓兄弟,"寀"乃朱寀,是范仲淹的异姓子侄,范仲淹与朱氏的家书通信,多是写给这位侄子的。丁黼说此人为朱文瀚之孙,这是合乎逻辑的,但说此人名叫"延之"③,则不知有何依据?范仲淹曾在上《进故朱寀所撰春秋文字及乞推恩与弟寀状》中,向朝廷推

---

① 《范文正公褒贤集》卷三《池州范文正公祠堂记》,《范仲淹全集》(下),凤凰出版社2004年版,第999页。
② 《言行拾遗事录》卷一《与南都朱某相善》,《范仲淹全集》(下),凤凰出版社2004年版,第794页。
③ 《范文正公褒贤集》卷三《池州范文正公祠堂记》,《范仲淹全集》(下),凤凰出版社2004年版,第1000页。

荐朱寀撰写的《春秋指归》等文字,并因朱寀夭丧,遂为其弟朱寅乞官。①这则史料还说"朱某"会炼金术,但因其子年幼,临终前遂将药方传给了范仲淹,但范仲淹并未见财起意,而是在待其子长大后,又将药方还给了他。

《东轩笔录》亦载有此事,只是内容稍有出入——会炼金术的人由"朱某"变成了另一"术者",所传之物不仅是药方,还有已炼成的一斤白金。具体为:

> 范文正公仲淹少贫悴,依睢阳朱氏家,常与一术者游。会术者病笃,使人呼文正而告曰:"吾善炼水银为白金,吾儿幼,不足以付,今以付子。"即以其方与所成白金一斤封志,内文正怀中。文正文辞避,而术者气已绝。后十余年,文正为谏官,术者之子长,呼而告之曰:"而父有神术,昔之死也,以汝尚幼,故俾我收之。今汝成立,当以还汝。"出其方并白金授之,封识宛然。②

以上两条史料所记载的这则逸事,主要表现了范仲淹自青少年时期就具备了为人诚信、不贪恋钱财的美好品质。但其中"公与南都朱某相善",以及"范文正公仲淹少贫悴,依睢阳朱氏家"的记载,对于研究范仲淹的早年经历具有重要的史料价值。它表明范仲淹在南都学舍求学时得到了朱氏异姓兄弟的帮助,而且双方相互信任,关系融洽。这更表明,《年谱》关于范仲淹是与朱氏兄弟产生了矛盾而负气出走的说法,是可疑的。不过由于史料的缺乏,范仲淹的童年及青少年时期在朱家的生活状况究竟如何,的确还有很多值得研究的问题。但范仲淹后来对朱氏的回报,足以说明范仲淹对朱氏是感恩的,如在庆历五年(1045年)四月,范仲淹上《乞以所授功臣勋阶回赠继父官奏》,请求朝廷对继父给予封赠:

> 念臣遭家不造,有生而孤,惟母之从,依之而立。继父故淄州长山县令朱文翰既加养育,复勤训导,此而或忘,已将何处? 伏遇

---

① 《范文正公文集》卷二十《进故朱寀所撰春秋文字及乞推恩与弟寅状》,《范仲淹全集》(上),凤凰出版社2004年版,第399—400页。
② (宋)魏泰:《东轩笔录》卷三。

礼成郊庙,泽被虫鱼,伏望以臣所授功臣勋恩命回赠继父一官。①

范仲淹不仅对于继父朱文翰的养育教导之恩念念不忘,他对于朱氏子弟也多有关照,可谓仁至义尽。据《范集·言行拾遗事录》记载:

> 公以朱氏长育有恩,常思厚报之。及贵,用南郊所加恩,乞赠朱氏父太常博士,暨朱氏诸兄弟,皆公为葬之,岁别为飨祭。朱氏子弟以公荫得补官者三人。②

二、读书生涯

在北宋初年,教育并不发达。在范仲淹的少年时代,并未接受过王朝的正式教育,他的学问,主要是自己在僧寺里刻苦读书而得来,所以他十五岁时被举学究,后在姜遵的鼓励下决定改科举进士。据《涑水记闻》载:

> 范仲淹字希文,早孤,从其母适朱氏,因冒其姓,与朱氏兄弟俱举学究。少尫瘠,尝与众客同见谏议大夫姜遵,遵素以刚严著名,与人不款曲,众客退,独留仲淹,引入中堂,谓其夫人曰:"朱学究年虽少,奇士也。他日不唯为显官,当立盛名于世。"遂参坐置酒,待之如骨肉,人莫测其何以知之也。年二十余,始改科举进士。③

《宋史·姜遵传》云:"姜遵字从式,淄州长山人。进士及第,……仁宗即位,……再迁右谏议大夫,……召拜枢密副使,迁给事中,卒。赠吏部侍郎。"④在姜遵任职右谏议大夫期间,年少的范仲淹曾有机会拜见这位家乡的前辈名人,慧眼识才的姜遵对范仲淹极为赏识,认为他将来"当立盛名于世",这对于范仲淹日后的成长,必定会发挥巨大的激励作用。

大中祥符二年(1009年),范仲淹二十一岁,他来到家乡附近的长白山醴泉寺僧舍修学,在此度过了三年清苦的读书生涯。据《宋朝事实类苑》记载:

---

① 《范文正公文集逸文》,《范仲淹全集》(上),凤凰出版社2004年版,第700页。
② 《言行拾遗事录》卷一《厚报朱氏长育有恩》,《范仲淹全集》(下),凤凰出版社2004年版,第792页。
③ (宋)司马光:《涑水记闻》卷十。
④ 《宋史》卷二百八十八《姜遵传》。

庆历中,范希文以资政殿学士判邠州,予中途上谒,翌日召食。时李郎中丁同席,范与丁同年进士也。因道旧日某修学时,最为贫窭,与刘某同上长白山僧舍,惟煮粟米二合作粥一器,经宿遂凝,以刀为四块,早晚取二块,断齑十数茎,酢汁半盂,入少盐,暖而啖之,如此者三年。(引自《湘山野录》)①

这条史料讲的是范仲淹在青少年时期自励苦学的故事,也是成语"划粥断齑"的出处和来源。后来"划粥断齑"就成了特指严格自律、刻苦读书的专用成语。毫无疑问,这三年清苦学习生活的磨炼,对于范仲淹日后形成廉洁自律、刚正不阿的意志品质产生了重要影响。

图5　位于山东省邹平市的长白山醴泉寺,范仲淹青少年时期曾在此读书

自宋真宗大中祥符四年至大中祥符八年,范仲淹在应天府书院读书求学。应天府书院又称应天书院、睢阳书院、南京书院、南郡书院,最初由五代后晋时归德军人杨悫创立,初为睢阳学舍。杨悫去世后,学舍由其弟子戚同文主持,据《宋元学案》记载,戚同文"讲学睢阳,生徒即其居为肄业之地",他创立了"睢阳学统",学舍影响不断扩大,乃至"请益

---

① (宋)江少虞:《宋朝事实类苑》卷九《名臣事迹(二)》。

图 6　位于应天府(今河南省商丘市)的应天书院。真宗大中祥符年间范仲淹在此求学,其后仁宗天圣年间又在此掌学

之人不远千里而至,登第者五十六人"①,可见,睢阳学舍在宋初就已成为著名的私立学院。

宋太祖建隆元年(960年),归德军改称宋州。宋真宗景德三年(1006年),以宋州为应天府。宋真宗大中祥符二年(1009年),因商人曹诚捐资扩建学舍,宋真宗"诏赐额曰应天府书院"②。宋仁宗景祐二年(1035年),"以应天府书院为府学"③,自此应天府书院成为官办府学。以此可知,范仲淹求学应天府书院时,书院尚处于由私立向官办的过渡阶段。

---

① 《宋元学案》卷三《高平学案》。
② 《长编》卷七十一,大中祥符二年二月庚戌。
③ 《长编》卷一百十七,景祐二年十一月辛巳。

大儒戚同文在应天府书院讲明"正学",与孙复、胡瑗等共同推动了北宋儒学的复兴。故范仲淹来此求学,应该是慕名而来。据《宋史》记载,范仲淹在应天府学是"依戚同文学"①,也就是说范仲淹师出戚同文,两人有师生关系,《宋元学案》沿用此说,亦认为"高平所出"为"隐君戚正素先生同文""高平范文正公亦由之出"②。其实《宋史》及《宋元学案》的这个说法存在明显错误,对此,王梓材在《宋元学案补遗》卷三《高平学案补遗》中指出:

> 《师友录》本先生(指范仲淹)年谱,言其师事戚同文。考同文次子纶,太平兴国八年(983年)进士,后六年为端拱二年(989年)而先生始生,必非亲受学于同文也。

王梓材认为范仲淹晚生于戚同文的次子戚纶,就推断范仲淹必非戚同文亲授,这是有力的证据。其实从戚同文的卒年亦可考证其与范仲淹的关系。据曾巩《虞部郎中戚公墓志铭》记载,戚同文为"唐天祐元年(904年)生"③,而《宋史》则称戚同文"卒于汉东,年七十三"④,《宋元学案》亦称"长子维任随州书记,迎先生就养,卒于汉东,年七十三"。以此推算,戚同文当卒于太平兴国元年(976年),此时范仲淹尚未出生。

另据《宋史·戚纶传》记载:

> 纶少与兄维以文行知名,笃于古学,喜谈名教。太平兴国八年举进士,解褐沂水主簿。按版籍,得逋户脱口漏租者甚众。徙知太和县。同文卒于随州,纶徒步奔讣千里余。俄诏起复莅职,就加大理评事。……真宗即位,转著作佐郎、通判泰州。⑤

戚纶为戚同文次子,是太平兴国八年(983年)进士。他先任沂水主簿,后知太和县,其父戚同文卒于随州时,他前去奔丧,丁忧结束,他复官并加大理评事,真宗即位后,戚纶转官著作佐郎、升职通判泰州。

---

① 《宋史》卷三百一十四《范仲淹传》。
② 《宋元学案》卷三《高平学案》。
③ (宋)曾巩:《曾巩集》卷四十二《志铭·虞部郎中戚公墓志铭》,中华书局1984年版,第565页。
④ 《宋史》卷四百五十七《戚同文传》。
⑤ 《宋史》卷三百〇六《戚纶传》。

在这段史料中,戚同文卒年不详,戚纶为父守制、复官并加大理评事的时间亦不详,但有一点记载是明确的,即戚同文必卒于宋真宗即位之前,戚纶守制、复官并加大理评事也必在宋真宗即位之前,而宋真宗即位是在咸平元年(998年),此时范仲淹只有十岁,尚未到应天府书院求学,待他于大中祥符四年(1011年)去应天书院求学时,戚同文已经离世,因此他绝不可能"依戚同文学"。

因此,尽管上述史料所记载的戚同文卒年不甚详细,但这并不影响问题的解决。对此,钱穆先生也曾指出:

> 范仲淹曾至睢阳书院,书院源于戚同文。同文幼孤,邑人杨悫教授生徒,同文日过其学舍,得受学。时当五代晋末丧乱,绝意禄仕,且思见混一,因名同文。悫依将军赵直。悫卒,直为同文筑室聚徒,请益者千里而至,登第者五十六人,皆践台阁。惟仲淹已不及见。仲淹读书处为山东长白山之醴泉寺。真宗祥符三年睢阳应天书院赐额成立,翌年仲淹至书院。是时仲淹年二十三,戚同文已先卒矣。①

钱穆先生认为,戚同文在范仲淹来南都学舍之前就去世了,他根本没见过戚同文。但这并不否定范仲淹受戚同文思想的影响,因为戚同文为宋初儒学大家,长期主持并讲学于睢阳书院,弟子众多,影响很大,形成了"睢阳学统"即"睢阳学派"。范仲淹在此力学五年,虽不是戚同文的亲炙弟子,但必定深受"睢阳学派"的思想影响,从其日后的思想及实践来看,可以说,他就是"睢阳学派"的思想传人,特别值得一提的是,天圣五年,范仲淹在应天府丁母忧期间,受南京留守晏殊的邀请,也曾掌教应天府学,为传承"睢阳学统"发挥了重要作用。

范仲淹在应天府学经历了五年艰苦的求学生涯,他"昼夜不息,冬月惫甚,以水沃面;食不给,至以糜粥继之,人不能堪,仲淹不苦也"②。面对清苦的学习生活,范仲淹不觉其苦,他以水激面、昼夜诵读,还常常靠食粥果腹。他专心读书,心无旁骛,有一次宋真宗谒太清宫,銮驾经

---

① 钱穆:《国史大纲》,商务印书馆1996年版,第558—559页。
② 《宋史》卷三百一十四《范仲淹传》。

过南都,范仲淹的同学都前去观看,而他不出。有同学问其缘故,范仲淹说:"异日见之未晚。"①这短短几字,表达了其不畏眼前的清苦寂寞,笃志力学,发奋成才,力求日后登第入朝的远大抱负。当时南都留守的儿子是范仲淹的同学,他也为范仲淹的勤奋精神和高远志向所感动,他把范仲淹的事迹告诉了其父,并从家里带来美食送给范仲淹,但直到食物腐败,范仲淹也未尝下厨。留守的儿子很是不解,说:"大人闻公清苦,故遗以食物,而不下箸,得非以相浼为罪乎?"意思是,我父亲让我带给你食物,你一口不动,任其腐烂,难道我们的好心帮助还有罪过吗?范仲淹连忙感谢道:"非不感厚意,盖食粥安之已久,今遽享盛馔,后日岂能啖此粥乎?"②范仲淹说感谢厚意,但我一直食粥,今突然吃顿美食,恐怕以后就无法吃粥了。这件事情也充分说明范仲淹意志坚定,具有不为眼前利益所动的自律精神和自尊自强的高贵品质。以此看来,欧阳修说范仲淹"少有大节",不为自身贪富贵贱毁誉悲欢所动,"慨然有志于天下"③,绝非溢美之词;朱熹后来所说的"公处南都学舍,昼夜苦学,五年未尝解衣就寝,夜或昏怠,辄以水沃面,往往饘粥不充,日昃始食。同舍生或馈珍膳,皆拒不受"④,也绝非传言。

范仲淹在睢阳学舍读书期间,以艰苦的学习生活为乐;他乐观进取,坚信斯文未丧;他对自己的能力充满信心,渴望有朝一日能够金榜题名。

经过五年的刻苦学习,范仲淹"大通六经之旨,为文章论说必本于仁义"⑤。据《年谱》载,大中祥符五年,范仲淹"以朱说名举进士,礼部第一"。大中祥符八年,范仲淹以"朱说"之名进士及第,实现了通过科举而实现人生抱负的梦想。

钱穆先生曾指出:

---

① 《年谱》大中祥符七年。
② 《年谱》大中祥符七年。
③ 《范文正公褒贤集》卷一《资政殿学士户部侍郎文正范公神道碑铭》,《范仲淹全集》(下),凤凰出版社2004年版,第936页。
④ (宋)朱熹:《五朝名臣言行录》卷七之二。
⑤ 《范文正公褒贤集》卷一《资政殿学士户部侍郎文正范公神道碑铭》,《范仲淹全集》(下),第936页。

范仲淹并不是一个贵族,亦未经国家有意识的教养,他只在和尚寺里自己读书。在"断齑画粥"的苦况下,而感到一种应以天下为己任的意识,这显然是一种精神上的自觉。然而这并不是范仲淹个人的精神无端感觉到此,这已是一种时代的精神,早已隐藏在同时人的心中,而为范仲淹正式呼唤出来。①

事实上,范仲淹在青少年时期发奋苦读的人生经历,作为一种"时代的精神",的确不是他个人"无端感觉到此",而几乎是庆历一代士人共同的精神写照。

欧阳修出身不高,因家贫而有"欧母画荻"的故事。他"生四岁而孤。韩国(欧阳修母亲郑氏所获封赠)守节自誓,亲教公读书。家贫,至以荻画地学书"②。《宋史》本传亦称其对于学术"苦志探赜,至忘寝食"③。

李觏对自己虽家贫但却力学不辍的生活是这样表述的:"觏,邑外草莱之民也,落魄不肖。生年二十三,身不被一命之宠,家不藏担石之谷。鸡鸣而起,诵孔子、孟轲群圣之言,纂成文章,以康国济民为意。余力读孙吴书,学耕战法,以备朝廷犬马驱指。肤寒热,腹饥渴,颠倒而不变。"④

富弼"少笃学,自刻寓于僧舍,不就寝榻,冬夜以冰雪沃面。邻居僧有持苦行者,犹服公之勤"⑤。

胡瑗年少时也有"攻苦食淡,终夜不寝"的读书经历。他因"家贫无以自给,往泰山,与孙明复、石守道同学,攻苦食淡,终夜不寝,一坐十年不归。得家书,见上有'平安'二字,即投之涧中,不复展,恐扰心也"⑥。

孙复曾"笃学不舍昼夜"。据《东轩笔录》记载:"范文正公在睢阳掌学,有孙秀才者索游上谒,文正赠钱一千。明年,孙生复道睢阳谒文正,

---

① 钱穆:《国史大纲》(下册),商务印书馆1996年版,第558页。
② (宋)苏辙:《栾城后集》卷二十三《欧阳文忠公神道碑》,参见《苏辙集》,中华书局1990年版,第1129页。
③ 《宋史》卷三百一十九《欧阳修传》。
④ (宋)李觏:《李觏集》卷二十七《上孙寺丞书》,中华书局1981年版,第311页。
⑤ 范纯仁:《富郑公行状》,《范忠宣集》卷十七,四库全书本。
⑥ 《宋元学案》卷一《安定学案》。

又赠一千,因问:'何为汲汲于道路?'孙秀才戚然动色曰:'老母无以养,若日得百钱,则甘旨足矣。'文正曰:'吾观子辞气,非乞客也。二年仆仆,所得几何,而废学多矣。吾今补子为学职,月可得三千以供养,子能安于为学乎?'孙生再拜大喜。于是授以《春秋》,而孙生笃学不舍昼夜,行复修谨,文正甚爱之。明年,文正去睢阳,孙亦辞去。后十年,闻泰山下有孙明复先生以《春秋》教授学者,道德高迈,朝廷召至太学,乃昔日索游孙秀才也。"①

石介亦曾"固穷苦学"。据《倦游杂录》记载:"石守道学士为举子时,寓学于南都,其固穷苦学,世无比者。王侍郎渎闻其勤约,因会客,以盘餐遗之,石谢曰:'甘脆者,亦某之愿也。但日享之则可,若止修一餐,则明日何以继乎?朝享膏粱,暮厌粗粝,人之常情也。某所以不敢当赐。'便以食还,王咨重之。"②

这批以范仲淹为代表的、于庆历年间登上历史舞台并大放异彩的"新型士人"③,他们出身孤寒,但却为时代的精神所感召,表现出一种强烈的忧患意识和以天下为己任的社会责任感。他们自砺自强,发奋苦读,自觉地担负起儒学复兴的历史使命。他们志向高远,向往"三代"理想,并以积极入世的精神,将其艰苦所学而积累的知识和磨炼的意志,消融于创通经义和革新政令之两端,因此,他们对于北宋的士风的转变和师道的重建,以及学术的繁荣和政教的创新,都产生了重大影响。

三、远游

青少年时期的范仲淹是以胸怀大志、勤奋力学的形象垂名于后世的,但范仲淹绝不是两耳不闻窗外事,一心只读圣贤书的封闭少年。他豪情满怀,志在四方,渴望以文会友,向往仗剑走天涯的豪士精神。元好问说范文正公"在布衣为名士"④,这绝非溢美之词,据《淄州长山县建

---

① (宋)魏泰:《东轩笔录》卷十四。
② (宋)张师正:《倦游杂录》,《石守道不受馈赠之食》条。
③ 参见袁行霈、严文明主编:《中华文明史》第三卷第四章《科举制度的发展与新型士人的出现》,北京大学出版社 2006 年版,第 128—157 页。
④ 元好问:《遗山先生文集》卷三十八《范文正公真赞》,四库全书本。

范文正公祠堂记》记载：

> 夫公家世姑苏，幼而孤弱，无父所怙，而后随其母氏来居兹土，留而不去，遂为邑人。及其长也，卓有所立，乡人奇之。尝庐于长白，日自讽诵，虽刻苦不暇，每患其寡友。一日，超然遐举，四走方外，求老师巨儒，以成就其业。不数岁间，大通六籍，声名倾动当世。①

从该《记》的叙述可知，范仲淹很早就在长白山读书学习，时间应在大中祥符元年（1008年）以前。范仲淹在此学习虽"刻苦不暇"，但又少年思远，渴望与同道好友的交游，于是"四走方外，求老师巨儒"。

据考证，范仲淹在离开长白前往南都求学之前，至少有过两次出游经历：一次是与广宣大师同游紫阁云。范仲淹《赠广宣大师》云："忆昔同游紫阁云，别来三十二回春。白头相见双林下，犹是清朝未退人。"②此诗作于范仲淹由饶州迁往润州之际，范仲淹时年五十，以此倒推三十二年，那么此次出游应是在宋真宗景德三年（1006年），当时范仲淹十八岁。一次是于大中祥符元年（1008年）远赴陕西的壮游（范仲淹谦称之为"薄游"），这一年范仲淹二十岁。

在这次壮游中，范仲淹在长安结识了隐士王镐，并在其圭峰别墅"倚高松，听长笛"，后来又结识了道士周德宝和屈元应。他们在鄠、杜之间交游唱和。三十七年后，范仲淹在为王镐撰写的《鄠郊友人王君墓表》中，深情地回忆了这些往事：

> 时祥符记号之初载，某薄游至止，及公之门，因与君交执，复得二道士汝南周德宝、临海屈元应者，蚤暮过从。周精于篆，屈深于《易》，且皆善琴。君常戴小冠，衣白纻，跨白驴，相与啸傲于鄠杜之间，开樽鸣弦，或醉或歌，未尝有荣利之语。③

这完全是青年豪士间的风雅交游：吟诗作画、谈《易》抚琴、相与啸傲、纵

---

① 《范文正公褒贤集》卷三，《范仲淹全集》（下），凤凰出版社2004年版，第982—983页。
② 《范仲淹全集》（上），凤凰出版社2004年版，第100页。
③ 《范仲淹全集》（上），凤凰出版社2004年版，第329页。

饮浩歌、超凡脱俗,颇具魏晋士人嵇康阮籍之风。

人们通常认为儒家是反对年轻人离家远游的,因为孔子说过"父母在,不远游",但孔子在这句后面还有一句重要补充,即"游必有方"①,这是常被人们忽略的。因此,在能否远游这个问题上,孔子的态度是:如果父母健在,原则上不要远游,这一来是父母需要子女照顾,二来是远游会让父母担心,这就是"父母在,不远游";但如果父母生活已安顿无忧,出行有正当的理由和正确的方向,往返时间也安排妥当并告知父母,远游还是可行的,这就是"游必有方"。

事实上,孔子和儒家是不反对远游的。《论语》开篇即说:"学而时习之,不亦说乎?有朋自远方来,不亦乐乎?人不知而不愠,不亦君子乎?"②其中"有朋自远方来,不亦乐乎?"不正是对远道而来的朋友抱有热烈的期待吗?孔子自己就曾周游列国达十四年之久,试图寻找从政的机会,实现自己的仁义主张,还留下了"知者乐水,仁者乐山"③的嘉言。孔子的弟子众多,但很多都不是齐鲁人士,如子游、子夏、子张、子贡等,他们都是离开故乡,通过远游来到孔子门下学习的。受孔子和儒家思想的影响,古代文人大多寄情山水,留恋林泉,热衷于通过远游来探幽访古,增长见闻,饱览祖国河山,如司马迁、陶渊明、谢灵运、李白和杜甫等,他们不仅读万卷书,而且行万里路,认为这是丰富和完善自我,进而实现人生价值的两条最重要的途径。

作为传统士人的杰出代表,范仲淹继承了前辈文人的优良传统,终生好游。他除了在二十岁时的这次远赴陕西的壮游之外,在三十岁时还有过一次远赴河朔的壮游。另外,他每在一地为宦,都以畅游当地山水名胜,拜访文人雅士为平生快事。这体现了他心系天下,热爱祖国河山,钟情于自然山水的豪情壮志;也体现了他乐与知己论道,喜与名士交游的乐群精神,以及"君子不独乐,我朋来远方"④的雅士风范。

---

① 《论语·里仁》。
② 《论语·学而》。
③ 《论语·雍也》。
④ 《范文正公文集》卷二《书海陵滕从事文会堂》,《范仲淹全集》(上),凤凰出版社2004年版,第31页。

第二节　初入仕途

宋真宗大中祥符八年（1015年），二十七岁的范仲淹以"朱说"之名进士及第，试题为：《置天下如置器赋》《君子以恐惧修省诗》《顺时慎微其用何先论》。这一科的状元是蔡齐，进士及第共一百九十七人，范仲淹中乙科第九十七名。另有一百五十五人诸科及第或赐同进士出身。

一、初仕广德

范仲淹释褐后，同年就被任命为广德军司理参军，从此步入仕途，开始了长达三十七年的官宦生涯。"军"是宋代的地方行政机构，与府、州同级，隶属于路。广德原为县级行政区划，属宣州府。太平兴国四年（979年），脱离宣州府单独置军，辖境包括现在安徽省的广德市、郎溪县两地，隶属于当时的江南东路。司理参军是协助军州长官掌管诉讼和审讯工作的低级官员。

处理刑狱问题是特别需要具有责任心和正义感的一项工作，初入仕途的范仲淹在这两方面都显示了他良好的品德和才能。两宋之际的文学家汪藻撰有《广德军范文正公祠堂记》，其中记载了范仲淹初仕广德的一些事迹。他说范仲淹"日抱具狱，与太守（即知军）争是非。守数以盛怒临公，公未尝不少挠，归必记其往复辩论之语于屏上，比去，至字无所容"。为了确保刑狱工作的公正，范仲淹秉公办事，不惜犯颜抗上，与太守反复争辩，即使太守发怒他也不为所动。但过后他会把案件的经过、与太守的争辩记在办公大堂的屏风上，反复回味揣摩，以避免冤案的发生。等他调离广德时，屏风上已经写满了字，这也反映了他对工作一丝不苟、认真负责的态度。故《广德州志》称范仲淹"治狱廉平，……引囚讯问，皆得其情"。汪藻也说，范仲淹在"独筮仕之初，有卓然大过人者"。

对于文化教育事业的重视，是范仲淹终身坚持的为政理念，这一特点，在他从政之初就有所体现。在司理参军岗位上，他除了掌管狱讼工作外，还为广德教育事业的发展做了开创性工作，可谓功德无量。

范仲淹为官清正廉洁,对百姓秋毫无犯。当被调离广德军时,他"贫止一马,鬻马徒步而归。"意思是说,范仲淹离开广德时身无长物,缺少盘缠,连仅有的一匹马也卖掉了,他是徒步离开广德的。汪藻为此感叹道:"非明于所养者能如是乎?"范仲淹之所以如此清廉,是因为他明白百姓才是衣食父母的道理。由于他的清廉自守,范仲淹在广德留下了很好的口碑。据汪藻记载,广德"狱官有亭,以公名之者旧矣"①。这是说,后人为纪念范仲淹治狱廉平,特在他当年办公的地方建亭,并以范公命名,表达了广德百姓对他的怀念。在范仲淹去世二十年后,高邮人孙觉(字莘老)知广德军,写有《题范公堂》诗以纪其事,并刻之亭中。诗云:

> 萧萧狱曹掾,有亭名范公。
> 岁月益已久,父老传清风。
> 维时陛牢下,枉直情毕通。
> 太守异趣舍,挺然不曲从。
> 事事争救之,粉屏记其终。
> 殆公三年归,字满无所容。
> 官小俸禄薄,家居率穷空。
> 卖马以自给,徒行气弥充。②

这是孙莘老《题范公堂》诗的前半段。这首诗追记了范仲淹在广德的为政事迹,表达了对范公品德和政绩的钦佩和景仰,也表达了对范公的缅怀之情。

天禧元年(1017年),范仲淹被提拔为文林郎,权集庆军节度推官,也称谯郡从事。集庆军也称谯郡,即今安徽亳州。推官或从事是较为清闲的幕府官。从大中祥符八年初仕广德军,到天禧元年迁职集庆军的这三年时间里,范仲淹处理了两件重要的家务事:一是另立门户,奉养其母;二是认祖归宗,复姓更名。这两件事情当然是有联系的,下面

---

① 《范文正公褒贤集》卷三《广德军范文正公祠堂记》,《范仲淹全集》(下),凤凰出版社2004年版,第986—987页。
② (宋)王象之:《舆地纪胜》卷二十四《江南东路·广德军·诗》。

分别来谈。

范仲淹于大中祥符四年离开山东长白家乡时,对母亲曾有"期十年登第来迎亲"①的承诺。大中祥符八年,范仲淹进士及第,任广德军司理参军,虽官小禄微,但已能够奉养亲眷,于是"始迎其母以养"②,这是众所周知的。但范仲淹将母亲迎养到了什么地方?由于资料的缺乏,研究者们对此大多语焉不详。

有许多研究者认为范仲淹是将母亲迎养到了其任所,这是没有史料依据的。如上所述,范仲淹离开广德时的情形是"贫止一马,鬻马徒步而归"③。可见他是只身一人徒步离开广德的,如有老母相随,他不可能这样做。事实上,范仲淹在辞别家乡长山到应天府学求学期间,他母亲因思儿心切,时常哭泣,身体已变得很差。范仲淹在写于天圣九年的《求追赠考妣状》中说:"臣游学之初,违离者久,率常殒泣,几至丧明。"④可见,范仲淹不可能带着一位几近失明的衰朽老人四处游宦。

范仲淹也不可能将母亲安置在山东长山家乡,由朱氏兄弟陪护。因为他要改性归宗、自立门户,就必须带母亲离开长山。而且此时他的继父朱文瀚很可能已经辞世,否则范母也不会离开已共同生活了二十多年的丈夫。对此,王瑞来先生曾明确指出:"范仲淹离家前往应天府求学,临行前跟母亲约定,及第后来迎母侍养。当此之际,朱文瀚已经弃世,范母再度处于孀居状态。不然,范仲淹不会有这样的约定。"⑤

范仲淹更不可能将母亲安置在苏州老家,由族人照看。因为范仲淹此时尚未归宗复姓,即使已归宗复姓也没有可能。当初范仲淹的父亲去世时,孤儿寡母的谢氏尚且无法在苏州范氏宗族立足,遑论在改嫁多年之后。在下面的内容中我们会看到,谢氏去世后,范仲淹想将母亲安葬在苏州范氏祖茔都被族人拒绝,更不用说此时带回去养老了。

笔者认为,范仲淹能否迎养母亲与其婚姻状况有直接关系。此时

---

① 《年谱》天圣四年。
② 《年谱》天圣八年。
③ (宋)汪藻:《广德军范文正公祠堂记》,《范文正公褒贤集》卷三,《范仲淹全集》(下),凤凰出版社2004年版,第986页。
④ 《范仲淹全集》(上),凤凰出版社2004年版,第380—381页。
⑤ 王瑞来:《"范仲淹"问世——文正的归宗更名》,《文史知识》2012年第6期,第67页。

的范仲淹很可能已有家室,他孤身一人在外奔波游宦时,他的母亲是由其妻子陪护的。关于范仲淹的婚姻状况,他娶李昌龄的侄女李氏为妻,李氏是李昌龄之弟李昌言的女儿。① 李昌言另有两女嫁给了当时尚为布衣之身的郑戬和骆与京。范仲淹与李氏结婚的具体时间,因无史料的确切记载,学界也是众说纷纭。李裕民教授认为,"李家为何赏识范仲淹?这当是与他赴宋州学舍苦学五年有关",时在大中祥符四年至八年,如果范仲淹结婚时在二十六岁前,则也与郑戬一样是布衣。② 李裕民教授的这个推测是有依据的,因为李家择婿的标准是寒门才子,李昌言曾对其子女说:"世禄子弟,汩于绮纨之好,凡择女所配,必于寒素之门。"③曾巩尝言,李昌言"嫁女常择寒士,而至其后多为名臣,范文正公仲淹、郑文肃公戬与骆侯是也"④。这里所说的"寒素之门"是指出身低微之家,而"寒士"则是指未中进士前的读书人,而读书人一旦科举中的,则意味着官宦生涯的开始和贫寒生活的结束。范仲淹符合李家的择婿标准,因此他很有可能与郑戬、骆与京一样,在未中进士之前就娶了李氏。他曾与子女说:"吾贫时,与汝母养吾亲。汝母躬执爨,而吾亲甘旨未尝充也。今而得厚禄,欲以养亲,亲不在矣。汝母又已蚤世。"⑤范仲淹在此也说,他是在"贫时"娶的李氏,而且范母还得到了李氏的尽心服侍。这也能说明范仲淹在未中进士之前就娶了李氏。

那么,范仲淹最有可能安置母亲晚年生活的地方就是应天府了。他的妻子李氏本来就是应天府楚丘县人。⑥ 李夫人极为贤淑,她与范仲淹结婚后仍暂居在此,以便照料公婆。从大中祥符四年到大中祥符八年,范仲淹在应天府学经历了四五年的读书生涯,这里是他学习成才的地方,许多同学和朋友都在此为宦,或许他的朱氏异姓兄弟也有人在此经商,因此他对这里不仅充满感情,而且也有根基。另外,应天府与他

---

① 《年谱》卷首称李氏为"参政昌龄女也",恐有误。
② 李裕民:《范仲淹家世考》,《范仲淹研究文集》(五),张希清、范国强主编,北京大学出版社2009年版,第280页。
③ (宋)王珪:《华阳集》卷五十一《丹阳郡夫人李氏墓志铭》,四库全书本。
④ (宋)曾巩:《曾巩集》卷四十五《永安县君李氏墓志铭》,中华书局1984年版,第615页。
⑤ 《言行拾遗事录》卷一《常以俭约率家人》,《范仲淹全集》(下),凤凰出版社2004年版,第793页。
⑥ (宋)刘挚:《忠肃集》卷十二《右司郎中李公墓志铭》,四库全书本。

任职的广德和亳州距离相对较近,也是他进京办事的必经之地。这些因素,都促成了范仲淹选择把应天府作为自己另立门户、迎养母亲、安排未来生计的家园。不过,范仲淹作出这种选择的最关键因素,还是在于他的职田就在应天府。

职田是北宋地方官员俸禄的组成部分,职田的多少取决于官职的高低和实际的差遣。范仲淹作为初仕的九品小官,也有一定的职田,随着官职的晋升,职田也会相应增多。职田通常会按官员的要求划拨在官员的祖籍,但范仲淹有籍难归,他会在哪里选择职田呢?从现有的资料来看,他把职田选在了应天府的宁陵县。

据《宁陵县志》记载:

> 范仲淹,本苏州人,少孤,母适长山朱氏,公随就育。及长,读书应天,因家计于宁陵,其异父兄弟朱某者多在宁陵。后公贵,以其田赡之,故与朱氏书每言及焉;且幼固以朱为氏也。年二十九迁文林郎,权集庆军节度推官,始复范姓。①

这里的"家计"是指家庭生计,也就是以家庭经济为核心的家庭生活。而传统社会的家庭经济主要是依靠土地收入,因此"家计"可以进一步理解为靠土地经济来维持的家庭生活。

在现存的范仲淹尺牍中,有多篇家书,其中又有多篇是写给朱氏异姓兄弟的。这些家书的内容,涉及家庭日常生活的方方面面,充满天伦之情,表明范仲淹与朱氏异姓兄弟及其子侄们一直来往密切。其中有两封家书,提到他自己"专到宁陵"以及"永城庄田暨宁陵家计作何擘画"等重要内容,故全文抄录如下:

> 三郎秀才:前日专到宁陵,奉谒不遇,为某暂来南京,便欲与贤同送五娘子往广济杜宅。星夜候贤归,千万千万!诸事候却回勾当,且如今了却此事,兼要奉见商量向去次第,千万星夜速来,切切。今专差人去,不宣。某咨上三哥秀才。
>
> 三哥秀才:自别,倾渴倾渴!雅况如何?永城庄田暨宁陵家计

---

① 《宁陵县志》(清·宣统三年)卷九《人物志·名贤》,中州古籍出版社1989年版,第296页。

作何擘画？八叔员外、五哥应相助也。大郎宅上安吉？王朗家应往陈州襄邑卜居，亦甚相近，还照管得否？足下本约来此修学，还遂志否？如果得起，但见本府进奏官即知在此公人。客旅便次八九程可达，更家从长。吕秀才托伸意。或起离未得，即师问吕君，亦可日新。衰门如此，宁不忧惧？永城志文立碣，亦可向西屡见也。秋凉，希多爱多爱。四郎看恤伊早令读书。因人千万示信，不宣。某咨于朱侄秀才台座。①

第一封信的内容，是范仲淹要和三郎共同送"五娘子"往广济杜宅。为此范仲淹"专到宁陵"，结果未遇三郎，范仲淹只好"暂来南京"，然后差人急催三郎回。第二封信是与三哥商议"永城庄田"和"宁陵家计"的事。还涉及"八叔""五哥""大郎""王郎""吕秀才""昌君""四郎"等七人；还牵涉到"修学""永城志文立碣"等家长里短的事。

这两封家书印证了《宁陵县志》的记载，表明范仲淹前期的家和职田在宁陵的历史记载确有其实。家书还表明范仲淹与朱氏兄弟来往频繁，朱氏兄弟在永城和宁陵帮助范仲淹管理庄田等家计。信中的三哥（郎）秀才，是范仲淹同母异父的朱氏弟兄。

综合上述材料来看，可以得出以下结论：一、范仲淹的职田在应天府的宁陵县，庄田在应天府的永城县；二、范仲淹自立门户后把家就安在了宁陵；三、范仲淹的异父兄弟也多在宁陵，并且依靠范仲淹的土地为生。那么，合乎逻辑的推论是，大中祥符八年，范仲淹科举中第，入仕之后就将母亲接到宁陵家宅，而此时范仲淹已与李氏结婚，婚后李氏亦居宁陵家宅并服侍范母，而范仲淹的职田和庄田则由其三哥等帮助打理。

宋仁宗天圣四年（1026年），范仲淹的母亲在应天府去世，他离职去官，在南京为母丁忧。范仲淹将母亲初葬在了宁陵，五年之后才正式葬母于河南府万安山。这期间，其母灵柩暂厝于南都附近。这也表明范母生前是生活在应天府的，这里有范仲淹的"家计"。

---

① 《范文正公尺牍》卷上《与朱氏》之四、五，《范仲淹全集》（上），凤凰出版社2004年版，第599—600页。

范仲淹为何没有将母亲葬回苏州？他在《与仲仪待制》书信的第三帖中清楚地说明了事情原委：

> 昔年持服，欲归姑苏卜葬，见其风俗太薄。因思高、曾本北人，子孙幸预缙绅，宜构堂，乃改卜于洛。①

这就是说，范仲淹在昔年为母持服期间，本想把母亲安葬于苏州范氏祖茔，与其父合葬一处。事实上，范仲淹在其母去世时已认祖归宗，因此才合乎常理地提出回乡安葬母亲的要求，但由于姑苏范家"风俗太薄"，即不同意将谢氏安葬于范氏祖茔，范仲淹才不得不将母亲改葬洛阳。

范仲淹也不可能将母亲葬回长山。按传统礼教下的丧葬制度，既然谢氏已改嫁朱氏，谢氏去世后应葬于朱氏坟茔，可这对于范仲淹来说又会遇到许多伦理难题。如果谢氏归葬朱氏坟茔，对于已经认祖归宗、恢复范姓的范仲淹来说，他在百年之后是绝不可能葬于朱氏墓地的，这就意味着他永远失去了陪葬母亲的可能，这对于"性至孝"②的范仲淹来说是无法接受的。所以范仲淹最后的选择是将母亲独葬于洛阳万安山，这是基于复杂伦理和情感问题的综合考量。

天圣九年，范仲淹上奏《求追赠考妣状》，希望朝廷以自己的磨勘年限封赠父母，使先母在正式安葬之日，得及追荣，以了却孝子最后的心愿。其中云：

> 伏念臣自蒙恩改授京官，到今七年，除持服月日外，亦以四年余两个月，不敢傥求磨勘。今为迁奉在近，未曾封赠父母。窃念臣褓襁之中，已丁何怙，鞠养在母，慈爱过人。恤臣幼孤，悯臣多病，夜扣星象，食断荤茹，逾二十载，至于其终。又臣游学之初，违离者久，率常殒泣，几至丧明。而臣仕未及荣，亲已不待，既育之仁则重，罔极之报曾无，夙夜永怀，死生何及？今又俯临葬礼，尚阙褒封，祭奠之间，志述之际，乏兹恩数，逼于哀诚。身厕登瀛之华，亲

---

① 《范文正公尺牍》卷下，《范仲淹全集》(上)，凤凰出版社2004年版，第638页。
② 《宋史》卷三百一十四《范仲淹传》。

无漏泉之泽,矧遇孝理,若为子心?今欲将磨勘改转官恩泽,乞先移赠考妣,所冀迁厝之日,得及追荣。①

在此,范仲淹泣血陈述了生母逾二十载的养育之恩,怀念和悲痛之情,催人泪下!

图7　位于河南省洛阳市伊川县万安山范文正公陵园内的范仲淹母谢氏墓

二、亳州从事

天禧元年(1017年),范仲淹被提拔为文林郎,权集庆军节度推官,也称谯郡从事。天禧三年,范仲淹除秘书省校书郎,次年,仍校书芸省,守官集庆军。

范仲淹在任职亳州期间,完成了归宗复姓的夙愿。关于范仲淹复姓更名一事,《年谱》和本传都有记载。《年谱》云:"天禧元年丁巳,年二十九。迁文林郎,权集庆军节度推官,始复范姓。"本传云:"改集庆军节度推官,始还姓,更其名。"②两者都认为范仲淹是在天禧元年权集庆军

---

① 《范文正公文集》卷十九《求追赠考妣状》,《范仲淹全集》(上),凤凰出版社2004年版,第380—381页。
② 《宋史·范仲淹传》卷三百一十四。

节度推官时复姓更名的。这两种说法可能都源于富弼撰写的《范文正公仲淹墓志铭》：

> 公既长，未欲与朱氏子异姓，惧伤吴国（按，范仲淹母谢氏赠吴国夫人）之心，姑姓朱；后从事于亳，吴国命，始奏而复焉。①

范仲淹是在大中祥符四年（1011年）即二十三岁时，才得知自己是苏州范氏子孙的，从此他就萌生了归宗复姓的念头。不过按富弼的上述说法，范仲淹在当初知道了自己的身世后，并未立即要求归宗复姓，这主要是考虑其母谢氏已改嫁到朱家多年，与朱家感情较深，或许继父朱文瀚尚在人世，倘若此时立即归宗复姓，有点不近人情，也会让母亲伤心。但到天禧元年任职亳州时，继父朱文瀚可能已经过世，于是在母亲认可的情况下，范仲淹才正式奏请朝廷复姓。对于"性至孝"②的范仲淹来说，这样做是完全合乎情理的。

范仲淹归宗复姓的过程并不顺利。按《年谱》的记载，范仲淹曾在二十九岁前后去过一次苏州，与族人商议复姓一事：

> 至姑苏，欲还范姓，而族人有难之者，公坚请，云："止欲归本姓，他无所觊"，始许焉。至天禧元年，为亳州节度推官，始奏复范姓。③

当时范仲淹同父异母的兄长仲温，在苏州还有一些祖产，范仲淹的认祖归宗可能会引起财产纠纷。况且范仲淹虽有功名，但此时尚未显达，所以族人便拒绝了范仲淹的要求。但当范仲淹明确表示只想复姓，明确自己的范氏血统，没有任何财产企图时，族人才勉强同意范仲淹归宗复姓。

作为进士及第的朝廷命官，范仲淹的复姓更名还必须得到朝廷的批准。于是他于天禧元年二十九岁时向皇帝上了《乞归姓表》，得到批准，"朱说"始还姓更名为"范仲淹"。在《乞归姓表》中，范仲淹一定会将

---
① 《范文正公褒贤集》卷一，《范仲淹全集》（下），凤凰出版社2004年版，第943页。
② 《宋史·范仲淹传》卷三百一十四。
③ 《年谱》前言。

"朱说"之名的来龙去脉向朝廷说清楚,不过此表并未被范氏后人收入范仲淹的文集,这可能是出于保护家族隐私的需要,但这导致了后人对范仲淹早年经历的了解几乎为空白。因此,我们现在于此表只知其中"名非霸越,乘舟乃效于陶朱;志在投秦,入境遂称于张禄"①两句,这是运用范氏先祖范蠡更名陶朱,以及先祖范雎更名张禄的典故,巧妙表达了自己归宗复姓的愿望,故《年谱》认为范仲淹这两句"用事最为亲切"。另《宋朝事实类苑》载:

> 范文正公幼孤,随母适朱氏,因冒朱姓名说。后复本姓,以启谢时宰曰:"志在投秦,入境遂称于张禄。名非霸越,乘舟乃效于陶朱。"以范雎、范蠡,亦尝改姓名故也。又伪蜀翰林学士范禹偁,亦尝冒张姓,后复姓,有启谢郡守云:"昔年上第,误标张禄之名。今日故园,复作范雎之裔。"然不若文正公之精巧。②

关于范仲淹的复姓更名时间问题,历来就存在争议。欧阳修在富弼为范仲淹撰写了《墓志铭》之后,又于至和二年(1055年)为范仲淹撰写了《神道碑铭》。范仲淹与欧阳修和富弼的关系都很密切,因此《墓志铭》和《神道碑铭》应该是关于范仲淹生平事迹最早和较可靠的记载。但在《神道碑铭》中,只是泛泛说:"公生二岁而孤,母夫人贫无依,再适长山朱氏。既长,知其世家,感泣去之南都。……祥符八年举进士,礼部选第一,遂中乙科,为广德军司理参军,始归迎其母以养。"③欧阳修回避了范仲淹初名朱说、而后复姓更名一事。另外,较早为范仲淹立传的张唐英也说:"幼孤,母适朱氏。祥符八年,登进士第,曰朱说者是也。"④他点出了朱说之名,却也不提朱说何时复姓更名之事。这种回避的态度,可能是因为此事涉及范母改嫁等家庭隐私,范仲淹及其后人不愿多谈,出于对范仲淹的尊重,欧阳修和张唐英干脆淡化了此事。

---

① 《年谱》天禧元年。
② (宋)江少虞:《宋朝事实类苑》卷第四十,四库全书本。
③ 《范文正公褒贤集》卷一《资政殿学士户部侍郎文正范公神道碑铭》,《范仲淹全集》(下),凤凰出版社2004年版,第936页。
④ 《范文正公褒贤集》卷一《传·范仲淹传》,《范仲淹全集》(下),凤凰出版社2004年版,第933页

曾巩与范仲淹有较多来往,他在《范仲淹传》中说:"仲淹二岁丧父,而母改适长山朱氏,故从继父姓。大中祥符八年登进士第,曰朱说。后丧母,服除,始复其姓,而改今名。"①他明确称范仲淹复姓更名的时间是在"丧母、服除"之后。南宋王偁在《东都事略》中亦说:"母丧,去官。……及终丧,乃归宗,易今名。"②这显然是沿袭了曾巩的说法。南宋丁黼在《池州范文正公祠堂记》中则说:"母终于楚,天圣五年,公复如应天府,……服除,乃归宗易名",并断言:"公之从朱姓几四十年,登科记用今氏名,后人改之耳。"③丁黼说范仲淹直到天圣六年(1028年)服除之后才归宗易名的,在此之前他叫朱说几近四十年,这与曾巩和王偁之说无异。但丁黼认为范仲淹登科之后所使用的"范仲淹"这个名字,都是他的后人修改过的,这就不知有何依据了。

这样,关于范仲淹复姓更名的时间问题,便有了两种说法:一说是在其生母谢氏在世时的天禧元年,一说是在其母丧乃至服除之后的天圣六年。不过从当前的研究状况来看,多数研究者都赞成前种说法。我们没有理由否定富弼的说法,富弼是最接近、最了解当事人的,而且欧阳修在写《神道碑铭》之前也看过富弼写的《墓志铭》,他对富弼的说法也没有提出异议。王瑞来先生在《"范仲淹"问世——文正的归宗更名》④一文中,力主后一种说法,其观点也部分沿袭了丁黼的说法,此事就暂且存疑吧。

天禧二年,范仲淹三十岁。是年有河朔之壮游,并写下了名篇《河朔吟》:

> 太平燕赵许闲游,三十从知壮士羞。
> 敢话诗书为上将,犹怜仁义对诸侯。
> 子房帷幄方无事,李牧耕桑合有秋。
> 民得袴襦兵得帅,御戎何必问严尤?⑤

---

① 《范文正公集续补》卷一,《范仲淹全集》(下),凤凰出版社2004年版,第1193页。
② (宋)王偁:《东都事略》卷五十九上,四库全书本。
③ 《范文正公褒贤集》卷三,《范仲淹全集》(下),凤凰出版社2004年版,第999页。
④ 参见《文史知识》2012年第6期。
⑤ 《范仲淹全集》(上),凤凰出版社2004年版,第64页。

澶渊之盟后，河朔地区已恢复和平，但幽云十六州仍被契丹占领。河朔之行激发了诗人强烈的民族责任感，诗篇表达了年轻的范仲淹决心以先贤英雄为榜样，收复失地，重建河山的豪情壮志。

三、任职苏北与掌学应天府

从天禧五年（1021年）到天圣四年（1026年）的六年时间里，范仲淹均在泰州地区任职。关于范仲淹在此期间的履职情况，富弼在其撰写的《范文正公仲淹墓志铭》一文中说得很明白：（范仲淹）"监泰州西溪盐廪，以劳进大理丞。又举知兴化县、建州关隶，以吴国老疾辞，监楚州粮料院。丁忧去官"①。可惜均未注明具体任职时间，而《年谱》又多有误载。现在比较一致的看法是：天禧五年，范仲淹调任监泰州西溪盐仓；天圣三年秋，因修复捍海堰的需要调任知兴化县事；随后还调范仲淹任职建州关隶，但因范母病未成行；不久又调范仲淹任监楚州粮料院，但范仲淹在楚州粮料院没有留下任何记载。天圣四年八月，范母卒，范仲淹去官离开苏北，回应天府丁母忧。

天禧五年，范仲淹从亳州调任泰州西溪镇（现江苏东台西溪镇），任监泰州西溪镇盐仓，为盐业监当官，也称"监盐仓"或"监盐"等。职责是监管海盐的生产、存储和发运，以及榷盐课利、稽查私盐等工作。西溪盐仓的前身是泰州海陵监。海陵监是唐朝乾元年间（758—760年）在泰州设置的盐务行政管理机构，其职责是为国家征榷海盐之利。征榷煮海之利是唐朝中期第五琦"初变盐法"之后的产物，据《文献通考》载："乾元元年，盐铁、铸钱使第五琦初变盐法，就山海井灶近利之地置监院，游民业盐者为亭户，免杂徭。盗鬻者论以法。及琦为诸州榷盐铁使，尽榷天下盐。"②南唐在泰州也设有海陵监。

宋初承袭南唐之制，在泰州海陵县设置海陵监。如《文献通考》言："宋朝之制，颗盐出解州安邑、解县两池。……末盐煮海，则楚州盐城监岁煮四十一万七千余石，通州丰利监四十八万九千余石，泰州海陵监、

---

① 《范文正公褒贤集》卷一，《范仲淹全集》（下），凤凰出版社2004年版，第943页。
② 《文献通考》卷十五《征榷考二》。

如皋仓、小海场六十五万六千余石。"①这则材料讲的是宋朝的事,并明确提到"泰州海陵监",可知宋初在泰州海陵县是设有海陵监的,我们没有理由说这时的海陵监就是西溪盐仓。这里虽未提及西溪盐仓,但此时的西溪盐仓应为海陵监的下辖盐场。据《读史方舆纪要》记载:"海陵监本泰州盐场。宋置监于此,亦曰西溪盐仓,在今泰州东北百里。"②又据该书卷二十三《南直五(按:扬州)》记载:"海陵监州东北百二十里。宋为西溪盐仓,州产盐,因置监于此,以司其利。"可见,海陵监后来移治西溪镇,与西溪盐仓合二为一而只称作西溪盐仓了。总之,西溪盐仓是北宋海盐最重要的产地,也是北宋政府榷盐收入的重要来源。因此,北宋政府很重视监场的管理,史传名相吕夷简和晏殊也曾任职西溪盐仓,加上后来的范仲淹,就形成了所谓的"西溪三相"③。

范仲淹在监泰州西溪镇盐仓期间,结识了富弼。天圣元年(1024年)至天圣二年,富弼的父亲富言监泰州榷酤,是管理酒务的官员,而此时范仲淹正监泰州西溪盐仓,两人同属监当官,应当有较多往来。天圣元年,富弼随侍其父来到泰州,始与范仲淹相识。富弼在《范纯祐墓志铭》中说:"仆天圣初,始识范文正公于海陵。"④海陵即泰州。天圣初年范仲淹三十五岁,富弼二十岁,为"初冠"之年,两人相差十五岁,但范仲淹很欣赏这位年轻人,认为是"王佐才也"⑤,故对其多有眷顾,并教之以文,告知以道。而富弼也服膺范仲淹,两人可谓忘年之交。在天圣初年、二年的两年间里,两人应当有比较频繁的交往。富弼在《祭范文正公文》中,对与范仲淹的这段交往作了深情回顾:

> 某昔初冠,识公海陵。顾我誉我,谓必有成。我稔公德,亦已服膺。自是相知,莫我公比。一气殊息,同心异体。始未闻道,公实告之。未知学文,公实教之。⑥

---

① 《文献通考》卷十五《征榷考二》。
② (清)顾祖禹:《读史方舆纪要》卷七《历代州域形势七》。
③ 陈钧:《北宋三相与东台西溪》,《盐城师范学院学报》(人文社会科学版)2007年第4期。
④ 《全宋文》卷一三九,中华书局1992年版。
⑤ 《宋史》卷三百一十四《富弼传》。
⑥ 《范文正公褒贤集》卷一,《范仲淹全集》(下),凤凰出版社2004年版,第957页。

海陵的相识,奠定了范仲淹与富弼"师友僚类,殆三十年"①的密切关系。在此后的漫长岁月中,两人"始终保持了亦师亦友亦同僚的健康关系,是中国古代文人政治家实践'和而不同'政治理想的典范"②。

范仲淹在任职泰州期间,来往密切的另一位友人是滕宗谅。范仲淹在《天章阁待制滕君墓志铭》中说:"及君(指滕宗谅)历潍、连、泰三州从事,在泰日,予为盐官于郡下,见君职事外,孜孜聚书作文章,爱宾客。又与予同护海堰之役,遇大风至,即夕潮上,兵民惊逸,吏皆苍惶,不能止,君独神色不变,缓谈其利害,众意乃定。予始知君必非常之才而心爱焉。"③可知,范仲淹在监泰州西溪盐仓时,滕宗谅任泰州从事,两人是同年进士,又在同一个地方做官,且思想性情相投,故这期间两人来往密切。滕宗谅在泰州官署内建有一座"文会堂",经常邀请范仲淹和当地一些志同道合的文人雅士相聚于此,并多有诗文唱和。

图8 位于海陵郡(今江苏省泰州市)的文会堂,是范仲淹在监泰州西溪盐仓期间,与富弼、滕宗谅等人的雅聚之所

到乾兴元年(1022年),范仲淹已经三十四岁,况且入仕已达八年,

---

① 富弼:《祭资政范公文》,《范文正公褒贤集》卷一,《范仲淹全集》(下),凤凰出版社2004年版,第958页。
② 张希清:《范仲淹与富弼关系考》,《中州学刊》2010年第3期。
③ 《范仲淹全集》(上),凤凰出版社2004年版,第318页。

但仍然身处基层,为九品小官,可谓仕途蹭蹬。而在其前辈士人中,进士及第后十年左右便跻身朝廷要员的大有人在。如吕蒙正于太平兴国二年(977年)状元夺魁,至端拱元年(988年)就官拜宰相。而名臣寇准从太平兴国五年(980年)十九岁时考中进士,到淳化二年(991年)三十岁时被提拔为枢密副使,跻身宰执,也只用了十一年时间。沈括在《梦溪笔谈》中曾记载:"张唐卿进士第一人及第,期集于兴国寺,题壁云:'一举首登龙虎榜,十年身到凤凰池。'有人续其下云:'君看姚晔并梁固,不得朝官未可知。'后果终于京官。"①可见,进士及第后,用十年左右时间跻身执政行列,是宋代名臣的一个象征,也是有政治理想和远大抱负的士人的目标。范仲淹是一个进取心极强的人,对于自己的当下处境,他并不满意,他渴望被重用,渴望有一个更高更大的舞台施展自己的才能和抱负。于是在这年的十二月,范仲淹就上书当时的尚书右丞、枢密副使张知白,表达了自己的愿望:

> 天下才士,莫不稽颡,仰望光明,但仲尼日月之阶,难为其升尔。某何人也,可预陶甄之末?其大幸者,生四民中,识书学文,为衣冠礼乐之士;研精覃思,粗闻圣人之道。知忠孝可以奉上,仁义可以施下,功名可存于不朽,文章可贻于无穷,莫不感激而兴,慨然有益天下之心,垂千古之志,……而当世大君子,以某雕虫之技而怜之者有矣,未有谓某之诚,可言天下之道者。今复吏于海隅瘴荚之中,与国家补锱铢之利,缓则雇谷,猛且贼民,穷荒绝岛,人不堪其忧,尚何道之可进?……恭惟右丞,播洪钧之仁,矜其不肖,以一言置于左右。至于稼穑之难,狱讼之情,政教之繁简,货殖之利病,虽不能辩,亦尝有闻焉,似可备俊之末议,且使朝夕执事于前,观之可否。……使某会遇之日,有益于当时,有垂于将来,乃右丞之道传传而不朽矣。②

范仲淹在上书中说,他自己作为"衣冠礼乐之士",存在"慨然有益天下之心"和"垂千古之志",因此自己虽身处"海隅瘴荚之中",仍渴望

---

① (宋)沈括:《梦溪笔谈》卷二十三。
② 《范文正公文集》卷九《上张右丞书》,《范仲淹全集》(上),凤凰出版社2004年版,第181页。

"言天下之道"。他对自身实际能力也充满自信,说自己对于"稼穑之难,狱讼之情,政教之繁简,货殖之利病"等政务"亦尝有闻焉",并坚信自己如能得到张右丞的举荐提拔,定会"有益于当时",也会"有垂于将来",使"右丞之道传传而不朽"。显然,范仲淹并非干请之人,这封上书也不是普通的自荐信。它体现了范仲淹"居庙堂之高则忧其民,处江湖之远则忧其君"①的心胸和抱负,以及作为"新型士人"所拥有的自觉使命感和政治主体意识。

范仲淹在泰州任职期间最大的政绩是捍海堰的修复。范仲淹在监西溪盐仓期间,发现苏北沿海一带,因旧有的海堤已年久失修,海水经常倒灌,淹没农田,导致土地盐碱化,无法耕种。海水也毁坏盐场,成为一大灾害。于是他上书淮南制置发运使张纶,请求修复海堤。张纶奏请朝廷,朝廷同意修复,并于天圣三年(1025年)任命范仲淹为兴化县令,主持这项修复工程。

范仲淹在《宋故卫尉少卿分司西京胡公神道碑》一文中,对此事的经过有详细说明:

> 初,天圣中,余掌泰州西溪之盐局,目秋潮之患,浸淫于海陵、兴化二邑间,五谷不能生,百姓气馁而逋者三千余户。旧有大防,废而不治。余乃白制置发运使张侯纶。张侯表余知兴化县,以复厥防。会雨雪大至,潮汹汹惊人,而兵夫散走,旋沴而死者百余人。道路飞语,谓死者数千,而防不可复。朝廷遣中使按视,将有中罢之议。遂命公(胡令仪)为淮南转运使,以究其可否。公急驰而至,观厥民,相厥地,叹曰:"昔余为海陵宰,知兹邑之田特为膏腴,春耕秋获,笑歌满野,民多富贵,往往重门击柝,拟于公府。今葭苇苍茫,无复遗民,良可哀耶!"乃抗章请必行前议。张侯亦请兼领海陵郡,朝廷从之。公与张侯共董其役,始成大防,亘一百五十里,潮不能害,而二邑逋民悉复其业。余始谋之,以母忧去职,二公实成之。今二十余载,防果不坏,非公之同心,岂及于民哉?②

---

① 《范文正公文集》卷八《岳阳楼记》,《范仲淹全集》(上),凤凰出版社2004年版,第168页。
② 《范文正公文集》卷十二,《范仲淹全集》(上),凤凰出版社2004年版,第261页。

李焘在《长编》中对此事亦有详细记载：

> （天圣四年八月）丁亥，诏修泰州捍海堰。先是，堰久废不治，岁患海涛冒民田，监西溪盐税范仲淹言于发运副使张纶，请修复之。纶奏以仲淹知兴化县，总其役。难者谓涛患息则积潦必为灾，纶曰："涛之患十九，而潦之灾十一，获多亡少，岂不可乎。"役既兴，会大雨雪，惊涛汹汹且至，役夫散走，旋泞而死者百余人。众哗言堰不可复，诏遣中使按视，将罢之。又诏淮南转运使胡令仪同仲淹度其可否，令仪力主仲淹议。而仲淹寻以忧去，犹为书抵纶，言复堰之利。纶表三请，愿身自总役。乃命纶兼权知泰州，筑堰自小海寨东南至耿庄，凡一百八十里，而于运河置闸，纳潮水以通漕。踰年堰成，流逋归者二千六百余户，民为纶立生祠。令仪及纶各迁官。令仪，陈留人；仲淹，吴人也。张纶兼权知泰州乃五年六月辛卯，纶及胡令仪迁官乃六年七月甲午朔，今并书之，仍别出。①

值得注意的是，范仲淹是在监西溪盐仓期间倡导修复海堤的，但他主持实施这一工程却是在知兴化县任上。在工程进行的过程中，恰值出现了大雨雪天气，结果引发大海浪，导致民工百余人被潮水冲击而丧生。这次安全事故几乎使工程废止，后在胡令仪、张纶、范仲淹的坚持下才得以继续。工程还未结束时，范仲淹便因丁母忧而离职了，后在胡令仪和张纶的主持下，得以完成。故整个捍海堰修复工程并非一人一时所为，范仲淹说"余始谋之，以母忧去职，二公实成之"，是不掠人之美、实事求是的说法。关于此次修复的捍海堰的地点和长度，范仲淹自己说是位于"海陵、兴化二邑间"，长度是"一百五十里"，这应该是准确的。但各种文献对此记载不一，司马光说"长数百里"，而且跨越"通、泰、海三州之境"②，这明显夸大其词了。司马光可能是将范仲淹等人在泰州修复的捍海堰，与淮南淮北所有的海堤混为一谈了。李焘在《长编》中说"筑堰自小海寨东南至耿庄，凡一百八十里"，这个误差或许是丈量方法的不同所导致的。

---

① 《长编》卷一〇四，天圣四年八月丁亥。
② （宋）司马光：《涑水记闻》卷十。

捍海大堤的修复,解决了苏北沿海的海水倒灌、淹没卤化农田、毁坏盐场等问题,使得土地得以耕种,二千六百余户农民得以回归家园,农事、课盐两便。因此这是一项重大的惠民工程。后人因范仲淹的首建之功,称此工程为"范公堤"。

图9　位于今江苏省阜宁县的"范公堤"遗址

从天禧五年到天圣四年的六年时间里,范仲淹均在泰州任职。天圣四年八月,范母卒,范仲淹回应天府丁母忧。也就是说,范仲淹在苏北的六年,其中有五个年头是任监西溪盐仓的职务,这很不合情理。后来朝廷调范仲淹任兴化县令,是为了让其主持修复海堰工程,但在工程还远未结束的情况下,又很快调范仲淹任监楚州粮料院,这也不知何故。另外,范仲淹是在泰州兴化县去职丁母忧的,还是在楚州粮料院去职丁母忧的,暂时也无从确定。总之,范仲淹在泰州的这段经历,还需要进一步考证。

在丁母忧期间,范仲淹于天圣五年应南京留守晏殊之邀执掌应天府学。从大中祥符四年至八年的五年时间里,他在此读书求学,后考中进士,成就了人生的辉煌。十六年后,他作为"睢阳学派"的思想传人来此执教,同样创造了佳绩。在他的精心管理下,书院的办学质量提升很快,致使"四方从学者辐辏"。培养的人才也很多,乃至"宋人以文学有声名于场屋、朝廷者,多其所教也"。①

在此期间,范仲淹也迎来了他人生中的第一个创作高峰。据《年谱》载,他的许多思想学术文章,如他最重要的政论文章《上执政书》,体现其教育思想的重要文章《南京府学生朱从道名述》、《南京书院题名记》②、《代人奏乞王洙充南京讲书状》等,都创作于这一时期。

另据方健先生的研究,范仲淹的易学论文《易义》及诸赋,也创作于这一时期:

> 范之《易义》和易学诸赋,其具体写作时间虽尚难以考定,但大致成文时间尚可推测。……范之《易》学研究作品当产生于天圣五年前后,远比欧阳修、胡瑗、张载诸家易说为早,殆无可疑。③

《易义》及诸赋,包括《易兼三材赋》《穷神知化赋》《乾为金赋》《水火不相入而相资赋》《蒙以养正赋》《天道益谦赋》等,不仅是范仲淹最重要的易学作品,也是其最重要的哲学作品。另外范仲淹在这一时期还写有一些诗文及文论《赋林衡鉴序》,据该序文所述,他在此时期可能还编著了赋学类书《赋林衡鉴》。

可见,范仲淹在为母丁忧和执掌应天府学的短暂时期,创作了大量的思想学术及文学作品,展现了极高的创作能力。可以说,在此期间的思想历练,为他日后的从政和从容应对各种磨难提供了丰厚的学养支撑,从这个角度来看,应天府学是他的人生福地。

第三节 "三黜三光"

天圣六年年末,经丞相晏殊的推荐,范仲淹经试后被任命为秘阁校

---

① 《言行拾遗事录》卷一《寓居南都掌府学》,《范仲淹全集》(下),凤凰出版社2004年版,第791页。
② 王瑞来认为范仲淹的《南京书院题名记》作于景祐元年。参见王瑞来《范仲淹生平事迹记载考辨》,《第二届中国范仲淹国际学术论坛论文集》,2008年10月,第205页。
③ 方健:《范仲淹评传》,南京大学出版社2001年版,第306页。

理,开始到京城从事馆职工作。晏殊的这次举荐,也听取了宰相王曾的建议。在天圣五年,范仲淹曾上《上执政书》,宰相王曾"见而伟之",故向晏殊献言:"公知范仲淹,舍而他荐乎?"①

秘阁、龙图阁与"三馆"(昭文馆、史馆、集贤院),统称馆阁。馆阁属皇家图书馆,乃珍籍收藏之所。秘阁校理是在这些机构从事图书整理和校雠工作的官员。《容斋随笔》云:"国朝馆阁之选,皆天下英俊,然必试而后命。一经此职,遂为名流。其高者,曰集贤殿修撰、史馆修撰、直龙图阁、直昭文馆、史馆、集贤院、秘阁。次曰集贤、秘阁校理。官卑者,曰馆阁校勘、史馆检讨,均谓之馆职。"②可见,馆职为清要之职,级别不高,但社会地位高,待遇优厚,且近水楼台,擢升的机会较多。据《麟台故事》记载:"祖宗时,馆职到馆一年理通判资序,三年理知州,已系通判者二年理知州,关升不用举主。"③显然,馆阁已成为培养高级官僚的场所,而就任馆职便成为终南捷径,故范仲淹在《奏上时务书》中说"我朝崇尚馆殿,目为清华,辅相之材,多由此选"④,在《奏杜杞等充馆职》中也说"馆殿为育材之要府"⑤。但范仲淹的仕途并不顺利,在一年后的一场政治风波中,他的馆职之路就中断了。

一、礼仪之争

在刘太后主政前期,政治尚属清明。据《长编》载:"始,太后称制,虽政出宫闱,而号令严明,恩威加天下。左右近习亦少所假借,宫掖间未尝妄改作,内外赐与皆有节。"但到了统治后期,政治就趋于昏乱,如"晚稍进外家,任内官罗崇勋、江德明等访外事,崇勋等以此势倾中外。又以刘从德故黜曹修古等"。⑥ 宋仁宗也曾说:"曩者太后临朝,臣僚戚属多进女口入宫,今已悉还其家矣。"⑦加之刘太后擅权越礼,败坏朝纲,

---

① 《年谱》天圣六年。
② (宋)洪迈:《容斋随笔》卷十六。
③ (宋)程俱:《麟台故事》卷四《官联》。
④ 《范仲淹全集》(上),凤凰出版社2004年版,第175页。
⑤ 《范仲淹全集》(上),凤凰出版社2004年版,第565页。
⑥ 《长编》卷一百一十二,明道二年五月癸酉。
⑦ 《长编》卷一百一十三,明道二年十二月戊申。

任人唯亲，排斥忠良，这使得北宋的吏治在真宗朝的基础上更加腐败。韩琦尝言：

> 国家祖宗以来，躬决万务，凡于赏罚任使，必与两制大臣于外朝公议，或有内中批旨，皆是出于宸衷。只自庄献明肃太后垂帘之日，遂有奔竞之辈，货赂公行，假托皇亲，因缘女谒，或于内中下表，或只口为奏求。是致侥幸日滋，赏罚倒置，法律不能惩有罪，爵禄无以劝立功。唐之斜封，今之内降，蠹坏纲纪，为害至深。①

韩琦认为，刘太后在十余年的垂帘听政时期，独断专行，多"内中下表"，致使"侥幸日滋"、纲纪败坏，这对于天水一朝的统治是起到了破坏作用的。事实上，在刘太后主政期间，由于重用吕夷简等守旧大臣，对宋真宗统治时期的弊政无所更革，因"三冗"而导致的积贫积弱问题日益严重。

天圣七年（1029年），刘太后依然在垂帘听政，主持朝政。这年十一月，刘太后打算让宋仁宗在冬至这一天率百官为她祝寿。消息一出，"搢绅失色相视，虽切切口语而畏惮，无一敢论者"②。但官微言轻的秘阁校理范仲淹出于反对后宫干政，维护君权，维护正常统治秩序的目的，认为作为一国之尊的天子行臣子之礼是不合礼法的，于是上疏强烈反对，认为此事"亏君体，损主威"，故疏入内廷之后如石沉大海；随后范仲淹"又奏疏请皇太后还政"③，结果亦如泥牛入海。事实上，范仲淹这些举动让刘太后感到了很大的舆论压力，结果是刘太后"颇不怿"。④

可以理解的是，范仲淹的举动让他的举主——晏殊感到了恐慌。据史载："晏殊初荐仲淹为馆职，闻之大惧，召仲淹，诘以狂率邀名且将累荐者。仲淹正色抗言曰：'仲淹缪辱公举，每惧不称，为知己羞。不意今日反以忠直获罪门下。'殊不能答。仲淹退，又作书遗殊，申理前奏，

---

① 《长编》卷一百二十三，宝元二年四月乙亥。
② 《范文正公褒贤集》卷一《范文正公仲淹墓志铭》，《范仲淹全集》（下），凤凰出版社2004年版，第943页。
③ 《长编》卷一百八，天圣七年十一月癸亥。
④ 《范文正公褒贤集》卷一《范文正公仲淹墓志铭》，《范仲淹全集》（下），凤凰出版社2004年版，第943页。

不少屈,殊卒愧谢焉。"①

这次事件似乎只是一场礼仪之争,范仲淹所反对的也似乎只是刘太后的僭越行为。据范仲淹写于天圣八年的《上资政晏侍郎书》记载,晏殊就曾这样质问过范仲淹,他说:"曾上封章言朝廷礼仪事,果有事乎?"②这说明晏殊未能真正理解范仲淹。其实范仲淹的这次谏诤,除了要"足存皇帝贵高之体",以避免"后代必有舅族强炽"③局面的出现之外,还有另一层意义,就是对以吕夷简为代表的官僚保守集团的不满。刘太后自乾兴元年(1022年)宋仁宗即位开始就一直垂帘听政,直到明道二年(1033年)去世为止,宋仁宗方得亲政。在这期间,刘太后在政治上不仅独断专行,且墨守成规,奉行保守政治,而吕夷简在此期间一直担任宰辅大臣,可以说,吕夷简就是刘太后保守政治的忠实执行者。

范仲淹在《上资政晏侍郎书》中,不仅阐述了儒家的"母子之义"和"君臣之仪",还表明了他对时局的忧虑。范仲淹认为局面是"逊言逊行之党"的"不战而胜"造成的,他崇尚"危言危行"的正言直谏精神,反对"逊言逊行"的官场庸俗作风。他在给晏殊的信中还说:"小臣昧死力言,大臣未能力救。苟诚为今日之事,未量后代之患,岂小臣之狂言、大臣之未思也?"④这里的"大臣"是指当时的宰相吕夷简。范仲淹显然对宰相在仁宗祝寿、太后还政这个原则问题上的"逊言逊行"深为不满,这样,范仲淹此举不仅"以言事忤章献太后旨"⑤,还把矛头直接指向了以吕夷简为代表的朝廷保守势力,这必然会遭到报复。结果,范仲淹迫于压力,"遂乞补外,寻出为河中府通判"⑥。这是他第一次因言获罪而遭贬谪。

可见,由于政见的不同,范、吕二人自开始接触就存在矛盾,这为后来更激烈的冲突埋下了伏笔,范仲淹跌宕起伏的政治生涯,自此就在与

---

① 《长编》卷一百八,天圣七年十一月。
② 《范仲淹全集》(上),凤凰出版社2004年版,第201页。
③ 《范仲淹全集》(上),凤凰出版社2004年版,第205页。
④ 《范仲淹全集》(上),凤凰出版社2004年版,第205—206页。
⑤ 《范文正公褒贤集》卷一《资政殿学士户部侍郎文正范公神道碑铭》,《范仲淹全集》(下),凤凰出版社2004年版,第937页。
⑥ 《年谱》天圣七年。

保守势力的冲突和对抗中而展开了,而宋代的党争也由此而起,甚至对北宋中后期的政治都产生了重要影响。

天圣八年,范仲淹被贬出任河中府通判,天圣九年又改任陈州通判。在此期间,他不顾个人的身份处境,多次上书朝廷,就一些事关全局的重大问题阐述其见解,对不合理的朝政依然多有批评。这一年,他又上书督促太后还政,结果依然是疏入,不报。①

范仲淹还于同年三月上书反对朝廷大兴土木、建造宫观,并反对越过正常体制程序的内降除官。据史载:

> 时方建太一宫及洪福院,市材木陕西。仲淹言:"昭应、寿宁,天戒不远。今又侈土木,破民产,非所以顺人心、合天意也。宜罢修寺观,减常岁市木之数,以蠲除积负。"又言:"恩幸多以内降除官,非太平之政。"②

范仲淹在此提到的"昭应、寿宁,天戒不远",是指宋真宗朝为供奉"天书"而耗巨资修建的玉清昭应宫和宋太宗朝修建的寿宁观,分别于天圣七年和天圣五年毁于大火的历史事件。关于玉清昭应宫的宫灾事件,《长编》是这样记载的:

> (天圣七年六月)丁未,大雷雨,玉清昭应宫灾。宫凡三千六百一十楹,独长生崇寿殿存焉。翌日,太后对辅臣泣曰:"先帝力成此宫,一夕延燔殆尽,犹幸一二小殿存尔。"枢密副使范雍,度太后有再兴葺意,乃抗言曰:"不若燔之尽也。"太后诘其故,雍曰:"先朝以此竭天下之力,遽为灰烬,非出人意。如因其所存,又将葺之,则民不堪命,非所以祗天戒也。"宰相王曾、吕夷简亦助雍言,夷简又推洪范灾异以谏,太后默然。③

可见玉清昭应宫被毁之后,临朝的刘太后曾有重新修葺之意,但遭到了群臣的反对。范仲淹也认为玉清昭应宫和寿宁观的毁于大火,属

---

① 《年谱》天圣八年。
② 《宋史》卷三百一十四《范仲淹传》。
③ 《长编》卷一百八,天圣七年六月丁未。

于"天戒"。既然是"天戒",那就应该顺应"人心"和"天意",因此他主张"罢修"这些"侈土木,破民产"的寺观。

对于因亲近刘太后就能得到提拔的"内降除官"现象,范仲淹认为也是"非太平之政"。不过此时仁宗尚未亲政,范仲淹的这些谏言没有被朝廷采纳,但"事虽不行",而"仁宗以为忠",①这为后来范仲淹受到仁宗的重用奠定了基础。

明道二年三月,刘太后去世,二十四岁的宋仁宗终于亲政。仁宗亲政伊始,就开始改变刘太后主政时期的一些弊政,如:

> 诏内外毋得进献以祈恩泽,及缘亲戚通章表。若传宣,有司实封覆奏,内降除官,辅臣审取处分。罢创修寺观。毋进乾元节香合及山仪。帝始亲揽庶政,裁抑侥幸,中外大悦。②

宋仁宗首先改变了刘太后临朝时的"内降除官"问题,抑制侥幸,恢复法制,同时罢修寺观,这些纠弊措施赢得了广泛赞誉。其次,仁宗亲政以后,任用忠良,把那些曾遭到刘太后和吕夷简打击迫害的官员迅速召回朝廷,委以重任。仁宗曾对章得象说:"向者太后临朝,群臣邪正,朕皆默识之。"③故当初依附刘太后的一批宰辅大臣如宰相吕夷简,参知政事陈尧佐、晏殊,枢密使张耆,枢密副使夏竦、范雍、赵稹等人皆被罢黜④,而那些"清忠无所附,且未尝有所干请"⑤,并"在天圣中尝请损垂帘仪制"⑥的官员则被召回。明道二年四月,范仲淹也于陈州通判任上被召赴阙,除右司谏,专任言官。

二、废后事件

范仲淹在专任言官期间,围绕着杨太后和郭皇后的废立问题,与宋仁宗及吕夷简等人发生了激烈的争执,这导致了他为政生涯中的第二

---

① 《宋史》卷三百一十四《范仲淹传》。
② 《长编》卷一百一十二,明道二年四月壬子。
③ 《宋史》卷三百一十一《章得象传》。
④ 《长编》卷一百一十二,明道二年四月己未。
⑤ 《宋史》卷十《仁宗二》。
⑥ 《长编》卷一百一十二,明道二年四月癸丑。

次被贬。

明道二年(1033年)三月,刘太后在驾崩前曾留有遗诰曰"尊太妃为皇太后,皇帝听政如祖宗旧规,军国大事与太后内中裁处",朝廷随后就"册皇太妃杨氏为太后"。① 范仲淹一上任就对这件事表示不满,据史载:

> 仲淹初闻遗诰以太妃为皇太后,参决军国事,亟上疏言:"太后,母号也,未闻因保育而代立者。今一太后崩,又立一太后,天下且疑陛下不可一日无母后之助矣!"时已删去参决等语,然太后之号讫不改,止罢其册命而已。②

可见,由于众大臣的反对,朝廷在发布刘太后的遗诰时,就已删去了"皇帝与太后裁处军国大事"一句。但范仲淹的上疏也不是没有意义的。范仲淹上此疏的目的,显然是为了铲除刘太后的政治影响,避免新立太后作为其代言人而干政,这有利于防止刘太后的余党借其阴魂而继续把持朝政,体现了范仲淹对仁宗亲政的支持。另据王德毅先生的研究,"以太妃为皇太后参决军国事一项,也是吕夷简为相期间所为之事",故范仲淹此疏也是针对吕夷简而发的。③ 吕夷简虽在仁宗亲政之初被罢相,但很快又复相了,这体现了仁宗犹豫不决的性格,也表明保守势力的强大。

范仲淹的正直品质,还体现在其对刘太后的善后处理问题上。刘太后驾崩后,一时舆论汹汹,渲染帝后矛盾,对太后临朝称制多有贬斥,所谓"言者多追斥垂帘时事","言者罔识大体,务诋评一时之事"。但范仲淹认为:"太后保护帝既尽力,而帝所以奉太后亦甚备",于是对仁宗说:"太后受遗先帝,保佑圣躬十余年矣,宜掩其小故以全大德。"④ 仁宗大为感悟,乃"为诏中外,毋辄论太后时事"。⑤ 范仲淹的立场是公道的:在太后临朝时,他劝其还政,以维护君权;当太后去世后,他劝仁宗力行

---

① 《长编》卷一百一十二,明道二年三月。
② 《长编》卷一百一十二,明道二年四月庚申。
③ 王德毅:《吕夷简与范仲淹》,《宋史研究论集》(第2辑),台北:鼎文书局1972年初版,第159页。
④ 《长编》卷一百一十二,明道二年五月癸酉。
⑤ 《宋史》卷三百一十四《范仲淹传》。

孝道，以维护大局和人伦。在处理帝后关系这个问题上，范仲淹不计较个人恩怨，毫无私心，光明磊落，可谓恪尽了臣职，严守了臣道。对此，王夫之曾评论说："范希文以君子之道立心，陈'掩小故以全大德'之言，能持其平也。观于此，而韩、范以外，可谓宋之有大臣乎？"①

明道二年，全国许多地方都遭受了蝗旱灾害，而江淮、京东地区的灾情尤其严重。是年七月，右司谏范仲淹曾请求朝廷派使臣前往灾区进行救灾工作，但未引起重视。不过范仲淹并未放弃，他借机对宋仁宗说：

"宫掖中半日不食，当如何？今数路艰食，安可置而不恤！"（七月）甲申，（帝）命仲淹安抚江、淮。所至开仓廪，赈乏绝，毁淫祀，奏蠲庐舒折役茶、江东丁口盐钱。饥民有食乌昧草者，撷草进御，请示六宫贵戚，以戒侈心。②

范仲淹心系灾区，坚决要求对灾民进行救济安抚，于是仁宗任命他安抚江淮。仲淹所到之处，了解灾情，开仓赈灾，拆毁淫祠，减少冗费，并从各地征调救灾物资，切实解决灾民的生计。同时还奏请蠲除了庐、舒等州茶农的折役茶，以及江东的丁口盐钱，以便减轻灾民的负担。在这次安抚行动中，范仲淹做了大量工作，出色地完成了救灾任务。归来之后，他特意向仁宗出示了灾区饥民食用的"乌昧草"，希望仁宗能够"示六宫贵戚，以戒侈心"。他还根据这次赈灾工作的切身感受，向仁宗上《救弊八事》，大抵批评当时的冗官、冗吏、冗兵、冗费，以及聚敛、滥赏、奢侈浪费等问题，提出裁冗节费、爱惜民力、加强武备等具体建议。这些都得到了仁宗的肯定。

范仲淹的第二次遭贬，主要是由于他在郭皇后被废事件中与宋仁宗和吕夷简的直面抗争。

宋仁宗亲政后，于当年十一月，宣布废掉他的结发妻子郭皇后。这件事情的背景是：

---

① （清）王夫之：《宋论·仁宗》卷四。
② 《长编》卷一百一十二，明道二年七月甲申。

> 初,郭皇后之立,非上意,浸见疏,而后挟庄献势,颇骄。后宫为庄献所禁遏,希得进。及庄献崩,上稍自纵,宫人尚氏、杨氏骤有宠。后性妒,屡与忿争,尚氏尝于上前出不逊语,侵后;后不胜忿,起批其颊,上救之,后误批上颈,上大怒,有废后意。内侍副都知阎文应白上出爪痕示执政近臣与谋之。吕夷简以前罢相故怨后,而范讽方与夷简相结。讽乘间言后立九年无子当废,夷简赞其言。①

显然,当初郭皇后之立是刘太后包办的结果,并非仁宗本意。郭皇后挟势而骄、把持后宫,仁宗对她无可奈何。但刘太后去世后,仁宗"稍自纵",冷落郭皇后,宠幸尚氏和杨氏,于是后宫争宠,发生了家暴事件,还伤及了仁宗,结果"上大怒,有废后意"。可见郭皇后的被废,表现了仁宗对刘太后长期专权的不满,也表现了他对他和郭皇后婚姻的不满,当然也与郭皇后的性格有关。但作为母仪天下的皇后,其废立事关国体,不是宋仁宗本人就能轻易决定的,需要与执政大臣们商议之后才能决定,结果宰相吕夷简等人赞成废后。不过史家们认为,吕夷简赞成废后可能存在私心,因在仁宗亲政之初清理刘太后的党羽时,开始并无意罢黜吕夷简,据《长编》载:

> 帝与夷简谋,以耆、竦等皆太后所任用,悉罢之。退告郭皇后,后曰:"夷简独不附太后耶?但多机巧,善应变耳。"由是并罢夷简。及宣制,夷简方押班,闻唱其名,大骇,不知其故。而夷简素厚内侍副都知阎文应,因使为中诇,久之,乃知事由皇后云。②

可见宋仁宗是因为听了郭皇后的枕边风才决定罢黜吕夷简的,吕夷简通过内侍阎文应知道了此事,这样吕夷简就与郭皇后结了怨。因此,他赞成仁宗废后,带有报复性质。另外,仁宗曾与御史中丞范讽"语及郭后亡子",范讽"阴合帝旨"[③],乘间言"后九年无子,当废,夷简赞其言"。[④] 这样,吕夷简、范讽和内侍阎文应的相互勾结,就促成了仁宗的

---

① 《长编》卷一百一十二,明道二年十二月。
② 《长编》卷一百一十二,明道二年三月己未。
③ 《宋史》卷三百四《范讽传》。
④ 《年谱》明道二年。

废后决定,于是朝廷下诏"追册美人张氏为皇后,上雅意所属故也显然"①。

郭皇后是在没有什么严重过错的情况下面临被废黜的命运的。既然废黜郭皇后不合乎情理,身为谏官的范仲淹自不能缄口不言。当他听到仁宗打算废后的消息后,立即上书,"极陈其不可,且曰:'宜早息此议,不可使闻于外也。'"。但仁宗置之不理,经过长时间考虑,还是于明道二年十二月下诏废黜了郭皇后。史载:"乙卯,诏称皇后以无子愿入道,特封为净妃、玉京冲妙仙师,赐名清悟,别居长宁宫。"②诏书的意思是,郭皇后因无子而自愿皈依道教,放弃皇后称号。但这显然是借口。事实上,郭皇后是无辜的,废后事件对她的打击很大,到景祐二年十二月,也就是两年之后,年轻的郭皇后就在极度的抑郁中暴毙了。

郭皇后被废与吕夷简脱不了干系,他大概估计到了谏官们对此事会有反对意见,所以他"先敕有司无得受台谏章疏",但这更激化了矛盾,台谏官们的反应趋于激烈,于是就发生了"伏阁请对"事件,这是吕夷简没料到的。据《长编》载:

> 台谏章疏果不得入,仲淹即与权御史中丞孔道辅率知谏院孙祖德、侍御史蒋堂郭劝杨偕马绛、殿中侍御史段少连、左正言宋郊、右正言刘涣诣垂拱殿门,伏奏皇后不当废,愿赐对以尽其言。护殿门者阖扉不为通,道辅抚铜环大呼曰:"皇后被废,奈何不听台谏入言。"寻诏宰相召台谏谕以皇后当废状,道辅等悉诣中书,语夷简曰:"人臣之于帝后,犹子事父母也。父母不和,固宜谏止,奈何顺父出母乎!"众哗然,争致其说。夷简曰:"废后自有故事。"道辅及仲淹曰:"公不过引汉光武劝上耳,是乃光武失德,何足法也!自余废后,皆前世昏君所为。上躬尧、舜之资,而公顾劝之效昏君所为,可乎?"夷简不能答,拱立曰:"诸君更自见上力陈之。"道辅与范仲淹等退,将以明日留百官揖宰相廷争。而夷简即奏台谏伏阁请对,

---

① 《长编》卷一百一十三,明道二年十一月乙丑。
② 《长编》卷一百一十三,明道二年十二月乙卯。

非太平美事,乃议逐道辅等。①

废后诏书发布后,台谏们纷纷上书为郭皇后鸣不平,认为"皇后不当废",希望能够尽快翻案。但因章疏无法入内,说明台谏们的意见根本不受重视,这引起了他们的激烈反弹。在范仲淹与御史中丞孔道辅的率领下,十名台谏官跪伏在垂拱殿门外为郭皇后喊冤,孔道辅甚至还扣动宫门铜环,希望当面向仁宗申诉。仁宗就让吕夷简出面向台谏们解释废后的缘由,于是众台谏又来到中书。范仲淹等指责吕夷简不该"顺父出母",并说无故废后乃"昏君所为"。吕夷简理亏无奈,就把责任推给仁宗,并使用缓兵之计,说"诸君更自见上力陈之"。范仲淹和孔道辅遂退出,准备明日上朝时廷上争谏。但吕夷简随后就对仁宗说:"台谏伏阁请对,非太平美事。"并商议好了对台谏们的贬逐事宜,结果:

> 丙辰旦,道辅等始至待漏院,诏道辅出知泰州,仲淹知睦州,祖德等各罚铜二十斤。故事,罢中丞,必有告辞。至是,直以敕除。道辅比还家,敕随至,又遣使押道辅及范仲淹亟出城。仍诏谏官御史,自今并须密具章疏,毋得相率请对,骇动中外。绛,平阴人也。偕奏乞与道辅、仲淹俱贬,劝及少连、富弼再上疏,皆不报。②

第二天一大早,范仲淹和孔道辅等来到待漏院,还未及上朝,皇帝的诏书就到了,他们有的被贬,有的遭罚。诏书还规定谏官御史,今后只可上书言事,不得联合出动请对。孔道辅被贬出知泰州,范仲淹被贬出知睦州,两人被迅速押送出城。台谏们出于公道的谏诤,就这样被严厉地压制下去了。

事后,谏官郭劝、段少连等又上书为范仲淹鸣不平,希望朝廷能够收回成命,杨偕还自请与孔道辅和范仲淹同贬,但朝廷皆未理会。将作监丞富弼也上疏曰:

> 郭后自居中宫,不闻有过,陛下忽然废斥,物议腾涌。自太祖、太宗、真宗三后,抚国凡七十年,未尝有此。陛下为人子孙,不能守

---
① 《长编》卷一百一十三,明道二年十二月乙卯。
② 《长编》卷一百一十三,明道二年十二月丙辰。

祖宗之训,而有废皇后之事,治家尚不以道,奈天下何!范仲淹为谏官,所极谏者,乃其职也。陛下何故罪之?假使所谏不当,犹须含忍以招谏诤,况仲淹所谏,大惬亿万人之心。陛下纵私忿,不顾公议,取笑四方,臣甚为陛下不取也。……陛下贵为天子,……以色欲之心,废黜嫡后,……今陛下举一事而获二过于天下,废无罪之后一也,逐忠臣二也。此二者皆非太平之世所行,臣实痛惜之。①

富弼认为仁宗"以色欲之心,废黜嫡后",乃不守"祖宗之训"。在这件事情上,他认为仁宗还犯了两个错误,一是"废无罪之后",二是"逐忠臣",这二者都不应该发生在"太平之世"。所以富弼也规劝仁宗收回废后决定,取消对范仲淹等人的处罚,但朝廷对富弼的上书也未作理会。

在这次废后事件中,台谏势力团结一致,同受皇权支持的相权展开了无畏的抗争,也是范仲淹与吕夷简的一次直接较量。抗争的结果虽然失败了,但标志着北宋士大夫阶层中台谏势力的崛起,也标志着以范仲淹为代表的革新派政治势力的觉醒。在未来的岁月中,台谏集团对于君权和相权产生的制约作用是不容低估的,这种权力制约局面的形成,对于北宋政治体制的发展产生了积极的影响,具有重要的历史价值。同时,革新派政治势力也不断地向保守派政治势力发起冲击,并最终促成了庆历新政的发生。

景祐元年(1034年)正月,范仲淹出知睦州,开始了他入仕以来的第二次贬谪生涯,此时距他在刘太后崩后被召回京还不足一年时间,时年四十六岁。关于此次的行程,他在《谪守睦州作》等诗中说:"一心回主意,十口向天涯。"②在写给晏殊的信中也说:"伏自春初至项城,因使人回,草草上谢。由颍、淮而下,越兹重江,四月既望,至于桐庐(即睦州)。"③可见,范仲淹此行拖家带口,一家老少十口人共走了三个多月才到达桐庐。他在《赴桐庐郡淮上遇风三首》写道:"舟楫颠危甚,蛟鼋出没多","一棹危于叶,傍观亦损神"④,其旅途之艰辛可想而知。面对如

---

① 《长编》卷一百一十三,明道二年十二月丙辰。
② 《范仲淹全集》(上),凤凰出版社2004年版,第81页。
③ 《范文正公尺牍》卷下《与晏尚书》(一),《范仲淹全集》(上),凤凰出版社2004年版,第619页。
④ 《范仲淹全集》(上),凤凰出版社2004年版,第82页。

此颠沛流离的放逐生活,家人颇有牢骚,所谓"妻子屡牵衣,出门投祸机"①。面对妻、子的埋怨,他安慰道:"妻子休相咎,劳生险自多,商人岂有罪,同我在风波。"在范仲淹看来,人生本无坦途,那些来往的商人,不也与我一样同在风波中吗?他没有沉沦在被贬谪之后的失意情感中,说"圣宋非强楚,清淮异汨罗"②,坚信自己不会像屈原一样葬身汨罗。他对自己的犯颜直谏毫无悔意,在《睦州谢上表》中,他虽知"逆龙鳞者掇齑粉之患,忤天威者负雷霆之诛",但依然义无反顾地劝说仁宗收回废后成命,他认为自己"理或当言,死无所避",表示"既竭一心,岂逃三黜?"③他依然乐观豁达、"笑谑有味"④,充分体现了其"不以物喜,不以己悲,居庙堂之高则忧其民,处江湖之远则忧其君"⑤的精神境界。故在范仲淹眼中,此行也并非全是苦难。江南早春,风光旖旎,富春江、钱塘江两岸的青山绿水和鸟语花香,令他诗兴大发,于是写下了《出守桐庐道中十绝》《萧洒桐庐郡十绝》等不朽诗作,表达了其山水情结,也表达了其不顾个人安危,矢志不移的忠君爱国情怀。

范仲淹同年六月即迁职苏州,因此他在睦州的任职时间很短。但在这短短的几个月内,他却做了两件大事:一是兴学;二是修建严子陵祠。对教育的高度重视是范仲淹的为政理念,所以他每到一地任职,都会办教兴学,这次在睦州任上也是如此。关于此次睦州兴学的动机,他在写给晏殊的信中说:

> 某罪有余责,尚叨一麾,敢不尽心,以求疾苦?二浙之俗,躁而无刚。豪者如虎,示之以文;弱者如鼠,存之以仁。吞夺之害,稍稍而息。乃延见诸生,以博以约,非某所能,盖师门之礼训也。⑥

在高度责任心的驱使下,范仲淹的为政是卓有成效的,他总是迅速地了解民情,然后有针对性地施政,这就是他所说的"敢不尽心,以求疾苦?"

---

① 《范文正公文集》卷五《出守桐庐道中十绝》,《范仲淹全集》(上),凤凰出版社2004年版,第83页。
② 《范仲淹全集》(上),凤凰出版社2004年版,第82页。
③ 《范仲淹全集》(上),凤凰出版社2004年版,第340页。
④ (宋)文莹:《续湘山野录》。
⑤ 《范文正公文集》卷八《岳阳楼记》,《范仲淹全集》(上),凤凰出版社2004年版,第168页。
⑥ 《范文正公尺牍》卷下《与晏尚书》,《范仲淹全集》(上),凤凰出版社2004年版,第619页。

图 10　位于浙江省桐庐县的"范仲淹纪念馆"

他发现当地存在着"豪者如虎"和"弱者如鼠"的现象,以及豪者对弱者的"吞夺之害",这与儒家"贫而无谄,富而无骄""贫而乐,富而好礼"①的社会理想是相悖的。范仲淹认为这些社会问题可以通过"示之以文"和"存之以仁"——即通过提高民众的文化和道德水平来加以解决,于是他想方设法完善州学的办学条件,并"延见诸生,以博以约"——即广延名师、施行教化,结果是"吞夺之害,稍稍而息"。

桐庐富春江畔是当年严子陵的隐居之地。千年之后知守桐庐的范仲淹,对这位不慕权贵、不贪荣禄的先贤隐者非常敬佩,于是决定重修严子陵祠堂,并亲自撰写了千古名文《严先生祠堂记》,认为严子陵与汉光武帝能够超越世俗的偏见而"相尚以道",其中严子陵"不事王侯"的高风亮节,足以使"贪夫廉,懦夫立,是大有功于名教也"。故"先生之心,出乎日月之上"。文末,范仲淹以饱含深情的语言说:"云山苍苍,江

---

①《论语·学而》。

水泱泱,先生之风,山高水长。"①这是说严子陵不为荣利所动的风范,像山一样高,像水一样长。

图 11　位于今浙江省桐庐县富春江畔的"严子陵祠"

景祐元年六月,范仲淹徙苏州。② 苏州为江南富庶大郡,但当时正值霖雨,结果积潦成灾,水害严重。他在写给晏殊的信中说:

> 某伏自睦改苏,首捧钧翰,属董役海上,至还郡中,灾困之氓,其室十万。疾苦纷沓,夙夜营救,智小谋大,厥心惶惶,久而未济。③

因水灾严重,灾民有十万户,范仲淹到苏州后立即"夙夜营救"。朝廷此次调任范仲淹知苏州,当是看重他当年在泰州的治水经验和能力,以及江淮救灾的经历,属破格任命,因为根据铨叙原则,授官要回避本籍。朝廷此次不避嫌疑,破格任命他知守本籍,是希望他能紧急前往苏州,解除水患,救济灾民。于是他再次投身到抗击水患的水利工程中。

---

① 《范仲淹全集》(上),凤凰出版社 2004 年版,第 164—165 页。
② 《年谱》景祐元年。
③ 《范文正公尺牍》卷下《与晏尚书》(二),《范仲淹全集》(上),凤凰出版社 2004 年版,第 619 页。

图 12　位于苏州市天平山的"范仲淹纪念馆"

不过,以苏州为中心的太湖流域,虽然富饶,但自古以来就是水乡泽国,容易发生水患问题,治理的难度很大。于是围绕着水患的治与不治以及如何治等问题,从朝廷到民间,就产生了各种"浮议"。面对严重灾情和各种议论,范仲淹表现出了高度的责任心和勤政精神,他经过认真的调研,并根据其学识、经验和才能,形成了富有真知灼见的救灾思路,并在《上吕相公并呈中丞咨目》一文中,向朝廷作了陈述。

范仲淹首先表明自己对灾情的忧虑和救灾的决心,他说:"及观民患,不忍自安。去年姑苏之水,逾秋不退。计司议之于上,穷俗语之于下,某为民之长,岂敢曲沮焉?"

关于水患的成因,范仲淹通过对苏州地理和水文环境的详细考察,认为:

> 姑苏四郊略平,窊而为湖者,十之二三。西南之泽尤大,谓之太湖,纳数郡之水。湖东一派,浚入于海,谓之松江。积雨之时,湖溢而江壅,横没诸邑。虽北压扬子江而东抵巨浸,河渠至多,堙塞

已久,莫能分其势矣。①

苏州地势低洼,江河纵横,湖泊密布,加之河道堙塞,入海入江水泄不畅,故每逢霖雨便会积潦成灾,淹没良田,伤害耕稼,造成很大的灾害。根据这一情况,范仲淹认为,要根本解决苏州的水患问题,必须疏通松江及入江入海的诸多河渠,使积潦导入江海。因此他制定了以疏为主的治水方案,说:"今疏导者,不惟使东南入于松江,又使西北入于扬子之于海也。"而疏导工程的实施和水利工程的兴修,首先要有合理的工程方案和预算,要解决江水已高、潮汐倒灌、泥沙淤积、淹没耕地等问题;其次还要征调民力物力、耗费大量的资源才能完成,而这又涉及如何避免扰民、爱惜民力的问题。对于这些问题,范仲淹在给朝廷的上书中都一一作了说明,驳斥了各种反对意见,论证了自己治水方案的合理性。朝廷支持范仲淹的意见,他在写给吕夷简的信中说:"今之世,有所兴作,横议先至。非朝廷主之,则无功而有毁。"可见,朝廷的支持对于范仲淹完成这次治水使命非常重要,于是他采用以工代赈的办法,招募游民兴修水利,疏通五条河渠,导太湖积水入海,解决了水患问题。

范仲淹于景祐元年(1034年)秋八月转知明州(今浙江省宁波市),后因"转运使上言公治水有绪,愿留以毕其役"之故,到九月复知苏州。②范仲淹任职苏州之所以出现到明州的反复,是因为他认为苏州是"祖祢之邦",需要避嫌,因此待水患稍稍缓解,他便请求迁调他郡。关于此事的原委,范仲淹在写给曹修睦的书信中也说:"移守姑苏,以祖祢之邦,别乞一郡,乃得四明(即明州),以计司言苏有水灾,俄名乃归。"③

返回苏州后,范仲淹便专注州事。他在苏州任内的另一大政绩是兴学办教。景祐二年,范仲淹请立郡学,并将所得风水宝地南园辟为学校,希望"天下之士咸教育于此"④,还聘请大儒胡瑗为教授,讲授"明体达用之学"⑤,遂有苏湖教学之法。三月,"知苏州、左司谏、秘阁校理范

---

① 《范仲淹全集》(上),凤凰出版社2004年版,第231—233页。
② 《年谱》景祐元年。
③ 《范文正公尺牍》卷下《与曹都官》,《范仲淹全集》(上),凤凰出版社2004年版,第623页。
④ 《年谱》景祐二年。
⑤ 《宋元学案》卷一《安定学案》。

图 13　苏州府学（今苏州文庙）

图 14　位于苏州市苏州中学内的范仲淹雕像。苏州中学原为苏州府学的一部分

仲淹为礼部员外郎、天章阁待制"。① 不过宋代官、职和差遣分离,虽然官升了,但差遣依然是知苏州,直到这年秋十月被朝廷召还京师。

三、献《百官图》

因在地方治理的功绩,范仲淹得到了朝廷的信任和肯定,于是他于景祐二年冬十月被朝廷召还,判国子监,随后又除吏部员外郎、权知开封府。其实在此之前的八月己卯,被贬知兖州孔道辅已经平反,并被提拔为龙图阁直学士。尽管"时近臣有献诗百篇者,执政请除龙图阁直学士。上曰:'是诗虽多,不如孔道辅一言。'遂以命道辅。议者因是知前日之斥果非上意也"。② 所以范仲淹的再度回京也是情理之中的事。

能够担任"天章阁待制"一职,表明范仲淹已成为皇帝信任的近臣。但为何又很快安排他去管理开封府呢? 原因就在于范仲淹坚持"儒者报国,以言为先"③的信念,对于不合理的朝政始终不肯三缄其口。据史载:

> 仲淹自还朝,言事愈急,宰相(吕夷简)阴使人讽之曰:"待制侍臣,非口舌任也。"仲淹曰:"论思政侍臣职,余敢不勉。"宰相知不可诱,乃命知开封,欲挠以剧烦,使不暇他议,亦幸其有失,亟罢去。仲淹处之弥月,京师肃然称治。④

范仲淹在这次还朝之后,不但没有吸取前两次因言获罪的教训,反而"言事愈急",这自然又让执政大臣感到如鲠在喉,于是宰相吕夷简就派人讽劝范仲淹:你已经成了皇帝的侍臣,以后要谨言慎行,不要再逞口舌之快了。范仲淹回答道:思考和论说正是侍臣的职责,我怎敢不说话呢。吕夷简知道无法劝诱范仲淹,便让他去管理开封府。因开封府是京畿之地,权贵聚集,事务繁杂,向来难治,以为这样就可使范仲淹忙于事务而"不暇它论",而且一旦发现他在工作上的差池,还可借机罢黜。

---

① 《长编》卷一百十六,景祐二年三月己丑。
② 《长编》卷一百十七,景祐二年八月己卯。
③ 《范仲淹全集》(上),凤凰出版社 2004 年版,第 355 页。
④ 《长编》卷一百一十三,明道二年十二月癸亥。

但吕夷简显然低估了范仲淹的能力,事实上范仲淹"决事如神",他仅用个把月的时间,就把号称难治的京师整治得"肃然称治"。于是开封便流传开了这样的民谣:"朝廷无忧有范君,京师无事有希文。"①

在一个法制不健全的人治社会,范仲淹的治理功效为何如此显著?除了他本人具有很强的治理能力,还在于他不计个人得失,乃至不顾身家性命,敢啃硬骨头。据《麈史》记载:"范文正好论事,仁宗朝有内侍怙势作威,倾动中外。文正时尹京,乃抗疏列其罪欲上,凡数夕,环步于庭,以筹其事。家有藏书预言兵者悉焚之。戒其子纯祐等曰:'我今上疏言斥君侧宵人,必得罪以死。我既死,汝辈勿复仕宦,但于坟侧教授为业。'既奏,神文(仁宗)嘉纳,为罢黜内侍。"②所谓内侍是指掌管宫廷事务的官员,相当于后世的内务府官员。这些人口含天宪,背靠强权,一旦为非作歹,往往无人敢言,社会危害极大。另据富弼在《范文正公仲淹墓志铭》中记载:"有入内都知阎文应者,专恣不恪,事多矫旨以付外,执政知而不敢违。公闻之不食,将入辩,谓若不胜,必不与之俱生。即以家事属长子,明日尽条其罪恶闻于上。上始知,遽命窜文应岭南,寻死于道。"③范仲淹弹劾内侍都知阎文应,是发生在景祐二年十二月的事,被废的郭皇后暴薨,"中外疑内侍阎文应置毒"④。这次弹劾内侍的事件,是范仲淹在冒着巨大风险的情况下进行的,他不畏权贵,展现了疾恶如仇、刚正不阿的忠贞品质。

范仲淹敢于正道直行的性格,在接下来的上《百官图》事件中,为他带来了更大的麻烦。事实上,范仲淹因"言事无所避",已导致了"大臣权幸多忌恶之"的不利局面,但他还是将矛头指向了权相吕夷简。据史载:

> 仲淹言事无所避,大臣权幸多忌恶之。时吕夷简执政,进者往往出其门。仲淹言官人之法,人主当知其迟速、升降之序,其进退近臣,不宜全委宰相。又上《百官图》,指其次第,曰:"如此为序迁,

---

① 《年谱》景祐二年。
② (宋)王得臣:《麈史·忠谠》卷上。
③ 《范仲淹全集》(下),凤凰出版社 2004 年版,第 944 页。
④ 《年谱》景祐二年十二月。

如此为不次,如此则公,如此则私,不可不察也。"夷简滋不悦。帝尝以迁都事访诸夷简,夷简曰:"仲淹迂阔,务名无实。"仲淹闻之,为四论以献,一曰帝王好尚,二曰选贤任能,三曰近名,四曰推委,大抵讥指时政。又言:"汉成帝信张禹,不疑舅家,故终有王莽之乱。臣恐今日朝廷亦有张禹坏陛下家法,以大为小,以易为难,以未成为已成,以急务为闲务者,不可不早辨也。"夷简大怒,以仲淹语辨于帝前,且诉仲淹越职言事,荐引朋党,离间君臣。仲淹亦交章对诉,辞愈切,由是降黜。侍御史韩渎希夷简意,请以仲淹朋党榜朝堂,戒百官越职言事,从之。时治朋党方急,士大夫畏宰相,少肯送仲淹者。①

范仲淹所献的《百官图》及《四论》,批评吕夷简政出私门、用人不公,建议仁宗在用人问题上"不宜全委宰相",特别是把吕夷简与奸臣张禹相类比的做法,让吕夷简"大怒",他以"越职言事,荐引朋党,离间君臣"的罪名投诉范仲淹,这自然引起了仁宗的警觉,因为以结党营私、党同伐异为特征的朋党政治,对于封建王朝来说是一种破坏力量,甚至会直接威胁专制君主的权力,朋党之祸在历史上的确屡见不鲜,所以历代王朝对朋党问题都很警惕。宋代的统治者也严防朋党的产生,这次便是以朋党罪处罚范仲淹的,而且还把"仲淹朋党榜于朝堂",以示对朋党问题绝不姑息。结果天章阁待制、权知开封府的范仲淹于景祐三年五月丙戌再次被罢黜,落职知饶州(今江西省鄱阳县),这实际上是吕夷简借助皇权对反对派进行的政治高压和政治迫害。因"时治朋党方急,士大夫畏宰相,少肯送仲淹者",所以范仲淹离京时,只有天章阁待制李紘、集贤校理王质,皆载酒往饯。但公道自在人心,这表面的冷清也是一种假象,朝中为范仲淹鸣不平的声音很快就出现了。

先是秘书丞、集贤校理余靖言:

> 仲淹前所言事,在陛下母子夫妇之间,犹以其合典礼,故加优奖。今坐刺讥大臣,重加谴谪。倘其言未协圣虑,在陛下听与不听

---

① 《长编》卷一百一十八,景祐三年五月丙戌。

尔,安可以为罪乎?汲黯在廷,以平津为多诈,张昭论将,以鲁肃为麁疏。汉皇、吴主,熟闻訾毁,两用无猜,岂损盛德。陛下自专政以来,三逐言事者,恐非太平之政也。请追改前命。

余靖说仁宗自亲政以来三逐言事者,非太平之政。结果余靖于景祐三年五月壬辰落职,监筠州酒税。①

随后,太子中允、馆阁校勘尹洙言:

臣常以范仲淹直谅不回,义兼师友,自其被罪,朝中多云臣亦被荐论,仲淹既以朋党得罪,臣固当从坐。虽国恩宽贷,无所指名,臣内省于心,有腼面目。况余靖素与仲淹分疏,犹以朋党得罪,臣不可幸于苟免。乞从降黜,以明典宪。

尹洙说自己曾被范仲淹举荐,若治范仲淹朋党罪,自己应与其同罪,结果宰相怒,遂逐之。景祐三年五月乙未,贬尹洙为崇信军节度掌书记,监郢州酒税。②

范仲淹遭贬之后,谏官御史莫敢言。但右司谏高若讷却公然站在吕夷简一边攻击范仲淹,说:"臣愚以为范仲淹顷以论事切直,急加进用,今兹狂言,自取谴辱,岂得谓之非辜?"欧阳修对高若讷的行为极为不齿,于是写信给他,说他"不复知人间有羞耻事",高若讷很恼怒,于是将信交给了仁宗。景祐三年五月戊戌,镇南节度掌书记、馆阁校勘欧阳修被贬为夷陵县令。

随着几人相继遭贬,西京留守推官蔡襄作《四贤一不肖》诗,流传甚广。"四贤"指范仲淹、余靖、尹洙、欧阳修,"不肖"指高若讷。③

此后,左司谏韩琦和光禄寺主簿苏舜钦亦为范仲淹辩护。其中苏舜钦的上疏,对于范仲淹等人的谏诤行为给予了高度赞誉,对于打击异己、迫害忠良的行为给予了严厉斥责。他说:

历观前代圣神之君,好闻谠议。盖以四海至远,民有隐匿,不

---

① 《长编》卷一百十八,景祐三年五月壬辰。
② 《长编》卷一百十八,景祐三年五月乙未。
③ 《长编》卷一百十八,景祐三年五月戊戌。

可以遍照。故无间愚贱之言，择而用之，然后朝无遗政，物无遁情，虽有佞臣，邪谋莫得而进也。

臣睹丁亥诏书，戒越职言事，播告四方，无不惊惑，往往窃议，恐非出于陛下之意。盖陛下即位已来，屡诏群下，勤求直言，使百僚转对，置匦函，设直言极谏科。今诏书顿异前事，岂非大臣拥蔽陛下聪明，杜塞忠良之口，不惟亏损朝政，实亦自取覆亡之道。夫纳善进贤，宰相之事，蔽君自任，未或不亡。今谏官、御史，悉出其门，但希旨意，即获美官。多士盈庭，噤不得语。陛下拱默，何由尽闻天下之事乎？

前孔道辅、范仲淹刚直不挠，致位台谏，后虽改它官，不忘献纳。二臣者，非不知缄口数年，坐得卿辅。盖不敢负陛下委注之意，而皆罹中伤，窜谪而去，使正臣夺气，鲠士咋舌，目睹时弊，口不敢论。①

因此，范仲淹在遭受因言事而三度被黜的"三黜"厄运的同时，也为自己带来了"三光"美誉。据《续湘山野录》载：

范文正公以言事凡三黜。初为校理，忤章献太后旨，贬倅河中。僚友饯于都门曰："此行极光。"后为司谏，因郭后废，率谏官、御史伏阁争之不胜，贬睦州。僚友又饯于亭曰："此行愈光。"后为天章阁、知开封府，撰《百官图》进呈。丞相怒，奏曰："宰相者，所以器百官。今仲淹尽自抡擢，安用彼相？臣等乞罢。"仁宗怒，落职贬饶州。时亲宾故人又饯于郊曰："此行尤光。"范笑谓送者曰："仲淹前后三光矣，此后诸君更送，只乞一上牢可也。"客大笑而散。惟王子野质力疾独留数夕，抵掌极论天下利病，留连惜别。范尝谓人曰："子野居常病羸不胜衣，及其论忠义，则龙骧虎贲之气生焉。"明日，子野归，客有迎大臣之旨憪之者："君与范仲淹国门会别，一笑语、一樽俎，采之皆得其实，将有党锢之事，君乃第一人也。"子野对曰："果得觇者录某与范公数夕邮亭之论，条进于上，未必不为苍生

---

① 《长编》卷一百十八，景祐三年五月。

之幸,岂独质之幸哉?"士论壮之。文正公虽极端方,而笑谑有味。①

时论对于范仲淹"极光""愈光""尤光"的美誉,表明他的刚正无私、光明磊落精神,逐步得到了士大夫群体的认可和尊敬,这为他日后立足于政坛,发挥更大的政治作用奠定了基础。

范仲淹与吕夷简的为政风格和政治见解是有很大差别的。有学者指出:"北宋的文官可以从一个角度大致划分为两大类群:一类是因为在北宋特殊政治环境作用下而感激奋发、以天下为己任、先忧后乐者,如范仲淹、欧阳修、王安石、苏轼等;另一类则是在独裁政体之下及庞大的官僚牵制体系中明哲保身、平庸居官、贪恋权位、但求无过者,如吕夷简、李昉、晏殊、章得象等。"而"范仲淹和吕夷简分别为两大类群的代表性人物"。② 这是很有见地的观点。事实上,以范仲淹为代表的"新型士人",更具有理想主义的政治追求和忠君报国的政治情怀,更具有责任感和担当精神。他们痛恨官吏的无能和腐败、勇于正视社会矛盾,对国家因"三冗"问题而导致的积贫积弱有清醒的认识,对外敌环伺的局面也深感忧虑。总之,他们充满危机感,并试图通过创新政制来铲除弊政,化解矛盾,克服危机,他们是属于士大夫阶层中富有变革精神的群体。而吕夷简代表的则是官僚保守势力,他们无视正在积累中的社会矛盾,因循持重、墨守成规,谙熟官场政治、世故老道;他们固守既得利益,无意于变革维新,属于士大夫阶层中的保守群体。因此,范仲淹和吕夷简之间的矛盾和冲突,属于士大夫阶层内部维新派与保守派的矛盾和冲突。也就是说,这两类群体的差异,不是"君子"与"小人"、"忠良"与"奸佞"之间的差异,而本质上是政见和政风的差异。如果用"君子"与"小人"、"忠良"与"奸佞"之类的概念对这两类人群进行简单归类,不但极易引起党争,还会将历史人物概念化和脸谱化,将复杂的人性简单化,从而将历史的复杂性和真实性给淹没了。

宋仁宗景祐三年五月,范仲淹因上《百官图》而落职知饶州,经过三个多月的奔波,他带领家人于同年八月到达饶州,开始了人生中的第三

---

① (宋)文莹:《续湘山野录》。
② 诸葛忆兵:《论范仲淹与宋仁宗之关系》,《江苏社会科学》2010年第5期。

图15 位于今江西省鄱阳县的"碧云轩",为范仲淹知饶州时所建,他常在此小憩赋诗。旁为后人为纪念范仲淹知饶州时勤政为民、兴学办教所塑造的雕像

次贬黜生涯。

贬黜生涯是备受苦难的。范仲淹在知饶州期间,其原配夫人——范纯仁的母亲李氏病逝在那里,这由梅尧臣的《范饶州夫人挽词二首》可以为证。[1] 但据范仲淹的玄孙范公偁记载:"忠宣曰:'……吾七岁丁楚国忧,廿六丁文正忧。'"[2]忠宣即范纯仁,他出生于天圣五年(1027年),若他七岁时丁母忧,当是在明道二年(1033年),这显然有误。故笔者怀疑"七岁"当为"十岁"之讹误。若忠宣"十岁丁楚国忧",当是在景祐三年(1036年),这便与梅尧臣的记载相一致。由此可知,范仲淹一家到达饶州后不久,夫人李氏便病故了。夫人李氏的病故与担惊受怕、颠沛流离的生活有直接关系。在景祐元年范仲淹贬知睦州时,一家

---

[1] 王瑞来:《范吕解仇公案再探讨》,《历史研究》2013年第1期,第59—60页。
[2] (宋)范公偁:《过庭录》之二十四条。

人"十口向天涯"①,经历了长达三个多月的苦难奔波,他在《出守桐庐道中十绝》中所说的"妻子屡牵衣,出门投祸机"②就清楚地表露了妻子的担忧。此次自京师贬知饶州,一家人的行程也是三个来月,其艰辛也是可想而知的。尽管如此,范仲淹依然初心不改,他在《饶州谢上表》中承认自己"处事未精,发言多率",但又说"有犯无隐,唯上则知;许国忘家,亦臣自信",意思是自己犯颜直谏,都是出于对国家的忠心而并无私心;并表示"当死而生,自劳以逸""动静三思,始终一志",这是说,自己对于当下的处境,并无抱怨和悔意,自己将始终如一尽忠报国,秉公直言的志向是不会改变的。因此,"此而为郡,陈优优布政之方;必也入朝,增謇謇匪躬之节"。③ 这是说自己虽身在州郡,也会励精图治;将来如有机会再回朝廷,依然不会改变谏诤之气节。

最能体现范仲淹此时心境的是《郡斋即事》:

三出边城鬓如丝,斋中萧洒过禅师。
近疏歌酒缘多病,不负云山赖有诗。
半雨黄花秋赏健,一江明月夜归迟。
世间荣辱何须道,塞上衰翁也自知。④

这首诗所表达的不是文人官场失意后的故作姿态,而是对人生自由境界的更高体悟。诗人经历过"三出边城"的苦难,鬓发已白,身体多病,故已厌倦歌酒繁华,但山水和诗篇的慰藉,仍可使人在风雨中"赏健"秋菊的自在和禅师的潇洒,这表明诗人对于人世间的荣辱得失,已能以更加从容的心态去面对,而不会为其所困。

范仲淹的因言获罪和苦难经历,赢得了不少同情和安慰。就在此时,担任建德县令的梅尧臣给范仲淹写了一首《灵乌赋》,劝他不要像乌鸦一样发出不祥的叫声,以免遭祸患。范仲淹也回赠了一首《灵乌赋》以为唱和,其中的"宁鸣而死,不默而生",与其在《岳阳楼记》中所说的

---

①《范文正公文集》卷四《谪守睦州作》,《范仲淹全集》(上),凤凰出版社2004年版,第81页。
②《范文正公文集》卷五,《范仲淹全集》(上),凤凰出版社2004年版,第83页。
③《范文正公文集》卷十六,《范仲淹全集》(上),凤凰出版社2004年版,第343页。
④《范文正公文集》卷五,《范仲淹全集》(上),凤凰出版社2004年版,第97页。

"不以物喜,不以己悲",以及"先天下之忧而忧,后天下之乐而乐"一样,同为千古名句,表达了坚持真理、为民请命、不苟且偷生的凛然正气。关于此事的原委,叶梦得在《石林燕语》中尝云:

> 范文正公始以献"百官图"讥切吕相,坐贬饶州。梅圣俞时官旁郡,作《灵乌赋》以寄,所谓"事将兆而献忠,人反谓尔多凶",盖为范公设也。故公亦作赋报之,有言"知我者谓吉之先,不知我者谓凶之类"。①

范仲淹无论到哪里做官,都能够勤政为民,兴利除害,其中重视教育、培养人才和热心办学,是他一贯的为政风格。在饶州他又"迁建饶之郡学",且将学校建于饶之山水形胜处,随后就出现了"学既建而生徒浸盛"的局面,范仲淹见此而高兴地说:"二十载后当有魁天下者。"②果不其然,到宋英宗治平二年(1065年),邑人彭汝砺果然第一名及第。

景祐四年十二月,范仲淹徙知润州(今江苏省镇江市)。此次距京师由远及近的调动,在当时的政治观念中,意味着责罚的减轻。关于此事的缘由,据《年谱》载:"先是京师地震,直使馆叶清臣上疏,因言公与余靖以言事被黜,天下之人龂舌不敢议朝政者行将二年,愿陛下深自咎责,详延忠直敢言之士,庶几明威降鉴而善应来集也。书奏数日,公等皆得近徙。"③可见古人相信灾异天谴,叶清臣利用京师地震的机会替范仲淹和余靖等说情,于是"徙知饶州范仲淹知润州,监筠州税余靖监泰州税,夷陵县令欧阳修为光化县令,上谕执政令移近地故也"。④

但此事还有插曲,据《长编》载:

> 范仲淹既徙润州,谗者恐其复用,遽诬以事。语入,上怒,亟命置之岭南。参知政事程琳辨其不然,仲淹讫得免。自仲淹贬,而朋党之论起,朝士牵连,出语及仲淹者,皆指为党人,琳独为上开说,上意解乃已。⑤

---

① (宋)叶梦得:《石林燕语》卷九。
② 《年谱》景祐三年。
③ 《年谱》景祐四年。
④ 《长编》卷一百二十,景祐四年十二月壬辰。
⑤ 《长编》卷一百二十,景祐四年十二月壬辰。

图 16　位于江苏省镇江市的"范公桥",为范仲淹知润州时所建

逸者不断以朋党罪名诬陷范仲淹,又导致仁宗大怒,并亟命将其流放岭南,而流放岭南几乎意味着判处死刑。只因参知政事程琳出面替范仲淹辩解,仁宗才得以释怀。由此可见当时党争,已残酷到了你死我活和无所不用其极的程度,也可知因言事而遭三黜的范仲淹,在士大夫群体中已具有了崇高的威望。

事实上,在宝元元年(1038年),除叶清臣继续上疏为范仲淹鸣不平外,还有一些大臣上疏批评朝政,力图为范仲淹等人翻案,如大理评事苏舜钦诣匦通疏曰:"臣闻河东地大震裂,涌水,坏屋庐城堞,杀民畜几十万,历旬不止。"他把这些灾异现象同范仲淹的遭贬联系起来,认为"范仲淹以刚直忤奸臣,言不用而身窜谪;降诏天下,不许越职言事"①是错误的。右司谏韩琦亦上疏言:"伏见仍岁以来,灾异间作,众星流陨,躔次不顺,河东地震,压覆至多,虽历代所书谴告之事,未有如斯之大

---

① 《长编》卷一百二十一,宝元元年正月乙卯。

也。"他认为天谴若此是用人不当导致的,他认为杜衍、孔道辅、范仲淹等人,"众以为忠正之臣,可备进擢"①。

宝元元年春正月,范仲淹动身前往润州,此年他五十岁。途经彭泽时,因仰慕唐相狄仁杰的名节,专程拜谒了此间的狄梁公庙,并写下了《唐狄梁公碑》。狄仁杰为唐武后时宰相,清正忠孝,力扶李氏,后为酷吏来俊臣诬陷,在武后长寿元年(692年)被贬为彭泽县令。在碑记中,范仲淹对于狄仁杰的品德和功绩给予了高度赞誉,表达了要以狄梁公为榜样报效国家的情感和志向。

在到达润州之后,他先游览了道教圣地茅山,写下了《移丹阳郡先游茅山作》,全诗为:

> 丹阳太守意何如？先谒茆卿始下车。
> 竭节事君三黜后,收心奉道五旬初。
> 偶寻灵草逢芝圃,欲叩真关借玉书。
> 不更从人问通塞,天教吏隐接山居。②

从诗意来看,此时已五十岁的范仲淹,在"竭节事君"却遭遇三次贬黜之后,心境是十分苍凉的。他似乎有了"收心奉道"、归隐山林的念头。在另一首《赠茅山张道士》诗中,他也说:"有客平生爱白云,无端半老尚红尘。只应金简名犹在,得见仙岩种玉人。"③这是说,自己本来是热爱出世生活的,但如今半老了尚在红尘,自己何时才能成为"仙岩种玉人"呢？不过这些也只是一时的激愤之语,是在特定情境下某种微妙和复杂情感的流露。其实,就在《润州谢上表》中,他还信誓旦旦地向仁宗表示"徒竭诚而报国,弗钳口以安身",并说"重江险恶,尽室颠危。人皆为之寒心,臣独安于苦节"。④ 这才是其积极入世、不畏崎岖的人生态度的真实表达。

到润州后,他重建州学,并写信邀请大儒李觏前来讲学,他在信中

---

① 《长编》卷一百二十一,宝元元年二月甲申。
② 《范文正公文集》卷六,《范仲淹全集》(上),凤凰出版社2004年版,第97页。
③ 《范文正公文集》卷六,《范仲淹全集》(上),凤凰出版社2004年版,第97页。
④ 《范文正公文集》卷十六,《范仲淹全集》(上),凤凰出版社2004年版,第344—345页。

言道:"今润州初建郡学,可能屈节教授?"①可惜李觏因忙于著述,此次并未应约前来。

随着范仲淹在士大夫群体中声望的不断提高,同情范仲淹的声音也越来越多,这反而增加了仁宗的疑虑。为平复众议,仁宗曾降札中书,说明范仲淹非但诋毁大臣,而且曾就立储问题有过不当密奏,这表明仁宗认为范仲淹的朋党问题严重,令他难以释怀,加之"谗者恐其复用,遽诬以事"②,于是朝廷于宝元元年(1038年)冬十月丙寅,再次诏戒百官朋党。据史载:

> 初,吕夷简逐范仲淹等,既逾年,夷简亦罢相,由是朋党之论兴。士大夫为仲淹言者不已,(仁宗)于是内降札子曰:"向贬仲淹,盖以密请建立皇太弟侄,非但诋毁大臣。今中外臣僚屡有称荐仲淹者,事涉朋党,宜戒谕之。"故复下此诏。③

史家李焘认为,此诏"盖为称荐仲淹者设"。对此,参知政事李若谷立即建言:"近岁风俗薄恶,专以朋党污善良。盖君子小人各有类,今一以朋党目之,恐正臣无以自立。"④仁宗虽同意他的说法,但依然没有为范仲淹平反,宝元二年三月丁未,朝廷又"徙知润州范仲淹知越州"⑤。

在知越州期间,范仲淹依然关心教育事业,他再次写信给李觏,称"此中佳山水,府学中有三十余人,缺讲贯"⑥,于是邀请李觏前来执教,这次李觏应邀来了,据魏峙记载,康定元年(1040年),李觏"往越州赴范高平公诏,故有《登越山》诗"⑦。其诗云:"腊后梅花破碎香,望中情地转凄凉。游山只道寻高处,高处何曾见故乡?"⑧可见李觏思乡情切,可能在此讲学不久就离开了。

宋仁宗宝元元年十月,西夏首领元昊称帝叛宋,宋夏战争爆发。在

---

① 《范文正公尺牍》卷下《与李泰伯》,《范仲淹全集》(上),凤凰出版社2004年版,第625页。
② 《长编》卷一百二十,景祐四年十二月壬辰。
③ 《长编》卷一百二十二,宝元元年十月丙寅。
④ 《长编》卷一百二十二,宝元元年十月丙寅。
⑤ 《长编》卷一百二十三,宝元二年三月丁未。
⑥ 《范文正公尺牍》卷下《与李泰伯》,《范仲淹全集》(上),凤凰出版社2004年版,第626页。
⑦ (宋)魏峙:《直讲李先生年谱》,四库全书本。
⑧ (宋)李觏:《李觏集》卷三十六《登越山》,中华书局1981年版,第466页。

战争形势极为不利的情况下,因韩琦的推荐,五十二岁的范仲淹以文臣戴罪之身,于康定元年(1040年)三月知永兴军,从此投身抗击西夏、保家卫国的军旅生涯,达四年之久。庆历三年(1043年)八月,在战争局势趋于平稳,宋夏双方开始议和的形势下,范仲淹被任命为参知政事,回朝主持新政改革,史称"庆历新政"。"庆历新政"自庆历三年九月启动,历时一年多而失败。抗击西夏的军旅生涯和发动主持"庆历新政",是范仲淹一生最为重要的政治事业,对于他的这段经历,我们在接下来的两章中会详细介绍。

图17 嘉岭山(今延安宝塔山)上的"泰山北斗、一韩一范"摩崖石刻,表彰韩琦和范仲淹并肩战斗、共同抗击西夏入侵的丰功伟绩

第二章　范仲淹的御边生涯

由于元昊的称帝叛宋，自宋仁宗康定元年（1040年）三月至自宋仁宗庆历三年（1043年）四月，范仲淹以文臣身份任职军旅，在西北边塞担任军事统帅，领导军民从事抗击西夏入侵的军事斗争。在此过程中，他采用积极防御的军事战略和多样化的御边措施，经过艰苦卓绝的斗争，成功抗夏，最终迫使元昊称臣议和，成功守卫家园，显示了军事家的杰出才能，为国家立下了不朽功勋。

第一节　宋夏战争的缘起

一、宋夏关系的演变

在历史上，西夏是由党项人于1038年至1227年间在中国西部建立的一个少数民族政权。自唐朝以来，西夏的祖先以世居夏州（今陕西省靖边县北白城子）的一个党项部落——平夏部最为强大，故夏州被视为西夏的发祥地之一，元昊建国时便自称"大夏"，这是"夏"的由来。因在中国西部，宋人称之为西夏。西夏王朝全盛时，其疆域东据黄河，西界玉门，南接萧关，北抵大漠，幅员二万余里[①]。包括今宁夏全部、甘肃大部、陕西北部、青海东北部和内蒙古西部地区。其前期虽表面上臣服

---

① 《宋史》卷四百八十六《夏国下》。

于辽、宋,但经常与之发生战事,形成事实上的三国鼎立局面。后期与金并立,末期受蒙古的威胁并最终亡于蒙古。传承十帝,享国一百八十九年。

唐朝末年,平夏部的党项首领拓跋思恭为宥州刺史,因出兵勤王,参与平定黄巢起义有功,被唐僖宗授予夏州节度使一职,镇夏州。复赐李姓,封夏国公,统辖银、夏、绥、宥、静五州地。从唐末到宋初,拓跋氏代代相传,一直是该地区的统治者,其中拓跋思恭的被封,是党项拓跋家族割据夏州的开始。故钱穆先生认为:"西夏仍是唐胡籍藩镇之最后遗孽也。"①

从唐朝到宋初,西夏虽然一直在扩充势力,但总体上还是受中原王朝节制的少数民族地方藩镇。北宋初年,朝廷对西夏实行"羁縻"政策,西夏与宋朝时战时和,但名义上仍臣服宋朝。宋太祖曾加封定难军节度使李彝兴为太尉。宋太祖乾德五年,李彝兴卒,朝廷追封其为夏王。李彝兴子李克睿立,袭职定难军节度使。太平兴国三年(978年),李克睿卒,其子李继筠立。太平兴国五年,李继筠卒,其弟李继捧立。

在李继捧统治期间,西夏内部分裂,李继捧难以在西夏立足,据史载:

> 继捧自陈诸父昆弟多相怨怼,愿留京师,遂献其所管四州八县。

李继捧于太平兴国七年五月率族人入朝,纳地归宋。夏州自唐末拓跋思恭以来,到李继捧凡立九主,在"继捧之先,累四世未尝入觐,继捧至,上喜,赐白金千两、绢千匹、钱百万"②。于是封其为彰德军节度使,赐姓赵氏,更名保忠。李继捧纳地归宋后,宋朝立即派官员接管了夏、银、绥、宥、静等五州。

就在李继捧归宋的同时,其族弟李继迁不愿随李继捧归附,于是率族奔走夏州东北三百里的地斤泽,打出复兴宗族部落的旗号,开始反叛宋朝,在以后的二十余年时间里,李继迁与北宋之间发生了多次战争,

---

① 钱穆:《国史大纲》,商务印书馆1996年版,第533页。
② 《长编》卷二十三,太平兴国七年五月己酉。

故《宋史》称："继迁出奔,及是,数来为边患。"①可见,李继迁的出走,是宋夏关系史上的一件大事。后来李继迁势力逐步壮大,又投靠辽国,宋太宗雍熙三年(986年)辽国以义成公主嫁李继迁,并册封其为夏国王,李继迁遂与辽结为掎角之势,对抗宋朝。宋朝虽多次出兵讨伐,但终不能胜。

宋咸平元年(998年),李继迁再次上表归顺宋朝,被宋真宗授以夏州刺史、定难军节度、夏银绥宥静等州观察处置押蕃落等使。然而李继迁反复不定,未几,又侵袭宋朝边境。咸平五年三月,李继迁联合蕃部,攻陷灵州(今宁夏灵武),改为西平府。灵州为北宋河外重镇,土地肥沃,农牧皆宜,西南可控中原与西域的重要商贸通道——河西走廊,为西北战略要地。李继迁占据灵州,为"复全定难五州之始。宋以灵武(灵州)不守,并弃绥、宥,保吉(继迁)从此据朔方,并西凉,丕基式廓,宋实有以成之。"②咸平六年正月,李继迁迁居西平府,以此作为西夏的都城。当时北宋与辽的战事正急,为了避免两线作战,宋真宗遣"遣张崇贵、王涉议和,割河西银、夏等五州与之"。③这样,北宋就将李继捧所纳之地又还给了李继迁,事实上承认了夏州的独立地位,为后来西夏的建国奠定了基础。

随着对宋战争的胜利,李继迁又急于西进吞并吐蕃、回鹘诸部。咸平六年,李继迁进攻吐蕃所属的西凉府,据史载:"李继迁之陷西凉也,都首领潘啰支伪降,继迁受之不疑。未几,啰支邀集六谷蕃部及者龙族合击之,继迁大败,中流矢,创甚,奔还,至灵州界三十井死。"④时为宋真宗景德元年(1004年)正月。

李继迁死后,其子李德明于柩前即位。李德明深沉有器度,善理国,多权谋。他因"父有遗命",于是"连岁表归顺"⑤。这是李继迁在受到重创之后,已意识到连年征战给自身也给西夏各民族带来了深重灾

---

① 《宋史》卷四百八十五《夏国上》。
② (清)吴广成:《西夏书事》卷七。
③ 《宋史》卷四百八十五《夏国上》。
④ 《长编》卷五十六,景德元年正月壬子。
⑤ 《宋史》卷四百八十五《夏国上》。

难,于是在临死前嘱咐李德明:

> 尔当倾心内属,一表不听则再请,虽累百表,不得请勿止也。又谓张浦曰:"公等并起等夷,谊同兄弟,孺子幼长兵间,备尝艰苦,今俾以灵、夏之众,虽不能与南北争衡,公等戮力辅之,识时审务,或能负荷旧业,为前人光,吾无憾矣!"言讫卒。①

景德三年,李德明"复遣牙将刘仁勖奉誓表请藏盟府"②,与宋议和,宋真宗册封其为西平王,授定难军节度使。李德明在外交上实行"依辽和宋"政策,故他同时也接受辽的册封,宋真宗大中祥符元年(1008年),辽国封李德明为大夏国王。在稳定了与宋、辽的关系后,李德明对内专注于经济发展,对外向西拓展,进攻吐蕃和回鹘,此后经过二十多年的战争,夺取了甘州、西凉府等战略要地,逐步控制了河西走廊,实现了李继迁时提出的"西掠吐蕃健马,北收回鹘锐兵"③的战略目的。天禧四年(1020年)冬十一月,李德明听从谋士建议,认为西平府地居四塞,无险可守,"不若怀远,西北有贺兰之固,黄河绕其东南,西平为其障蔽,形势利便,洵万世之业也"。④ 于是改怀远镇为兴州(今银川市),将兴州定为都城。然后派役夫北渡黄河,于怀远镇构门阙、宫殿及宗社、籍田,兴建新都城。此城即日后西夏的国都兴庆府。宋仁宗天圣元年(1023年),"德明城怀远镇为兴州以居"⑤,正式迁都。天圣六年夏五月,李德明使子元昊攻回鹘,取甘州。同年,立元昊为太子。宋仁宗明道元年(1032年)"夏五月,德明封夏王"⑥。同年九月,李德明临终前"命元昊将兵攻凉州,回鹘势孤不能拒,遂拔其城"⑦。明道元年十月,李德明卒,时年五十一岁。其子元昊立。

在李德明在位(1003—1032年)的三十年时间里,西夏尽管在事实

---

① (清)吴广成:《西夏书事》卷八。
② 《宋史》卷四百八十五《夏国上》。
③ (清)吴广成:《西夏书事》卷七。
④ (清)吴广成:《西夏书事》卷十。
⑤ 《宋史》卷四百八十五《夏国上》。
⑥ (清)吴广成:《西夏书事》卷十一。吴广成认为宋仁宗明道元年五月封德明为夏王,但范仲淹在《答赵元昊书》中说:"我真宗皇帝命为同姓,待以骨肉之亲,封为夏王。"两者说法有出入,当考。
⑦ (清)吴广成:《西夏书事》卷十一。

上是一个独立政权,与北宋不可避免地有摩擦和冲突,甚至偶尔也以兵相犯,但在名义上却一直臣服宋朝,与北宋基本保持了和平交往的局面。双方礼尚往来,经贸和文化交流频繁。对此,范仲淹曾给予高度评价:

> 伏以先大王归向朝廷,心如金石。我真宗皇帝命为同姓,待以骨肉之亲,封为夏王。履此山河之大,旌旗车服,降天子一等,恩信隆厚,始终如一,齐桓、晋文之盛,无以过此。朝聘之使,往来如家。牛马驼羊之产,金银缯帛之货,交受其利,不可胜纪。塞垣之下,逾三十年,有耕无战。禾黍云合,甲胄尘委。养生葬死,各终天年。使蕃汉之民,为尧舜之俗,此真宗皇帝之至化,亦先大王之大功也。①

范仲淹重点强调了李德明与宋朝的睦邻交往,认为李德明归顺朝廷"心如金石",朝廷对之亦"恩信隆厚"。双方"有耕无战",呈现出"尧舜之俗"的太平景象。范仲淹的这些话,是对李德明顺应历史趋势,识时务、休兵革、发展经济的肯定;同时也是出于儒者的仁爱情怀,对睦邻友好、化干戈为玉帛的向往;当然也是对元昊倒行逆施、穷兵黩武和背叛宋朝的声讨。

二、元昊叛宋建国

宋仁宗明道元年(1032年)十月,李德明卒,其子元昊即位。同年十一月癸巳,宋廷"制授元昊特进、检校太师、兼侍中、定难军节度、夏银绥宥静等州观察处置押蕃落使、西平王,以司封员外郎、判开拆司杨告为旌节官告使,礼宾副使朱允中副之"。而元昊"既袭封,即阴为叛计。时(宋朝)改元'明道',而元昊避父名,辄称'显道'于国中,虽亦贡奉,然僭已萌矣。初对使者,设席自尊大,而告徒坐即宾位,不为屈"。②

据《长编》载,元昊"性凶鸷猜忍,圆面高准,长五尺余。少时衣长袖绯衣,冠黑冠,佩弓矢,从卫步卒张青盖。出乘马,以二骑引,百余骑自

---

① 《范文正公文集》卷十《答赵元昊书》,《范仲淹全集》(上),凤凰出版社2004年版,第215—216页。
② 《长编》卷一百十一,明道元年十一月癸巳。

从。晓浮屠学,通蕃汉文字,案上置法律书,常携《野战歌》《太乙金鉴》"。① 可见元昊自幼尚武,熟读兵书,有学识。但从其初对宋使就狂悖无理的姿态来看,也并非成熟政治家的所为。故元昊虽有雄才,但终不免以乱政死于非命收场,看来也并非偶然。元昊志负狼贪,不满足于依宋之所得,他曾对其父言:

> 所得俸赐只以自归,部落实繁,穷困颇甚,苟兹失众,何以守邦,不若习练干戈,杜绝朝贡,小则恣行讨掠,大则侵夺封疆,上下俱丰,于我何恤。②

元昊意识到朝廷俸赐只归西夏上层所有,党项部落却"穷困颇甚",而他的理想是实现"上下俱丰",即建立一个公平富裕的社会。这本不为过,但他想到的手段只是通过"习练干戈"而"恣行讨掠"或"侵夺封疆",即通过暴力手段掠夺其他国家和民族的财富和土地,这便是赤裸裸的强盗逻辑了。据《长编》载:

> (元昊)数谏德明无臣中国,德明辄戒之曰:"吾久用兵,终无益,徒自疲耳。吾族三十年衣锦绮衣,此圣宋天子恩,不可负也。"元昊曰:"衣皮毛,事畜牧,蕃性所便。英雄之生,当王霸耳,何锦绮为!"③

元昊的志向与其父不同。德明知恩图报,认识到"久用兵,终无益",主张与北宋和平交往。而元昊则野心勃勃,未即位就劝说其父"无臣中国",即位后立即实施其强盗逻辑,于是反叛宋朝,对周边民族大肆侵凌掳掠,谋求以暴力征服为途径的霸业,这便完全背离了李德明的统治理念。

从明道元年至宝元元年(1032—1038年),元昊不断率兵侵扰北宋的边界。如景祐元年(1034年)二月"以兵攻府州",这是元昊向北宋用兵的开始。同年五月"复攻府州"。同年七月"掠环、庆"。④ 同年八月,

---

① 《长编》卷一百十一,明道元年十一月壬辰。
② 《长编》卷一百二十四,宝元二年九月富弼上疏。
③ 《长编》卷一百十一,明道元年十一月壬辰。
④ (清)吴广成:《西夏书事》卷十一。

朝廷"遣入内供奉官周惟德往环庆路体量边事,以赵元昊数入寇也。"①景祐二年七月,元昊又"以兵入环庆"②。

李德明尚在世时,他"每不听元昊用兵"③,但元昊还是率兵攻占了河西走廊的战略要地——甘州和西凉府。元昊即位后,继续对吐蕃和回鹘用兵。宋仁宗景祐二年,元昊攻占吐蕃唃厮啰部的牦牛城。景祐三年,元昊"再举兵攻回纥(即回鹘),陷瓜、沙、肃三州,尽有河西旧地"④。至此,西夏占据了整个河西走廊。《西夏书事》的作者吴广成认为:"元昊自凉州尽有其地,则控制伊西,平吞漠北,从此用兵中原,无后顾忧矣。"⑤

西夏经过自李继迁以来几代人的扩张,至元昊时"悉有夏、银、绥、宥、静、灵、盐、会、胜、甘、凉、瓜、沙、肃,而洪、定、威、龙皆即堡镇号州,仍居兴州,阻河依贺兰山为固"⑥。随着国力的骤强,元昊就具备了独立建国、僭号称帝的条件。

在向外侵略扩张的同时,元昊也进行了一系列的内政改革。在这个过程中,元昊有意识地消解汉文化的影响,突出党项的民族意识;力图摆脱长期以来形成的对中原王朝的臣属观念,为僭窃立国作思想上的准备。如私立年号。元昊在尚未称帝前即改元"显道",不再使用北宋年号;宋仁宗景祐元年春改元"广运";景祐四年春改元"大庆";宝元元年十月称帝后改元"天授礼法延祚",自此元昊的后继者皆各私立年号。私立年号是严重的僭越行为,但当时宋室羸弱,于此也无可奈何。

元昊又"自号嵬名吾祖"⑦,即废除唐朝和宋朝皇帝赐予西夏王族的李姓和赵姓,也不再使用普遍的拓跋姓氏,而改用党项姓氏"嵬

---

① 《长编》卷一百十五,景祐元年八月庚申。
② (清)吴广成:《西夏书事》卷十二。
③ 参见《长编》卷一百十一,明道元年十一月壬辰条。李焘认为:"实录、正史并称德明既攻陷甘州,拔西凉府,未逾时乃死。按甘州及西凉府陷没,实录、正史并不记其年月日,所称未逾时,或即德明死之年。然德明每不听元昊用兵,其攻陷甘州及西凉府,想非德明意。传又称元昊忽引兵袭甘州,可见德明不在兵间。西凉府亦必元昊自拔之,德明不与也。"
④ 《长编》卷一百十九,景祐三年十二月辛未条。
⑤ (清)吴广成:《西夏书事》卷十二。
⑥ 《宋史》卷四百八十五《夏国上》。
⑦ 《长编》卷一百十五,景祐元年十月丁卯条。

名",以示尊荣;对内不称宋廷所封的西平王,而用党项对最高统治者的传统称谓"吾祖"(系党项语音译,或译为"兀卒"。"兀卒者,华言青天子也,谓中国为黄天子。"①),其意在侮玩宋廷。自此西夏帝王皆自称"嵬名兀卒"。

元昊自继位以来在文化、政治和军事等领域所进行的一系列改革和创制,目的就是增强党项的民族意识,增强部落的凝聚力,加强王权,提升西夏政权的实力,摆脱对北宋的依附和臣属关系,进而叛宋建国,谋求像辽国一样的与宋王朝的平等地位,最终实现其霸业。

宋仁宗宝元元年十月,元昊称帝,国号大夏,定都兴庆府,史称西夏。元昊僭号"始文本武兴法建礼仁孝皇帝",改大庆二年为天授礼法延祚元年。经过多年的精心筹划,元昊至此正式叛宋。宝元二年正月,元昊遣使上表曰:

> 臣祖宗本出帝胄,当东晋之末运,创后魏之初基。远祖思恭,当唐季率兵拯难,受封赐姓。祖继迁,心知兵要,手握干符,大举义旗,悉降诸部。临河五郡,不旋踵而归;沿边七州,悉差肩而克。父德明,嗣奉世基,勉从朝命。真王之号,凤感于颁宣;尺土之封,显蒙于割裂。臣偶以狂斐,制小蕃文字,改大汉衣冠。衣冠既就,文字既行,礼乐既张,器用既备,吐蕃、塔塔、张掖、交河,莫不从伏。称王则不喜,朝帝则是从,辐辏屡期,山呼齐举,伏愿一垓之土地,建为万乘之邦家。于时再让靡遑,群集又迫,事不得已,显而行之。遂以十月十一日郊坛备礼,为世祖始文本武兴法建礼仁孝皇帝,国称大夏,年号天授礼法延祚。伏望皇帝陛下,睿哲成人,宽慈及物,许以西郊之地,册为南面之君。敢竭愚庸,常敦欢好。鱼来雁往,任传邻国之音;地久天长,永镇边方之患。至诚沥恳,仰俟帝俞。谨遣弩涉俄疾、你斯冈、卧普令济、嵬崖妳奉表以闻。②

元昊在表中简要地陈述了自己称帝建国的理由。元昊认为自己出自后魏帝胄,血统高贵,具备当皇帝的资格。其远祖拓跋思恭,于唐末勤王

---

① 《长编》卷一百二十二,宝元元年九月庚子。
② 《宋史》卷四百八十五《夏国上》。

受封，奠定了子孙基业。后经其祖父继迁和其父德明的开拓，不但统一了党项各部，还消灭了各种割据势力，合法地占据了"临河五郡"和"沿边七州"，这表明西夏已具备了立国的规模。而自己则制礼作乐，周边各民族莫不臣服，本国民众亦山呼万岁，一致拥戴，这表明自己称帝完全具有合法性。因此他希望宋廷能"许以西郊之地（指西夏），册为南面之君"，即希望北宋割让西北的汉唐故土，友好地承认西夏为平等之国家。并承诺如能遂愿，将与宋朝永远友好相处。

元昊此表言辞恳切，软中带硬，大有先礼后兵的意味。但在北宋君臣看来，"元昊称帝后所上表章更是一篇赤裸裸的'分裂宣言'，也正因此，宋夏之间爆发了长达数年之久的宋夏战争"。① 面对元昊的无理要求，北宋君臣表示了极大的愤慨，并迅速作出反应：宝元元年十二月甲戌，"诏陕西、河东缘边旧与元昊界互市处，皆禁绝之"②；宝元二年六月壬午，"诏削赵元昊官爵，除属籍，揭榜于边。募人擒元昊，若斩首献，即以为定难节度使"③。同时，主张立即对元昊进行讨伐的主张也成为舆论的主流。据《长编》载："初，元昊反书闻，朝廷即议出兵，群臣争言小丑可即诛灭。"④

但也有个别大臣主张应正视元昊称帝建国的现实。如右正言吴育言："圣人统御之策，夷夏不同，虽有远方君长，向化宾服，终待以外臣之礼，羁縻勿绝而已。或一有背叛，亦来则备御，去则勿追，盖异俗殊方，声教迥隔，不足责也。"又言："元昊虽名藩臣，其尺赋斗租不入县官，穷漠之外，服叛不常，宜外置之，以示不足责。且彼已僭舆服，夸示酋豪，势必不能自削，宜援国初江南故事，稍易其名，可以顺抚而收之。"总之，吴育认为视元昊"不可同中国叛臣，即加攻讨"⑤，而应待以外臣之礼和羁縻之策。

北宋君臣之所以不能接受元昊的称帝行为，其原因正如富弼所云：

---

① 崔明德、郑炜：《略论范仲淹的民族关系思想》，《齐鲁学刊》2010年第6期。
②《长编》卷一百二十二。
③《长编》卷一百二十三。
④《长编》卷一百二十三，宝元二年三月丙午。
⑤《范文正公文集》卷十六《耀州谢上表》，《范仲淹全集》（上），凤凰出版社2004年版，第347页。

> 自契丹侵取燕、蓟以北,拓跋自得灵、夏以西,其间所生豪英,皆为其用。得中国土地,役中国人力,称中国位号,仿中国官属,任中国贤才,读中国书籍,用中国车服,行中国法令,是二敌所为,皆与中国等。而又劲兵骁将长于中国,中国所有,彼尽得之,彼之所长,中国不及。当以中国劲敌待之,庶几可御,岂可以上古之夷狄待二敌也?"①

在对待中原王朝与周边少数民族政权的关系问题上,富弼当然还受传统夷夏观念的支配。除此之外,富弼指出西夏原为汉唐故土,深受中华文化影响,而一旦承认西夏为平等独立之国家,就意味着这些领土的丧失,从此就会给中原政权带来无穷祸害,就如同契丹侵取燕、蓟之地(幽云十六州)所带来的无穷祸害一样。另外,富弼指出夏州政权历来为中原王朝之藩属,且从中所得甚多。故在富弼看来,元昊的称帝行为既属于分裂行为,又属于背叛行为,其性质已不同于一般的少数民族藩属的违逆行为。富弼的言下之意是:对于一般的少数民族藩属的违逆行为,中原王朝是可以优容的,但对于元昊的称帝行为则是不能接受的。

范仲淹同样认为元昊的称帝属于"僭伪之称"②,他在庆历三年(1042年)二月乙卯的上疏中说:

> 自古四夷在荒服之外,圣帝明王恤其边患,柔而格之,不吝赐与,未有假天王之号者也。何则?与之金帛,可节俭而补也。鸿名大号,天下之神器,岂私假于人哉?惟石晋藉契丹援立之功,又中国逼小,才数十州,偷生一时,无卜世卜年之意,故僭号于彼,坏中国大法,而终不能厌其心,遂为吞噬,遽成亡国,一代君臣,为千古之罪人。③

范仲淹从"大一统"的观念出发,认为对四夷少数民族首领可以赐予金帛,但决不能允许其僭帝王名号。他借五代的后晋允许契丹僭号给中

---

① 《长编》卷一百五十,庆历四年六月戊午。
② 《长编》卷一百五十,庆历四年六月壬子。
③ 《长编》卷一百三十九。

国带来无穷灾难的历史教训,说明如果允许元昊僭号,就会"坏中国大法",北宋一代君臣,就会像石敬瑭一样成为"千古之罪人"。

范仲淹在《答赵元昊书》中,针对元昊"欲拟契丹之称",即模仿契丹称帝,与中原王朝建立平等国家关系的企图也进行了反驳。范仲淹指出:

> 大王世居西土,衣冠言语皆从本国之俗,何独名称与中朝天子侔拟?名岂正而言岂顺乎?如众情莫夺,亦有汉唐故事。单于、可汗,皆本国极尊之称,具在方册。某料大王必以契丹为比,故自谓可行。且契丹,自石晋朝有援立之功,时已称帝。今大王世受天子建国封王之恩,如诸蕃中有叛朝廷者,大王当为霸主,率诸侯以伐之,则世世有功,王王不绝。乃欲拟契丹之称,究其体势,昭然不同。①

范仲淹说,元昊只可仿"汉唐故事"称"单于"或"可汗",但不可同"中朝天子"一样称皇帝。他认为契丹已早于北宋立国,而西夏则世受中原王朝天子"封王之恩",西夏与契丹"究其体势,昭然不同",故在与宋王朝的关系问题上,二者没有可比性。范仲淹在此谈到了一个复杂的历史问题,即北宋为何承认辽而始终不承认西夏。对此问题他对元昊只是作了一个简单说明,其不言而喻的前提是,西夏始终是中华文明圈的组成部分。

对于北宋与西夏的关系,今人李华瑞先生亦明确指出:"宋与李继迁政权的关系是唐末五代以来中原王朝与边境具有藩镇和少数民族双重性质的地方政权之间的矛盾。"②而北宋与元昊政权的矛盾也未改变这一性质。在《西夏是一个中亚国家吗?——评俄国近三十年的西夏史研究》一文中,李华瑞先生针对俄国西夏学专家克恰诺夫等特别强调西夏"与中亚物质文化的联系,而刻意弱化对华夏文明的继承和认同"的观点提出批评,他指出,"从认为西夏具有中亚文明性质到把西夏作为中亚系统的独立国家",这种观点"在史观上也存在

---

① 《范文正公文集》卷十《答赵元昊书》,《范仲淹全集》(上),凤凰出版社2004年版,第217页。
② 李华瑞:《宋史论集》,河北大学出版社2001年版,第174页。

错误",而导致其错误的根本原因就在于否定了西夏"是中华历史文明史的一部分":

> 党项建立的西夏连同中国其他划属中亚的部分虽然可以作为区域史研究对象,但是就西夏历史文化而言,其建立和发展是中华历史文明史的一部分,这是毋庸置疑的。①

其实元昊对自己称帝建国的僭窃性质也是心知肚明的。他之所以要求宋廷"许以西郊之地,册为南面之君",显然是默认"西郊之地"本属中国,夏州政权本为中国藩属,否则为何还需要宋廷的"许"和"册"呢?尽管他反复说明其称帝的合理性,但在领土归属和政权性质这一根本问题上,元昊是心虚且不自信的。

第二节 临危受命

一、范仲淹任职西北前的宋夏交战形势

宋仁宗宝元元年(1038年)十月,原为北宋定难军节度使、夏银绥宥静等州观察处置押蕃落使、袭封"西平王"的西夏首领元昊,在经过了多年的精心准备之后,正式称帝叛宋。次年正月,元昊遣使上表,要求宋廷"许以西郊之地,册为南面之君"②,企图永久合法据有本为唐宋故土的西夏之地,与宋王朝建立平等的国家关系,改变长期以来形成的夏州藩镇政权与中原王朝的藩属关系,进而实现其入主中原的霸业。故西夏在宋仁宗年间对北宋所发动的战争,在本质上是分裂国家的叛乱行为。

宋廷当然不能同意元昊的无理要求,并采取了禁止与西夏的边境互市贸易、剥夺元昊官爵属籍等反制措施,于是元昊从宋仁宗康定元年(1040年)开始,就不断入侵北宋边境,大肆劫掠,试图以军事手段迫使

---

① 李华瑞:《西夏是一个中亚国家吗?——评俄国近三十年的西夏史研究》,《西夏学》2020年第1期。
② 《宋史》卷四百八十五《夏国上》。

北宋屈服。在此后的数年间,元昊对北宋发动了三次主要的战役,分别是康定元年正月的"三川口之战"、庆历元年(1041年)二月的"好水川之战"和庆历二年闰九月的"定川寨之战",战役皆以宋军的惨败而告终。战事的失利震惊了北宋朝野,乃至当朝宰相吕夷简发出了"一战不及一战,可骇也"①的感慨,北宋军力之不振,于此可见一斑。这就是范仲淹任职西北前的宋夏交战形势。

康定元年正月,元昊经过精心策划,率大军入侵延州。知延州的范雍并无军事韬略,他先是轻信元昊的议和骗局,麻痹松懈,后又中元昊的"围点打援"之计。元昊先是率大军佯攻保安军,引诱范雍急调庆州的刘平和鄜延的石元孙合军前往保安军解围,然后又进攻金明寨。金明寨是延州的正面屏障,金明寨不失,可确保延州安全。金明寨主李士彬"世守金明,有兵近十万人,延州专使控扼中路,众号铁壁相公,夏人畏之"②。但李士彬自大轻敌,元昊使用诈降、离间计谋,生擒李士彬父子(后杀之),夺取了金明寨,且吞并了李士彬的数万精锐羌兵,随后率十万大军直抵延州城下。而此时延州城内只剩寥寥数百人,范雍无奈,又檄书已抵保安军的刘平和石元孙,命他们率部火速回救延州,而这正中了元昊的奸计。刘平和石元孙的部队在延州西北部的三川口遭到埋伏,战斗异常惨烈,宋军一万多人战死,几乎全军覆没,大将刘平和石元孙被俘。随后,西夏军队围困延州七日七夜,终因大雪覆盖而撤军,延州得以幸存。此为"三川口之战"。

通过此战,元昊达到了在局部歼灭宋军主力的目的,也使北宋君臣看到了西夏的实力和自身的弱点,于是君臣上下开始反思兵败的原因。时知延州的范雍,听闻元昊将来寇,被吓破了胆。但范雍在战前所上奏疏中对时弊之分析,还是很有见地的。据史载:

> 初,西贼自承平寨退,声言将攻延州。范雍闻之,惧甚,即奏疏言延州最当贼冲,地阔而寨栅疏远,土兵寡弱,又无宿将为用,请济

---

① (宋)田况:《儒林公议》卷上。
②《长编》卷一百二十六,康定元年正月庚辰。

师。疏入,未报。而元昊诈遣人乞和,雍信之,不为备。①

康定元年三月庚申,同知枢密院事陈执中言:

> 元昊乘天下久不用兵,而窃发西陲,以游兵困劲卒,用甘言悦守臣,一旦连犯亭障,延安几至不保。范雍纳诡诈之说,失于戒严。刘平任轻躁之心,丧其所部。上下纷攘,远近骇惊。②

同年三月壬申,时知贝州的高志宁曰:

> 今将不达权而兵不识法制,故败。③

同年三月癸未,殿中侍御史文彦博言:

> 比者用兵西鄙,有临阵先退、望敌不进之人,及置狱邻郡,而推劾之际,枝蔓淹延,启幸生之路,稽慢令之诛,将何以励众心而趋大敌乎?且将权不可不专,军法不可不峻。兵法曰:"畏我者不畏敌,畏敌者不畏我。"使之畏我,非严刑何以济乎?故对敌而伍中不进者,伍长斩之,伍长不进,什长斩之。以什伍之长,尚得专杀,统帅之重,乃不能诛一小校,则军中之令,可谓黩矣。议者以今寇非大敌,师未深入,将校有犯,宜从中覆。夫寇非大敌,兵未深入,尚临阵先退,倘遇大敌,则孰肯奋邪?穰苴之戮庄贾,非大敌也,止于会而后期尔。孙武之斩美人,非深入也,止于习战而非笑尔。终于齐师胜晋、吴人入郢,委任专而法素行也。国朝著令,禁军将校之有过而从中覆,当施之于平居无事之时。今防边用兵逾数十万,将不专权,军不峻法,何以御之哉。④

这些上疏所揭示的问题主要有四个方面:首先是北宋边防松弛,疏于戒备,盲目自信和轻敌;其次是缺乏富有军事才能的统帅和能征善战的良将;再次是将从中御,将不达权;最后是士兵缺乏训练,军纪涣散,战斗力不强。针对这些问题,宋廷进行了大规模人事调整,康定元年二

---

① 《长编》卷一百二十六,康定元年正月癸酉。
② 《长编》卷一百二十六。
③ 《长编》卷一百二十六。
④ 《长编》卷一百二十六。

月壬辰,因"韩琦适自蜀归,论西兵形势甚悉,即命琦为陕西安抚使"①,同时于该月癸丑,降不足以担当重任的振武节度使、知延州范雍为吏部侍郎、知安州②。

面对元昊的虎狼之师和初战失利,宋廷急需能够力挽狂澜的统帅人才任职西北边塞,以扭转败局。但北宋边防弛坠,军队"训练未精,将帅无谋"③,朝廷无精兵良将可用,许多人都视西北为畏途,如时任陕西经略安抚使的夏竦就"雅意在朝廷,及任以西事,颇依违顾避,又数请解兵柄"④。因此,当时的西北边事,简直就是一个烂摊子。范仲淹就是在这种背景下任职西北边塞的。可见,他能否扭转战局,抵御外侮,将关涉赵宋王朝的兴衰存亡。

宋仁宗康定元年三月戊寅,经韩琦的推荐,朝廷任命"吏部员外郎、

图 18 范仲淹镇守延州期间在嘉岭山(今延安宝塔山)上的摩崖石刻题字

---

① 《长编》卷一百二十六。
② 《长编》卷一百二十六。
③ 《范文正公文集》卷十一《上吕相公书》,《范仲淹全集》(上),凤凰出版社 2004 年版,第 223 页
④ 《宋史》卷二百八十三《夏竦传》。

知越州范仲淹复天章阁待制、知永兴军,始用韩琦之言也"①。同年四月癸丑,改任他为陕西都转运使。转运使主管财政,并无军权。同年五月己卯,他又与韩琦一同被任命为陕西经略安抚副使。当时的陕西经略安抚使是夏竦,这样,范仲淹和韩琦作为夏竦的副手,就成为手握重权的陕西边防部队的统帅,其中韩琦主持泾原路防务,范仲淹主持鄜延路防务并兼知延州,从此开始了为期三年的军旅生涯。范仲淹的军事思想,尽管在战前已有所思考,但主要还是宋夏战争的实践中形成和完善的。

二、范仲淹与文臣统兵

北宋建国后,为加强中央集权,实现长治久安,统治者就必须克服五代之弊,纠正武人专权的局面。于是朝廷重用文人,重视文治,形成了"与士大夫共治天下"的政治、文化氛围;而武人群体的政治和社会地位却不断被压低。这就是宋代"重文轻武"或"崇文抑武"的国策。

但轻视武人不等于轻视武事。在北宋乃至整个宋代,由于始终面临着西、北强敌的威胁和国内农民起义等内忧外患,统治者又不得不重视武事。北宋在当时拥有世界上规模最为庞大的军队,军费惊人,许多文人也关注和研究军事,就充分说明了这一点。在上述背景下,如何管控军队,提升军力,以有效地抵御外辱和维护国内秩序,就成为北宋统治者面临的棘手问题。一方面,如果坚持武人统兵的传统路线,鉴于五代的历史教训,统治者便担心重现武人专权、军事支配政治的局面,这显然无法接受,也为文人群体所反对;另一方面,如果实行文臣统兵,又会出现军力不振的问题,因为宋代文人素习儒业,其所受教育已远非汉唐时期的文武全才教育,故其才能多限于文教和民政事业,加之根深蒂固的崇文抑武观念,导致了多数文人疏离武事,更缺少战阵的历练。

那么,北宋统治者是如何解决这一难题的呢?论者一般认为,在"重文轻武"的大背景下,北宋在军事领域实行的是以文人驾驭武人的文臣统兵制度,就发展趋势而言,这种看法自有其道理。但一种制度的形成,往往是在不断的调整过程中逐步建构而成的,例如宋太祖尽管防

① 《长编》卷一百二十六。

范武人，但在决定军队将帅的人选时，他还是从效率出发，根据实际才能和亲信程度来加以任用，而并非专委文人。邓小南教授以枢密使为例，说明太祖、太宗二朝的用人政策比人们以往想象的要复杂得多，枢密使的任用，尽管也受"以文制武"大格局的影响，但"更多地任用亲随抑或更多考虑人选资质的问题"，"并没有最终确立以文臣任枢密的制度"①。到了宋真宗时代，西北沿边的统兵将帅，很多还由武人担任。不过到宋仁宗庆历年间，以抗击西夏为契机，朝廷在考虑边帅人选时，就刻意重用文臣了。文臣在沿边军队系统中都占据了主要职位，而武臣则被轻视，成为文臣的附庸，文臣统兵制度全面呈现，并在经略安抚使、安抚使这一体制下得以运行和落实。

所谓经略安抚使、安抚使体制，最初是指在陕西沿边的鄜延、环庆、泾原和秦凤四路设置的军事领导体制。这一体制以文臣为一路之经略安抚使和都部署，同时兼任该路经略安抚使所在州的知州，为一路之军事统帅和行政长官，负责一路的军政事务，而武臣最高只能是副都部署，充当经略安抚使的副手，受文臣的领导和节制。经略安抚使又称"边帅"。在宋夏战争期间，朝廷先后派往陕西的"边帅"如夏竦、范雍、韩琦、范仲淹、庞籍、王沿等，都是文人出身，他们长期在民政系统从政，都是政声卓著的文臣，但在来西北军中任职之前，并无统帅军队的经历。范仲淹对此看得很清楚，他在庆历二年写给吕夷简的信中说朝廷"三委文帅，一无武功，得不为和门之笑且议耶？今归之四路，复皆用儒"②。因此，北宋"重文轻武"的国策，在文臣统兵的体制下得到了充分体现。

范仲淹曾在《让观察使表》中说："臣世专儒素，遭逢盛时，以文艺登科。陛下擢于秘馆，处之谏司，历天章龙图之职，可谓清切矣。寒士至此，大逾本望。儒者报国，以言为先。"③可见，他向来认为自己是文士出

---

① 参见邓小南《近臣与外官：试析北宋初期的枢密院及其长官人选》一文，漆侠主编：《宋史研究论文集》，河北大学出版社2002年版。
② 《范文正公文集》卷十一《上吕相公书》（第二帖），《范仲淹全集》（上），凤凰出版社2004年版，第224页。
③ 《范文正公文集》卷十七《让观察使第一表》，《范仲淹全集》（上），凤凰出版社2004年版，第355页。

身,在朝廷则以文臣身份自居,总之是个儒者。因此,范仲淹的西北御边是文臣统兵的典范。他是于康定元年三月,即宋军三川口兵败之后被紧急调往陕西前线的,之前因遭贬黜而任吏部员外郎、知越州。在国家危难之际,范仲淹不计个人安危得失,"以学士之职,行都统之权"①,毅然投身西北边陲,从事抗击西夏入侵的艰难斗争,显示了其爱国主义的伟大精神。

第三节 "边境名将"

对于范仲淹的一生,金元之际的大文学家元好问曾给予高度评价。他说:"文正范公,在布衣为名士,在州县为能吏,在边境为名将,在朝廷,则又孔子之所谓大臣者,求之千百年之间,盖不一二见,非但为一代宗臣而已。"②其中所谓的"在边境为名将",指的是在宋夏战争中,范仲淹从宋仁宗康定元年(1040年)至庆历三年(1043年),在西北边防担任军队统帅,在此期间,范仲淹采取了积极防御战略,致力于边防和军队建设,带领西北军民抗击西夏的入侵,为保家卫国作出了杰出的贡献。

一、攻守之争

韩琦和范仲淹是志同道合的朋友,但在抗击西夏的战略问题上,两人在合作共事的初期是存在严重分歧的。韩琦主张主动进攻,速战速决;范仲淹则主张积极防御,打持久战。在我国历史上的对外战争中,主战派往往更受舆论的同情和支持,而主和派则不受待见。在此次宋夏战争中,情形也是如此,战争一开始,就出现了"元昊叛,议者争言用兵伐叛"③的局面,尽管前期的战事一败再败,但"边臣之情,务夸敢勇,耻言畏怯"④。韩琦是主战派的代表,他在"三川口之战"失败后,未经过

---

① 《范文正公文集》卷十七《让观察使第一表》,《范仲淹全集》(上),凤凰出版社2004年版,第353页。
② 《遗山先生文集》卷三十八《范文正公真赞》,四库全书本。
③ (宋)叶梦得:《石林燕语》卷九。
④ 《长编》卷一百三十一,庆历元年三月丙辰。

审慎论证,便与夏竦、尹洙制定了主动进攻之策,试图寻找机会与元昊决战,一举歼灭西夏军队的主力,以报仇雪耻。宋仁宗和吕夷简以及朝中诸多大臣也都支持这种冒进主张。于是,朝廷于康定元年十二月连下数诏,令诸路于来年正月共同进讨西夏,这为随后的好水川惨败埋下了隐患。据《长编》载:

> 乙巳,诏鄜延、泾原两路取正月上旬同进兵入讨西贼。上与两府大臣共议,始用韩琦等所画攻策也。
>
> 丁未,诏开封府、京东西、河东路括驴五万,以备西讨,从陕西经略司所上攻策也。①

但是,韩琦等人"攻策"遭到了范仲淹的反对。范仲淹来到西北前线后,根据对双方形势的观察,认为主战派低估了元昊的实力,对宋军的弊端如边防松弛、缺乏精兵良将、管理混乱和后勤保障不足等问题认识不足。经过审慎思考,范仲淹主张在条件不成熟的情况下,不要轻易发动大规模进攻,提出了在积极备边、训练军队的基础上,与元昊打一场持久战,最后拖垮西夏的积极防御战略。其实早在同年五月,在总结"三川口之战"的失败教训时,范仲淹就初步形成了这种战略思想,他当时曾上疏言:

> 兵家之用,先观虚实之势,实则避之,虚则攻之。今缘边城寨有五七分之备,而关中之备无二三分。若昊贼知我虚实,必先胁边城。不出战,则深入乘关中之虚,小城可破,大城可围,或东沮潼关,隔两川贡赋,缘边懦将,不能坚守,则朝廷不得高枕矣。为今之计,莫若且严边城,使持久可守;实关内,使无虚可乘。西则邠州、凤翔为环、庆、仪、渭之声援,北则同州、河中府扼鄜、延之要害,东则陕府、华州据黄河、潼关之险,中则永兴为都会之府,各须屯兵三二万人。若寇至,使边城清野,不与大战,关中稍实,岂敢深入?复命五路修攻取之备,张其军声,分彼贼势,使弓马之劲无所施,牛羊之货无所售。二三年间,彼自困弱。待其众心离叛,自有间隙,则

---

① 《长编》卷一百二十九。

行天讨。此朝廷之上策也。又闻边臣多请五路入讨,臣窃计之,恐未可以轻举也。太宗朝以宿将精兵,北伐西讨,艰难岁月,终未收复。缘大军之行,粮车甲乘,动弥百里,敌骑轻捷,邀击前后,乘风扬沙,一日数战,进不可前,退不可息,水泉不得饮,沙漠无所获,此所以无功而有患也。况今承平岁久,中原无宿将、精兵,一旦兴深入之谋,系难制之敌,臣以为国之安危,未可知也。然则汉、唐之时,能拓疆万里者,盖当时授任与今不同,既委之以兵,又与之税赋,而不求速效。故养猛士,延谋士,日练月计,以待其隙,进不俟朝廷之命,退不关有司之责,观变乘胜,如李牧之守边,可谓善破敌矣。惟陛下深计而缓图之。①

本着积极防御的战略思想,范仲淹力主"严边城""实关内"的策略,坚持"不与大战",反对"五路入讨",以持久战消耗对手,待敌疲弱后再兴兵讨伐。他看到了大兵主动深入敌境的危险,还指出了北宋军事体制的问题,缺乏精兵良将,积弊难返,非比汉唐之时,只能"缓图之"。他认为这才是"上策"。

范仲淹于"好水川之战"前后,曾多次上"请不出兵"疏,阐述其积极防御战略。针对朝廷命令诸路联合出兵讨伐元昊的决定,他是不赞成的,庆历元年正月丁巳,范仲淹上疏曰:

> 今须令正月内起兵,军马粮草,动逾万计,入山川险阻之地,塞外雨雪大寒,暴露僵仆,使贼乘之,所伤必众。况鄜延路已有会合次第,不患贼之先至也。贼界春暖,则马瘦人饥,其势易制。又可扰其耕种之务,纵出师无大获,亦不至有他虞。自刘平陷没之后,修城垒,运兵甲,积粮草,移士马,大为攻守全胜之策,非为小利而动,如重兵不时而举,万有一失,将何继之?则必关朝廷安危之忧,非止边患之谓也。②

范仲淹认为塞外正月仍是大寒天气,此时出兵的时机不利,而待春暖敌

---

① 《长编》卷一百二十七,康定元年五月甲戌。
② 《长编》卷一百三十。

界马瘦人饥之时，出兵更为有利。但范仲淹所说的出兵，也非多路联合，重兵深入敌界，与元昊主力决战，速战速决，一举歼灭西夏军队，而是在充分备战的基础上，各路小规模轮番出击，对敌军不断加以骚扰，最后拖垮元昊。这一战略在其后来所上的《攻守二议奏》中有更详细的说明。另外范仲淹认为，诸路重兵出击，万一失败，则事关朝廷安危。所以他主张"非为小利而动"，而要制定"攻守全胜之策"。在此疏中，范仲淹还表达了另外一个重要想法，他说："今鄜延是旧日进贡之路，蕃汉之人，颇相接近。愿朝廷敦天地包容之量，存此一路，令诸将勒兵严备，贼至则击，但未行讨伐，容臣示以恩意，岁时之间，或可招纳。"这实质上是想保留一条议和的渠道，为将来招纳元昊留有余地。

范仲淹不愿轻易出兵的态度，遭到了一些诸如"怯惧""不协同"之类的非议，他曾对仁宗说："臣尝得请示以招纳之意，期于平定。而物议喧然，祸在不测，上赖日月垂照，保全微生。"①可见，范仲淹在当时遭受的压力还是很大的，所以在这一时期的奏疏中，他多次表明自己"非是怯惧"②，即不是因为畏惧敌人才不愿出兵的；他也申明，他之所以"再三执议"，只是考虑到"战者危事，或有差失，则平定之间，转延岁月"，而"非不协同"。

因战略思想的差异，范仲淹给出的对策还包括：

> 鄜延路入界，比诸路最远。若先修复城寨，却是远图。请以二月半合兵万人，自永平寨进筑承平寨，俟承平寨毕功，又择利进筑，因以牵制元昊东界军马，使不得并力西御环庆、泾原之师，亦与三路俱出无异。③

范仲淹的计划是先修复鄜延路的边界城寨，然后逐渐进筑，步步为营，他说这才是"远图"。他认为以此牵制元昊的东界军马，"亦与三路俱出无异"。总之，范仲淹所主张的"守策"，体现的是积极防御战略，并无什

---

① 《范文正公文集》卷十七《谢许让观察使守旧官表》，《范仲淹全集》（上），凤凰出版社2004年版，361页。
② 《长编》卷一百三十，庆历元年正月戊辰。
③ 《长编》卷一百三十，庆历元年正月戊午。

么"怯惧""不协同"之类的动机。

在范仲淹的极力劝说下,朝廷"许仲淹存鄜延一路示招纳",并同意范仲淹修复城寨的请求。范仲淹随后派兵修复永平、承平寨等沿边的十二座城寨,在他调离延州后,这些城寨修复工作由其继任者庞籍最终完成。对于原计划的出兵日期,朝廷也有所松动,但仍"诏仲淹与夏竦、韩琦等同谋,可以应机乘便,即不拘早晚出师"①。说明朝廷此时还是希望韩琦和范仲淹择机联合出师的。不过,在朝臣们一再上章批评朝廷过多干预边事导致边帅不能专权的背景下,朝廷也未对范仲淹下有必须出师的强力敕令。

而韩琦却迫不及待地与敌决战,他是带着一种不计后果的求战心理走向战场的。他尝言:"大凡用兵,当先置胜负于度外。"②此话更像是一句视气节重于生命的慷慨悲歌之士的激昂之语,而不像是谙熟军事规律、审时度势、力争以最小代价赢得最大胜利的军事家的韬略之语。

同时,也有一些朝臣支持范仲淹的主张,如陕西签书经略安抚判官田况曾在战前上"出师七不可"疏,认为"守策最备,可以施行,不意朝廷便用攻策"。其"第七不可"认为:

> 昨范仲淹奏,且乞朝廷敦包荒之量,存此一路,令诸将勒兵严备,贼至则击,但未行讨伐,容示以恩意,岁时之间,或可招纳。今年尹洙到延州商量,仲淹坚执前奏,未议出师。若使泾原一路独入,则孤军进退,忧患不浅。今诸处探到事宜,多言昊贼俟我师诸路入界,则并兵一路以敌,与投来人杜文广所说相同,此正陷贼计中。③

田况本来就支持范仲淹的"守策",此处又特别强调:韩琦在范仲淹不同意出师的情况下孤军深入,此"正陷贼计"中。这与范仲淹所说的"但见败形,未见胜势也"④不谋而合,后来的结果不幸都被两人言中了。

---

① 《长编》卷一百三十,庆历元年正月戊午。
② (宋)罗大经:《鹤林玉露》乙编卷二之《韩范用兵》。
③ 《长编》卷一百三十一,庆历元年二月丙戌。
④ (宋)魏泰:《东轩笔录》卷七。

反复之下,韩琦迫不及待又上疏朝廷:

> 累准诏问,促令进兵,及令分析向去,有何方略授与诸路,即委不误事。遂与夏竦参定攻守二策。臣探知冬月昊贼未能举动之际,兼程赴阙,求对进呈,乞赐裁择。下两府大臣相议,只取攻策施行。臣屡曾面奏,兹事体大,系于安危。若陛下决知可攻,两府大臣主议不变,或能集事。今臣方归本司,而横议日腾,朝听已惑。攻刺之说,比已札下。朝廷举大事,主大谋,自当坚如金石,无有回易,特降诏旨激励将士,沮军者约行古法。今乃深忧重虑,必谓无成。况鄜延路范仲淹意在招纳,更不出兵,虽具奏闻,乞依元策。假若朝廷强之使进,终是本非已谋,将佐闻之,必无锐志,今已春月将半,渐有暑气,必难进兵。臣比来奉行成算,非是年壮气锐,虑不及远,幸而求胜,以误国家。诚以昊贼据数州之地,精兵不出四五万,余皆老弱妇女,举族而行。陕西四路之兵,虽不为少,即缘屯列城寨,势分力弱。故贼始犯延安,生擒二将,屠掠无数者,盖刘平、石元孙聚一路之兵拒之,才及九千而已。去岁秋末,复有镇戎之败,刘继宗等分兵捍御,不满万人,比援兵之至,贼已捷归。是则彼势常专,我力常散。今中外不究此失,遂乃待贼太过,屯二十万重兵,只守界壕,不敢与敌。中夏之弱,自古未有。闻臣僚坚执守议,以为必胜之术者,臣恐数失寨堡,边障日虚,士气日丧,贼乘此则有吞陕右之心。加以兴师以来,科敛万计,民已大困,配率不止。去年秋稔,尚窘急如是,忽有水旱,其何以堪!臣近过邠、乾、泾、渭等州,所至人户,经臣有状称为不任科率,乞行减放。内潘原县郭下丝绢行人十余家,每家配借钱七十贯文,哀诉求免。国用削弱,乃至于此,缘转运使计无所出,臣是以不敢邀爱民之誉,直行放免,恐相矛盾,上烦朝廷。臣恐一二年间,经费益蹙,人情惶骇,师老思归,及期无代。每虑至此,臣难尽言。望陛下省群臣之难一,为大事之当谨,知其异议,已阻师期。且令诸路置办军须,训敕兵马,俟及秋初,若仲淹招怀未见其效,则别命近臣以观贼隙,如须讨击,即乞

断在不疑,克日降旨,则庶事易办,便可进兵。①

由此疏可知,韩琦曾于康定元年冬"兼程赴阙",屡次当面督促仁宗施行"攻策",并劝说朝廷对此计要"坚如金石"。他的主要理由是,宋军虽然人数很多,元昊精兵不过四五万人,但宋军是在沿边四路分散布防,易被元昊集中优势兵力各个击破。另外重兵屯边,使得"民已大困",导致"国用削弱",所以韩琦希望尽快出兵与元昊决战。他对自己的"攻策"充满自信,说"臣比来奉行成算,非是年壮气锐,虑不及远,幸而求胜,以误国家",但随后的好水川惨败恰恰说明,他的确是"年壮气锐,虑不及远"。

在"攻"与"守"这个问题上,夏竦最初与范仲淹的意见相似,他自称范仲淹的策略"与臣前所陈攻策并同"②。但随着朝廷态度的明朗,夏竦也倾向于"攻策"。庆历元年二月辛巳,夏竦言:

> 昨韩琦、尹洙赴阙,与两府大臣议用攻策,由泾原、鄜延两路进讨。又鄜延走马承受安仪言故绥州去延州东路长宁寨四十里,皆旧日驿路,宽平,乞初春先令延州诸将并力趋绥州,荡除贼界,抚宁和市场、义合镇、茶山一带人户,近蒙朝廷调发,军须不少。今范仲淹却奏王师若自泾原镇戎入界,则臣令保安、金明并东路延州,环、庆等州整兵耀武,为入界之势,使绥、宥、银、夏一带贼兵不敢西去,自保鄜延一路。况已降下出师月日,而仲淹所议未同,臣寻令尹洙往延州与仲淹再议,而固执前奏,未肯出师。近投来人杜文广称贼界闻诸路入讨,只聚兵一路,以敌王师。今两路协力,分掣要害,尚虑诸将晚进,士卒骄怯,未能大挫黠虏。若只令泾原一路进兵,鄜延却以牵制为名,盘旋境上,委泾原之师以尝聚寇,正堕贼计。又近据泾原部署司申,正月二十五日,都监桑怿与蕃官骨被四人相见,约二十八日设誓却要归顺朝廷。此贼若非惧见进讨,即欲暂款汉兵,大为奔突之计。乞早差近上臣僚监督鄜延一路进兵,同入贼

---
① 《长编》卷一百三十一,庆历元年二月丙戌。
② 《长编》卷一百三十,庆历元年正月戊辰。

界,免致落贼奸便。①

夏竦此奏提到,韩琦与尹洙曾赴阙与两府大臣议用"攻策",朝廷也决定由泾原、鄜延两路进讨西夏,但范仲淹"自保鄜延一路",拒绝出兵。他也曾令尹洙前往延州动员范仲淹出兵,但范仲淹还是"固执前奏,未肯出师"。他认为范仲淹以"牵制"为名,却"正堕贼计",他建议朝廷"监督鄜延一路进兵,同入贼界"。

其实夏竦对西夏的用兵战略前后矛盾,并无一贯立场,他"每论边事,但列众人之言"。此疏又迎合朝廷旨意,对范仲淹多有指责,的确说明夏竦为人"挟诈任数,奸邪倾险"②。另外,夏竦此疏也暴露了陕西军队统帅之间缺乏有效的沟通协调机制,统帅部门不能专权,朝廷对前方将领的决策和行动多有干预。

由于宋军泄露了机密,元昊得知了宋军将诸路联合出兵讨伐的消息,于是作出了"并兵一路以敌"③的对策。他趁宋廷犹豫不决之际,先下手为强,于庆历元年二月率十万重兵入寇渭州,韩琦亟赴镇戎军迎战,并派环庆路副总管任福率泾原驻泊都监桑怿、钤辖朱观、泾州都监武英、行营都监王珪、参军事耿傅等孤军深入,准备引出西夏军之后,断其后路。双方在怀远城附近相遇,元昊故伎重演,把主力埋伏在六盘山下的好水川(今宁夏回族自治区隆德县),然后诱敌深入,任福贪功轻进,在好水川遭到重创,几全军覆没。此役宋军有一万余人战死,仅朱观率一千余人突围,大将任福及其子怀亮,部将桑怿、武英、王珪、耿傅等为国捐躯。"好水川之役"是宋与西夏战史上最为惨烈的失败,史家称之为"甚败",据《长编》言:

> 方元昊倾国入寇,而福所统皆非素抚循之师,临敌受命,法制不立,既又分出趋利,故至甚败。奏至,上深悼焉。④

"好水川之役"的惨败,全面暴露了北宋军制所存在的弊端,也深刻

---

① 《长编》卷一百三十一。
② 《宋史》卷二百八十三《夏竦传》。
③ 《长编》卷一百三十一,庆历元年二月丙戌。
④ 《长编》卷一百三十一,庆历元年二月乙丑。

说明韩琦的"攻策"是错误的。据载,宋军于好水川失利后,元昊的汉人军师张元于边界僧寺题诗云:"夏竦何曾耸,韩琦未是奇。满川龙虎辈,犹自说兵机。"①其语充满轻侮,这也说明对手对夏竦和韩琦战略战术的不屑。

任福兵败好水川之后,韩琦随即上章自劾,但朝廷上下多曲护韩琦,认为兵败是任福违背韩琦节度所导致的,于是"上知福果违节度,取败罪不专在琦,手诏慰抚之"。是年四月辛巳,朝廷"降陕西经略安抚副使、枢密直学士、起居舍人韩琦为右司谏,知秦州职如故"②。其实这只是轻度责罚而已。

好水川的惨败使朝廷颜面扫地,为挽回影响,朝廷又命范仲淹出兵报复。庆历元年三月丙辰,朝廷"诏范仲淹体量士气勇怯,如不至畏懦,即可驱策前去,乘机立功"。这次朝廷使用了激将法,说你范仲淹如果还不"畏懦"的话,就出兵立功。其实范仲淹在前面的上疏中已多次表明,自己不是因为"畏懦"才不出兵的。针对此次诏令,范仲淹不为所动,他再次上疏,全面陈述了自己的战略主张:

> 任福已下,勇于战斗,贼退便追,不依韩琦指踪,因致陷没。此皆边上有名之将,尚不能料贼,今之所选,往往不及,更令深入,祸未可量。大凡胜则乘时鼓勇,败则望风丧气,不须体量,理之常也。但边臣之情,务夸敢勇,耻言畏怯,假使真有敢勇,则任福等数人是也,而无济于国家。孙子曰:"胜兵先胜而后求战,败兵先战而后求胜。"今欲以重兵密行,军须粮草,动数万人,呼索百端,非一日可举。如延州入贼界二百余里,营阵之进,须是四程。况贼界常有探候,兼扼险隘,徒言密切可无喧谱。其行营名目,切恐虚有废罢。自古败而复胜者,盖将帅一时之谋,我既退衄,彼必懈慢,乘机进战,或可图之。昨山外贼退之时,本处兵少,兼阙将帅,所以不能举动。近据庆州申,郝仁禹等领兵入界,亦多输折,盖贼扼险要,以寡击众而致也。臣愚以为报国之仇,不可仓卒。昔孟明之败,三年而后报殽之役。

---

① (宋)周煇:《鹤林玉露》乙编卷二《韩范用兵》。
②《长编》卷一百三十一。

孙子曰:"主不可以怒而兴兵,将不可以愠而致战。合于利而动,不合于利而止。故明主谨之,良将警之,安国之道也。"又曰:"利而诱之,怒而挠之,引而劳之。"今贼用此策,不可不知。若乘盛怒进兵,为小利所诱,劳敝我师,则其落贼策中,患有不测,或更差失,忧岂不大?自古用兵之术,无出孙子,此皆孙子之深戒,非臣之能言也。……今乞且未进兵,必恐虚有劳敝,守犹虑患,岂可深入?臣非不知,不从众议则得罪必速,奈何成败安危之机,国之大事,臣岂敢避罪于其间哉?臣非不能督主兵官员,须令讨击,不管疏虞,败事之后,诛之何济!惟圣慈念之。鄜延路罢行营文字,臣且令部署许怀德收掌,别听朝旨。臣一面依此关报夏竦、韩琦,商量申奏。如所议未合,乞朝廷取舍。臣方待罪,不敢久冒此职,妨误大事。①

范仲淹全面分析了在战事新败、士气低落的局面下,以宋军的实力,出重兵绝地反击而获胜的可能几乎没有。他引用孙子的言论劝告朝廷,不可"乘盛怒进兵",不可"为小利所诱"。他依然坚持他的积极防御战略,主张先修废寨,争取边民,不主动大规模出兵,并训练奇兵,敌来则坚壁清野,与敌周旋,敌退则伺机小规模进讨,不断骚扰敌人,他认为这才是长久制胜之道。他表示,如果朝廷认为他懦弱无能,不敢出兵,他"不敢久冒此职,妨误大事"。当然,这只是范仲淹的激愤之语。宋仁宗谈不上是什么高明之主,但大体能够明辨是非,能够接纳臣下的合理谏议,不压制言论、不埋没人才、不刚愎自用是其莫大优点,这也是大宋江山能够在风雨飘摇中不断渡过难关的根本原因。于是朝廷立即接受了范仲淹的谏议,不再提出兵之事。

在韩琦被贬官的同时,范仲淹也受到贬知耀州的处理,原因是他在与元昊沟通议和的过程中,有违反纪律的嫌疑。事情的经过大体是这样的:是年正月,元昊遣塞门寨主高延德到延州与范仲淹乞和,范仲淹觉察元昊并无议和诚意,便未将此事上报朝廷,而是自己给元昊写了一封回信,即《答赵元昊书》。此信很长,主要是回顾了双方悠久的交往历史,并晓以利害,劝说元昊归附,随后派部下韩周

---

①《长编》卷一百三十一,庆历元年三月丙辰。

同高延德一同还抵元昊。但接下来的情况发生了变化,庆历元年四月癸未:

> 降陕西经略安抚副使、兼知延州、龙图阁直学士、户部郎中范仲淹为户部员外郎,知耀州职如故。始,韩周等持仲淹书入西界,逆者礼意殊善。行既两日,闻山外诸将败亡,周等抵夏州,留四十余日。元昊俾其亲信野利旺荣为书报仲淹,别遣使与周俱还,且言不敢以闻兀卒,书辞益慢。仲淹对使者焚其书,而潜录副本以闻,书凡二十六纸,其不可以闻者二十纸,仲淹悉焚之,余又略加删改。书既达,大臣皆谓仲淹不当辄与元昊通书,又不当辄焚其报。吕夷简诘周不禀朝命,擅入西界,周言经略专杀生,不敢不从。坐削官,监通州税。宋庠因言于上曰:"仲淹可斩也。"杜衍曰:"仲淹本志,盖忠于朝廷,欲招纳叛羌尔,何可深罪!"夷简亦徐助衍言,知谏院孙沔又上疏为仲淹辨。上悟,乃薄其责。①

元昊反叛后,尽管双方兵戎相见,但宋廷从未放弃议和的可能。范仲淹拒不出兵的理由之一,就是想保留延州这一条议和的渠道,这一点也是得到朝廷认可的。先是范仲淹派韩周等入西界通书给元昊,对方对汉使"礼意殊善",但随着西夏在战事上的胜利,其使者"书辞益慢",范仲淹认为这有辱朝廷,于是当面"焚其书",只是录了一份副本上报朝廷,录的内容也有所改动。此举遭到朝中大臣的批评,说范仲淹不该与元昊私自通书,也不该焚书以报,总之触犯了"人臣无外交"的大忌,故宋庠说"仲淹可斩也"。只是由于多名同僚说情,仁宗皇帝才宽免其责任。

范仲淹争取通过和平外交手段而非军事手段解决争端。在与元昊的交涉过程中,他未就有关事宜及时上报请示朝廷,在程序上可能存在疏忽不当,但绝无妄自尊大、不忠于朝廷之意。事实上,正是由于保留了范仲淹这一议和渠道,才为后来宋夏议和休战、正式签订和约作了铺垫。

庆历元年五月壬申,范仲淹知庆州,兼管勾环庆路部署司事。庆历

---

① 《长编》卷一百三十一,庆历元年四月癸未。

元年十月甲午,徙判永兴军、陕西经略安抚缘边招讨使夏竦判河中府,知永兴军、陕西兼经略安抚缘边招讨使陈执中知陕州,自此罢夏竦陕西帅职。陕西亦分为四路,正式实行分路防守,各路相互照应。随后又"各置经略安抚、招讨等使"①。其中秦凤路由韩琦知秦州镇守,泾原路由王沿知渭州镇守,环庆路由范仲淹知庆州镇守,鄜延路由庞籍知延州镇守。

庆历元年十一月,范仲淹上"攻守二议"长疏(《攻守二议奏》),对其积极防御的战略思想进行了全面阐述,宋仁宗对此表示赞赏,并回复说:

> 以将帅累经挫衄,未甚勇果,若幸于或胜,恐非良筹,假令克获,又烦守备。若且勤于训练,严加捍御,远设探候,制其奔冲,见利乃进,观衅而动,庶可以养锐持久。卿宜深体此意,与邻路互相应援,协心毕力,有便宜密具以闻。②

在接二连三的失败面前,宋仁宗显然已认可了范仲淹稳中求进的战略战术,他特别叮嘱范仲淹要"与邻路互相应援,协心毕力",同时也希望范仲淹对其攻守之策作简要的说明,以方便"陕西诸路经略招讨司参议以闻"③,于是范仲淹又一次上疏将其攻守之策概括为这么几点:首先是论证了"攻其远者则害必至,攻其近者则利必随",因而主张近功,反对远攻;其次认为"守以土兵则安,守以东兵则危",主张多用土兵;再次认为"招纳之策,可行于其间",主张议和;同时也表示坚决听从仁宗的诏令,"与邻道协心而共图之"④。

随着范仲淹的战略思想逐渐为朝廷和沿边将帅所信服,陕西沿边各路加强战备,采取了分路防守、诸路协防的战略战术,但若想在漫长的边境线上构筑起滴水不漏的防御体系又谈何容易。对于北宋的防御形势,欧阳修尝言:

---

① 《长编》卷一百三十五,庆历二年正月庚戌。
② 《长编》卷一百三十五,庆历二年正月壬戌。
③ 《长编》卷一百三十五,庆历二年正月壬戌。
④ 《长编》卷一百三十五,庆历二年正月壬戌。

> 庆历御边之备,东起麟、府,西尽秦、陇,地长二千余里,分为路者五,而路分为州军者又二十有四,而州军分为寨为堡为城者又几二百,皆须列兵而守之。故吾兵虽众,不得不分;所分既多,不得不寡;而贼之出也,常举其国众,合聚为一而来。是吾兵虽多,分而为寡;彼众虽寡,聚之为多。以彼之多击吾之寡,不得不败也。①

欧阳修指出,北宋在地理环境上存在着不利于战争的客观因素,同时也在暗示:处处设防,试图御敌于国门之外的战略战术亦存在固有的缺陷。其实对于这一问题,宋廷内部许多人都有清醒的认识,如在庆历元年六月己亥,陕西体量安抚使王尧臣就说过:

> 言四路缘边所守地界,约二千余里,屯兵二十万,鄜延路六万八千,环庆路五万,泾原路七万,秦凤路二万七千余,分屯州军县镇城寨,及疲懦残伤不任战斗外,总其可用者,仅十余万人,每贼由一路入寇,其所领兵,常多官军数倍。……贼凡三至而三胜,由众寡之势不侔也。彼常以十战一,我常以一战十,其为胜负甚明。虽议者谓刘平、任福之兵,由昼夜驰逐,刍粮不继,人马饥疲,遂至败陷,然强弱势异,虽使不饥不疲,亦未见全胜之理。今须较四路之势,因其地形,益屯兵马,以待其来。②

王尧臣指出,处处分兵设防,导致每次战斗都面临敌众我寡,甚至敌军数倍于官军的被动局面,他认为刘平的三川口之败、任福的好水川之败,根本上是由此导致的。他的结论是,此种对敌战略"未见全胜之理"。不过他也给不出更好的办法,只能是"益屯兵马,以待其来",即不断增兵,坚固防守,等待敌人的进攻。呜呼!行书至此,笔者不禁掩书长叹:天水一朝,武功之不竞,何以至此!

北宋防线的漏洞再次被元昊捅破,此次他选择的突破口是王沿镇守的泾原路,这里也的确是宋军防线最为薄弱的部分。元昊之所以策划此次军事行动,乃是听从了其汉人军师张元的建议。张元曾向元昊

---

① 《长编》卷二百四,治平二年正月癸酉。
② 《长编》卷一百三十五。

进言:"中国精骑并聚诸边,关中少备。若重兵围胁边城,使不得出战,可乘间深入,东阻潼关,隔绝两川贡赋,则长安在掌中矣。"①于是元昊于宋仁宗庆历二年闰九月,又一次大规模南犯,他亲率十万重兵进攻镇戎军,试图占领渭州后直指关中。渭州知州王沿派副都部署葛怀敏率兵迎战,结果恰如元昊所意料,葛怀敏被引诱深入,在定川寨(今宁夏回族自治区固原市中和乡)中西夏军队埋伏,宋军进退无路,葛怀敏和曹英等十六员将领及近万名士兵战死,几乎全军覆没。于是西夏军队乘胜南掠,直抵渭州城下,王沿闭城自守,西夏军队在幅员六七百里的范围内,"焚荡庐舍,屠掠居民"。② 元昊还狂妄叫嚣"朕欲亲临渭水,直据长安"③,这导致"关中震恐,居民多窜山谷间"④。后因范仲淹等率军六千来援,元昊才未敢深入,率军退去。可见,范仲淹的及时出兵,对于稳定局势、防止战局进一步恶化发挥了重要作用。据《长编》载,当宋仁宗听到定川寨兵败之事后,非常忧虑,他对左右曰:"若仲淹出援,吾无虑矣。"后范仲淹果然出兵,仁宗大喜,曰:"吾固知仲淹可用。"⑤

"定川寨之役"是宋夏战争时期宋军最惨重的一次失败。此战的失利,再次暴露了北宋军制所存在的弊端。北宋长期以来实行重文轻武政策,抑制武人,弱兵弱将,致使优秀的军事将领无法产生,士兵的战斗力低下;而且统兵文臣并不亲临战阵,无法根据千变万化的战场形势作出机动灵活的应对,故前线将领战前所受机宜,还往往成为牵制和羁绊。这些体制性缺陷,再加之处处分兵设防而形成的以寡敌众局面,失败便难以避免。而一旦战败,舆论便以贪功轻进、不服从节制为借口将责任推给已经战死或被俘的将领,统兵文臣则只被"薄责",通观刘平、任福和葛怀敏之败的过程和结局,模式大抵如此。

"定川寨之役"后,宋廷对西北的防御体系作了调整。庆历二年十月,王沿降知虢州⑥,十一月,陕西沿边"复置四路经略招讨安抚使,以仲

---

① (清)吴广成:《西夏书事》卷十六。
② 《长编》卷一百三十七,庆历二年闰九月。
③ (宋)王巩:《闻见近录》。
④ 《长编》卷一百三十八,庆历二年十月辛亥。
⑤ 《长编》卷一百三十八,庆历二年十月辛亥。
⑥ 《长编》卷一百三十八,庆历二年十月丁卯。

淹、韩琦、庞籍分领之,仲淹与琦开府泾州"。① 这样就形成了三帅共同主持四路防务的局面。这个防御体系更加坚固,更强调协同配合。随着多年穷兵黩武所带来的战争消耗,元昊未对宋军发动大的进攻,双方开始议和,经过近一年的反复谈判,双方于庆历四年达成和议。这个结局对宋廷来说虽未尽如人意,但也实现了西北境的相对安宁。

二、"龙图老子"

"龙图老子"是陕西沿边民众乃至西夏境内对范仲淹的敬畏之称。此称呼的流行,表明范仲淹的御边和军事才能得到了包括对手在内的广泛肯定和敬重。

范仲淹于康定元年八月到达延州,洞察到"戎马之后,原野萧条。金明北百里之间,元有塞门、栲栳二寨,并李士彬下蕃部寨二十六所,悉已荡去,尽没蕃境"②。于是他首先修葺了延州府城,又派部将周美先修复了延安的要冲金明寨,随后又开始修复永平、承平等沿边十二座废寨。范仲淹调离延州后,这些堡寨由其继任者庞籍陆续完成。

金明寨的修复对于抵御西夏入侵具有重要意义。为此,范仲淹特赋诗《清凉山》一首:

> 金明阻西岭,清凉峙其东。
> 延水正中出,一郡两城雄。③

延州为战略要地,宋夏在此激烈争夺。在范仲淹的经营下,延州已固若金汤,故他自豪地说"一郡两城雄"。

修筑青涧城(今陕西省清涧县)是范仲淹知延州期间的重要举措。青涧城位于延安西南二百里处,是"右捍延安,左可致河东粟,北可图银、夏"的战略要地。是年九月,范仲淹派种世衡前往修建青涧城,种世衡英勇无比,他"且战且城",城就,他被任命为青涧城知县。在知青涧

---

① 《长编》卷一百三十八,庆历二年十一月辛巳。
② 《范文正公文集》卷十一《上枢密尚书书》,《范仲淹全集》(上),凤凰出版社 2004 年版,第228 页。
③ 李裕民:《范仲淹、范纯仁诗文辑考》,第三届中国范仲淹国际学术论坛论文集,2009 年 11 月,第194 页。

图 19　范仲淹镇守延州(今陕西省延安市)期间,在嘉岭山上修建的烽火台遗址

城期间,种世衡贯彻范仲淹的治边思想,开荒屯田,招抚羌人,表现出了很高的治理才能,据史载:

> 世衡开营田一千顷,募商贾,贷以本钱,使通货得利,城遂富实。间出行部族,慰劳酋长,或解与所服带。尝会客饮,有得蕃事来告者,即予饮器,由是属羌皆乐为用。无定河蕃部钞边,率属羌讨击,前后斩首数百。①

种世衡是范仲淹在西北时一手提拔的将领,庆历二年春天,范仲淹"巡边至环州,属羌阴连敌为边患,仲淹谓种世衡素得属羌心,而青涧城已坚固,乃奏世衡知环州以镇抚之"。② 后任环庆路兵马钤辖,又主持修筑细腰城,为御边大业作出了重要贡献。

为训练精兵强将,范仲淹对原有的军制也进行了整改。到达延州后,他深感部队"训练未精,将帅无谋"③,而且发现原有的军制也非常机械,即:部署领边兵万人,钤辖领五千人,都监领三千人,有敌人进犯就

---

① 《长编》卷一百二十八,康定元年九月庚午。
② 《长编》卷一百三十五,庆历二年三月庚午。
③ 《范文正公文集》卷十一《上吕相公书》,《范仲淹全集》(上),凤凰出版社 2004 年版,第 223 页。

命官卑者先出战。范仲淹曰:"不量贼众而出战,以官为先后,取败之道也。"①于是他大阅州兵,淘汰了一些将领,将原有的二万六千兵马精简为一万八千,由六将统领,每将统领三千人,进行分部训练,于是兵将相随,改变了兵不知将、将不知兵的积弊。待敌人进犯时,则采取灵活机动的战术,根据对手的人数众寡择将出战。由于选择了将领,精心锻炼了士卒,部队的战斗力得到了提升,加之布防周密,敌人虽又有进犯,但都无果而终。

鉴于当时的形势,范仲淹还无法率领大军向西夏发起大规模的主动进攻,但他也并非消极地防守,而是抓住战机向敌人发起了一些"浅攻",如康定元年八月辛亥:"诏范仲淹、葛怀敏领兵驱逐塞门等寨虏骑出境,仍募弓箭手,给地居之。"②康定元年九月庚申:"范仲淹遣殿直狄青、侍禁黄世宁攻西界芦子平,破之。"③康定元年十月乙酉:"鄜延钤辖朱观等袭西贼洪州界郭璧等十余寨,破之。"④

敌人尝到了苦头,于是相互告诫道:"无以延州为意,今小范老子腹中自有数万兵甲,不比大范老子可欺也。"⑤这里的"大范老子"是指范雍,"小范老子"是指范仲淹。"小范老子"也称"龙图老子",如范仲淹在《让观察使第一表》中尝言:"臣自到边上,其熟户蕃部皆呼臣为'龙图老子'。至于贼界,亦传而呼之。"⑥王辟之在《渑水燕谈录》中亦云:"范文正公以龙图阁直学士帅邠、延、泾、庆四郡,威德著闻,夷夏耸服,属户蕃部率称曰'龙图老子',至于元昊亦以是呼之。"⑦

总之,范仲淹在知延州的数月期间,指挥军民"修完诸栅,训齐六将,相山川,利器械,为将来之大备"⑧。通过这些举措,局面较范雍知延州时已大为改观,故鄜延路一线"贼不敢犯,既而诸路皆取法焉"⑨。

---

① 《长编》卷一百二十八,康定元年八月庚戌。
② 《长编》卷一百二十八。
③ 《长编》卷一百二十八。
④ 《长编》卷一百二十九。
⑤ 《长编》卷一百二十八,康定元年八月庚戌。
⑥ 《范文正公文集》卷十七《让观察使第一表》,《范仲淹全集》(上),凤凰出版社2004年版,第354页。
⑦ (宋)王辟之:《渑水燕谈录》卷二《名臣》。
⑧ 《范文正公文集》卷十六《耀州谢上表》,《范仲淹全集》(上),凤凰出版社2004年版,第347页
⑨ 《长编》卷一百二十八,康定元年八月庚戌。

图 20　位于甘肃省庆阳市华池县大顺城遗址附近的"老爷岭烽火台遗址"

通过修筑城寨巩固自己的领土、蚕食敌人的领地,是范仲淹抗击西夏的又一重要战术。他在知延州期间令部将种世衡筑就的青涧城,就起到了巩固边防的作用。在此期间,范仲淹发现在宋夏交界地带堡寨不足,难以抵御西夏的入侵,于是新建和修复了众多的堡寨,其中在庆阳西北要害之地马铺寨修筑的大顺城,是其堡寨战术的经典之作。《长编》载:

> 庆之西北马铺寨,当后桥川口,深在贼腹中,范仲淹欲城之,度贼必争,密遣子纯祐与蕃将赵明先据其地,引兵随其后。诸将初不知所向,行至柔远,始号令之,版筑毕具,旬日城成,是岁三月也,寻赐名大顺。贼觉,以骑三万来战,佯北,仲淹戒勿追,已而果有伏。[①]

这是一次布置周密的军事行动。范仲淹欲在"贼腹中"的马铺寨筑城,因此次筑城行动非常危险,为示表率,他先令其子范纯祐与蕃将赵明出兵占领了马铺寨,他随后率领军民秘密进驻。筑城行动极其迅速,仅用十多天就筑就了大顺城。敌人发现后派兵三万来战,因大顺城地势险

---

① 《长编》卷一百三十六,庆历二年五月庚申。

要,敌人无奈,于是故技重演,想设伏引诱宋军出战,结果范仲淹不为所动。

大顺城的修建,增强了宋军对西夏的攻防能力,据《宋史》记载:"大顺既城,而白豹、金汤(时为西夏所占)皆不敢犯,环庆自此寇益少。"①

图 21　大顺城遗址鸟瞰

庆历四年十二月,时任河东宣抚使的范仲淹檄书知环州的种世衡与知原州的蒋偕,命他们修筑环、原之间的细腰城等城堡。细腰城的修筑,对于打通环庆路和泾原路的北部通道,安抚沿边蕃羌部族,发挥了重要作用。欧阳修后来说:(范仲淹)"于庆州城大顺以据要害,夺贼地而耕之,又城细腰、胡芦,于是明珠、灭臧等大族皆去贼为中国用"。②

在宋夏交界地带,存在许多少数民族部族,是汉羌杂居区域,能否得到沿边民众特别是羌民的支持,对于战争的胜负具有重要影响。范仲淹在对待羌民这个问题上,一直采取怀柔政策,他对于"诸羌来者,推心接之不疑"。③ 而对于暂未归附的羌民,也能以善意待之。庆历元年五月,范仲淹知庆州,他到任后立即巡边,安抚羌民,争取羌民归附。据《长编》载:

---

① 《宋史》卷三百一十四《范仲淹传》。
② 《范文正公褒贤集》卷一《资政殿学士户部侍郎文正范公神道碑铭》,《范仲淹全集》(下),凤凰出版社2004年版,第938页。
③ 《宋史》卷三百一十四《范仲淹传》。

> 初，元昊反，阴诱属羌为助，环庆酋长六百余人约与贼为乡导，后虽首露，犹怀去就。仲淹至部，即奏行边，以诏书犒赏诸羌，阅其人马，立条约："仇已和断，辄私报之及伤人者，罚羊百、马二，已杀者斩。负债争讼，听告官为理，辄质缚平人者，罚羊五十、马一。贼马入界，追集不起，随本族每户罚羊二，质其首领。贼大入，老幼入保本寨，官为给食，即不入寨，本家罚羊二，全族不至者，质其首领。"诸羌受命悦服，自是始为汉用。①

对于原为元昊所用的属羌酋长六百余人，范仲淹没有采取酷烈的惩罚手段加以报复，他一边采取"犒赏"手段联络情感，慰问诸羌，一边采取"立条约"这种温和的政治手段对诸羌进行规范管理，结果诸羌顺服。

在泾原路原州与环庆路庆、环二州的交界处，生活着明珠、灭臧、康奴等羌族部落。此三族"居属羌之大，素号强梗，在原为孽，浸及于环。抚之，很不我信；伐之，险不可入。北有二川，交通于夏戎，朝廷患焉"。②时知庆州的范仲淹听闻泾原方面准备袭讨明珠、灭臧二族，乃上奏言：

> 二族道险不可攻。前日高继嵩尝已丧师，平时犹怀反侧，今讨之，必与贼为表里，南入原州，西扰镇戎，东侵环州，边患未艾也。宜因昊贼别路大入之际，即并兵取细腰、芦泉为堡障，以断贼路，则二族自安，而环州、镇戎径道通彻，则可亡忧矣。③

范仲淹反对以武力讨伐二族，他认为这样会遭到元昊的南下报复。他主张在二族通往西夏的二川之间，择机修复细腰城等城寨，这样可断其后路，亡其外援。庆历四年十一月，范仲淹命种世衡等人修筑了细腰城，明珠、灭臧二族因而臣服。

范仲淹曾对宋仁宗说："臣守边数年，羌胡颇亲爱臣，呼臣为龙图老子。"④范仲淹之所以能够得到沿边羌胡的"亲爱"，是因为他在处理民族关系时，实行了富有仁爱色彩的怀柔政策，对此，范仲淹自己也是颇感

---

① 《长编》卷一百三十二，庆历元年五月壬申。
② 《范文正公文集》卷十五《东染院使种君墓志铭》，《范仲淹全集》(上)，凤凰出版社2004年版，第315页。
③ 《长编》卷一百三十二，庆历元年五月己巳。
④ 《长编》卷一百三十二，庆历元年五月癸亥。

欣慰的。

范仲淹对羌人不仅仅是安抚,他还充分利用羌人熟悉边境的山川地貌、善骑射、保卫家园的意愿强烈等特点,大量招募他们成为弓箭手和土兵。庆历元年二月,范仲淹在知延州时就反复奏请:"以臣所见,延州路乞依前奏,且修南安等处三两废寨,安存熟户并弓箭手,以固藩篱。"①随后各路纷纷招募蕃兵。同年三月,范仲淹的部将知青涧城种世衡,"请募蕃兵五千,左手虎口刺忠勇二字,令隶折马山族,从之"。② 事实上,这些弓箭手和土兵也"素号骁勇"③,他们在抗击西夏的战争中发挥了重要作用。不谋而合的是,后来的苏东坡也视土兵弓箭手如同"藩篱",他说:

> 宝元、庆历中,赵元昊反。屯兵四十余万,招刺宣毅、保捷二十五万人,皆不得其用,卒无成功。范仲淹、刘沪、种世衡等,专务整缉蕃汉熟户弓箭手,所以封殖其家、砥砺其人者非一道。藩篱即成,贼来无所得,故元昊复臣。④

苏东坡认为,范仲淹、种世衡等人通过安抚蕃汉熟户,招募他们成为弓箭手,又通过屯田手段"封殖其家",就如同在边界树立了一道"藩篱",其作用甚至超过了北宋的几十万正规部队,并最终促成了后来元昊对宋的再次称臣。

庆历元年十一月,范仲淹在所上《攻守二议奏》中说,因战争消耗巨大,导致"国用民力,日以屈乏",为缓解国家财政负担和百姓的飞刍挽粟之苦,范仲淹在总结历代军队屯田经验的基础上,也提出了在沿边边寨的屯田建议:

> 臣昨在延州,见知青涧城种世衡言欲于本处渐兴田利,今闻仅获万硕。臣观今之边寨,皆可使弓手、土兵以守之,因置营田,据亩定课,兵获羡余,中粜于官,人乐其勤,公收其利,则转输之患,久可

---

① 《长编》卷一百三十二,庆历元年二月丙辰。
② 《长编》卷一百三十五,庆历二年三月丁卯。
③ 《宋会要辑稿》兵四之一八。
④ 《苏轼文集》(全六册)卷三十六《乞增修弓箭社条约状二首》,孔凡礼点校,中华书局1986年版,第三册,第1024—1025页。

> 息矣。且使其兵徙家塞下,重田利,习地势,父母妻子共坚其守,比之东兵不乐田利,不习地势,复无怀恋者,功相远矣。①

在此之前,范仲淹的部将种世衡已在青涧城实行屯田,成效显著。范仲淹认为沿边城寨周围的荒地可开垦为营田,然后由弓手、土兵在无战事时耕种,并允许其父母妻子随军屯垦,这样可就地解决他们的生计问题,收成的多余部分由政府收购,以供应边防驻军。范仲淹认为通过屯田不仅减轻了政府的负担,避免了"转输之患",还可使沿边土兵安土重迁,协力守卫家园。可见,范仲淹所说的屯田是与土兵制度结合在一起的。

同年十二月戊寅,朝廷"诏陕西四路部署及转运使并兼营田使,转运判官兼管勾营田事"。② 这显然是接受了范仲淹等人的屯田建议,自此,沿边屯田就成为普遍的做法。

在范仲淹看来,不仅屯田要依靠土兵,众多堡寨的守护也要依靠土兵。他在庆历二年二月丙辰的上疏中说:

> 以臣所见,延州路乞依前奏,且修南安等处三两废寨,安存熟户并弓箭手,以固藩篱,俯彼巢穴。他日贼大至则守,小至则击,有闲则攻,方可就近以扰之,出奇以讨之。然复寨之初,犹虑须有战斗,比之入界,其势稍安。其诸路并乞且务持重,训练奇兵。先乞相度德靖寨西至庆州界,环州西至镇戎军界,择要害之地堪为营寨之处,必可久守则进兵据之。其侧近蕃族,既难耕作,且惧杀戮,又见汉兵久驻可倚,贼不能害,则去就之间,宜肯降附,庶可夺其地而取其民也。若只钞掠而回,不能久守,侧近蕃族,必无降附之理。③

范仲淹在此详细说明了堡寨与土兵的相互依存关系。他在前人御边实践的基础上,将土兵、堡寨与屯田这三者结合在一起,更有利于边防建设,这是范仲淹御边策略的重要内容。

---

① 《长编》卷一百三十四,庆历元年十一月乙亥。
② 《长编》卷一百三十四,庆历元年十二月戊寅。
③ 《长编》卷一百三十一,庆历元年三月丙辰。

三、边塞儒风与千古名篇《渔家傲》

范仲淹作为文臣统兵的典范,儒者的思想信念和情感并未为烽火连天的硝烟所堙没,在戎马倥偬的战争生涯中,身为边帅的范仲淹依然保持着儒者的本色。康定元年(1040年),范公在延州统兵御夏,年仅二十一岁的关中士人张载求见,于是发生了范仲淹"导横渠以入圣人之室"的儒门佳话:

> (张载)少喜谈兵,至欲结客取洮西之地。年二十一,以书谒范仲淹,一见知其远器,乃警之曰:"儒者自有名教可乐,何事于兵。"因劝读《中庸》。载读其书,犹以为未足,又访诸释、老,累年究极其说,知无所得,反而求之《六经》。①

张载希望弃笔从戎,收复灵夏失地,但范公识才,反而劝他立足名教,且授以《中庸》。"儒者自有名教可乐,何事于兵",道出了范仲淹的人生志趣,体现了其视文教事业为人类最高价值的文明观念。

在镇守延州的峥嵘岁月里,范仲淹亦有办学举动。据《陕西通志》记载:

> 嘉岭书院在府城东南,宋范仲淹建,明弘治十七年知府王彦奇重建,万历间进士张廷玉增修。②

历史上,嘉岭书院对于延安地区文教事业的发展发挥过重要作用。书院在明、清几经废毁,清乾隆十六年重建。1979年,在修复嘉岭书院时,于遗址旁出土《重修嘉岭书院记》石碑一通,碑文亦记载了范仲淹建立嘉岭书院的史实及后来的兴废,也记述了清乾隆十六年的重建情况。

通过提高军队将领的文化和军事理论素养来培养军事人才,是范仲淹军事思想的重要组成部分。早在天圣五年(1027年)的《上执政书》中,他就提出"育将材,实边郡"主张。当时,他对于沿边诸将的"不谋方略、不练士卒"深表忧虑。他认为良将应为"读书之人"并精于"韬

---

① 《宋史》卷四百二十七《道学一·张载传》。
② (清)刘於义:《陕西通志》卷二十七《学校》,四库全书本。

铃",这样就可"洞达天人,嗣续忠孝"。为此,他主战对于堪称将材者,要"密授兵略"并"赐孙吴之书,使知文武之方",他认为只有经过如此培养的将领才可"战而不衄",乃至"异日安边,多可指任"。① 本着这种指导思想,范仲淹在统兵西北期间,培养和提拔了诸多将领,如狄青、种世衡、张亢、王信、范全等,这些人都为御边大业作出了贡献。

戍边生涯的激昂悲壮和边塞风情易激发起文人的诗兴,故自汉唐以来,边塞诗人层出不穷。他们以边疆军民生活和自然风光为主题,创作了大量脍炙人口的诗篇,形成了"边塞诗风"。范仲淹在西北守边之日亦多有佳咏,其中以《渔家傲·秋思》一词最为著名:

渔家傲·秋思

塞下秋来风景异,衡阳雁去无留意。
四面边声连角起。
千嶂里,长烟落日孤城闭。

浊酒一杯家万里,燕然未勒归无计。
羌管悠悠霜满地。
人不寐,将军白发征夫泪。②

对于范公的这首词,历来多有点评。宋人魏泰在《东轩笔录》中云:

范文正守边日,作《渔家傲》乐歌数阕,皆以"塞下秋来"为首句,颇述边镇之劳苦,欧阳公尝呼为穷塞主之词。及王尚书素出守平凉,文忠亦作《渔家傲》一词以送之,其断章曰:"战胜归来飞捷报,倾贺酒,玉阶遥献南山寿。"顾谓王曰:"此真元帅之事也。"③

可见,范公当年曾作有数阕《渔家傲》,可惜只传世《渔家傲·秋思》一阕。魏泰认为此阕"颇述边镇之劳苦",意指范公叫苦连天,缺乏斗志,无爱国激情,故被欧阳修讥为"穷塞主之词"。后来王素守边,欧阳修亦

---

① 《范文正公文集》卷九《上执政书》,《范仲淹全集》(上),凤凰出版社2004年版,第192—193页。
② 《范文正公集补编》卷一《渔家傲·秋思》,《范仲淹全集》(上),凤凰出版社2004年版,第669页。
③ (宋)魏泰:《东轩笔录》卷十一。

作《渔家傲》颂之,内有"战胜归来飞捷报,倾贺酒,玉阶遥献南山寿"之高调献谀词句,并自矜"此真元帅之事也"。言下之意,范仲淹《渔家傲》之立意,乃非元帅之事。

当代词学大家唐圭璋先生认为,范仲淹的《渔家傲》艺术性极高,但立意并不高。他说:

> 此首,公守边日作。起叙塞下秋景之异,雁去而人不得去,语已凄然。"四面"三句,实写塞下景象,苍茫无际,令人百感交集。千嶂落日,孤城自闭,其气魄之大,正与"风吹草低见牛羊"同妙。加之边声四起,征人闻之,愈难为怀。换头抒情,深叹征战无功,有家难归。"羌管"一句,点出入夜景色,霜华满地,严寒透骨,此时情况,较黄昏日落之时,尤为凄悲。末句,直道将军与三军之愁苦,大笔凝重而沉痛。惟士气如此,何以克敌制胜?故欧公讥为"穷塞主"也。①

唐圭璋先生说范公此首词"令人百感交集""大笔凝重而沉痛",其气魄之大,与"风吹草低见牛羊"同妙,但又说"惟士气如此,何以克敌制胜?"这似为前后矛盾之语,故以欧阳修"穷塞主"的说法为结语,似乎不够有力。

范仲淹的诗词创作,不喜用慷慨高调之豪言壮语,而多用含蓄隽永的沉潜淡然之语,其《渔家傲》《苏幕遮》和《御街行》莫不如此;他有时甚至使用看似凄凉乃至消极无为的反转之语表达人生旨趣,如《定风波》和《剔银灯》。但这绝不意味着范公是意气消沉之人,他一生精进不已,真诚无欺,勇于直面复杂的人性,他人"虽极端方,而笑谑有味"②,这才是他真实的生命气象。从美学的视野来看,与慷慨激昂、露骨的表达方式相比,范公的表达含蓄典雅、深沉有力,体现着更为精致的美学意境,传统美学精神的精华也正在于此。事实上,豪言壮语固然能激发人们的斗志和爱国情怀,但对于文人士大夫而言,隽永淡然的反转之语往往更能带来深沉的审美体验,也更能引发对人生价值的深入思考。

单就范仲淹的这首《渔家傲·秋思》而言,魏泰说是"颇述边镇之劳

---

① 唐圭璋:《唐宋词简释》,人民出版社2010年版,第39页。
② (宋)文莹:《续湘山野录》。

苦",欧阳修讥之为"穷塞主之词",唐圭璋先生说"惟士气如此,何以克敌制胜",这都是对范公词意的误解。范仲淹视抵御侵略、抗击西夏为理所当然、义不容辞的正义之举,为完成保家卫国大业,他"痛心疾首,日夜悲忧,发变成丝,血化为泪",①何来叫苦连天、"穷塞主"和士气低落之说?考诸范公词意,"孤城闭"已有三军严阵以待、凛然不可范之意;"燕然未勒"更表达了一代忠良的雄心壮志和壮志未酬的苦闷。难道这些豪情非得用"不破楼兰终不还""壮志饥餐胡虏肉,笑谈渴饮匈奴血"之类语句才能表达吗?当然,范公也极力描述了边地的凄凉萧索,以及将军和征夫的思乡之苦,但这是戍边生活的真实写照,也是复杂人性的真实表达,这与将士们的爱国情怀和勇于献身的精神并不矛盾。故现代著名古典文学专家刘永济先生认为范公此词"虽有思归之情而无怨尤之意","词旨虽雄壮而取境却苍凉也"。②另外,范公不以豪言壮语取媚世人、阿谀人主,而同情久戍边关之人,这也是值得称道的。正因如此,范公此词与其《岳阳楼记》一样,感人至深,流传至广,同为千古名篇。反观欧阳修的《渔家傲》则有失一代文豪的水准。词中的"战胜归来飞捷报",已有溢美之意;至于"玉阶遥献南山寿",则近于阿谀。对此,刘永济先生又指出:"后人有谓范词可使人主知边庭之苦,欧词止于阿谀人主耳。此论甚正,然范词乃自抒己情,欧词乃送人出征,用意自然不同也。"③这个评价是公允的。

第四节 文臣统兵的反思

北宋建国后,宋太祖对五代藩镇割据和武人跋扈的局面深为痛恶,也深有所忌,以至于处处提防、疑忌武人。于是北宋从太祖、太宗开始

---

① 《范文正公文集》卷十八《让枢密直学士右谏议大夫表》,《范仲淹全集》(上),凤凰出版社2004年版,第365页。
② 刘永济:《唐五代两宋词简析》,人民文学出版社2018年版,第57页。
③ 同上,第58页。

就重用文人,重视文治,形成了"与士大夫共治天下"①的政治、文化氛围;而武人群体尽管也是统治集团的一个阶层,但其政治和社会地位却不断被压低,故武人群体与文人群体,是"具有上下等差的二个群体"②。这就是宋代"重文轻武"的祖传家法。而这一点,在文臣统兵的体制下得到了充分体现。

文臣统兵具有很多优点。与武人相比,文臣的最大优势在于其往往具有高深的文化修养和坚定的忠孝观念。这一点,赵安仁在宋真宗咸平二年(999年)就曾指出:

> 当今士卒素练而其数甚广,用之边方,立功至少,诚由主将之无智略也。岂非有一夫之勇者,不足以为万人之敌乎?盖儒学之将,则洞究存亡,深知成败,求之当今,亦代不乏贤。太祖、太宗亲选天下士,今布在中外,不啻数千人,其间知兵法可为将者,固有之矣。若选而用之,则总戎训旅,安边制敌,不犹愈于有一夫之勇者乎?况其识君臣父子之道,知忠孝弟顺之理,与夫不知书者,固亦异矣。③

赵安仁认为武将"无智略",只凭"一夫之勇",故守边无功。而儒将则深知兴亡成败的历史规律,通晓兵法,且固守忠孝伦常,忠于国家,故文臣守边一定优于武人。赵安仁的这个想法,基本上代表了北宋文人群体的共识。

范仲淹的统兵实践,也的确表明了文人的思想优势和见识的高远。范仲淹凭借其深厚的学理造诣和对历史经验的总结,对和敌我双方的形势及利弊短长、对战争的本质及战略战术等问题,都能形成正确的认识和判断,做到了知己知彼,这对于战争的胜败无疑具有决定性影响。

关于对敌我双方的形势及利弊短长的分析,范仲淹首先从治道层面揭示了北宋的治兵之道所存在的诸多问题。范仲淹认为合理的治道

---

① 《长编》卷二百二十一,熙宁四年三月戊子。
② 吴挺誌:《北宋中后期的文臣统兵:以陕西沿边五路经略安抚使为例(1038—1100)》,台湾大学文学院历史学系硕士学位论文,2011年7月,第1页。
③ 《长编》卷四十五,咸平二年十二月丙子。

应该是"文武之道,相济而行",而非此消彼长,崇文抑武。① 他指出,北宋因实行"重文轻武"的国策,而导致了"文武之用异""二权相轧"的不合理局面,他说:

> 五代衰乱,专上武力,诸侯握兵,外重内轻,血肉生灵,王室如缀,此武之弊也。皇朝罢节侯,署文吏,以大救其弊,立太平之基。既而四夷咸宾,忘战日久,内外武帅,无复以方略为言。惟文法钱谷之吏,驰骋于郡国,以克民进身为事业,不复有四方之志。一旦戎狄叛常,爰及征讨,朝廷渴用将帅,大患乏人,此文之弊也。②

范仲淹清醒地指出,五代的军人跋扈固然是"武之弊",但北宋的纠弊之举——"重文轻武"也带来了新弊即"文之弊","文之弊"的集中表现就是无法造就富有韬略、能征善战的良将。

范仲淹在《上执政书》中指出,良将应"洞达天人",即要具有深厚的文化修养;良将的培养应传承有序,非一朝一夕所能造就,即"嗣续忠孝,将门出将"。但北宋崇文抑武的社会环境,导致建国初众多能征善战的良将将门无嗣,结果是"今将家子弟,蔑闻韬钤,无所用心,骄奢而已"。③

在处理与周边民族的关系,以及国与国关系这个问题上,传统儒家主张以文德感化的和平外交为主,如孔子说:"远人不服,则修文德以来之。既来之,则安之。"④北宋统治集团受此影响,以"重文轻武"为国策,重视文治,忽视武治,实行"守内虚外""怀柔重和"的军事和外交政策,结果导致边防松弛、武力不振。而范仲淹回溯三代,认为不能"去兵以恃德"⑤,指出"礼乐之朝,未尝废武"⑥,总之应文武相济、王霸兼用,以御敌侮,不可偏废。

其次,范仲淹对于"文武异道""二权相轧"所造成的不良后果也有

---

① 《范文正公文集》卷九《奏上时务书》,《范仲淹全集》(上),凤凰出版社2004年版,第173页。
② 《范文正公文集》卷十一《上吕相公书》,《范仲淹全集》(上),凤凰出版社2004年版,第224页。
③ 《范文正公文集》卷九《上执政书》,《范仲淹全集》(上),凤凰出版社2004年版,第193页。
④ 《论语·季氏》。
⑤ 《范文正公文集》卷二十《论西京事宜札子》,《范仲淹全集》(上),凤凰出版社2004年版,第402页。
⑥ 《范文正公文集》卷九《上执政书》,《范仲淹全集》(上),凤凰出版社2004年版,第192页。

深刻的认识。从天圣三年到宋夏战争期间,他在一系列的奏疏及写给执政、同僚的书信中,都一再指出国家所面临的国防状况是"兵久弗用,武备不坚"①,军队的状况是"训练未精,将帅无谋"②。

相对于北宋的边备松弛,元昊在叛宋前就做了精心准备。与"中原无宿将、精兵"③的局面相反,范仲淹则冷静地指出"敌骑轻捷"④,认为西夏"自古兵马精劲",此乃"西戎之所长也"。⑤ 正因如此,北宋在太宗朝"以宿将精兵,北伐西讨,艰难岁月,终未收复(西北汉唐故地)"。⑥

范仲淹认为北宋这种"兵不精、将不悍"的局面,是由不合理的军制导致的。宋人徐度《却扫编》云:

> 范文正公为陕西招讨使也,以边兵训练不精,盖无专其责者,又部署钤辖等权任相亚,莫相统一。故每有事宜,职卑者付以懦兵逼逐先出,位高者各据精兵逗遛不进,是以屡致挫败。⑦

范仲淹认为,宋军之所以"屡致挫败",是由于将权委任不专、士兵训练不精。他认为宋军在行军布阵等战术层面也存在弊端,如每遇战事,不管敌情如何,位高者就命官卑者率懦兵先出战,范仲淹称此为"取败之道也"。⑧ 另外,范仲淹指出,合理的行军布阵应该是"缘军阵出入,前后左右,须籍得力将佐"。但沿边宋军是分四路分散布防,各路之间缺乏协同配合,各守疆域,将佐"分在诸路,每出军阵,前后左右强弱不副,遂致误事"。⑨

事实上,出于对武人的防范心理,北宋统治者对军队将领多方牵制,热衷于"将从中御",结果导致将权委任不专,范仲淹认为这是导致北宋军力不振的关键因素。这一结论,也是范仲淹总结历史经验得出

---

① 《范文正公文集》卷九《上执政书》,《范仲淹全集》(上),凤凰出版社2004年版,第183页。
② 《范文正公文集》卷十一《上吕相公书》,《范仲淹全集》(上),凤凰出版社2004年版,第223页。
③ 《长编》卷一百二十七,康定元年五月甲戌。
④ 《长编》卷一百二十七,康定元年五月甲戌。
⑤ 《长编》卷一百三十五,庆历二年正月壬戌。
⑥ 《长编》卷一百二十七,康定元年五月甲戌。
⑦ (宋)徐度:《却扫编》卷上。
⑧ 《长编》卷一百二十八,康定元年八月庚戌。
⑨ 《长编》卷一百三十四,庆历元年十一月乙亥。

来的。

范仲淹在知延州期间,因拒绝诸路联合出兵而遭到上自朝廷下至同僚的许多非议,对此他辩解道:

> 苟自今贼至不击,是臣之罪也。兵法曰:"战道必胜,主曰无战,必战可也;战道不胜,主曰必战,不战可也。"臣于九月末至鄜延路,便遣葛怀敏、朱观入界掩袭族帐,盖与今来时月不同,非前勇而后怯。今若承顺朝旨,不能持重王师,为后大患,虽加重责,不足以谢天下。①

范仲淹说如果敌人前来进攻,我没有出战迎击是我的罪过。至于是否同意出重兵联合进讨,他引用《孙子兵法》的论述说,前线统帅有权根据战场的形势决定战与不战,而不必屈从于君主的意志。他坚信自己的决策是正确的,故未"承顺朝旨"贸然出兵。当然范仲淹的拒不出兵,体现的是其积极防御的战略,绝不是因为畏敌怯懦。

事实上,在宋夏战争中,因军事决策的失误和指挥机制的机械教条,武将在战场上不能随机应变,致使众多的武将战死在前线。对此,范仲淹是深表同情的。如在庆历元年二月,宋军兵败好水川,损失惨重,战后,朝廷为挽回颜面,罔顾部队新败、士气低落的现实,仍然动员范仲淹发鄜延路兵出击进讨,范仲淹说:"臣非不能督主兵官员,须令讨击,不管疏虞,败事之后,诛之何济!惟圣慈念之。"②这实质上是说:我可以命令手下官兵进讨,但毫无胜算,等到兵败之后,再追责杀掉这些将官又何济于事!陛下您就可怜可怜他们,不要让他们去送死了。为了安抚武将,范仲淹甚至设想在陕西沿边四路,其中有两路由武将挂帅,以改变四路全由文臣统兵的局面,即"如鄜延、环庆二帅,一路以文,一路以武。泾原、秦凤二帅亦如之"。③ 但这在当时,也只是范仲淹的一厢情愿而已。

范仲淹虽然强调武备的重要,对"重文轻武"的局面也颇有微词,但

---

① 《长编》卷一百三十,庆历元年正月丁巳。
② 《长编》卷一百三十一,庆历元年三月丙辰。
③ 《范文正公文集》卷十一《上吕相公书》,《范仲淹全集》(上),凤凰出版社2004年版,第224页。

作为一名典型的文臣,他对于军旅之事,似乎又别有一番心结。他在《耀州谢上表》中说:

> 窃念臣运偶文明,世专儒素,靡学孙吴之法,耻道桓文之事。①

范仲淹把"文明"与儒学等同起来,说明其所受教育为儒学教育,而儒学教育崇尚王道,贬斥霸道,故他以道"桓文之事"为耻,也轻视武学。显然,范仲淹是深受传统儒家的"尊王贱霸"观念及北宋"重文轻武"价值观的影响的。

庆历二年四月己亥,范仲淹被授予邠州观察使,这一职务主宰、节制一方,权位很重,俸禄极厚,却是军职,身份在文职的"知制诰、待制之下"②。这是范仲淹无法接受的,于是他连上三表,言辞恳切,坚辞这一职务,希望保留原来的文职身份。在《让观察使第一表》中,范仲淹云:

> 伏望皇帝陛下垂日月之明,发于独断,追还新恩,许存旧职,则是以内朝近臣经略边事,节制诸将,其体重矣。而况儒臣武士,所习不同,所志亦异。臣辈不愿去清列而就廉察之厚禄者。③

范仲淹有一种根深蒂固的儒士优越感,他认为儒者的崇高使命,在于以言报国,而非以武报国。他所能接受的,至多是以皇帝内朝近臣的儒臣身份经略边事,节制武将,故他不愿意以文职换武职,即"不愿去清列而就廉察之厚禄者"。

在这种心境下,范仲淹所理解"文武之道,相济而行",必然是儒道为基础的文武相济。在他看来,无论是文道还是武道,都应该是儒道的体现,都应该统一于儒道。他说:

> 文武之道一,而文武之用异。然则经天地,定祸乱,同归于治者也。④

范仲淹在这里所说的"一",是指文武之道的共同本质,这个本质即是儒

---

① 《范文正公文集》卷十六《耀州谢上表》,《范仲淹全集》(上),凤凰出版社 2004 年版,第 347 页。
② 《范文正公文集》卷十七《让观察使第一表》,《范仲淹全集》(上),凤凰出版社 2004 年版,第 353 页。
③ 《范文正公文集》卷十七《让观察使第一表》,《范仲淹全集》(上),凤凰出版社 2004 年版,第 355 页。
④ 《范文正公文集》卷十一《上吕相公书》,《范仲淹全集》(上),凤凰出版社 2004 年版,第 223—224 页。

道,故儒道为"体";而文武二道虽然治理形态不同,但都是"体"的表现,是为"用",而"体"决定"用",故文武之道都统一于以儒道为指导思想的治国实践。范仲淹的这个思想,与其所推崇的"明体达用"之学,即以"经义"为"体"、以"治事"为"用"的经世致用之学的旨趣是完全一致的。

范仲淹一向认为儒士是体道的主体。他在《四民诗》中说,在士农工商四民中,只有士才能做到"道从仁义广,名由忠孝全"。① 所以在文武之间的关系问题上,他亦坚守文人群体的共识,主张以文驭武,通过"文臣统兵"的途径实现二者的结合。他在《让观察使第二表》中说:

> 四路文帅,自来带内朝之职而行节制,凡百将佐,无不禀服。方且力修边备,坚御贼锋,赖其协心,将图成效。②

范仲淹认为只有通过文臣统兵,将佐才能宾服。这样文臣武将就会"协心"御敌,取得胜利。他很清醒地意识到,军队是注重资历的,作为既无军旅经历又无战功的文臣,他之所以能够号令将佐,关键是"臣得带内朝职名节制边事",如果改换武职,他认为手下将佐"必有不平之意"③。可见,范仲淹坚辞邠州观察使一职,不仅仅是对文臣身份和儒者品流的倾慕,也是基于现实的理性考量。

范仲淹对边将不能专权的现实看得很清楚。他之所以不肯就任邠州观察使一职,除了他在《让观察使》三表中所陈述的各种理由之外,还有一不便向仁宗表露的心迹,但这一心迹在他写给吕夷简的信中还是透露了:

> 万一某辈移帅朔方,居大使节度之下,见利而举,则加以擅兴之诛;持重而谋,则诬以逗留之咎。坚城深池之内,自拥其精甲;救危赴难之际,而授以羸兵。利害不得言,进退不得专。大敌在前,重兵在后。当此之时,儒臣文吏何以措手足于其间哉?④

范仲淹所担心的,就是一旦就任边陲武职,就会受到朝廷所派文臣"大

---

① 《范文正公文集》卷二《四民诗》,《范仲淹全集》(上),凤凰出版社2004年版,第26页。
② 《范文正公文集》卷十七《让观察使第二表》,《范仲淹全集》(上),凤凰出版社2004年版,第357页。
③ 《范文正公文集》卷十七《让观察使第二表》,《范仲淹全集》(上),凤凰出版社2004年版,第357页。
④ 《范文正公文集》卷十一《上吕相公书》,《范仲淹全集》(上),凤凰出版社2004年版,第226页。

使"的节度,如果自己见机出兵,会受到"擅兴之诛",如果持重不动,又会有"逗留之咎",总之是"利害不得言,进退不得专"。如果自己身赴战阵,"大使"只会"授以羸兵";如果自己面临"大敌在前,重兵在后"的困境,"大使"也不会全力营救。到了那个时候,作为手无缚鸡之力的文臣,他就不知如何是好了。

范仲淹所说的这些情况,应该是他任边帅时的亲历所闻,而绝非凭空想象。它深刻暴露了北宋轻视武将,将不专权,甚至不尊重武将生死存亡的弊端。这些话他之所以"不敢闻于天听",而只敢"陈之于相府"①,是因为此事涉及朝廷的军事体制,一时难以改变,另外在战争条件下,这些议论会导致武将的怨恨,从而动摇军心。

范仲淹不仅对北宋"重文轻武"背景下的国防政策和军制有深刻的反思,还从多个角度权衡了宋夏双方各自的利弊。如从地理环境来看,范仲淹认为:"西戎居绝漠之外,长河之北,倚远恃险,未易可取。"②而"贼之巢穴,复阻河外,非有奇将,不能远袭"。③ 西夏的这种地理环境易守难攻,加之宋军"将无宿谋,士无素勇",故一旦进入敌界,就面临着"或风沙失道,或雨雪弥旬;进则困大河绝漠之限,退则有乘危扼险之忧"④的不利境地。

但北宋的地理环境则是易攻难守。由于地理上的因素,宋军必须在沿边二千余里的范围内全面布防,故宋军整体人数虽众,但局部人数较少。元昊充分利用了这一点,故他每每能够集中优势兵力各个击破,取得多次重大战役的胜利。此诚如范仲淹所言:"贼若寇边,常并兵来扰一路。"⑤他又说:"臣窃见西事以来,每遇贼马并来一路作过,则朝廷指挥诸路入界牵制贼势,所获甚微,所损颇大。"⑥

范仲淹还对双方的兵制进行了比较。他说西夏"建官置兵不用禄食,每举众犯边,一毫之物皆出其下,风集云散,未尝聚养。中国则不

---

① 《范文正公文集》卷十一《上吕相公书》,《范仲淹全集》(上),凤凰出版社2004年版,第226页。
② 《长编》卷一百三十四,庆历元年十一月乙亥。
③ 《范文正公文集》卷七《上攻守二策状·议攻》,《范仲淹全集》(上),凤凰出版社2004年版,第137页。
④ 《长编》卷一百三十五,庆历二年正月壬戌。
⑤ 《长编》卷一百三十四,庆历元年十一月乙亥。
⑥ 同上。

然,远戍之兵久而不代,负星霜之苦,怀乡国之望,又日给廪食,月给库缗,春冬之衣、银、鞋,馈输满道不绝。国用民力,日以屈乏,军情愁怨,须务姑息。此中原积兵之忧,异于敌人也"①。西夏实现全民皆兵制度,国家养兵负担不重;而北宋实行招募兵制,且士卒远戍,国家养兵负担很重。他由此点出了"军情愁怨"的问题所在。

　　基于上述的复杂背景,范仲淹在西北边塞任帅臣期间,根据对敌我双方实力对比的冷静分析,制定了以"守"为主、借机招纳的积极防御战略,反对重兵"远攻",主张小规模"浅攻",以持久战拖垮西夏。同时针对北宋国防政策和兵制的缺陷,采取了一些积极的改革措施,如:择将练兵,改变"将不知兵、并不知将"的局面;注重培养军事人才,淘汰无能将领;精简士卒,重用土兵;实行堡寨战术,坚壁清野;屯田垦荒、怀柔羌人;等等。这些战略战术的实施,对于稳定西北战局,粉碎元昊的野心和图谋,最后迫使其议和发挥了决定性作用。

---

① 《长编》卷一百三十四,庆历元年十一月乙亥。

第三章 范仲淹与"庆历新政"

随着宋夏战争形势趋于平稳,双方开始议和。朝廷于庆历三年四月甲辰诏"陕西四路马步军都部署、兼经略安抚招讨等使、枢密直学士、右谏议大夫韩琦、范仲淹,并为枢密副使"①。韩琦、范仲淹以"西事未宁,防秋在近"为由,陈乞留任,前后五次推让,都未获许,乃离任回京就任新职。八月,范仲淹又被任命为参知政事,韩琦代范仲淹宣抚陕西。九月,范仲淹上《答手诏条陈十事》疏,"庆历新政"由此开展。

范仲淹不仅是著名的政治家、军事家、教育家、思想家和文学家,还是著名的改革家,"庆历新政"就是其改革思想的具体实现。"庆历新政"是范仲淹于宋仁宗庆历三年(1043年)至庆历四年发起的一场政治改革运动,其目的在于铲除北宋政权在政治体制上的种种弊端,解决"三冗"——特别是"冗官"问题,扭转国家积贫积弱的被动局面,克服统治危机。"庆历新政"虽为期不久,最终失败了,但历史影响很大,范仲淹也因伟大的改革精神而名垂青史。

第一节 "庆历新政"的背景——北宋中期的社会危机

北宋统治者承唐季五代之乱,又重新混一宇内,建立起一个统一的中央政府。但这一次统一与秦、汉、隋、唐的统一有一个明显的不同。

---

① 《长编》卷一百四十。

历史上秦、汉、隋、唐的统一,随之而来的是中国的强盛,而宋的统一却始终未能摆脱积贫积弱的历史命运。宋太祖之后,太宗、真宗、仁宗相继继统,北宋立国及于百年,在此期间,宋初所制定的旨在加强中央集权的一系列制度和措施的隐患逐渐显露出来,并集中体现为冗兵、冗员、冗费问题,以及由"三冗"问题而导致的积贫积弱的历史命运。

一、土地占有和赋役不均造成的社会动荡

如前所述,北宋至宋仁宗统治时期,冗兵、冗员、冗费问题已很严重。除"三冗"带来的沉重财政负担之外,北宋面临的另一严重社会问题是土地占有和赋役不均所造成的贫富分化,以及由此而引发的社会动荡。

与我国历史上许多王朝不同,北宋王朝是在没有经过大规模农民起义的情况下建立起来的,所以,旧王朝的许多社会问题都没有经过农民战争的扫荡而延续到了新王朝,比如土地占有的不均问题——这往往是导致农民起义的最重要的因素,在宋初就很严重。因为自唐中叶以后,官僚地主广占田土,"均田制"遭到破坏,封建大土地私有制逐步形成,土地占有不均的局面不断加剧,但唐季五代以来形成的大土地私有制,既没有在农民战争中被摧毁,也没有因新王朝的建立而得到抑制。

北宋王朝在土地制度方面是"田制不立"①,对此,吕思勉先生曾指出:

> 历代开国之初,皆略有制民之产之意,如晋之户调、魏之均田、唐之租庸调是也,而宋则无之。又承晚唐、五代大乱之后,故豪强愈以恣睢,贫弱困于无告也。②

北宋全盘承袭了唐季五代以来的大土地私有制度。以这样一个不公正的起点为基础,北宋王朝又实行"不抑兼并"的政策,允许土地的自由买卖,据《挥麈录》记载:

---

① 《宋史》卷一百七十三《食货上一·农田》。
② 吕思勉:《中国制度史》,上海教育出版社1985年版,第563页。

>置转运使于逐路,专一飞挽刍粮,饷军为职,不务科敛,不抑兼并。富室连我阡陌,为国守财尔。缓急盗贼窃发,边境扰动,兼并之财,乐于输纳,皆我之物。①

"不抑兼并"的政策适应了租佃关系及商品经济发展的需要,是历史发展的必然产物。但土地买卖的盛行,土地所有权转移迅速,致使地主阶级凭借特殊的政治、经济权力不断兼并土地,广大农民纷纷破产。

宋朝的户口分类名目较多,或按人户身份划分官户(还有形势户等名目)与民户,或按人户居住地区划分乡村户与坊郭户,或按人户田产等有无划分主户与客户,或按财产多少划分乡村主户五等(一般将第一、二、三等称为上户,第四、五等称为下户,有时分为上、中、下三等,标准不一)与坊郭主户十等。按当时的户籍名称及今天的阶级分析,宋朝最基本的是地主与农民阶级。地主阶级有官户、乡村上户等名目;农民阶级有客户(又称佃户)及乡村下户等名目(民户及主户成分复杂,两者兼有)。此外有基本上居住在城市、构成坊郭户主体的商人、手工业者等阶级成分。

官僚地主兼并农民土地的方式多样。如所谓"平产",地主放高利贷,农民到期不能偿还,即被平入田产。"典田",农民把田产抵押给地主,年久不能偿还,即归地主所有。"卖田",这是最常有的形式,农民土地通过买卖契约,直接转移给地主。此外,兼并之家还通过非法或强制手段,"侵渔众民,凌暴孤寡"②,扩大土地占有。史载,宋仁宗时:

>赋役未均,田制不立……后承平浸久,势官富姓,占田无限,兼并冒伪,习以成俗,重禁莫能止焉。③

土地兼并的结果反映在户籍上,是乡村客户与乡村下户在宋总户数中占了较大比重。宋仁宗庆历元年(1041年)张方平上疏指出:"天下州县人户,大抵贫多富少,逐县五等户版簿,中等以上户不及五分之

---

① (宋)王明清:《挥麈录·余话》卷一。
② 《宋史》卷二百八十七《王嗣宗传》。
③ 《宋史》卷一七三《食货上一·农田》。

一,第四等、五等户常及十分之九。"①据现代学者研究,若以北宋历代主、客户统计数平均计算,客户约占总户数的34.5%,乡村下户约占总户数的43.7%—59.0%,两者合计约占总户数的78.2%—93.5%。②可见,农民阶级在户数中占绝大多数,而土地绝大部分集中于地主阶级。

官僚地主阶级在土地兼并的同时,又采取各种手段逃避赋役。宋代的赋役名目繁多,大致说来,赋税有承袭唐末、五代的二税(也称田税)、身丁税(凡二十岁至五十九岁男丁要纳税)、杂变之税(将唐季五代在二税以外征收的杂税"以类合并"交纳),以及支移折变等等。《宋史》称:

> 其输有常处,而以有余补不足,则移此输彼,移近输远,谓之"支移"。其人有常物,而一时所须则变而取之,使其直轻重相当,谓之"折变"。③

支移折变在实际执行中随意性很大,所以常为百姓赋税之中负担最重者,另外坊郭之民有宅、地税,此外还有禁榷盐、酒、茶及商税等,故范仲淹认为,这些苛捐杂税"使天下赋税不得均"④。

役法方面有"以人丁户口科差"的劳役,如治河、修城、运送物资、传递文书等。有"以乡户等第定差"的职役,或称差役,如《宋史》云:"宋因前代之制,以衙前主官物,以里正、户长、乡书手课督赋税,以耆长、弓手、壮丁逐捕盗贼,以承符、人力、手力、散从官给使令。"⑤还有很多杂役,需"多调厢军"。城市坊郭户尚有科配,即由政府带强制性地向坊郭户征购或配卖某些物品。对农民则有和买、和市等名目,名义自愿交易,时常抑配强取。

宋建国以来因财政支出不断增加,赋役的剥削也愈益沉重,而且赋

---

① 《长编》卷一三一,庆历元年二月戊戌。
② 参见王曾瑜《宋朝阶级结构》,河北教育出版社1996年版。
③ 《宋史》卷一七四《食货上二·方田赋税》。
④ 《范文正公集补编》卷一《论转运得人许自择知州》,《范仲淹全集》(上),凤凰出版社2004年版,665页。
⑤ 《宋史》卷一七七《食货上五·役法上》。

税负担极不合理,有权势的官户及乡村上户经常采取"诡名挟佃"(即隐寄田产,冒充客户)、"诡名子户"(即虚立户名,冒充下户)等手段隐产逃税,或依恃权势,将其转移到一般民户的身上;而乡村下户或一些佃户为躲避官府的赋役,有时也不得已依附于官户或乡村上户。由此加剧了官府财政的困难以及社会严重的两极分化。宋真宗在与臣僚谈"检括土田"时就坦然承认:

> 今天下税赋不均,富者地广租轻,贫者地蹙租重,由是富者益富,贫者益贫,兹大弊也。①

到神宗治平年间时,"赋租所不加者十居其七"②,表明有十分之七的官僚地主广占土地却不纳税。仁宗皇祐年间,天下垦田比真宗景德年间增加四十一万七千余顷,而岁入粮谷乃减七十一万八千余石,"盖田赋不均,其弊如此"③。徭役方面,"役有轻重劳佚之不齐,人有贫富强弱之不一,承平既久,奸伪滋生。命官、形势占田无限,皆得复役,衙前将吏得免里正、户长;而应役之户,困于繁数,伪为券售田于形势之家,假佃户之名,以避徭役"④。这些都说明真宗、仁宗时期徭役不均问题已很严重。

仁宗时期的君臣们对土地占有及赋税不均问题的严重性虽有一定的认识,也采取了一些限制或改革措施,但均无显著效果。另外,在"三冗"问题没有得到解决的情况下,减轻赋役也是不可能的,因为政府往往会采取加重赋役的办法来应付冗费,这一点,欧阳修在康定元年(1040年)的《通进司上书》中说得很清楚:

> 臣闻昔之画财利者易为工,今之言财利者难为术。昔者之民,赋税而已。故其不足,则铸山煮海、榷酒与茶、征关市而算舟车,尚有可为之法以苟一时之用。自汉、魏迄今,其法日增,其取益细,今取民之法尽矣。昔者赋外之征,以备有司之用。今尽取民之法,用

---

① 《长编》卷八十,大中祥符六年六月甲子。
② 《宋史》卷一七三《食货上一·农田》。
③ 《宋史》卷一七四《食货上二·方田赋税》。
④ 《宋史》卷一七七《食货上五·役法上》。

于无事之时,悉以冗费而糜之矣,至卒然有事,则无法可增。①

土地占有和赋役的不均,造成贫富分化,致使社会矛盾尖锐,导致社会动荡,故北宋开国不久即有农民起义,其中最著名的是四川王小波、李顺起义。宋太宗淳化四年(993年),青城茶农王小波以均贫富为号召,率众起义,起义军很快发展到万余人,攻城略地,震动远近。王小波死后,部属又推其妻弟李顺为首领,队伍迅速发展到二十余万人,于淳化五年攻克蜀、邛等州,又于次年攻占成都、汉州、彭州等地,并在成都称"大蜀王"。宋太宗命内臣王继恩为剑南两川招安使,率兵两路入川镇压,才把这次起义平息下去。此后,宋真宗咸平年间有戍兵赵延顺起义,景德年间有陈进起义,宋仁宗庆历年间有王伦起义、王则起义、张海起义等。可见,北宋社会因土地占有和赋役不均而导致的阶级矛盾与社会动荡,是一直存在的。

二、宋夏战争爆发后北宋的统治危机

真宗乾兴元年(1022年),仁宗遵真宗遗诏即位,年仅十三岁,朝政由刘太后主持。明道二年(1033年)三月刘太后病逝,仁宗二十四岁,始亲政。《宋史》卷二四二《后妃传》称刘太后临朝称制十一年,"号令严明,恩威加天下",说明她在皇位继承的过渡期控制了局势。不过她也比较贪恋权位,迟迟不肯还政仁宗。再者,真宗在位时已呈现的冗兵、冗员、冗费等弊政,在刘太后临朝期间继续加重。刘太后临朝后期还"稍进外家",重用宦官,侥幸之风滋长。范仲淹在明道二年八月的《陈八事疏》中说:"国家太平,垂三十年,暴敛未除,滥赏未革,近年赦宥既频,赏给复厚,聚于艰难,散于容易,国无远备,非社稷之福。……今横为靡费,或有急难,将何以济?……然冗兵冗吏,游惰工作,充塞京都。"②可见在宋夏战争爆发之前,北宋社会的内部危机已明显存在了。

仁宗亲政后革除了太后时的一些弊政,所谓"裁抑侥幸,中外大悦",但直至西夏元昊称帝、宋与西夏发生战事之前,朝政仍没有得到改

---

① (宋)欧阳修:《欧阳修全集》卷四十五《通进司上书》,中华书局2001年版,第641页。
② 《范文正公集逸文》,《范仲淹全集》(上),凤凰出版社2004年版,第687页。

善。仁宗承继刘太后所任用的宰相张士逊、吕夷简等人,因循守旧,又专横跋扈。直言敢谏、倡导改革的官员范仲淹以及支持他的欧阳修、富弼、余靖、尹洙等年轻官员皆受压制。朝廷以"朋党之戒""越职言事"等名义压制改革派官员,却引起社会强烈的反响与同情,范仲淹、余靖、尹洙、欧阳修被世人称为"四贤"①。

西夏的崛起给宋以极大的震动。宋本以为西夏不堪一击,然而几次大战皆败,宰相吕夷简曾感慨道:"一战不及一战,可骇也。"②与西夏的战争充分暴露了宋军的腐败,并加重了财政危机和百姓负担。仁宗不得不"尽除越职之禁"③,起用一些受压制、有作为的官员,并数次下诏求直言、访方略,造成朝野上下人士纷纷应诏上疏,献攻守之策或论内政改革,政治气氛活跃起来。由于朝廷采取一些军政和经济上的改革措施,并起用有作为的韩琦、范仲淹等人才经略西北,增强了防御力量,而西夏因对北宋战争的消耗及对西蕃战争的失败,加之辽朝的压力,也愿与宋讲和,至庆历二年(1042年)冬双方开始具体交涉和约事宜。宋仁宗在康定元年二月三川口之败后,对新任陕西安抚使韩琦说:"异类猖獗,官军不习战,故数出无功。今因小警,乃开后福。"④宋与西夏的战争虽损失惨重,却也使北宋政局出现转机。

北宋在与西夏发生战事的过程中,军费浩大,公役无度,导致宋廷对民众的苛捐杂税增多,徭役加重,加之自然灾害频繁,百姓苦不堪言,社会内部矛盾不断加剧。庆历二年五月,集贤校理欧阳修上疏曰:"从来所患者夷狄,今夷狄叛矣;所恶者盗贼,今盗贼起矣;所忧者水旱,今水旱作矣;所赖者民力,今民力困矣;所须者财用,今财用乏矣。"⑤范仲淹也陈言:"今四夷已动,百姓已困,仓库已虚,兵旅已骄,国家安危,实未可保。"⑥苏舜钦更是一针见血地指出:"二边猖炽,兵帅数败,科率诛

---

① 《长编》卷一百一八,景祐三年五月戊戌。
② 《儒林公议》卷上。
③ 《长编》卷一百二十六,康定元年二月丙午。
④ 《长编》卷一百二十六,康定元年二月壬辰。
⑤ (宋)欧阳修:《欧阳修全集》卷四十六《准诏言事上书》,中华书局2001年版,第646页。
⑥ 《范文正公政府奏议》卷上《奏议许怀德等差遣》,《范仲淹全集》(上),凤凰出版社2004年版,第514页。

敛,天下骚然。"①

庆历三年五月,宋夏战争尚未结束,就发生了沂州士卒王伦领导的起义,队伍最初只有四五十人,后有大量士兵和饥民加入。起义军从沂州出发,一度向北发展,欲攻密、青二州。后南下淮南,经海州、楚州、泗州,一直打到扬州。七月,在和州(今安徽省和县)被击溃。

两个月后,时逢大旱,张海、郭邈山等领导饥民在商山(今陕西省商县)起义,开始只有数十人,后来不断有饥民和叛军加入。起义军进至光化军界时,宋军兵士五百余人,以邵兴为首加入起义军,发展到千余人,他们转战京西十余州郡,最后被韩琦派兵镇压。关于此事的经过,《长编》有详细记载:

> 韩琦既至陕西,属岁大饥,群盗啸聚商、虢之郊,张海、郭邈山、党君子、范三、李宗者,为之渠率,众相合涉京西界,劫掠州县。环绕虢州卢氏之东,洛阳、长水之西,胁从者仅千余人。继而光化军宣毅叛卒五百余人,邵兴为之长,至商於灙口,众已千余人,与上官珙战,珙死之,余军以失主将,悉溃散于蓝田界上,藏匿山谷间。邵兴又距百里,揭榜招诱本州铸钱监兵约二千人,皆鄜、延、泾、原失陷主将正军及鼎、澧、岳、鄂累作过配隶籍中者。商虢、蓝田驰急报于延雍,而帅臣未有所处。琦寻遣属官乘传往商於,料简钱监役兵。其旧系沿边禁兵,即令却归元配州军,仍隶籍鼎、澧、岳、鄂州;壮健役兵,并押赴陕府,填龙猛、龙骑、壮勇阙额。邵兴诱致之谋,遂不得行。又遣内侍黄琮、范迁赍宣抚司榜,收集上官珙下散军,谕以免罪归所属,仍召谢云行等将沿边土兵,入山捕张海等。邵兴以无援,窜入兴、洋界,被杀,十一月辛巳,陈曙擒邵兴于塔水。张海等相继歼殂,擒捕余党殆尽,关辅遂安堵矣。②

庆历三年十一月,谏官欧阳修言:

> 臣窃见近日盗贼纵横,张海等二三百人未能败灭,光化军宣毅

---

① (宋)苏舜钦:《苏舜钦集》卷一十《答杜公书》。
② 《长编》卷一百四十五,庆历三年十二月庚申条。

卒又二三百人作乱。臣谓朝廷致得盗贼如是者,不惟中外无备,盖由威令不行。昨王伦贼杀主将,自置官称,著黄衣,改年号,事状如此,乃是反贼,使其不败,为患如何!①

从欧阳修所载来看,当时的兵变和民变已有风起云涌之势。令人震惊的是,起义军队伍所至州县,州县官员或不能守,或厚待之,以免于遭受杀掠:

初,群盗剽劫淮南,将过高邮,知军晁仲约度不能御,谕富民出金帛,具牛酒,使人迎劳,且厚遗之,盗悦,径去不为暴。②

欧阳修所言之事,深刻暴露了北宋地方官吏的无能和腐败,以他为代表的士大夫,已敏锐地观察到这种潜在可怕的统治危机。另据欧阳修言:

方今西羌叛逆,未平之患在前;北敌骄凌,藏伏之祸在后。一患未灭,一患已萌。加以西则泸戎,南则湖、岭,凡与边庭连接,无一处无事。而又内则百姓困敝,盗贼纵横。昨京西、陕西出兵八九千人,捕数百人之盗,不能一时翦灭,只是仅能溃散,然却于别处结集。今张海虽死,而达州军贼已数百人,又杀使臣,其势不小。兴州又奏八九千人,州县惶惶,何以存济?以臣视之,乃是四海骚然,万物失所,实未见太平之象。③

范仲淹认为,统治危机的出现,根本上是由吏治腐败导致的,他在庆历三年二月的奏疏《论转运得人许自择知州》中说:

比年以来,不知选择,非才贪浊老懦者一切以例除之。以一县观一州,一州观一路,一路观天下,则率皆如此。其间纵有良吏,百无一二。是使天下赋税不得均,狱讼不得平,水旱不得救,盗贼不得除。民既无所告诉,必生愁怨,而不思叛者未之有也。④

---

① 《长编》卷一百四十五,庆历三年十一月辛巳条。
② 《长编》卷一百四十五,庆历三年十一月辛巳。
③ 《长编》卷一百四十五,庆历三年十二月庚申。
④ 《范文正公集补编》卷一《论转运得人许自择知州》,《范仲淹全集》(上),凤凰出版社2004年版,665页。

因"未见太平之象",所以许多士大夫在提出御边之策的同时,又提出了一些内政改革的意见,希望通过改善内部环境,增强御外能力。在宋、夏议和以后,北宋社会内部矛盾再次突出出来,农民起义及军队内部的反叛斗争、士兵暴动连绵不断,大有燎原之势。统治者普遍感到"夷狄者皮肤之患,尚可治",而"盗贼者腹心之疾,深可忧"①,即内部"盗贼"起事比"夷狄"侵边更有危险性,而且"外忧之起,必始内患",安内才能御外,而安内必须进行改革。恰巧在与夏议和之际,压制改革派的宰相吕夷简患重病求罢免,陕西转运使孙沔上书猛然抨击他"黜忠言,废直道",入秉朝政"不更一事,以姑息为安,以避谤为知",现在"契丹复盟,西贼款塞,公卿忻忻,日望和平。若因此振纪纲,修废坠,选贤任能,节用养兵,则景德、祥符之风复见于今矣。若恬然不顾,遂以为安,臣恐土崩瓦解,不可复救。而夷简意谓四方已宁,百度已正,欲因病默默而去,无一言启沃上心,别白贤不肖,虽尽南山之竹,不足书其罪也"②。庆历三年三月,仁宗同意吕夷简罢相,同时起用王素、欧阳修、余靖诸人知谏院,史称:"时陕右师老兵顿,京东、西盗起,吕夷简既罢相,上遂欲更天下弊事,故增谏官员,首命(王)素等为之。"③不久仁宗又将立功边塞颇有威望的范仲淹、韩琦调到中央任职,商讨改革事宜,揭开了改革的序幕。

在与西夏发生战事的过程中,臣僚纷纷上奏御边之策,也涉及内政改革一些问题,特别是要求实施一些紧迫的军政与经济上的改革措施,以适应战争需要。在与夏议和、农民起义蜂起的情势下,臣僚纷纷上奏御盗之策,更强烈地呼吁通过改革稳定内部,并认为这是比御边更为重要的问题。此外,自仁宗亲政以来,或为整顿纲纪,集思广益,或为应付水旱虫蝗、地震日食等灾异,以通下情,数下诏许中外臣僚言朝政得失及治国、备灾之策,促使诸多社会矛盾及改革方案发表出来,这些皆为庆历新政的实施开辟了道路。

---

① (宋)欧阳修:《欧阳修全集》卷九十八《再论王伦事宜札子》,中华书局2001年版,第1511页。
② 《长编》卷一百三十九,庆历三年正月丙申。
③ 《长编》卷一百四十,庆历三年三月癸巳。

第二节 "庆历新政"的发生

宋仁宗统治时期,在内忧外患交织相逼、社会严重动荡不安的情势下,出现了改革的潮流,并进行了一些改革的尝试,其中影响最大的是范仲淹领导的"庆历新政"。

一、改革思潮的兴起

仁宗亲政以后,为适应改革的要求而进行的内政方面的重大调整举措主要体现在三个方面:

第一是重用谏官、广开言路。仁宗亲政初期,左右朝政的宰相吕夷简压制倡导改革、直言纳谏的官员,而且以"越职言事,荐引朋党,离间君臣"①的罪名,将范仲淹、余靖、尹洙、欧阳修四人一一贬斥。景祐三年(1036年)五月丙午,光禄寺主簿苏舜钦上疏论纳谏,指责宰相吕夷简堵塞言路,为敢言者范仲淹等鸣不平。②

宝元元年(1038年)正月丙午仁宗"以灾异屡见,下诏求直言"。乙卯,苏舜钦又应诏上疏论言路、择贤诸问题,其中云:

> 御史、谏官之任,臣欲陛下亲择之,不令出执政门下。台谏官既得其人,则近臣不敢为过,乃驭下之策也。③

同月丙辰,宋祁也上疏指出:

> 谏官、御史由宰司之进拔者,非陛下之利也。④

强调台谏官由"陛下自意擢之"。至康定元年(1040年)二月丙午,仁宗听从富弼之言,彻底取消越职之禁,言路大开。庆历三年三月癸巳,仁宗"亲除王素、欧阳修、蔡襄、余靖为谏官,风采倾天下"⑤。八月戊戌又

---

① 《长编》卷一百十八,景祐三年五月丙戌。
② 《长编》卷一百十八。
③ 《长编》卷一百二十一。
④ 同上。
⑤ 《长编》卷一百四十。

诏"谏官日赴内朝"①,参议军国大事,言事官地位进一步提高。

对于仁宗取消越职之禁,大开言路的做法,苏辙曾评论道:

> 仁宗皇帝仁厚渊嘿,不自可否,是非之论,一付台谏。孔道辅、范仲淹、欧阳修、余靖之流以言事相高。此风既行,士耻以钳口失职。当时执政人臣岂皆尽贤,然畏忌人言,不敢妄作。一有不善,言者即至,随辄屏去,故虽人主宽厚,而朝廷之间无大过失。②

可见仁宗重用台谏官,言路大开,连执政大臣也感到人言可畏,"不敢妄作",改变了以前由执政大臣控制台谏的局面。当然,仁宗能如此,很大程度上是由内忧外患形势所逼,急需广泛听取意见,擢用治国人才。

第二是减省冗费、增加国用。仁宗亲政前后冗费已成为社会的突出矛盾之一。景祐元年(1034年)正月甲戌,仁宗诏令"执政大臣议更制",主要意图是减省冗兵,发展农业生产。五月乙丑,三司使程琳上疏论"兵在精不在众"③,请拣汰河北、陕西禁军。由于当时需要加强西北战备,没有实行。

宝元二年二月权度支判官宋祁上疏论三冗三费,三冗为:"天下有定官无限员;天下厢军不任战而耗衣食;僧尼道士日益多而无定数。"三费为:"道场斋醮,无日不有,百司供应,不可赀计;京师寺观,或多设徒卒,或增置官司,食粮所给,三倍它处;罢黜之臣仍带使相、节度之衔,贪取公用,坐糜国费。"他希望仁宗能"烛见根本,去三冗,节三费,专备西北之屯"。④ 同年五月癸卯,直集贤院、兼天章阁侍讲贾昌朝上书指出:

> 今西夏僭狂,出师命将,以遗朝廷之忧。民力颇困,是则可忧。自天圣以来,屡诏有司节省用度,以至于今,未闻有所施行。……愿陛下鉴已往之失,察当今之务,取景德已来迄于景祐,凡百用度,靡有巨细,校其所入所出之数,约以祖宗旧制,其不急皆省罢之。⑤

---

① 《长编》卷一百四十二。
② (宋)苏辙:《栾城集》卷三十六《论台谏封事留中不行状》。参见《苏辙集》,中华书局1990年版,第623—624页。
③ 《长编》卷一百十四。
④ (宋)宋祁:《景文集》卷二十六《上三冗三费疏》。
⑤ 《长编》卷一百二十三。

此裁减冗费的建议受到仁宗重视,命张若谷、任中师、韩琦诸大臣与三司讨论"减省"措施上报。后来因西夏战事吃紧,所需财用增多,诸种赋敛加重,朝廷忧虑的首先还是应付边事,故减省之事便暂缓实行。至庆历二年夏,与西夏战事缓和,知谏院张方平又上疏呼吁"宽财用,纾民力,助三司均节"。仁宗遂命贾昌朝、田况、张方平与权三司使姚仲孙"同议裁减浮费"。此后还成立了三司详定减省所,自上而下减省开支,如大幅度裁减对皇后、妃嫔、宗室的诸种赏赐,减省斋醮、祭祀费用,裁减诸路供官吏支配的公使钱及州县差徭赋敛。宋夏议和后又"切责边臣及转运司趣议裁节,稍徙戍兵还内地"①。不过这些减省之事并未收到多少实际效果。

第三是整顿吏治。仁宗亲政以后,许多大臣在所上奏疏中都涉及吏治问题,如明道二年(1033年)范仲淹所奏救弊八事,景祐元年二月李淑上时政十议,宝元二年苏绅上便宜八事。庆历元年孙沔连上五奏,论磨勘、恩荫、内降诸问题。但皆未予以重视。庆历三年,一些士大夫鉴于国内的阶级矛盾尖锐,农民起义"蜂起",又反复奏论吏治问题。如三月欧阳修擢知谏院时上疏指出:"天下官吏员数极多,朝廷无由遍知其贤愚善恶","诸路转运使等,除有赃吏自败者临时举行外,亦别无按察官吏之术。致使年老病患者、或懦弱不才者、或贪残害物者,此等之人布在州县,并无黜步。因循积弊,官滥者多,使天下州县不治者十有八九。今兵戎未息,贼役方烦,百姓嗷嗷,疮痍未复,救其疾苦,择吏为先"。因此他请朝廷特立按察之法,"选强干廉明者为诸路按察使","别议黜陟之法"。五月戊寅,朝廷命"诸路转运使副并兼按察使副",按察所辖官吏(实际执行不力)。后来欧阳修又多次上疏强调"朝廷精选强明之员"充当按察使,择贤愚善恶,黜陟州县官吏,以澄清吏治,平息"盗贼"。②

此时由陕西调到中央任枢密副使的范仲淹、韩琦上疏指出:"天下郡邑,牧宰为重",而朝廷选任不慎重,各地知州、通判、县令"因举荐擢

---
① 《宋史》卷一百七十九《食货下一·会计》。
② 《长编》卷一百四十一。

任者少,以资考序进者多,才与不才,一途并进,故能政者十无二三,谬政者十有七八"。让这些"不才之吏"管理地方,致使"赋役不均,刑罚不当,科率无度,疲乏不恤,上下相怨,乱所由生"。地方统治不稳的根源在"不才之吏"。因此他们建议先由中央高官于朝臣中推荐"堪充举主者",再由举主荐举堪充知州、通判、知县者,并据被荐举之人的善恶表现予以奖惩。他们还提出"特选臣僚举官"的方案,以示朝廷"忧劳之意"。① 庆历三年五月,朝廷参酌其议,诏令"臣僚举职官州县官充京朝官,判、司、簿、尉充县令,流外出身州县官充令录班行"。② 这是希望通过荐举法澄清吏治。

知谏院欧阳修在庆历三年六月又上疏指出:"近日四方盗贼渐多,皆由国家素无御备而官吏赏罚不行也。臣谓夷狄者皮肤之患,尚可治;盗贼者腹心之疾,深可忧。朝廷终未尝处置,遇有一火贼,则仓黄旋发兵马而不思经久禁止之法。"然后以沂州军卒王伦起事为例,说明州县官吏无能。他提出"为今计者,必先峻法令。法令峻则人知所畏,自趋而击贼"。③ 右正言余靖也说:"朝廷所以威制天下者,执赏罚之柄也。今天下至大而官吏弛事,细民聚而为盗贼,不能禁止者,盖赏罚不行也。若非大设堤防以矫前弊,则臣忧国家之患不在夷狄,而起于封域之内矣。"④这是希望通过厉行法制整顿吏治。这年九月枢密副使富弼又上"备贼之策",强调择地方要害"屯聚兵马",加强守备;选拔有才能者任地方官,平息各处"盗贼"。并指出:"臣切谓非盗贼果能强盛,自是朝廷只守弊法,不肯更张,唯恐不才不贤者怨恨,不早罢去,故以州县委贼残害。"他感叹朝廷"若犹因循苟且,尚务偷安,不练人谋,只求天幸",则"五代之祸,不旋踵而至矣"。⑤

以上所述广开言路,擢用改革派人才,可谓改革的前提条件;而减省冗费,尤其是整顿吏治,则是舒缓民力、稳定统治的当务之急,也是改

---

① 《范文正公政府奏议》卷上《奏乞择臣僚令举差知州通判》《续奏乞于职官令录中举充京官知县》,《范仲淹全集》(上),凤凰出版社2004年版,第492、498页。
② 《长编》卷一百四十一。
③ 《长编》卷一百四十一。
④ 《长编》卷一百四十一。
⑤ 参见《长编》卷一百四十三。

革的基本要求。庆历新政正是在此基础上展开的。

仁宗在改革潮流的推动下,任用范仲淹、富弼、韩琦等人为执政大臣,责成他们就"当世急务"提出意见。庆历三年九月,范仲淹将自己多年来关于改革施政纲领的思考写成《答手诏条陈十事》①(亦称《十事疏》),系统陈述了改革方案。同时,富弼也上书陈当世之务十余条及安边十三策;韩琦先陈十事,又陈救弊八事。欧阳修等谏官们也相当活跃,他们一再呼吁改革时弊。

二、《答手诏条陈十事》之改革方案

在诸多改革方案中,最为深思熟虑、切实可行的是范仲淹的《十事疏》。其中首先提出改革的必要性:"历代之政,久皆有弊,弊而不救,祸乱必生。""我国家革五代之乱,富有四海,垂八十年,纲纪制度,日削月侵,官壅于下,民困于外,夷狄骄盛,寇盗横炽,不可不更张以救之。"鉴于官僚体制之弊端及内忧外患之形势,不改革便没有出路,而改革必须抓住根本问题,所谓"欲正其末,必端其本;欲清其流,必澄其源"。以达到"法制有立,纲纪再振",从而稳定统治的目的。而"本"和"源"是什么?范仲淹等认为关键是官僚队伍的素质。对此,韩琦、范仲淹曾于庆历三年五月言:

> 臣等窃以天下郡邑,牧宰为重。得其人则致化,失其人则召乱,推择之际,不可不慎。国家承平以来,不无轻授,应知州、通判、县令,因举荐擢任者少,以资考序进者多,才与不才,一涂并进,故能政者十无二三,谬政者十有七八。②

范仲淹等认为州县官员在国家统治中的地位重要,而国家对地方官员的擢任、资考均无规制,由此造成了官僚队伍普遍腐朽无能的局面,所以范仲淹提出了以整顿吏治为中心的十项具体改革措施:

一、明黜陟。这是针对官员的磨勘制度而提出的改革措施。"黜

---

① 《范文正公政府奏议》卷上《答手诏条陈十事》,《范仲淹全集》(上),凤凰出版社2004年版,第473—486页。
② 《长编》卷一百四十一,庆历三年五月乙未。

陟"是对官员定期考核以决定升降,宋代称之为"磨勘"。太祖时把对地方官员考核的重点确定为劝课农桑、户口增益和剪除盗贼。随着北宋统治的稳定,到真宗时对官员的考核升迁形成了规范化的磨勘制度,该制度本应根据官员的德行与政绩予以升降,而不必拘泥于任职年限。但实际执行则按例"文资三年一迁,武职五年一迁",且"不限内外,不问劳逸,贤不肖并进",只要无大过失,年限一到,例行升迁,故年资几乎成为磨勘的唯一标准。由此造成"思兴利去害而有为也,众皆指为生事",而"不肖者素餐尸禄,安然而莫有为也",结果是"一无勤效,例蒙迁改",即只靠熬年头就可升迁,这样"坐至卿监丞郎者历历皆是"。所以三年一迁的磨勘制度,使"人人因循,不复奋励",已沦为论资排辈、黜陟不明的弊政。范仲淹认为,为了"兴公家之利,救生民之病,去政事之弊,葺纲纪之坏",必须对此弊政进行改革。他提出的具体改革意见是根据官员职务、政绩及有无保举来规定磨勘年限,可不拘磨勘年限提拔。有"大功大善"或"老疾愚昧"者另行处置。而对于为官平庸者,即"其理状循常而出者,只守本官,不得更带美职",以求"人人自劝,天下兴治"①。

根据范仲淹的建议,朝廷于庆历三年十月壬戌下诏,对官员的磨勘作出了新的规定:

> 唐、虞稽古,建官惟百,能哲而惠,克明峻德。然犹三载考绩,三考黜陟幽明。周制,太宰之职,岁受官府之会,以诏王废置,三载则大计群吏之治而诛赏之。故考课之法旧矣。祥符之际,治致升平,凡下诏条,主于宽大,考最则有限年之制,入官则有循资之格。及比年事边,因缘多故,数披官簿,审阅朝行,思得应务之才,知亏素养之道。然非褒沮善恶,则不激砺,非甄别流品,则不愤发。特颁程序,以懋官成。自今两地臣僚,非有勋德善状,不得非时进秩;非次罢免者,毋以转官带职为例。两省以上,旧法四年一迁官,今具履历听旨。京朝官磨勘年限,有私罪及历任尝有赃罪,先以情重轻及勤绩与举者数奏听旨;若磨勘三年,赃私罪杖以下经取旨,徒以上再经取旨,其能自新无私犯而著最课及有举者,皆第迁之。自

---

① 以上引文均见范仲淹《十事疏》之"明黜陟"部分。

> 请厘物务于京师,五年一磨勘,因举及选差勿拘。凡有善政异绩,或劝农桑获美利,鞫刑狱雪冤枉,典物务能革大弊,省钱谷数多,准事大小迁官升任,选人视此。若朝官迁员外郎,须三年无私罪,而有监司若清望官五人为保引,乃磨勘。迁郎中、少卿监亦如之。举者数不足,增二年。迁大卿监、谏议大夫,弗为常例,悉听旨。又定制,监物务入亲民,次升通判,通判升知州,皆用举者。举数不足,毋辄关升。①

此诏认为旧的考课之法只重"限年"和"循资",故"主于宽大",不足以激砺官成。新的磨勘法规定,为改变重内轻外的局面,鼓励京朝官外任,并将磨勘年限与差遣任期紧密联系,规定须任满三年且无过失犯罪,并有清望官五人为保举,方可磨勘。若保举人数不足,则增加磨勘年限;而对于没有外任差遣的京朝官,则五年一磨勘。强调"凡有善政异绩,或劝农桑获美利,鞫刑狱雪冤枉,典物务能革大弊,省钱谷数多,准事大小迁官升任",这明显改变了只按年资磨勘的旧规,强调以德行和政绩为考核标准。

庆历五年正月乙酉,参知政事范仲淹被罢职、知邠州;枢密副使富弼亦被罢职、知郓州。同年二月,时任监察御史的刘元瑜上疏言:"近年考课之法,自朝官至员外郎、郎中、少卿、监,须清望官五人保任,方许磨勘,适长奔竞,非所以养士廉耻也,望酌祖宗旧规,别定可行之制。"疏上,朝廷立即下诏曰:

> 比京朝官因人保任,始得叙迁,朕念廉士或不能以自进,其罢之。②

这道诏令只是废除了保任之法,还未明确磨勘年限是否完全恢复旧制,但在随后的反对声中,磨勘之法就一切如旧了。据《长编》载:

> 上封者言:"伏睹去年八月二日敕,今后省府判官、转运使副、提点刑狱、转运判官更不循例差除。委待制以上,每年于馆阁朝

---

① 《长编》卷一百四十四。
② 《长编》卷一百五十四,庆历五年二月辛卯。

官、台官、提点刑狱、知州内举一员充省府判官或转运使副,于知州军、转运判官内举一员充提点刑狱,于通判内举一员充转运判官者。臣窃闻自来省府判官、转运使副,在太宗时,并是上意特除。泊真宗时参令中书选擢。今若令两制以上保举,不唯上侵宰执之权,又下长奔竞之路。遂令端士并起驰骛,不因请托,则人莫肯言,泊于自陈,则扇成薄俗。非所以敦厚风教,旌别材良之术也。盖是向来中书差人,后多被谏官论列,指摘往日小疵、家私猥事,以致差遣不定,屡有改移,遂此更张,庶绝群诽。况朝廷用才,责其立功立事,岂以昔日版筑、屠钓、牧犓为嫌哉。且待制以上仅五十人,若岁举三人,每岁当及一百五十人,数年之后,人数倍多,何以处置。其所举之人,既举之后,便望朝廷不次差遣,未得之间,更相谤毁,此非为选才,乃作不靖也。伏望特罢此诏,一切令依旧,中书自铨择吏才明敏望实兼称者,充转运使副、省府判官、提点刑狱,则官吏尽心于职事,请托稍抑于轻浮,人无侥幸之心,事从经久之体。"从之。①

这封上书指责保举之法,"不唯上侵宰执之权,又下长奔竞之路",总之是导致了请托盛行,不利于敦厚风教。还胡说什么朝廷用才,不必计较其过往履历,以及被保举的官员"人数倍多",数年之后难以处置,等等。于是建议"一切令依旧",结果朝廷"从之"。至此,庆历新政最重要的内容——"明黜陟",就被彻底废除了。

新政的磨勘法之所以被否定,以往总认为是官僚阶层的普遍反对所导致的,所谓"任子之恩薄,磨勘之法密,侥幸者不便"②。但事实并非如此。从上述刘元瑜等人的上书和朝廷的诏书来看,他们认为新法的主要问题是滋长了官员的请托侥幸之风,但这也是托词,因请托侥幸之风在北宋官僚制下总是存在的。笔者认为根本原因是宋仁宗不思进取,没有勇气改变现状,对范仲淹则始从终弃,以及反对派迎合仁宗旨意,借朋党之名对革新派打击迫害,最后因人废法的结果。对此结论,

---

① 《长编》卷一百五十四,庆历五年二月乙卯。
② 《宋史》卷三百一十四《范仲淹传》。

笔者将在下述论述庆历新政的失败时作详细探讨。

二、抑侥幸。这是针对北宋恩荫制度的改革而发的。范仲淹指出,北宋由恩荫、即任子制度造成的官员冗滥问题非常严重,特别是高级官员在皇帝生日、郊祀大礼甚至官员致仕、死亡等时刻,都可为子孙、亲属甚至门客奏请官职,故"每岁奏荐,积成冗官。假有任学士以上官经二十年者,则一家兄弟子孙出京官二十人,仍接次升朝,此滥进之极也"。这些被奏荐的任官者通常素质不高,故常政事不举,刻剥不暇,以至于"审官院常患充塞,无阙可补"。因而范仲淹提出要防止恩荫冗滥,对恩荫要加以限制。限制的办法是"两府并两省官等,遇大礼(郊祀)许奏一子充京官","每年圣节更不得陈乞"。其他各级官员也相应递减,以防权贵子弟垄断官位,"与孤塞争路,轻忽郡县,使生民受弊"。另外,范仲淹认为"馆阁职事"为"大用之备",故"不宜甚轻之"。而实际上,朝廷馆职"乃登进士高等者,一任才罢,不以能否,例得召试而补之。两府两省子弟亲戚,不以贤不肖,辄自陈乞馆阁职事者,亦得进补",范仲淹认为这违背了国家开设文馆的本意,他建议馆职也"更不轻授"[①],要根据实际才能、经过严格的考核才可补入,以避免馆职被权贵垄断,成为进身的捷径。

根据范仲淹的建议,朝廷于庆历三年十一月癸未下诏,对馆阁之选作出限制:

> 自今见任,前任两府及大两省以上官,不得陈乞子弟,亲戚馆职并读书之类。进士三人以上,一任回无过犯者,许进著述召试,取优等者充,遇馆职阙,取曾有两府二人、两省三人同罪举充者,仍取著述看详试补。[②]

同年十一月丁亥,朝廷下诏"杀任子之恩":

> 周大司乐掌学政,以六艺教国子,则官材盖本于世胄。而今之荫法,推恩太广,以致疏宗蒙泽,稚齿授官。未知立身之道,从政之

---

① 以上引文均见范仲淹《十事疏》之"抑侥幸"部分。
② 《长编》卷一百四十五。

方,而并阶仕进,非所以审政重民也。其著为令,使夫冢嗣先录,以笃为后之体;支子限年,以明入官之重。设考课之格,立保任之条。古不云乎,爵禄者,天下之砥石,人君所以砺世而磨钝。咨尔庶位,体兹意焉。

宰相、使相,旧荫子为将作监丞,期亲太祝、奉礼郎,自今子、期亲悉如旧,余亲以属远近补试衔。枢密使、副使、参知政事,子为太祝、奉礼郎,期亲校书郎,今子孙及期亲、尊属如旧,余以次补试衔。仆射、尚书,子为校书郎或正字,期亲寺监主簿,今子孙并期亲、尊属如旧,余属第补试衔。三司使、翰林学士侍读侍讲、龙图阁枢密直学士、丞郎,子为正字,期亲寺监主簿,今子及期亲、尊属如旧,余属第补试衔或斋郎。龙图阁直学士、给事中、谏议、舍人、知制诰、龙图天章阁待制、卿监、三司副使、知杂,子为寺监主簿,期亲试衔,今惟长子听如旧,余属第补试衔或斋郎。郎中、省府推判官、馆阁职,旧郊恩荐补,其尝以赃抵罪,复故官至郎中及员外郎任馆阁职,止荫子孙亲属一人,尚在谪籍者弗预。转运副使、提点刑狱,悉于郊礼前到任逾一年,乃听荫补。

凡选人年二十五以上,遇郊,限半年赴铨试,命两制三员锁试于尚书省,糊名誊录。习辞业者,试论或诗赋,词理可采,不违程序为中格;习经业者,人专一经,兼试律,十道而通五为中格,听预选。以上经两试,九选以上经三试,至选满,有京朝官保任者三人,补远地判、司、簿、尉,无举者补司士参军;或不赴试、亦无举者,永不预选。

京朝官年二十五以上,岁首赴试于国子监,考法如选人,中格者调官。两任无私罪,有监司、知州、通判保举官三人,入亲民;经三试,朝臣保举者三人,与下等厘物务;两任无私犯,监司或知州、通判保举者五人,入亲民,愿易武弁者听。

其武臣:使相,子为东头供奉官,期亲左侍禁,今子及期亲如旧,余属自左班殿直第官之。枢密使副、宣徽、节度使,子为西头供奉官,期亲右侍禁,今子孙及期亲、尊属如旧,余属自右班殿直以下第官之。统军上将军、节度观察留后、观察使、内客省使,子为右侍禁,期亲右班殿直,今子孙及期亲、尊属如旧,余属自三班奉职以下第官之。客省使、引进使、防御使、团练使、四方馆使、枢密都承旨、閤门使,子为右班殿直,期亲三班奉职,今子孙及期亲如旧,余属三班借职以下第官之。正刺史,子为三班奉职,期亲借职,今子孙及期亲尊属如旧,余属为差使殿侍。诸卫大将军、内诸司使、枢密院诸房副承旨,子为三班奉职,期亲借职,今子孙并期亲尊属如旧,余属为下班殿侍。诸卫将军、内诸司副使、枢密院承旨,子为三班借职,尝以入己赃坐罪,迁至诸司副使、诸卫将军,止荫子若孙一人。初任川、广、福建七路,恩如旧。

凡三班试弓弩于军头司,力及而射有法,为中格。习书算者,三班院书家状,误才三字;算钱谷五事通三,为中格。习《六韬》、孙吴书,试义十而通五,为中格;兼弓弩为优等。愿试策者听之,五通三为中格。或习武艺五事,驰射娴敏,通书算者,亦为优等,补边任。武艺不群,策详而理畅,为异等,引见听旨。

荫长子孙,皆不限年,诸子孙须年过十五,若弟侄须年过二十,必五服亲乃得荫。已尝荫而物故者,无子孙禄仕,听再荫。

此招对恩荫的起源、目的、沿革、弊端及改革的方法等都一一作了说明,这足见朝廷对此项改革的重视。不过此招只是对恩荫作出了一定的限制,并不过于严格,故史家称"自是,任子之恩杀矣,然犹未大艾也"①。但此招却于庆历五年二月应余靖的奏请被罢除了。据《长编》载:

知制诰余靖言:"臣伏睹近降中书札子,今后臣僚奏荐子孙亲属内长子、长孙皆不拘年甲,诸子、诸孙须年十五以上,弟侄等并须年二十以上,方得奏荐。所荐亲属并须在五服内者。窃以朝廷推恩延赏,比要嗣续门户,其有老登郎署,晚得职司,亲的子孙尚多,限以年幼不得陈乞,而乃旁荫疏远房从年长之人,则是舍亲而用疏,遗近而取远,殆非国家善善及子孙之意。伏乞自来奏荫幼年子弟,并须二十五岁以上,方许出官。虽授京官,亦不破官中请受,于

---

① 《长编》卷一百四十五,庆历三年十一月丁亥。

国家别无妨碍。兼臣今来奏臣亲弟年已及格,不碍新条,但缘年老臣僚不得奏其亲的,而旁奏疏属,于理不便。伏乞特降指挥,应合奏荫亲属臣僚,所奏子孙弟侄,特令不拘年甲,以广赏延之典。"从之。①

余靖通常被视为庆历改革集团的成员,由他奏请反对新政的任子法,往往不被理解②。但事实上,革新派内部也并非党同伐异的铁板一块,他们对一些具体问题的认识也是有差异的。如据欧阳修记载,范仲淹和他的同僚好友杜衍、韩琦、富弼,在庆历新政时期经常"为国议事",因"所见各异"而"公言廷诤而不私"。"至如杜衍欲深罪滕宗谅,仲淹则力争而宽之";"至如尹洙,亦号范仲淹之党,及争水洛城事,韩琦则是尹洙而非刘沪,范仲淹则是刘沪而非尹洙"。欧阳修认为:"忠臣有不和之节",故"此四人者,可谓天下至公之贤也","而小人谗为朋党,可谓诬矣"。③

三、精贡举。这是就改革现行的科举制度而提出的。范仲淹认为现行的科举制度无法培养优秀的治国人才,因此必须对科举制度进行改革。北宋前期科举"专以辞赋取进士,以墨义取请科",造成一般学子专攻辞藻,导致"有才有识者十无一二""天下危困乏人"的局面。范仲淹认为人才培养的根本在于"教人六经,传治国治人之道",即"在乎教以经济之业,取以经济之才,庶可救其不逮"。因此他建议"进士先策论而后诗赋,诸科墨义之外,更通经旨。使人不专辞藻,必明理道,则天下讲学必兴,浮薄知劝,最为至要"。再者,要求诸地兴办学校,劝学养士,外地"发解"进京科考的士子"须是履行无恶、艺业及等者",而且考试"不封弥试卷"④,即取消试卷糊名,以便核其名实,选拔品学兼优的人才。"精贡举"改革的基本精神是把学校教育与科举结合起来,通过学

---

① 《长编》卷一百五十四,庆历五年二月辛卯。
② 方健先生认为:"通常,余靖被视为改革集团中的一员,但从他在庆历新政中表现看却是颇可稽疑。"参加《范仲淹评传》第231页。
③ (宋)欧阳修:《欧阳修全集》卷一百七《论杜衍范仲淹等罢政事状》,中华书局2001年版,第1626—1627页。
④ 以上引文均见范仲淹《十事疏》之"精贡举"部分。

校教育培养治国的优秀人才,再通过科举选拔优秀人才。

范仲淹疏上之后,仁宗诏近臣讨论,取得了共识。于是翰林学士宋祁,御史中丞王拱辰,知制诰张方平、欧阳修,殿中侍御史梅挚,天章阁侍讲曾公亮、王洙,右正言孙甫、监察御史刘湜等合奏道:

> 伏奉诏书议,夫取士当求其实,用人当尽其才。今教不本于学校,士不察于乡里,则不能覈名实;有司束以声病,学者专于记诵,则不足尽人材。此献议者所共以为言也。谨参考众说,择其便于今者,莫若使士皆土著而教之于学校,然后州县察其履行,则学者修饬矣。故为设立学舍,保明举送之法。夫上之所好,下之所趋也。今先策论,则文词者留心于治乱矣;简程序,则闳博者得以驰骋矣;问大义,则执经者不专于记诵矣。其诗赋之未能自肆者杂用今体,经术之未能亟通者尚如旧科,则中常之人,皆可勉及矣。此所谓尽人之材者也。故为先策论过落,简诗赋考式,问诸科大义之法,此数者其大要也。其州郡弥封誊录,进士、诸科贴经之类,皆苛细而无益,一切罢之。法行则申之以赏罚。如此,养士有本,取才不遗,为治之本也。①

这份合奏进一步肯定了范仲淹"精贡举"的改革主张,于是朝廷于庆历四年三月乙亥下诏,就贡举的目的和基本原则、州县立学、贡举的内容和方法等作出了新的规定。

关于贡举的目的和基本原则,新诏规定:

> 儒者通天地人之理,明古今治乱之源,可谓博矣。然学者不得骋其说,而有司务先声病章句以拘牵之,则夫英俊奇伟之士,何以奋焉?士有纯明朴茂之美,而无敎学养成之法,其饬身励节者,使与不肖之人杂而并进,则夫懿德敏行之贤,何以见焉?此取士之甚弊,而学者自以为患,议者屡以为言。比令详酌,仍诏政事府参定。皆谓本学校以教之,然后可求其行实;先策论,则辨理者得尽其说;简程序,则闳博者可见其才。至于经术之家,稍增新制,兼行旧式,

---

① 《长编》卷一百四十七,庆历四年三月甲戌。

以勉中人。烦法细文,一皆罢去。明其赏罚,俾各劝焉。如此,则待才之意周,取人之道广。夫遇人以薄者,不可责其厚也。今朕建学兴善,以尊子大夫之行;而更制革弊,以尽学者之才。教育之方,勤亦至矣。有司其务严训导,精察举,以称朕意。学者其进德修业,无失其时。凡所科条,可为永式。①

新诏认为以"声病章句"为取士之法,不足以造就"通天地人之理,明古今治乱之源"的治国人才,故"甚弊"。强调人才要"本学校以教之";考试要"先策论""简程序";要注重考核经义;要"建学兴善""更制革弊"。

关于州县立学,新诏规定:

> 州若县皆立学,本道使者选属部官为教授,三年而代;选于吏员不足,取于乡里宿学有道业者,三年无私谴,以名闻。士须在学习业三百日,乃听预秋赋;旧尝充赋者,百日而止。亲老无兼侍,取保任,听学于家,而令试于州者相保任。②

新诏规定州县必须立学,史称"庆历兴学"。新诏对于学校的规模、校址校舍、经费来源、管理、师资的来源、要求,学生入学的条件、学习时间等都有具体规定。在教学内容和方法上,实行胡瑗在湖州办学时使用的"分斋教学法","庆历四年,诏州县皆立学,于是建太学于京师,而有司请下湖州,取先生之法以为太学,至今著为令"。③

庆历新政虽然很快失败了,范仲淹的变法主张大多没有实现,但"庆历兴学"的成果却保留了下来。"庆历兴学"诏终宋未废,州县办学自此以法定的形式得到了确认,并很快在全国普及了,其影响可谓深远。北宋后来又有"熙丰兴学"和"崇宁兴学"等官方办学运动,这对北宋文教事业的发达发挥了重要作用。

关于科举考试的内容和方法,新诏规定:

> 进士试三场,先策,次论,次诗赋,通考为去取,而罢帖经墨义。

---

① 《长编》卷一百四十七,庆历四年三月乙亥。
② 《长编》卷一百四十七,庆历四年三月乙亥。
③ (元)马端临:《文献通考》卷四十六《学校考七》。

> 又以旧制用词赋,声病偶切,立为考式,一字违忤,已在黜格,使博识之士,临文拘忌,俯就规检,美文善意,郁而不伸。如白居易《性习相近远赋》、独孤绶《放驯象赋》,皆当时试礼部,对偶之外,自有义意可观,宜许仿唐体,使驰骋于其间。士子通经术,愿对大义者,试十道,以晓析意义为通,五通为中格;三史科取其明史意,而文理可采者;明法科试断案,假立甲乙罪,合律令,知法意,文理优,为上等。①

新诏规定进士考试的内容是"先策,次论,次诗赋","罢帖经墨义",方法是"通考为去取"。诸科是重经义,重实用。一改重辞赋之"声病偶切"旧制。后来,随着范仲淹、富弼、韩琦等新政核心人物的罢去,贡举新制亦逐渐废止。庆历五年三月己卯,"诏礼部贡院进士所试诗赋,诸科所对经义,并如旧制考校"②。庆历八年四月丙子,"诏科场旧条,皆先朝所定,宜一切无易"③。

四、择官长。这是针对如何选拔任用地方官员而发的。范仲淹认为官员的"能否"对于国家的盛衰至关重要,他说:"一方舒惨,百姓休戚,实系其人。故历代甚盛之时,必重此任。"但由于北宋朝廷对地方官吏选任不精,缺乏严格的监督考核,"不问贤愚,不较能否,累以资考,升为方面",致使"懦弱者不能检吏,得以蠹民;强干者惟是近名,率多害物。邦国之本,由此凋残"。范仲淹建议由中央到地方自上而下荐举官吏,具体为:委中书、枢密院先选转运使、提点刑狱、大藩知州;次委两制、三司、御史台、开封府官、诸路监司举知州、通判;知州通判举知县、令。限其人数,以"举主多者先次差补",并由考核部门记录被举者的"历任功过",以便奖惩。他认为"如此举择,则诸道官吏庶几得人,为陛下爱惜百姓,均其徭役,宽其赋敛,各获安宁,不召祸乱"④。

范仲淹对于北宋基层官员的腐败无能和苟且成风有着清醒的认识,早在天圣五年,他在《上执政书》中就尖锐指出:

---

① 《长编》卷一百四十七,庆历四年三月乙亥。
② 《长编》卷一百五十五。
③ 《长编》卷一百六十四。
④ 以上引文均见范仲淹《十事疏》之"择官长"部分。

> 今之县令,循例而授,多非清识之士。衰老者为子孙之计,则志在苞苴,动皆徇己;少壮者耻州县之职,则政多苟且,举必近名。故一邑之间,簿书不精,胥吏不畏,徭役不均,刑罚不中,民利不作,民害不去,鳏寡不恤,游惰不禁,播艺不增,孝悌不劝。以一邑观之,则四方县政如此者十有七八焉,而望王道之兴,不亦难乎?

这是痛斥"县令"的腐朽无能,而"郡长"也苟且成风,所以范仲淹又称:

> 今之郡长,鲜克尽心。有尚迎送之劳,有贪燕射之逸。或急急于富贵之援,或孜孜于子孙之计。志不在政,功焉及民?以狱讼稍简为政成,以教令不行为坐镇,以移风易俗为虚语,以简贤附势为知几。清素之人,非缘嘱而不荐;贪黩之辈,非寒素而不纠。纵胥徒之奸克,宠风俗之奢僭。况国有职制,禁民越礼,颁行已久,莫能举按。使国家仁不足以及物,义不足以禁非,官实素餐,民则菜色。有恤鳏寡,则指为近名;有抑权豪,则目为掇祸。苟且之弊,积习成风。俾斯人之徒共理天下,王道何从而兴乎?

针对郡、县官员的不堪局面,范仲淹提出了"举县令、择郡长"[1]的建议,但未获采纳。不过范仲淹在此提出了一个非常超前但也非常有价值的思考,他说"况国有职制,禁民越礼,颁行已久,莫能举按",意思是,在当时的体制下,由于视民众参与政治为越礼,故禁止民众的监督,而单凭朝廷自上而下的监督,是无法从根本上解决官僚队伍的腐败问题的。这似乎表明,范仲淹的政治思想,已接近超越与士大夫"共理天下"的民本主义层次,具有了朦胧的民主意识,这在北宋的士大夫群体中是凤毛麟角的。

在《十事疏》中,范仲淹再提"择官长"问题。至于如何实行,在当时的政治背景下,他所能提出的谏议只能是自上而下的选任和监察。根据范仲淹的建议,朝廷于庆历三年十月丙午,"诏中书、枢密同选诸路转运使"[2],同时任命"盐铁副使、工部郎中张昷之为天章阁待制、河北都转

---

[1]《范文正公文集》卷九《上执政书》,《范仲淹全集》(上),凤凰出版社2004年版,第184—186页。
[2]《宋史》卷十一《仁宗·三》。

运按察使;兵部员外郎、知谏院王素为天章阁待制、淮南都转运按察使;盐铁判官、兵部员外郎沈邈为直史馆、京东转运按察使"①。这样,转运使除掌管一路财赋外,还要对诸路州县官员行使按察之职。范仲淹根据各路转运使提供的报告,对不称职的官员尽行罢免。据《年谱》载:

> 公取班簿,视不才监司,每见一人姓名,一笔勾之,以次更易。富公素以丈事公,谓公曰:"十二丈则是一笔,焉知一家哭矣?"公曰:"一家哭何如一路哭耶?"遂为罢之。②

"一家哭何如一路哭耶?"反映了范仲淹以民为本、整顿吏治的决心,但也势必会遭到中下层官僚集团的反对,朝中的反对派也会借机发难。在这种情况下,宋仁宗的态度就极为关键,他如果能顶住压力,始终坚定地支持范仲淹,改革尚存希望,但他很快就动摇了。庆历五年十月辛酉,朝廷诏命:

> 诸路转运使昨带按察之名,比闻过为烦苛,吏不安职,至有晓谕州县,俾互相告论,有伤风化,无益事体,其并罢之。

李焘在此诏后注曰:"时执政沮改范仲淹、富弼所行事,因肆赦,遂有此命。"③新政的"择官长"改革自此失败。

五、均公田。这是针对职田分配不均而发的。公田即官员的职田,是地方官僚俸禄的一部分。宋真宗时官员冗滥,"至有得替守选一二年,又授官待阙一二年者",这些守选、待阙之人无俸禄保证,以至于"男不得婚,女不得嫁,丧不得葬者,比比有之",只好求人"贷债以苟朝夕"。而这些人任官之后,为了还债或补偿损失,"至有冒法受赃赊举度日,或不耻贾贩,与民争利"。本身就是"负罪之人,不守名节",吏治根本不可能搞好。在此情况下,真宗皇帝恢复前代的职田之制,是想借此增加地方官员的俸禄,以改变重内轻外局面,同时也希望"中常之士自可守节"。但职田制度在实施过程中也存在分配不公和扰民现象,即

---

① 《长编》卷一百四十四,庆历三年十月丙午。
② 《年谱》庆历三年。
③ 《长编》卷一百五十七,庆历五年十月辛酉。

"以其有不均之谤,有侵民之害",故关于职田制度,在宋廷内部存在诸多争议。范仲淹认为"养民之时,必先养贤。养贤之方,必先厚禄。厚禄然后可以责廉隅,安职业也",从厚禄养廉的指导思想出发,范仲淹主张分配给地方官员职田,但要"均公田",因此他建议:

> 外官职田,有不均者均之,有未给者给之,使其衣食得足,婚嫁丧葬之礼不废,然后可以责其廉节,督其善政。①

根据这个精神,范仲淹又上《奏重定职田顷亩》疏,提出了"均公田"的具体方案②。根据他的方案,朝廷于庆历五年十一月壬辰"诏限职田",明确规定:

> 凡大藩长吏二十顷,通判八顷,判官五顷,幕职官四顷。凡节镇长吏十五顷,通判七顷,判官四顷,幕职官三顷五十亩。凡防、团以下州军长吏十顷,通判六顷,判官三顷五十亩,幕职官三顷。其余军、监长吏七顷,判官、幕职官并同防、团以下州军。凡县令,万户以上六顷,五千户以上五顷,不满五千户并四顷。凡簿、尉,万户以上三顷,五千户以上二顷五十亩,不满五千户二顷。录事参军比本判官。曹官比倚郭簿、尉。发运制置,转运使副,武臣总管,比节镇长吏。发运制置判官,武臣钤辖,比防、团州长吏。诸路转运判官,比大藩府通判。安抚都监,路分都监,比节镇通判,大藩府判官。黄汴河、许汝石塘河都大催纲,比节镇判官。节镇以下至军监,诸路走马承受并寨主;都同巡检,提举捉贼,提点马监,都大巡河,不得过节镇判官。在州监当及催纲、拨发,巡捉私茶盐贼盗,驻泊捉贼,不得过幕职官。巡辖马递铺,监堰,并县、镇监当,不得过簿、尉。③

这份诏书所规定的州、县各级官员的职田数量及管理细则,完全是按照范仲淹《奏重定职田顷亩》的标准而设计的。自此,地方官员的职田分

---

① 以上引文均见范仲淹《十事疏》之"均公田"部分。
② 《范文正公政府奏议》卷上《奏重定职田顷亩》,《范仲淹全集》(上),凤凰出版社2004年版,第517—519页。
③ 《长编》卷一百四十五,庆历五年十一月壬辰。

配就有了定制,后虽有变动,但都以庆历新政的规制为基础。

六、厚农桑。这是针对忽视农业生产而提出的改革建议。范仲淹高度重视农政,认为"善政之要,惟在养民,养民之政,必先务农。农政既修则衣食足,衣食足则爱肤体,爱肤体则畏刑罚,畏刑罚则寇盗自息,祸乱不兴"。而"今国家不务农桑","劝课之方,有名无实"。因忽视农政,导致"粟帛常贵,府库日虚","贫弱之民,困于赋敛,岁伐桑枣,鬻而为薪"。他建议因地制宜讲述农政,每年秋,让"州军吏民,各言农桑之间可兴之利、可去之害";兴修水利,开渠筑堤,以"厚农桑"。具体是"每年于二月间兴役,半月而罢","如此不绝,数年之间,农利大兴"。同时要普及"劝课之法",汲取历史经验,"宜选官讨论古制,取其简约易从之术,颁赐诸路转运使,及面赐一本,付新授知州、知县、县令等。此养民之政、富国之本也"。①

范仲淹的"厚农桑"之策是否以诏令形式付诸实施,目前尚存争议②。《长编》说"上方信向仲淹等,悉用其说。当著为令者,皆以诏书画一,次第颁下。独府兵,辅臣共以为不可而止",又说"余六、七、九、十并未详"。③ 以此推测,《十事疏》除"修武备"之外,其余各条均有诏颁行,不过李焘认为第六、九、十条的实行情况并不明确。笔者认为李焘的这个说法是可信的。

七、修武备。这是针对北宋募兵制提出的兵制改革建议。宋初为防藩镇割据,聚重兵于京师,"虽已困生灵,虚府库,而难于改作者,所以重京师也"。现因西北用兵,边备不足,"京师卫兵多远戍",新招者"聚市井之辈,而轻嚣易动,或财力一屈,请给不充,则必散为群盗"。依靠这些素质低劣之兵,"恐急难之际,宗社可忧"。因此建议参照唐朝府兵之制,先于京畿近辅招募强壮卫士五万人,使其三时务农,一时教战。这样,国家不需要耗费巨资招募养兵,"此实强兵节财之要"④,同时在京

---

① 以上引文均见范仲淹《十事疏》之"厚农桑"部分。
② 海内外学者视"厚农桑"为一项并未实施的新政内容。但方健先生从《宋大诏令集》和《宋会要》中发掘整理出一道"劝农诏"史料,据此认为"厚农桑"之策"不仅实施了,而且有很丰富的内容"。参见方健《范仲淹评传》,第253—256页之内容。
③《长编》卷一百四十三,庆历三年九月丁卯。
④ 以上引文均见范仲淹《十事疏》之"修武备"部分。

师遭受突然袭击时,又可及时组织军队保卫京畿。待京畿近辅招募完毕,再推行诸道。

在范仲淹的十项改革建议中,"修武备"因涉及兵制的根本变革,难度极大,更张不易,故"独府兵,辅臣共以为不可而止"①。

八、减徭役。这是针对"县官吏职所置尚繁",百姓徭役负担沉重而提出的改革措施。范仲淹认为县份建置过多、户口稀少,是造成徭役繁杂的重要原因,故此项改革重在并省县邑。范仲淹建议以西京作为试点,合并一些户口稀少的县及税务机构,以解决官多民少,百姓负担过重的问题。他说:"西洛之民,最为穷困。臣请依后汉故事,遣使先往西京,并省诸邑为十县。其所废之邑,并改为镇,令本路举文资一员,董榷酤关征之利,兼人烟公事。"至于"所废公人,除归农外,有愿居公门者,送所在之邑"。其减省之役人"各放归农"。这样"但少徭役,人自耕作,可期富庶"。② 范仲淹计划改革先由西京、大名府开始,然后渐次推向全国。

范仲淹并省县邑的设想作为新政的内容得到了实施,据《长编》载:

> (庆历四年五月)己丑,省河南府颍阳、寿安、偃师、缑氏、河清五县并为镇。逐镇令转运司举幕职、州县官使臣两员监酒税,仍管勾鞭火公事。又析王屋县隶河南府。始用参知政事范仲淹议也。此即仲淹等所上十事,其八曰减徭役也。③

北宋初期的"差役法"存在劳役不均、官僚地主规避劳役的严重弊端。范仲淹试图通过并省县邑、减少官僚机构和公人的办法来解决这些问题,似乎没有抓住问题的实质,因为农民劳役负担的沉重,与官僚机构的臃肿庞大固然有关,但根本原因是由官僚地主规避劳役而造成的劳役不均。后来王安石变法时,针对劳役不均问题,专门制定了"募役法",是对庆历新政"减徭役"改革的深化。

九、覃恩信。范仲淹指出国家三年一次郊祀,大赦天下,免百姓积

---

① 《长编》卷一百四十三,庆历三年九月丁卯。
② 以上引文均见范仲淹《十事疏》之"减徭役"部分。
③ 《长编》卷一百四十九,庆历四年五月己丑。

欠的赋税,但"一两月间,钱谷司存督责如旧",国家恩泽"尽成空言"。因此建议"今后每遇南郊赦后,精选臣僚往诸路安抚,察官吏能否,求百姓疾苦,使赦书中及民之事,一一施行"①,以取信于民。对违制的官员予以惩罚。

十、重命令。范仲淹指出"今睹国家每降宣救条贯,烦而无信,轻而弗禀,上失其威,下受其弊"。因此建议朝廷所颁制敕要经过慎重讨论与审核,"必可经久,方得施行"②。各级官吏必须严格按敕命行事,违者处罚。如有未当,可以上奏申明,经详察合理,别从更改。

以上十项改革方案的主要内容是整顿吏治,限制特权,提高行政效能,缓解财政困难,稳定和加强王朝统治。此外,厚农桑、减徭役亦有利发展农业生产,减轻人民负担。庆历新政时间短暂,不可能达到预期目标,社会矛盾仍在继续发展,许多士大夫仍在探讨种种改革方案,如王安石、司马光、苏轼等人皆在仁宗嘉祐年间提出自己系统的改革方案。局部地区还出现改革的尝试,如经济方面,郭谘在蔡州等地行方田均税法,李参在陕西行青苗钱,范祥在陕西改榷盐为通商法,包拯在三司改科率为和市,李复圭在两浙将部分差役改为募役等。这些改革为后来王安石变法提供了经验并奠定了基础。宋神宗熙宁二年(1069年)任用王安石变法,距范仲淹主持的庆历新政已有二十五年了。

第三节 "庆历新政"的失败及历史影响

一、"庆历新政"的失败

仁宗庆历年间主张改革的人较多,而由于对社会矛盾形势任务认识不同,所提改革内容及方法途径也有所不同。有不少论者以为范仲淹的方案"更张无渐,规摹阔大"③,即过猛过大,不实际可行。仁宗对范

---

① 以上引文均见范仲淹《十事疏》之"覃恩信"部分。
② 以上引文均见范仲淹《十事疏》之"重命令"部分。
③ 《宋史》卷三一四《范仲淹传》。

仲淹的改革方案很赞赏,自庆历三年十月至四年五月之内,除"修武备"即仿府兵法一项"辅臣共以为不可"而外,其余诸项先后以诏书形式颁行全国,时称"新政"。

"庆历新政"中最重要的内容,如明黜陟、抑侥幸、择官长、均公田等,矛头指向有特权的高官和老病无能的庸官,必然遭到他们强烈的反对。所以新政刚刚实行,朝中便论者众多。选派到各地的按察使"多所举劾,人心不自安"①;"磨勘、任子之法,侥幸之人皆不便,因相与腾口"②。他们指斥范仲淹、欧阳修等为"党人",结帮拉派,"更张纲纪,纷扰国经"。仁宗也产生了疑惑。范仲淹、富弼等人在反对派的强大压力下,不得不离开中央,支持新政的官员也被贬斥,颁行的新政行之一年左右又先后罢去。庆历五年正月,参知政事范仲淹罢知邠州,标志新政彻底失败。

关于"庆历新政"失败的原因,学界以往比较一致的观点是,范仲淹以吏治改革为主的新政,触犯了官僚集团的某些既得利益,所以遭到了他们的强烈反对,导致了社会矛盾的激化,改革无法进行,这是庆历新政失败的根本原因。而宋仁宗的动摇和代表保守势力的反对派的反对,包括革新派自身的弱点,则是庆历新政失败的重要原因。

将"庆历新政"失败的根本原因归之于官僚利益集团的强烈反对,这似乎有违历史的事实。至于宋仁宗的动摇、反对派的反对和革新派自身的弱点,这固然是导致新政失败的重要原因,但笔者认为将这三者联系在一起的是朋党问题,故从朋党之争的角度对庆历改革的过程做一番审视,这对于回归历史的真实或许会有新的启发。

一代忠臣范仲淹,在其生前的仕宦生涯中,却深陷朋党之争并饱受此困扰,这是值得深思的一件事情。范仲淹初陷朋党之争是在景祐二年(1035年),这年十二月,他先是弹劾了"专咨不恪,事多矫旨以付外,

---

① 《长编》卷一百五十,庆历四年六月壬子。
② (宋)欧阳修:《欧阳修全集》卷二十一《资政殿学士户部侍郎文正范公神道碑铭》,中华书局2001年版,第1511页。

执政知而不敢违"①的内侍阎文应,接着又把矛头指向了用人不公的宰相吕夷简。

范仲淹批评吕夷简政出私门、用人不公,建议仁宗在用人问题上"不宜全委宰相";又上《百官图》,具体指明吕夷简的用人错误;又上《四论》,也"大抵讥指时政"。特别是援引汉成帝宠信张禹,导致王莽之乱,并致西汉灭亡的故事,再把吕夷简与奸臣张禹相类比,暗示吕夷简是亡国的奸臣。这让吕夷简"大怒",他以"越职言事,荐引朋党,离间君臣"的罪名反诉范仲淹,而范仲淹也激烈反击。② 这是范仲淹与吕夷简之间的一次直接的、剧烈的冲突,在朝廷上下影响很大。这自然引起了仁宗的警觉,因为以结党营私、党同伐异为特征的朋党政治,对于王朝来说是一种破坏力量,甚至会直接威胁专制君主的权力,朋党之祸在历史上也的确屡见不鲜,所以历代王朝对朋党问题都很警惕。宋代的统治者历来也严防朋党,故仁宗同意将"仲淹朋党榜朝堂,戒百官越职言事",这种带有羞辱性质的做法,表达了仁宗对朋党问题绝不姑息的态度。结果天章阁待制、权知开封府的范仲淹于景祐三年(1036年)五月再次被罢黜,落职知饶州。范仲淹这次主要是以朋党罪被处罚的。因"时治朋党方急,士大夫畏宰相,少肯送仲淹者",所以范仲淹离京时,只有天章阁待制李纮、集贤校理王质,载酒往饯送行。

但这表面的冷清,无法掩饰此事所引起的波澜。朝中大臣纷纷表态站队,形成"两党"。我们不太清楚上了范仲淹"朋党榜"的究竟有那些人,但从随后的事态发展来看,无非是欧阳修、尹洙、余靖等人。他们坚定地站在范仲淹一边,表示愿与之共患难,结果均被贬。

在这个过程中,欧阳修曾指责谏官高若讷:"昨日安道(余靖)贬官。师鲁(尹洙)待罪,足下犹能以面目见士大夫,出入朝中称谏官,是足下不复知人间有羞耻事尔!"③同时,支持范欧等人的西京留守推官蔡襄又作了一首《四贤一不肖》诗,以范、欧、尹、余为"四贤",斥责谏官高若讷

---

① 《范文正公褒贤集》卷一《范文正公仲淹墓志铭》,《范仲淹全集》(下),凤凰出版社2004年版,第944页。
② 《长编》卷一百一十八,景祐三年五月丙戌。
③ (宋)欧阳修:《欧阳修全集》卷六十八《与高司谏书》,中华书局2001年版,第990页。

指为"不肖"。此诗虽然快意一时,传播于朝野,但这无疑更给了吕夷简等人以口实,视范、欧、尹、余为"朋党"。

此四人都是光明磊落、品行正直的忠良之士,他们在主观上绝非有意要结党营私、朋比为奸。因此,将范、欧、尹、余视为"朋党"而加以贬黜,这当然是不公正的。范仲淹批评朝政,上《百官图》指责吕夷简用人不公,乃正当之举;欧、尹、余为范仲淹辩护,也是出于良知、不畏权贵的正直行为。但范仲淹暗指吕夷简是居心叵测的奸臣,欧阳修骂高若讷是不知羞耻的小人,则有过激之处,至于蔡襄的《四贤一不肖》诗,更有意气用事的嫌疑,故王瑞来认为:"后人评论宋代党祸之始,实由此诗激之,并不为过。"①

受朋党罪名的困扰,范仲淹的贬黜生涯充满艰辛。景祐四年(1037年)十二月,仁宗下诏将范仲淹从贬所饶州徙知润州(今江苏镇江),这次调动却引起了政敌的警觉,"谗者"②又以朋党之事遮诬范仲淹,才导致仁宗大怒,并亟命将其流放岭南,只因参知政事程琳出面替范仲淹辩解,仁宗才得以释怀。宝元元年(1038年)冬十月丙寅,仁宗还再次针对范仲淹下诏:"向贬仲淹,盖以密请建立皇太弟侄,非但诋毁大臣。今中外臣僚屡有称荐仲淹者,事涉朋党,宜戒谕之。"③

宝元元年冬十月,元昊称帝,西北战事岌岌可危。康定元年(1040年)三月,宋军于三川口惨败后,范仲淹被任命为陕西边帅,承担起抗击西夏入侵、保家卫国的重任。可见,就在范仲淹被启用之前,朝廷对他"诋毁大臣""事涉朋党"的问题依然不依不饶,尽管朝中有许多士大夫为他鸣不平。宋仁宗为平息众口,特下此诏,说明景祐三年贬黜范仲淹,不仅仅是因为其"诋毁大臣",还因为仁宗无子,范仲淹曾"密请建立皇太弟侄"。仁宗在此透露了一条不为一般人所知的重要信息,即他所说的"事涉朋党",还不是通常所理解的、吕夷简加给范仲淹与欧阳修、尹洙、余靖四人的朋党罪名,而是指范仲淹曾与皇室成员、执政要员有

---

① 王瑞来:《试论导致庆历新政失败的一个因素——读范仲淹致叶清臣信》,《学术月刊》1990年第9期。
②《长编》卷一百二十,景祐四年十二月壬辰。
③《长编》卷一百二十二。

过接触,并就立储问题及重要人事安排向仁宗发表过意见。这"被仁宗认为有着交结要人、希合求进之嫌,引起其警惕与不满"①。不过仁宗的警惕与不满是多余的,他对朋党问题过于敏感,其实范仲淹光明磊落、忠心耿耿,他以前就多次就皇家内部问题发表过意见,但这次却被仁宗视为邀结权贵,有"事涉朋党"的嫌疑。这也可以说明,景祐三年对范仲淹的贬黜,不全为吕夷简所左右,也体现了仁宗的意志。

在范仲淹深陷朋党之争的背景下,韩琦推荐他任职西北边塞,也是冒着巨大的政治风险的。为此,韩琦向仁宗表示,此事"若涉朋比,误国家事,当族"②。为了表明此次推荐只是出于国家利益的考量,而绝非"荐引朋党",韩琦竟以全族的性命作为担保,这足以说明他对国家的忠诚,以及他对范仲淹的政治品质和才干的深信不疑,同时也说明朋党之争已到了罔顾是非曲直的意气用事程度。

朋党之争带给范仲淹的不仅是仕途的坎坷和生活的艰辛,甚至庆历新政的夭折也与此密切相关。

庆历三年(1043年)三月,西北战情况趋于稳定,宋仁宗对此感到非常满意,于是宣谕韩琦、范仲淹、庞籍等:"候边事稍宁,当用卿等在两地,已诏中书札记。此特出朕意,非臣僚荐举。"③随后范仲淹与韩琦、富弼等因战功被提拔为执政大臣,欧阳修、余靖、蔡襄、王素被任命为谏官,而宰相吕夷简和枢密使夏竦被先后罢免。夏竦先是被任命为枢密使,后因谏官们的极力反对,仁宗不得不收回成命,这为后来夏竦的报复埋下了伏笔。此时朝中要员除宰相章得象,另一位宰相晏殊和御史中丞王拱辰等人之外,其余都是范仲淹的坚定支持者,因此到庆历新政前,"范党"革新派人士已尽列于朝。在这种情况下,国子监直讲石介写了一首《庆历圣德颂》,在诗中他把朝臣分为贤奸二党,并指名道姓地称赞范仲淹和富弼等为"不世出之贤"④。其中还有"皇帝明圣,忠邪辨别。

---

① 杨光:《政治过程与历史书写——景祐三年范仲淹被贬事件发微》,《北京社会科学》2019年第12期。
② 《长编》卷一百二十六,康定元年二月癸丑。
③ 《长编》卷一百四十,庆历三年三月丙申条。
④ (宋)石介:《徂徕石先生文集》卷一《庆历圣德颂并序》,中华书局1984年版,第7页。

举擢俊良,扫除妖魅。众贤之进,如茅斯拔。大奸之去,如距斯脱"①等句子,指责夏竦等人为"妖魅""大奸",把革新派被重用称为"众贤之进",把吕夷简和夏竦的被罢免称为"大奸之去"。石介的幼稚过激之举,令政治经验丰富的范仲淹、韩琦顿感不妙,据载:

> 公(范仲淹)与韩琦自陕西来朝,石守道作《庆历圣德诗》,忠邪太明白。道中得之,公抚股谓韩公曰:"为此怪鬼辈坏之也。"韩公曰:"天下事不可如此,必坏。"其后果然。②

石介作为一介文人,毫无政治经验。作为新政的拥护者和高平门人,他创作此诗的本意是激浊扬清,为新政改革制造舆论,这是有益的。但他简单地以是否拥护新政作为划分忠奸的标准,并视革新派为忠、为正;视保守派为邪、为奸,这在"其人见在,非盖棺论定之时"就轻下忠奸结论,显然不妥,至于"播诸简牍,以分恩怨"③则尤为不当。石介这种"忠邪太明白"的做法,授人以柄,严重地激化了矛盾,使夏竦等被斥为"大奸"的人怀恨在心,视石介为死敌。据《珍席放谈》记载:

> 时石守道进《圣德颂》,其序云:皇帝命得象、殊为丞相,竦枢密使;次云用御史谏官十一疏追竦白麻,又除襄为谏官,天地人神,昆虫草木,无不喜跃。皇帝退奸进贤,发于至诚,奋于睿断,见于刚克。公(夏竦)怏怏衔之深,岁设水陆斋常,旁设一位立牌,书曰:"夙世冤家石介。"人以谓益彰石之谠言劲节,而重自暴其丑也。岂非忿懑内怀勿能制而未之思乎?④

为了报复石介,夏竦竟然在做水陆法会时设一位立牌,上书"夙世冤家石介"进行诅咒,可见其对石介的仇恨,已到了"忿懑内怀勿能制"的程度。于是他们拉帮结派造谣生事,污蔑革新派为朋党,由此形成了尖锐的党争局面,最终导致了庆历新政的破产,石介本人也因此罹祸。范仲淹和韩琦对石介的做法非常不满,孙复在看到《庆历圣德颂》之后也对

---

① (宋)石介:《徂徕石先生文集》卷一《庆历圣德颂并序》,中华书局1984年版,第9页。
② 《言行拾遗事录》卷一《范韩斥石介诗》,《范仲淹全集》(下),凤凰出版社2004年版,第805页。
③ 《四库全书题目总要》卷一百五十二集部五《徂徕集》。
④ (宋)高晦叟:《珍惜放谈》卷下,四库全书本。

石介说:"子祸始于此矣。"①石介遂不安于朝,求出通判濮州。

关于庆历新政前期党争的由来,《长编》亦有详细记载:

> 初,吕夷简罢相,夏竦授枢密使,复夺之,代以杜衍,同时进用富弼、韩琦、范仲淹在二府,欧阳修等为谏官。石介作《庆历圣德诗》,言进贤退奸之不易。奸,盖斥夏竦也,竦衔之。而仲淹等皆修素所厚善,修言事一意径行,略不以形迹嫌疑顾避。竦因与其党造为党论,目衍、仲淹及修为党人。

> 修乃作《朋党论》上之,曰:"臣闻朋党之说,自古有之,惟幸人君辨其君子小人而已。大凡君子与君子,以同道为朋,小人与小人,以同利为朋,此自然之理也。……故为人君者,但当退小人之伪朋,用君子之真朋,则天下治矣。尧之时,小人共工、驩兜等四人为一朋,君子八元、八凯十六人为一朋,舜佐尧,退四凶小人之朋,而进元、凯君子之朋,尧之天下大治。……"

> 于是为党论者恶修,摘语其情状,至使内侍蓝元震上疏言:"范仲淹、欧阳修、尹洙、余靖,前日蔡襄谓之四贤。斥去未几,复还京师。四贤得时,遂引蔡襄以为同列。以国家爵禄为私惠,胶固朋党,苟以报谢当时歌咏之德。今一人私党,止作十数,合五六人,门下党与已无虑五六十人。使此五六十人递相提挈,不过三二年,布满要路,则误朝迷国,谁敢有言?挟恨报仇,何施不可?九重至深,万几至重,何由察知?"上终不之信也。②

官场失意的夏竦,又为石介的诗文所激怒,而欧阳修言事又一意径行,毫不避讳。于是夏竦开始反扑,他拉帮结派,"与其党造为党论",四处造谣说杜衍、范仲淹和欧阳修等人是朋党。为反驳朋党指责,欧阳修随后写了《朋党论》,大讲君子党与小人党的区别,认为君子"以同道为朋",小人"以同利为朋";君子之朋是真朋,小人之朋是伪朋;君主"当退小人之伪朋,用君子之真朋",若以君子之朋治国,则"天下治矣"。欧阳修认为君子可以结党,并自称其党为君子之党,对手是小人之党。这等

---

① (宋)欧阳修:《欧阳修全集》卷三十四《徂徕石先生墓志铭》,中华书局2001年版,第507页。
② 《长编》卷一百四十八,庆历四年四月戊戌。

于承认了革新派结党的事实,于是又被政敌抓到了口实,他们勾结内侍蓝元震向仁宗告密,说范仲淹、欧阳修、尹洙、余靖所谓"四贤"已结为朋党。在蓝元震看来,只要是朋党,包括范仲淹、欧阳修、尹洙、余靖所谓"四贤",都是"以国家爵禄为私惠","苟以报谢当时歌咏之德",并认为随着朋党势力的壮大,必定会对王权构成威胁。因此,无论是什么君子党还是小人党,都是君主政治的大忌,都必须坚决扼杀。

蓝元震的朋党观,代表了专制王权对朋党的认识。作为专制君王,宋仁宗也持这种朋党观,他从来都视朋党为大忌,只是他暂时还不相信范欧等人会结为朋党而已。庆历四年四月戊戌,仁宗问辅臣道:"自昔小人多为朋党,亦有君子之党乎?"范仲淹对曰:"臣在边时,见好战者自为党,而怯战者亦自为党,其在朝廷,邪正之党亦然,唯圣心所察尔。苟朋而为善,于国家何害也?"①仁宗之问显然是否定一切朋党行为,而范仲淹则直言相告,认为结党是自然的,只不过党有邪正之分,统治者应该支持正党而打击邪党。范仲淹的观点与欧阳修的朋党论完全一致,也等于坐实了革新派结党的事实,所以这个回答显然不能令仁宗满意。不过范仲淹的直言似乎是受到了仁宗的鼓励,如在随后的上奏中,范仲淹曾说:

> 臣前日与章得象以下,亲奉德音,谓近知左右臣僚,恐上不能主张,不敢尽心言事,今后不得更事形迹,避涉朋党,须是论列,必无所疑。臣等千载遭逢,得陛下圣言及此,不胜庆幸。臣日夜发愤,愿尽其心,以副陛下待辅弼之意,虽犯雷霆,岂敢回避?②

可见为了鼓励臣下"尽心言事",仁宗曾表示对事涉朋党的言论"必无所疑",范仲淹说这是"千载遭逢"的"圣言",他为此"不胜庆幸",并表示要"日夜发愤,愿尽其心"。其实在庆历三年九月范仲淹上《十事疏》前,仁宗就曾下诏对范仲淹等说:"仲淹、弼宜与宰臣章得象尽心国事,毋或有所顾避。其当世急务有可建明者,悉为朕陈之。"③范仲淹很有可能是在

---

① 《长编》卷一百四十八,庆历四年四月戊戌。
② 《长编》卷一百四十八,庆历四年四月壬寅。
③ 《长编》卷一百四十三,庆历三年九月丁卯。

这种情形下与仁宗谈论朋党问题的。但当范仲淹果真以直言相告时，却又招致了仁宗的打压。仁宗在庆历新政时期的犹豫不决和多疑善变，于此可见一斑。

到了庆历四年六月壬子，新政改革进入关键时期，主持新政的范仲淹却被任命为"陕西、河东路宣抚使"①，同年八月甲午，富弼也被任命为"河北宣抚使"②。尽管范仲淹的参知政事、富弼的枢密副使头衔还没摘除，但随着倡导新政的两个核心人物相继离开权力中心，革新派大势已去，新政事实上就无法进一步实施了。是什么原因导致范仲淹出走的？厘清这一史实，对于全面认识庆历新政夭折的缘由具有重要的意义。据《宋史》载：

> 初，仲淹以忤吕夷简，放逐者数年，士大夫持二人曲直，交指为朋党。及陕西用兵，天子以仲淹士望所属，拔用之。及夷简罢，召还，倚以为治，中外想望其功业。而仲淹以天下为己任，裁削幸滥，考覆官吏，日夜谋虑兴致太平。然更张无渐，规摹阔大，论者以为不可行。及按察使出，多所举劾，人心不悦。自任子之恩薄，磨勘之法密，侥幸者不便，于是谤毁稍行，而朋党之论浸闻上矣。

> 会边陲有警，因与枢密副使富弼请行边。于是，以仲淹为河东、陕西宣抚使，赐黄金百两，悉分遗边将。麟州新罹大寇，言者多请弃之，仲淹为修故砦，招还流亡三千余户，蠲其税，罢榷酤予民。又奏免府州商税，河外遂安。比去，攻者益急，仲淹亦自请罢政事，乃以为资政殿学士、陕西四路安抚使、知邠州。其在中书所施为，亦稍稍沮罢。③

《宋史》认为范仲淹的改革"更张无渐，规摹阔大"，对官僚阶层的利益有所触动，导致"人心不悦"和"谤毁稍行"，这表明因改革而引起的社会矛盾并不尖锐。至于"边陲有警"，也只是范仲淹和富弼"请行边"的借口，因此时宋与西夏的战事已基本结束，双方正在和谈中，不久之后就签订

---
① 《长编》卷一百五十，庆历四年六月壬子。
② 《长编》卷一百五十一，庆历四年八月甲午。
③ 《宋史》卷三百一十四《范仲淹传》。

了和约,况边警常有,这绝不是范仲淹和富弼离去的真正原因。据《龙川别志》载,范仲淹在西去途中,曾在郑州与已致仕的吕夷简相会,两人相谈终日:"许公(吕夷简)问:'何为亟去朝廷?'文正言:'欲经制西事耳。'许公曰:'经制西事,莫如在朝廷之便。'"①可见在政治经验丰富的吕夷简看来,范仲淹此次经制西事只是一个借口,他认为即使经制边事,范仲淹此时也可不离开朝廷,因为此次一旦离开,他就再也不会回归权力中心了。以此看来,范仲淹此次被迫离开朝廷的真正原因,只能是因"朋党之论浸闻上"所带来的压力。

另据《长编》载:

> 始,范仲淹以忤吕夷简,放逐者数年,士大夫持二人曲直,交指为朋党。及陕西用兵,天子以仲淹士望所属,拔用护边。及夷简罢,召还倚以为治,中外想望其功业,而仲淹亦感激眷遇,以天下为己任,遂与富弼日夜谋虑,兴致太平。然规摹阔大,论者以为难行。及按察使多所举劾,人心不自安;任子恩薄,磨勘法密,侥幸者不便;于是谤毁浸盛,而朋党之论,滋不可解。然仲淹、弼守所议弗变。
>
> 先是,石介奏记于弼,责以行伊、周之事,夏竦怨介斥己,又欲因是倾弼等,乃使女奴阴习介书,久之习成,遂改伊、周曰伊、霍,而伪作介为弼撰废立诏草,飞语上闻。帝虽不信,而仲淹、弼始恐惧,不敢自安于朝,皆请出按西北边,未许。适有边奏,仲淹固请行,乃使宣抚陕西、河东。②

《长编》对范仲淹和富弼申请边行的解释与《宋史》稍有不同。《长编》说新政导致了"谤毁浸盛"局面,这表明因改革而引起的社会矛盾还是比较激烈的。同时朋党之争也愈演愈烈。但这并没有动摇范仲淹和富弼的改革意志。迫使两人离开朝廷的直接原因,是夏竦用极其阴险卑鄙的手段制造的一起耸人听闻的"政变案",即先命女奴"阴习介书,久之习成",然后把石介写给富弼信中责以行"伊(尹)、周(公)之事",篡改为

---

① (宋)苏辙:《龙川别志》卷上。
② 《长编》卷一百五十,庆历四年六月壬子。

行"伊、霍(光)之事",且模拟石介笔迹,伪撰废立诏书,诬陷他们要废皇帝,搞政变。这件事情很快就传到仁宗耳中,皇帝虽未深究,但这种事情是无法说清楚的,故"仲淹、弼始恐惧,不敢自安于朝",于是两人只好请行西北,以避免遭受反对派更激烈的打击报复。对此,史家李焘还明确指出:"命弼宣抚河北,其实弼不自安于朝,欲出避谗谤也。"①

从《宋史》和《长编》的上述记载来看,范仲淹和富弼于庆历四年六月和八月被逼出走的直接原因,是以夏竦为代表的反对派借朋党之名对革新派疯狂打击报复的结果,而主要不是因庆历改革而引发的社会矛盾。事实上,新政的各项改革措施自庆历三年十月陆续出台,到庆历四年六月也就实施了半年左右的时间,改革对旧的利益格局造成的冲击还未充分显现,新政所引发的社会矛盾还不尖锐。夏竦之流以朋党之名攻讦革新派,并不是出于什么政见之争,而纯属意气用事,这一点,从庆历新政失败后夏竦对石介的迫害来看,就得到了更充分地说明。庆历五年七月,石介病殁,但已身居高位的夏竦犹怀恨在心,且欲借机加害富弼。当时正值徐州狂人孔直温谋叛案发,搜其家得石介书信,夏竦再次施展卑鄙手段,炮制了耸人听闻的"石介诈死案",散布石介未死、富弼阴使其入契丹借兵谋反的谣言,致使朝廷半信半疑,并于当年十一月和庆历七年六月两次下令核查石介存亡状况,只因知兖州杜衍和提点京东刑狱吕居简的保全,石介才免于开棺验尸的酷刑。在此过程中,石介的妻子和儿女都受到牵连和迫害。

夏竦之流借朋党之名打击迫害革新派人士,之所以能够屡屡得手,关键是他们摸透了仁宗厌恶朋党的心思,因而得到了仁宗的默许和支持。

实际上,宋仁宗对范仲淹等革新派人士的态度,经历了由当初的信任和支持转变为压制和排斥的过程。早在庆历三年,宋仁宗在内外交困的形势下,被迫广开言路,擢用革新派人士,希望通过革新政令来克服弊政,摆脱困境,实现长治久安。

到庆历三年九月新政改革开始前,仁宗又是"开天章阁",又是"召

---

① 《长编》卷一百五十一,庆历四年八月甲午。

对赐坐",又是"给笔札",总之是以非常虔诚的姿态,多次手诏范仲淹等"毋或有所顾避",务必就"当世急务"发表建议,①于是范仲淹上《十事疏》,陈言革弊久安之策。此时,"上方信向仲淹等,悉用其说。当著为令者,皆以诏书画一,次第颁下。独府兵、辅臣共以为不可而止"。② 但随着夏竦等反对派不断以朋党之名诬陷革新派,甚至不惜以"政变案"的疯狂手段迫害革新派,宋仁宗对范仲淹等人的态度也随之发生了改变。

宋仁宗历来严守祖宗家法,深惧朋党。他对范仲淹等革新派人士态度的改变,主要是因朋党问题引起的。早在吕夷简执政时期,范仲淹的多次抗争都被吕夷简以朋党罪名打击压制了,而吕夷简却始终能够得到仁宗的支持,其重要原因是仁宗认为范仲淹"事涉朋党"③。在庆历新政前期,夏竦之流勾结宦官蓝元震不断以朋党罪名诋毁"范党",尽管《长编》说"上终不之信"④、"帝虽不信"⑤,但这不过是史家的避讳写法。实际上,仁宗疑惑渐起,据史载:"仲淹、弼既出使,谗者益甚,两人在朝所施为,亦稍沮止,独杜衍左右之,上颇惑焉。"⑥范仲淹和富弼出使西北后,反对派借朋党之名对两人的攻击"益甚",杜衍独木难支,新法难以推进,宋仁宗对革新派失去信任,认定改革派结党营私,于是于庆历四年十一月己巳,再次下诏力戒朋党:

> 朕闻至治之世,元、恺共朝,不为朋党,君明臣哲,垂荣无极,何其德之盛也。朕昃食厉志,庶几古治,而承平之弊,浇竞相蒙,人务交游,家为激讦,更相附离,以沽声誉,至或阴招贿赂,阳托荐贤。又按察将命者,恣为苛刻,构织罪端,奏鞫纵横,以重多辟。至于属文之人,类亡体要,诋斥前圣,放肆异言,以讪上为能,以行怪为美。自今委中书、门下、御史台采察以闻。

在宋仁宗看来,在"至治之世",即使像八元八恺那样的贤臣,也"不为朋

---

① 《长编》卷一百四十三,庆历三年九月丁卯。
② 《长编》卷一百四十三,庆历三年九月丁卯。
③ 《长编》卷一百二十二,宝元元年十月丙寅。
④ 《长编》卷一百四十八,庆历四年四月戊戌。
⑤ 《长编》卷一五十,庆历四年六月壬子。
⑥ 《长编》卷一百五十四,庆历五年正月乙酉。

党"。这显然是针对范仲淹、欧阳修的朋党论而发的,并认定他们已经结为朋党。他还不点名地批评范仲淹"阴招贿赂,阳托荐贤",同时对于革新派的许多做法都予以否定,并指示中书、门下和御史台要严察朋党。事已至此,范仲淹感觉新政无望,于是立即"上表乞罢政事,知邠州,诏不许"①。对此,学者诸葛忆兵指出:"对比几个月前仁宗对范仲淹等的信任和依赖,令人心寒!帝王这样一种迅速变脸的性格,是独裁制度下培养出来的独裁品格。"②

宰相章得象在新政之初对革新派还能够涵容,但随着宋仁宗态度的改变,章得象的态度也随之发生了变化。面对革新派的"勇于事""颇务兴作",他先是"终日默然如不能言",但在新政失败后,他便说"得象每见小儿跳掷戏剧,不可诃止,俟其抵触墙壁自退耳。方锐于跳踯时,势难遏也"③,这反映了他对新政及革新派的根本态度。因范仲淹在士大夫阶层的声望日重,宋仁宗不想落下迫害忠良的恶名,章得象迎合仁宗旨意,遂以老衙官之无耻权术排挤正直无欺的范仲淹。《长编》载其事曰:

> 仲淹愈不自安,因奏疏乞罢政事。上欲听其请,章得象曰:"仲淹素有虚名,今一请遽罢,恐天下谓陛下轻黜贤臣,不若且赐诏不允,若仲淹即有谢表,则是挟诈要君,乃可罢也。"上从之。仲淹果奉表谢,上愈信得象言。④

章得象以朋党之术对付范仲淹,他先是挑唆仁宗不允范仲淹乞罢参知政事的辞呈,若范一有谢表上呈对皇帝的挽留表示感谢,即表明其此前辞职是邀名欺诈,结果章得象的伎俩得逞,于是仁宗更加轻视范仲淹。

随后右正言钱明逸又迎合章得象意,亦上疏要求罢免范仲淹:

> 右正言钱明逸希得象等意,言弼更张纲纪,纷扰国经,凡所推荐,多挟朋党,心所爱者尽意主张,不附己者力加排斥,倾朝共畏,

---

① 《长编》卷一百五十三。
② 诸葛忆兵:《论范仲淹与宋仁宗之关系》,《江苏社会科学》2010年第5期。
③ (宋)邵博:《邵氏闻见后录》卷二十。
④ 《长编》卷一百五十四,庆历五年正月乙酉。

与仲淹同。又言:"仲淹去年受命宣抚河东、陕西,闻有诏戒励朋党,心惧彰露,称疾乞医。才见朝廷别无行遣,遂拜章乞罢政事知邠州,欲固己位,以弭人言,欺诈之迹甚明。乞早废黜,以安天下之心,使奸诈不敢效尤,忠实得以自立。"明逸疏奏,即降诏罢仲淹、弼。①

钱明逸说范仲淹、富弼等"多挟朋党",打击排斥异己,且"欺诈之迹甚明",宜早罢黜。疏上,朝廷随即于庆历五年正月乙酉罢参知政事范仲淹,知邠州,同时罢枢密副使富弼知郓州。同月丙戌,又罢宰相兼枢密使杜衍知兖州。② 新政自此就夭折了。

面对新政突如其来的夭折,欧阳修深感惋惜,他多次上书为范仲淹、富弼、韩琦、杜衍等辩诬,希望仁宗不要受朋党之论的蒙蔽并继续支持改革。他在《论两制以上罢举转运使副省府推判官等状》中陈乞道:

> 缘自去年陛下用范仲淹、富弼在两府,值累年盗贼频起,天下官吏多不得力,因此屡建举官之议。然亦不是自出意见,皆先检祖宗故事,请陛下择而行之,所以元降敕文,首引国书为言是也。当时臣僚,并不论议。近因仲淹等出外与朝廷经画边事,谗嫉之人幸其不在左右,百端攻击。只此事,朝廷不暇审察,便与施行。小人贪务希合,又不为朝廷惜事体,凡事攻击,至今未已。况朝廷用人屡有进退,岂有一人才出,便不问是非,尽改所行之事?若大臣一度进退,政令一度改更,如此纷纭,岂有定制?伏望陛下重察爱憎之私,辨其虚实之说,凡于政令,更慎改张。③

疏入不报,欧阳修在做着无意义的努力。但他的奏状对于认清新政失败的原因具有重要价值:

第一,欧阳修说仁宗当初擢用范仲淹、富弼,朝廷正值内外交困之际。这分明是说,至庆历五年春,内外形势已有所好转,仁宗渡过了艰

---

① 《长编》卷一百五十四,庆历五年正月乙酉。
② 《长编》卷一百五十四。
③ (宋)欧阳修著,李逸安点校:《欧阳修全集》卷一百七《论两制以上罢举转运使副省府推判官等状》,中华书局2001年版,第1624页。

难时期,改革已没有必要,故二人于此时被贬。

第二,范仲淹的变法主张,不违祖制,也得到了朝廷的认可。故当时臣僚,并没有什么反对意见。

第三,范仲淹和富弼于庆历四年六月出外与朝廷经画边事后,二人遭到了谗嫉之人的百端攻击,新政已无法进行,这是小人迎合仁宗旨意的结果。

第四,当范富二人被罢政后,凡事皆被攻击,新政遭到了全面否定,这完全是对人不对事的朋党行为。欧阳修指出这是因人废政,朝令夕改。

欧阳修深知宋仁宗在这场变革中所具有的决定性作用,他在新政之初所上的《论乞主张范仲淹富弼等行事札子》中说:

> 臣伏闻范仲淹、富弼等自被手诏之后,已有条陈事件,必须裁择施行。臣闻自古帝王致治,须待同心协力之人,而君臣相得,谓之千载一遇之难。今仲淹等遇陛下圣明,可谓难逢之会;陛下有仲淹等,亦可谓难得之臣。陛下既已倾心待之,仲淹等亦各尽心思报,上下如此,臣谓事无不济,但顾行之如何。伏况仲淹、弼是陛下特出圣意自选之人。初用之时,天下已皆相贺,然犹窃谓陛下既能选之,未知用之如何耳。及见近日特开天章,从容访问,亲写手诏,督责丁宁,然后中外喧然,既惊且喜。此二盛事,固已朝报京师,暮传四海,皆谓自来未曾如此责任大臣,天下之人延首拭目,以看陛下欲作何事,此二人所报陛下果有何能?是陛下得失,在此一举,生民休戚,系此一时。以此而言,则仲淹等不可不尽心展效,陛下不宜不力主张而行,使上不玷知人之明,下不失四海之望。臣非不知陛下专心锐志,必不自息,而中外大臣且忧国同心,必不相忌而沮难。然臣所虑者,仲淹等所言,必须先绝侥幸因循姑息之事,方能救数世之积弊。如此等事,皆外招小人之怨怒,不免浮议之纷纭,而奸邪未去之人,亦须时有谗沮,若稍听之,则事不成矣。臣谓当此事初,尤须上下协力,凡小人怨怒,仲淹等自以身当浮议奸谗,陛下亦须力拒,待其久而渐定,自可日见成功。伏望圣慈留意,终

始成之,则社稷之福,天下之幸也。①

欧阳修的这份上疏充满了远见卓识,他认为改革顺应民心,事关"陛下得失"和"生民休戚",必须裁择施行。他深刻认识到"君臣相得"在政治变革中的极端重要性,他认为范仲淹等是"难得之臣",对国家一定会"尽心思报";他希望仁宗也能成为"圣明之君",对范仲淹等能"倾心待之",对新政能大力支持。欧阳修敏锐地意识到,范仲淹以绝"侥幸、因循、姑息"为目标的新政改革,必定会遇到反对派的"浮议"和"谗沮",在这种情况下,只有君臣"上下协力"才可"日见成功",而仁宗若"稍听之",则改革不会成功。后来的结果不幸被欧阳修言中,仁宗不但"稍听之",还彻底放弃了对范仲淹等的信任和支持,并借反对朋党的名义将革新派尽行罢黜。

随着杜衍、范仲淹、富弼的相继罢去,枢密副使、右谏议大夫韩琦于庆历五年三月己未上疏言:

> 陛下用杜衍为宰相,方及一百二十日而罢,必陛下见其过失,非臣敢议。范仲淹以夏人初附,自乞保边,朝廷因而命之,固亦有名。至于富弼之出,则所损甚大,……
>
> ……若无事则弃于闲郡,有事则责令扞边,不惟措置后时,亦是国家失体。臣所以不避朋党之疑,思一悟于圣聪者,盖以臣下朋党,本求进身,今臣叨窃宠任,班著已优,不能惜事寡言,随众上下,渐图进用,而救辨得罪之臣,自取祸患为朋党,不亦拙乎?愿陛下察臣此心,则朋党之疑自解。兼近日臣僚多务攻击忠良,取快私忿,非是国家之福,唯陛下久而察之。②

韩琦不愧是忠贞良臣,他不避朋党之嫌,为杜衍、范仲淹、富弼鸣不平。他批评仁宗多疑善变,用人不专,"亦是国家失体"。他说范仲淹等人是"忠良",他劝说仁宗对他们不能存"朋党之疑",反对派对他们的攻击是"取快私忿",目的是"渐图进用"。结果疏入不报,同月辛酉,"琦罢枢密

---

① (宋)欧阳修:《欧阳修全集》卷一百一《论乞主张范仲淹富弼等行事札子》,中华书局2001年版,第1553—1554页。
② 《长编》卷一百五十五,庆历五年三月己未。

副使,加资政殿学士,知扬州"①。

考诸上述史实以及欧阳修、韩琦的奏疏,不难发现,由于众望所归,也由于受到仁宗的大力支持和鼓励,范仲淹于庆历三年九月上《十事疏》,随后改革措施陆续出台,到庆历四年六月,范仲淹被迫出使西北,改革受阻,新政实际运行也就半年多时间,而且许多改革措施也并未在全国大规模展开。所以,新政虽以吏治改革为中心,易引发官僚集团的抵制,但新政运行时间毕竟很短,因改革而引发的社会矛盾尚不尖锐,更谈不上激化。故新政的戛然而止,主要不是社会矛盾激化的结果,而是代表保守势力的反对派迎合仁宗旨意,借朋党之名攻击革新派,仁宗对革新派失去信任和支持,对新政改革动摇和放弃的结果。

在封建专制时代,皇帝拥有绝对权力,这是君主政治的本质。在北宋统治者"与士大夫治天下"②的政治局面下,尽管相权和台谏官的权力得到了扩张,但并未改变这一本质。在此局面下,官僚士大夫要想有所作为,必须以皇帝的信任为前提,此谓"得君行道"。对此,司马光曾指出:"臣有事业,君不信任之,则不能以成,此自然之道也。"③范仲淹又何尝不明了这一君臣之道?事实上,他对于能否始终如一地获得仁宗的信任并坚定地支持他的变法事业是持有疑虑的,这一疑虑当然来自他与仁宗长期的政治磨合。在宋夏战争爆发之前,范仲淹对权相吕夷简进行了多次抗争,但几乎都被吕夷简以朋党罪名打压了,这显然得到了仁宗的认可。宋夏战争基本结束后,迫于内外交困的压力,仁宗于庆历三年八月启用范仲淹等人,急切希望实施改革。进行政治改革本来是范仲淹的一贯主张,不过事到临头,范仲淹反倒略显犹豫。据史载:

> 上既擢范仲淹、韩琦、富弼等,每进见,必以太平责之,数令条奏当世务。仲淹语人曰:"上用我至矣,然事有后先,且革弊于久安,非朝夕可能也。"上再赐手诏督促曰:"比以中外人望,不次用卿等,……其当世急务有可建明者,悉为朕陈之。"既又开天章阁,召

---

① 《长编》卷一百五十五,庆历五年三月辛酉。
② 《长编》卷二百二十一,熙宁四年三月戊子。
③ (宋)司马光:《传家集》卷六十四《功名论》,四库全书本。

对赐坐,给笔札使疏于前。仲淹、弼皆皇恐避席,退而列奏。①

仁宗陆续提拔范仲淹等人,是想通过实施革新派的政治主张来化解社会矛盾,实现太平之治。但范仲淹却借口说事有先后,革弊之事"非朝夕可能",言下之意此事并非急务,只能慢慢来,他显然对更张之事有所保留。于是仁宗再赐手诏督促,希望范仲淹等消除"顾避",尽心国事,并摆出诚恳求贤的信任姿态——开天章阁、召对赐坐、给笔札,希望范仲淹等对当世急务有所建明,在此情况下,范仲淹等方退而列奏《十事疏》。

可见在变法开始时,范仲淹就有所"顾避",他"顾避"什么呢?在随后处理"晁仲约事件"的过程中,范仲淹向富弼表露了他的心迹。

庆历三年秋冬时节,京东和淮南等地爆发了叛乱,当叛军准备剽劫高邮时,知军晁仲约不但不率军拒敌,反而令富户出钱出酒肉犒赏叛军,叛军遂退,未劫掠高邮。晁仲约的行为显然有失体统,朝廷震怒,但如何处理晁仲约,范仲淹和富弼产生了严重分歧。富弼认为晁仲约作为朝廷命官,贪生怕死,对盗贼无能以对,按律当斩;范仲淹认为晁仲约在缺少军队和武器的情况下,为避免杀掠,方出此下策,情有可原,可从轻发落。结果仁宗听从了范仲淹的意见,晁仲约得以免死。事后,两人在私下仍争论此事,富弼对范仲淹极为不满,指责他不按法行事,后患无穷,而范仲淹的回答是:

> "祖宗以来,未尝轻杀臣下,此盛德之事,奈何欲轻坏之。且吾与公在此,同僚之间,同心者有几?虽上意亦未知所定也,而轻导人主以诛戮臣下,他日手滑,虽吾辈亦未敢自保也。"弼终不以为然。其后,两人不安于朝,相继出使。弼还自河北,及国门,不许入,未测上意,比夜,彷徨不能寐,绕床叹曰:"范六丈,圣人也。"②

范仲淹首先摆出不轻杀臣下的祖宗家法,说这是"盛德之事",不可轻易破坏,然后又说同僚之间,支持变法的人不多,而且仁宗对我们的信任

---

① 《长编》卷一百四十三,庆历三年九月丁卯。
② 《长编》卷一百四十五,庆历三年十一月辛巳。

度并不坚定,在这种情况下,如果引导皇帝动辄诛戮臣下,他担心当这种做法一旦成为皇帝的习惯("手滑"),等到我们失势时,也难保不遭此厄运。富弼对于范仲淹的劝说不以为然,但后来两人相继被打压,出使西北。富弼于庆历五年正月从河北宣抚归来,在到达开封城门外时,朝廷告知富弼不许进城,于城外过夜,等候处理。原因是"右正言钱明逸希得象等意,言弼更张纲纪,纷扰国经,凡所推荐,多挟朋党,心所爱者尽意主张,不附己者力加排斥,倾朝共畏,与仲淹同"①。富弼此夜担惊受怕,彷徨不能寐,因为不知身家性命会遭受怎样的命运。面对如此残酷的朋党迫害,他终于醒悟,明白了范仲淹"他日手滑,虽吾辈亦未敢自保也"那句话的深义,于是说出了"范六丈,圣人也"的惊天感叹!

范仲淹的"顾避"正在于此。他锐意于变法事业,并为此付出了极大心血,但他不敢放手一搏,坚持其变法主张,同反对派抗争到底,而是一旦遇到阻力,他就选择了忍让,退出权力中心。他之所以作出这样的选择,是因为他清楚,如果没有皇帝的坚定信任和支持,变法事业是难以进行的,弄不好还会遭到残酷的身心迫害。事实也是这样,尽管变法开始时,"上方信向仲淹等,悉用其说"②,但随着朋党之论"谤毁浸盛",仁宗就发生了动摇,并多次下诏打压革新派。

关于庆历新政失败的原因,古往今来也有许多人关注革新派自身的弱点这一问题。其中主要的着眼点,是认为革新派的一些言论和做法,有激化朋党之争的嫌疑。如对石介的《庆历圣德颂》,范仲淹、韩琦和孙复当时就认为不妥,后人也多有非议,南宋叶适认为:

> 徂徕石守道作《庆庆圣德颂》,后世莫能定其是非,按《烝民》《韩奕》《崧高》《江汉》,皆指一人为一诗,其词优游,无克厉迫切之意,故曰:"人亦有言,柔则茹之,刚则吐之,惟仲山甫,柔亦不茹,刚亦不吐,不侮鳏寡,不畏强御。"抑扬予夺,至此极矣。仲淹方有盛名,举世和附,一旦骤用,出人主意,比仲山甫宜若无愧,颂之可也。而介所讲未详,乃以二十年间否泰消长之形与当时用舍进退之迹

---

① 《长编》卷一百五十四,庆历五年正月乙酉。
② 《长编》卷一百四十三,庆历三年九月丁卯。

尽于一颂,明发机键,以示小人,而导之报复,易所谓:"翩翩不富","城复于隍",若合契符,宜其不足以助治,而徒以自祸也。介死最为欧阳氏所哀,序外制视颂,语不少异,然则修所见,亦与介同者耶。①

叶适借《诗经》和《周易》立言,皆在讲抑扬有度、不骄不馁的做人道理。而石介却激狂不已,他对范仲淹等人过分颂扬,对夏竦等人则过分贬斥,这不但无助于新政的推行,反而授人以柄,招致报复。叶适还认为,欧阳修当时的见识与石介无异,也激化了朋党矛盾。

欧阳修的《朋党论》,认为"朋党之说自古有之",他阐明了君子党与小人党的区别,认为君子"以同道为朋",小人"以同利为朋";人君"当退小人之伪朋,用君子之真朋,则天下治矣"。欧阳修此说区别了君子党与小人党,不再一概视朋党为贬义,似有新意。但问题是,他既然承认了君子有党,这就为反对派以朋党之名攻击革新派提供了口实。另外,欧阳修着重从道德角度阐明了君子党与小人党的区别,他说:

> 小人所好者禄利也,所贪者财货也。当其同利之时,暂相党引以为朋者,伪也。及其见利而争先,或利尽而交疏,则反相贼害,虽其兄弟亲戚不能相保。君子则不然,所守者道义,所行者忠信,所惜者名节。以之修身,则同道而相益,以之事国,则同心而共济,终始如一。此君子之朋也。②

欧阳修站在道德的高地,视反对派为见利忘义、道德低下的小人,视革新派为重义轻利、道德高尚的君子,这就把政治问题从根本上归之于伦理道德问题了。这种政治伦理化倾向,抹杀了政治的独立性和固有规律,把本应从政治、法律和行政角度对政治人物进行评价的客观标准,泛化为一种道德标准,这种道德标准通常表现为君子与小人(忠与奸、正与邪)的分野,这个分野不仅意味着人性的善恶对立和道德的高下判别,也意味着政治的正确与否和法律的是非曲直。而道德标准在很大

---

① (宋)叶适:《习学记言》卷四十九,四库全书本。
② (宋)欧阳修:《欧阳修全集》卷十七《朋党论》,中华书局2001年版,第297页。

程度上取决于君主的好恶和舆论的倾向,因而具有很大的主观性和不确定性,故以此标准品评人物,很难得出客观的结论,而往往导致无谓的朋党之争,这正是君子小人之辨的不合理之处,反映了传统社会的人治特征,也说明传统的政治理论存在严重缺陷。欧阳修的《朋党论》,仍然从君子与小人、忠与奸、正与邪的道德视角褒贬人物,完全承袭了人治主义的思想理论缺陷,在实践中导致了反对派的激烈反弹,于是朋党之争愈演愈烈,导致新政诸贤被相继斥逐。朱熹在谈到仁宗朝的朋党问题时曾说:

> 然尝反覆史传,切谓党祸之作固小人之罪,而希君子之风,附君子之名,不得尽辞其责。故尝妄为之说曰:党论之始倡,蔡襄贤不肖之诗激之也;党论之再作,石介一夔一契之诗激之也;其后诸贤相继斥逐,又欧阳公邪正之论激之也。何者?负天下之令名,非惟人情不堪,造物亦不吾堪尔。吾而以贤自处,孰肯以不肖自名?吾而以夔契自许,孰肯以大奸自辱?吾而以公正自褒,孰肯以邪曲自毁哉?如必过为别白,私自尊尚,则人而不仁,疾之已甚,攻乎异端,斯害也已,安得不重为君子之祸?孙复谓祸始于此,仲淹谓怪鬼坏事,韩琦亦谓天下事不可如此,其亦有先见云耳。①

朱熹认为蔡襄的《四贤一不肖》诗、石介《庆历圣德颂》、欧阳修的《朋党论》,都激发了朋党之争,使新政遭受挫折,并"重为君子之祸",故诸君子对于党争局面的形成"不得尽辞其责"。朱熹指出,上述诸君以贤与不肖、忠与奸、邪与正之类的话语褒贬人物,令人难以接受,这是党争形成的深层根源。

今人王瑞来先生指出:

> 上述蔡襄、石介、欧阳修之所为,谁也不会怀疑他们的良好愿望,但客观效果却走向了良好愿望的反面,事与愿违,使整个改革事业招致失败。一场轰轰烈烈的改革失败了,并不是因为改革的

---

① 《范文正公褒贤集》卷五《朱文公论吕范交隙》,《范仲淹全集》(下),凤凰出版社2004年版,第1064页。

纲领、内容、方式失误,而是由于策略上注意不够以及同道者的激进与不协调。其教训是够惨痛的,也是令人惋惜的。①

范仲淹对于同道者的激进也是有所认识的。石介是范仲淹的积极拥护者,但范仲淹对石介的狂士作风深为不满。庆历三年四月,范仲淹和韩琦被任命为枢密副使,在自陕西回京途中,二人看到了石介的《庆历圣德颂》,颇为惊讶感叹"为此怪鬼辈坏之也"。范仲淹说石介坏事,原因是其《庆历圣德诗(颂)》所表达的忠、邪观念太过分明——即"忠邪太明白"。② 他是了解石介性格的。庆历新政时期,范仲淹任参知政事,余靖等推荐石介为谏官,范仲淹并不同意,他认为石介人虽刚正,但性格偏激,他若为谏官,必定言辞激烈,处处吹毛求疵,稍不如意,说不定会以头抢地、誓死力争。③ 石介这种偏激不知变通的性格,就是因"忠邪太明白"而导致的。

范仲淹对于新政的失败是难以释怀的。庆历八年,贬知邓州的范仲淹,给他的好友当时的三司使叶清臣写了一封信,其中有言:"某出于孤平,感遇非浅,亦尝面陈君天下之计,而应和者寡,故不得行。及其居外,固当不复为言"④,这显然是在反思新政。王瑞来先生也认为,此信"正是对庆历新政失败原因的总结"⑤。现摘录此信的相关内容如下:

> 某启。近辱真诲,答以报之。自信之心,弗改于旧。此金石其诚,对明神而无愧。天下识者所以返道卿之高,正为此矣。然国之安危存亡,系于其人。正人安则王室隆,正人危则天下忧。故君子安其身而后动,易其心而后语。所以身安而国家可保,岂特厚于己耶?汉李膺之徒,黑白太明,而禁锢戮辱。虽一身洁清,千古不昧,奈何邪正相激,速天下之祸,汉室亦从而亡之。仆以为与国同忧之人,宜弗为也。如与国存亡,则有视死于鸿毛者,岂特其轻己耶?

---

① 王瑞来:《试论导致庆历新政失败的一个因素——读范仲淹致叶清臣信》,《学术月刊》1990年第9期。
② 《言行拾遗事录》卷一《范韩斥石介诗》,《范仲淹全集》(下),凤凰出版社2004年版,第805页。
③ (宋)魏泰:《东轩笔录》卷十三。
④ 《范文正公文集》卷十一《与省主叶内翰书》,《范仲淹全集》(上),凤凰出版社2004年版,第229页。
⑤ 王瑞来:《试论导致庆历新政失败的一个因素——读范仲淹致叶清臣信》,《学术月刊》1990年第9期。

今上睿圣至仁,惟股肱协德,则尧舜同功,天下为寿。前者数君子感遇激发,而高议直指,不恤怨谤,及群毁交作,一一斥去。虽自信于心,未足为耻,使太上用忠之意,谓吾道无可信者,此不为重乎?道卿能不鉴此?宜其与国同忧,无专尚名节,而忘邦家之大,则天下幸甚幸甚!不宣。某顿首。①

范仲淹说东汉的李膺等"清流"士人,尽管一身洁清,逾千载而不会湮灭,却因处世"黑白太明",引起邪正相激的内耗,不但身遭禁锢戮辱,也致汉室速亡。范仲淹认为李膺之辈并不是"与国同忧之人",他们的做法是不值得后人效仿的。他反思汉代这一场"党锢之祸",由此联想到,前些年支持新政的诸君子"感遇激发,高议直指,不恤怨谤",这些做法也是"黑白太明",结果导致党争连绵不绝,诸君子被"一一斥去",新政夭折。所以他说君子不注重保护自己、不能有所包容而"专尚名节",实为"忘邦家之大",因为"国之安危存亡,系于其人",故人在政在,人亡政息,君子只有"身安而国家可保"。

总之,庆历新政夭折的根本原因在于宋仁宗的动摇。他一方面恪守祖宗家法,深惧党祸,加之听信反对派捏造的朋党逸言,故对范仲淹始从终弃;另一方面,他惯于守成,缺乏变革的勇气,并非大有为之君,故当内外威胁逐步消减,统治趋于稳定时,他便锐气顿消,不再支持改革。而反对派则挥舞"朋党"大棒,要么公报私仇、意气用事,对"范党"置之死地则而后快,如夏竦之流;要么迎合仁宗旨意,僵化保守,老于世故,对革新派和新政百般攻击,以图进用,如章得象和钱明逸之流。革新派则因"黑白太明"的弱点,缺乏政治策略,进一步激化了党争,这也是新政失败的重要原因。

二、"庆历新政"的历史影响

钱穆先生在谈及宋代学术和宋学精神时曾指出:"宋学精神,厥有两端:一曰革新政令,二曰创通经义,而精神之所寄则在书院。革新政治,其事至荆公而止;创通经义,其业至晦庵而遂。而书院讲学,则其风

---

① 《范文正公文集》卷十一《与省主叶内翰书》,《范仲淹全集》(上),凤凰出版社2004年版,第230页。

至明末之东林而始竭。"①钱穆先生对宋学精神所作的概括可谓高屋建瓴,他所说的"革新政令",是指北宋的革新变法运动;而所谓的"创通经义",则是指宋儒的理论创新。不过钱穆先生在此并未提及范仲淹与此"两端"的关系,但这并不意味着范仲淹与此"两端"无关。事实上,范仲淹与此"两端"的关系都很密切,如他发动和领导的"庆历新政",就是北宋"革新政令"的最初实践,并直接影响了后来的"熙宁变法"。故北宋的"革新政治",始于范仲淹而止于王安石;就宋儒之"创通经义"而言,范仲淹是当之无愧的开创者,而王安石的新经义之作,乃是其中最有建树者。可见,从钱穆先生所概括的宋学精神之"两端"来看,王安石都是范仲淹的继承者。

非常可贵的是,范仲淹并未将"革新政令"和"创通经义"视为彼此割裂的"两端",而视二者为体用一源的关系,其中"经义"为体,"政令"为用,体用并进,不可偏颇,此为"明体达用之学"所倡导的治学原则。"明体达用之学"本为胡瑗创立的"分斋"教学法,所谓"分斋"即将课程分为"经义"与"治事"两斋,"经义"属于明体之学;"治事"属于达用之学。但由于受范仲淹的推崇,在庆历新政时期,各州郡学都普遍实行了"分斋"教学法。可见,在宋学的开创阶段,范仲淹倡导"经义"与"治事"的不可分离,这无疑是对儒家"内圣外王"思想的深刻体认,其中"经义"为"内圣";"治事"为"外王",主张"经义"与"治事"的统一,构成了宋儒的真精神。以此来看,在北宋诸儒中,能够真正继承范仲淹既勇于"革新政令"又勇于"创通经义"的其实是王安石。事实上,王安石于此"两端"皆有卓越的发挥和贡献,并且也倡导经世致用之学,主张"经术正所以经世务"②,这正是范仲淹思想的继承和发展。

关于王安石与范仲淹、胡瑗等宋初诸儒的思想联系,钱穆先生还曾指出:

> 刘静春谓:"介甫不凭注疏,欲修圣人之经,不凭今之法令,欲新天下之法,可谓知务。"又曰:"后之君子,必不安于注疏之学,必

---

① 钱穆:《中国近三百年学术史》(上册),商务印书馆1997年版,第7页。
②《宋史》卷三百二十七《王安石传》。

不局于法令之文,此二者既正,人才自出,治道自举。"以此评介甫,良为谛当。"修圣人之经",即安定之经义其体也;"新天下之法",即安定之时务其用也。安定存其说于学校,希文、永叔、介甫欲见其续于朝廷,彼其措心设意,夫岂相远?①

  清人刘静春肯定王安石在经术、政治方面的创新精神,认为王安石"修圣人之经""新天下之法"为"可谓知务"。钱穆先生认为刘静春对王安石的评论"良为谛当",并补充说王安石的"修圣人之经""新天下之法"与安定的明体达用之说精神一致,也与范仲淹和欧阳修的心意接近。

  但令人遗憾的是,自王安石变法以后,北宋的经术与政事就产生了分离。钱穆先生曾指出:"大抵荆公新法以前,所重在政事;而新法以后,则所重尤在经术。……迄乎南宋,心性之辨愈精,事功之味愈淡。"②因此可以说,王安石变法以后的宋学发展,是背离了范仲淹及"宋初三先生"所确立的"明体达用之学"的基本精神的。

  范仲淹执政的庆历年间,是北宋社会矛盾与政治危机深重的时代。社会危机的深重,使他认识到只有进行深入的改革,国家才有出路。范仲淹提出了"端本澄源"的十项改革措施:一曰明黜陟;二曰抑侥幸;三曰精贡举;四曰择官长;五曰均公田;六曰厚农桑;七曰修武备;八曰减徭役;九曰覃恩信;十曰重命令。范仲淹这十项措施的前四项是改革科举,任用贤人,除冗官,省恩荫,以及厘定官吏的升迁;第五、六项是调整达官显宦对土地的占有和振兴农业;第七项是加强军备;第八项是减轻剥削;第九、十项是建立政府信用,令行禁止。这十项措施,虽然还比较粗疏而不够精密,但事涉吏治、人才选拔、农业发展、军备、政府办事效率等问题,这些都是当时异常突出,不得不革、不得不变的事。遗憾的是,由于种种历史原因,庆历新政推行不到半年,即遭失败。

  王安石虽比范仲淹小三十三岁,其主要政治活动亦在庆历改革的二十多年之后,但他对北宋时局的看法与忧虑却与范仲淹相同。嘉祐四年(1059年),王安石在上仁宗皇帝的万言书中说:

---

① 钱穆:《中国近三百年学术史》(上册),商务印书馆1997年版,第4—5页。
② 钱穆:《中国近三百年学术史》(上册),商务印书馆1997年版,第5—6页。

> 臣窃观陛下有恭俭之德,有聪明睿智之才,夙兴夜寐,无一日之懈,声色狗马,观游玩好之事,无纤介之蔽;而仁民爱物之意,孚于天下,而又公选天下之所愿以为辅相者,属之以事,而不贰于谗邪倾巧之臣。此虽二帝、三王之用心,不过如此而已,宜其家给人足,天下大治。而效不至于此,顾内则不能无以社稷为忧,外则不能无惧于夷狄,天下之财力日以困穷,而风俗日以衰坏,四方有志之士,諰諰然常恐天下之久不安。此其故何也?患在不知法度故也。①

王安石对时局的看法,与范仲淹的"官壅于下,民困于外,夷狄骄盛,寇盗横炽"是相同的,其要求政治改革的思想,亦与范仲淹息息相通。综观王安石的熙宁诸法,如均输、青苗、免役、市易、农田水利、方田均税、贡举、保甲、将兵等法,亦涉政治、财政、选举、农桑、军备等领域,与范仲淹一样,其意亦在立法度,外抗夷狄,富国强兵,强化君权。王安石的熙宁变法,无疑受到了范仲淹庆历变法的影响,不过范仲淹的庆历新政,突出吏治变革,而王安石变法则以理财为先,两者路径选择有所差异,但殊途同归。可以说,王安石变法是庆历新政的继续和深化,但其规模较大,实行有年,故比庆历改革对社会更有震撼性,对后世的影响更大。

王安石是"庆历新政"的积极拥护者。范仲淹于庆历三年主持新政时,王安石中进士刚一年,在扬州任签书淮南判官。这年三月,王安石曾回临川探亲,途中读邸报得知韩琦、范仲淹自陕西召为枢密副使时,他非常兴奋,写下了《读镇南邸报癸未四月作》一诗:

> 赐诏宽言路,登贤壮陛廉。
> 相期正在治,素定不烦占。
> 众喜夔龙盛,予虞绛灌惉。
> 太平讵可致,天意慎猜嫌。②

---

① (宋)王安石:《王文公文集》卷一《上皇帝万言书》,上海人民出版社1974年版,第1页。
② (宋)王安石著,(宋)李壁注,李之亮补笺:《王荆公诗注补笺》,巴蜀书社2002年版,第451页。

是月,石介作有《庆历圣德颂》。王安石此诗亦表达了为富弼、韩琦、范仲淹、杜衍同居政府的欢呼和对新政的期待,同时对新政的前途亦有担忧。

另外,王安石的父亲王益与范仲淹为同年进士。王安石于皇祐元年知鄞县时,范仲淹知杭州,两人咫尺之隔,且有书信往来。对于心仪已久的父执前辈,王安石依例先上状:

> 某此者之官敝邑,取道乐郊,引舟将次于近圻,敛板即趋于前屏。瞻望麾戟,下情无任。①

状文表达了渴望拜见范公的心情。在得到范公书后,王安石回两启谢之。其一《谢范资政启》云:

> 窃陶大化,瞻若重霄,执讯隆堂,近修于常礼,占辞记室,屡致于尊光,赐逾褒衮之荣,仰极高山之咏。恭想镇海都会,宣国福威,御六气之和,荐百嘉之祐。伏惟某官,道宗当世,名重本朝,思皇廊庙之材,均逸股肱之郡,即还大政,以泽含生。某客迹海滨,被光台照,童乌署第,凤荷于揄扬,立鲤联荣,复深于契眷,幸当栖苴,以处钧成。②

启文极力赞颂了范公的道德功业,表达了仰慕之情,并感谢范公的"深于契眷"。其二《上杭州范资政启》云:

> 某近游浙壤,久挹孤风,当资斧之无容,幸曳裾之有地。粹玉之彩,开眉宇以照人;缛星之文,借谈端而饰物。羁琐方嗟于中路,逢迎下问于翘材,仍以安石之甥,复见牢之之舅。兹惟雅故,少稔燕间,言旋桑梓之邦,骤感神床之咏。写吴绫之危思,未尽攀瞻;凭楚乙之孤风,但伤间阔。恢台贯序,虚白调神,祷颂之私,不任下恳。③

据贾三强先生考证:"此文必作于皇祐二年王安石解知鄞县事,返

---

① (宋)王安石:《王文公文集》卷二十三《上范资政先状》,上海人民出版社1974年版,第268页。
② (宋)王安石:《王文公文集》卷二十四《谢范资政启》,上海人民出版社1974年版,第270—271页。
③ (宋)王安石:《王文公文集》卷二十三《上杭州范资政启》,上海人民出版社1974年版,第262页。

归故乡临川,又赴杭州后作。"①刘成国先生据此认为:"详启意,公本年自临川如钱塘,因资斧无容,曾谒范仲淹,颇受礼遇",又认为王安石在《祭范颍州文》中所说的"矧鄙不肖,辱公知尤","当非泛泛而言",范仲淹与王安石"相知颇深,固不仅一面之缘而已"。② 刘先生所论极是。

皇祐四年(1052年)范仲淹去世,时任舒州通判的王安石极为悲痛,他满怀地深情地写下了《祭范颍州文》,对范仲淹一生的功绩和忠贞品质给予了赞颂,表达了深深的缅怀之情。其文云:

> 呜呼我公,一世之师。由初迄终,名节无疵。明肃之盛,身危志殖。瑶华失位,又随以斥。治功亟闻,尹帝之都。闭奸兴良,稚子歌呼。赫赫之家,万首俯趋。独绳其私,以走江湖。士争留公,蹈祸不慄。有危其辞,谒与俱出。风俗之衰,骇正怡邪。蹇蹇我初,人以疑嗟。力行不回,慕者兴起。儒先茸茸,以节相侈。

对范仲淹的乐观豁达精神,王安石极为敬佩:

> 公之在贬,愈勇为忠。稽前引古,谊不营躬。外更三州,施有余泽。如酾河江,以灌寻尺。宿赃自解,不以刑加。猾盗涵仁,终老无邪。讲艺弦歌,慕来千里。沟川障泽,田桑有喜。

对范仲淹抗御西夏的功业,王安石极表赞誉:

> 戎孽猘狂,敢齮我疆。铸印刻符,公屏一方。取将于伍,后常名显。收士至佐,维邦之彦。声之所加,虏不敢濒。以其余威,走敌完邻。昔也始至,疮痍满道。药之养之,内外完好。既其无为,饮酒笑歌。百城晏眠,吏士委蛇。

对范仲淹庆历改革的失败,王安石深表惋惜:

> 上嘉曰材,以副枢密。稽首辞让,至于六七。遂参宰相,厘我典常。扶贤赞杰,乱冗除荒。官更于朝,士变于乡。百治具修,偷堕勉强。彼闼不遂,归侍帝侧。卒屏于外,身屯道塞。谓宜耆老,

---

① 贾三强:《王安石文系年考》,《中华传统文化与新世纪国际学术研讨会论文集》,2001年10月,第539页。
② 刘成国:《王安石年谱长编》(全六册),中华书局2018年版,第一册第236—237页。

尚有以为。神乎孰忍,使至于斯!盖公之才,犹不尽试。肆其经纶,功孰与计?

对范仲淹廉洁自律、好善乐施的品行,王安石深表敬意:

> 自公之贵,厩库逾空。和其色辞,傲讦以容。化于妇妾,不靡珠玉。翼翼公子,弊绨恶粟。闵死怜穷,惟是之奢。孤女以嫁,男成厥家。孰埋于深?孰锲乎厚?其传甚详,以法永久。硕人今亡,邦国之忧。矧鄙不肖,辱公知尤。承凶万里,不往而留。涕哭驰辞,以赞醪羞。①

从全文来看,王安石对范仲淹一生的事迹及品行了然于胸,可谓相知甚深。在祭文的结尾,王安石还说"矧鄙不肖,辱公知尤",这也表明范仲淹生前曾关怀、帮助过他,他们之间的交往及渊源是很深的,故他"涕哭驰辞,以赞醪羞"。

关于范仲淹的历史影响及与王安石的思想联系,高克勤先生曾深刻地指出:

> 范仲淹以其非凡的改革实践影响当时,又以其高尚的人格垂范后世,使后来者受到沾溉,给后来者以深刻的启示。王安石就是后来者中杰出的一位,他既亲受范仲淹的教诲,又与范仲淹有着相同的理想抱负,更有与范仲淹相近的遭际,与范仲淹一样在历史上烙下了自己的印迹。因此,探讨范仲淹与王安石的关系,比较其改革的异同,是极有意义的。②

王安石的熙宁变法与范仲淹的庆历新政一样,最后都失败了,但失败的原因是不同的。庆历新政失败的主要原因是反对派的阻挠和仁宗的退缩。新政自庆历三年九月范仲淹提出改革方案,到次年为夏竦、内侍蓝元震以朋党罪名所伤,新政受阻,再到庆历五年初范仲淹被罢为止,前后只有一年多时间。新政方案虽被仁宗采纳,颁行全国,但并未大力实行,故在当时和后世影响并不大。王安石变法则不一样,新法的

---

① (宋)王安石:《临川文集》卷八十五,四库全书本。
② 高克勤:《道宗当世名重本朝——简论范仲淹与王安石》,《苏州大学学报》2003年1月第1期。

推行,开始虽遭到司马光等人的阻挠和反对,但神宗支持力度很大,故在王安石执政期间,反对派被贬被革,司马光居洛阳,富弼出判亳州,韩琦出任相州,基本力量已被拆散,新法得以施行。从根本上说,新法后来的失败,主要原因在于变法派内部的分裂与支持者宋神宗的去世。王安石变法,如从熙宁二年(1069年)王安石任参知政事,创设制置三司条例司算起,至宋哲宗元祐更化(1086年)为止,前后共持续了十七八年时间,这是庆历革新不能比拟的。故无论在当时还是后世,熙宁改革的影响远不是庆历改革可以同日而语的。

第四章　烈士暮年

庆历四年(1044年)六月,正值新政开展的关键时期,因党争的酷烈,关键是因仁宗对范仲淹的信任和支持不足,范仲淹不安于朝,恰值边境有警,于是范仲淹奏乞罢参知政事知边郡,"打算在宦海风波中,扬帆远去"①。朝廷遂任命"参知政事范仲淹为陕西、河东路宣抚使"②。范仲淹出使的具体日期,史无明确记载,但据方健先生考证为"七月初",其行程先后历经绛州、晋州、汾州、并州、忻州、代州、宪州、岢岚军、保德军、府州、火山军、麟州等地。③ 宣抚陕西、河东,是范仲淹被排挤出权力中心的过渡环节。

自范仲淹等出使,朝中谗言益甚,新政受阻,仁宗对范仲淹更感疑惑,范仲淹也"愈不自安",十一月己巳,范仲淹"上表乞罢政事,知邠州,诏不许"④。庆历五年正月乙酉,"右谏议大夫、参知政事范仲淹为资政殿学士、知邠州、兼陕西四路缘边安抚使,枢密副使、右谏议大夫富弼为资政殿学士、京东西路安抚使、知郓州"⑤。支持新政的其他人物如韩琦和杜衍等也被排挤出中央,新政的主要改革措施被迅速废除,这标志着"庆历新政"的失败。自知邠州起,范仲淹就离开了权力中心,开始了其晚年的地方仕宦生涯,直至逝世。

---

① 程应镠:《范仲淹新传》,上海人民出版社2016年版,第155页。
②《长编》卷一百五十,庆历四年六月壬子。
③ 方健:《范仲淹评传》,南京大学出版社2001年版,第355页。
④《长编》卷一百五十三。
⑤《长编》卷一百五十四。

不过对于以天下为己任的范仲淹来说,政治上的失意并不会击垮他的意志。他在《邠州谢上表》中说"不以毁誉累其心,不以宠辱更其守"①,表达的就是不以物喜、不以己悲的道德操守。其实早在景祐四年的《润州谢上表》中,范仲淹就曾坦言:"进则持坚正之方,冒雷霆而不变;退则守恬虚之趣,沦草泽以忘忧。"②故无论居庙堂之高还是处江湖之远,他都始终如一地忧国忧民,不失忠贞之志。范仲淹晚年以老病之躯先后在邠州、邓州、杭州和青州等地任职,不以进退为忧,所到之处皆以民为本,兴利除害,推行善政,深得民心,彰显了一代名臣的卓越风范。

第一节 由邠知邓

范仲淹晚年地方生涯的第一站是任职邠州。邠州是陕西军事重镇,随着战争硝烟的散去,在此任职并握有兵权的范仲淹,依然不能令仁宗和朝中大臣释怀。故受庆历党争的余波影响,范仲淹在邠州短暂停留之后就移知邓州了。随着与权力中心渐行渐远,摆脱了政治纷争的范仲淹以平和的心态为政于一方,他驾轻就熟、游刃有余地处理着州郡政务,且政绩卓著。但多年来形成的疾病也伴随着范仲淹,令其晚年生活不尽圆满。

一、邠州建学与劝农

庆历五年正月,范仲淹罢参知政事,以资政殿学士知邠州,兼陕西四路缘边安抚使。邠州为西北军事重镇,一向由武臣主政。庆历二年四月乙亥,朝廷任命范仲淹为邠州观察使,由文臣转武职,他连上三表力辞不受。这次他自请以文臣身份知邠州,自然有与武臣只重视兵事的不同举措。

---

① 《范仲淹全集》(上),凤凰出版社 2004 年版,第 368 页。
② 《范仲淹全集》(上),凤凰出版社 2004 年版,第 345 页。

是年十一月,范仲淹转给事中、资政殿学士,知邓州,可见他在邠州主政不足一年。在知邠州的短暂时间里,范仲淹最关心的还是教育事业。到任后的第三天,他就拜谒了夫子庙,并决定迁建州学于地势宽敞明亮的新址,可惜新校尚未建成,他就改知邓州了,不过在其副手王稷等人的努力下,新校得以建成,为此他感到欣慰,故在随后的邓州任上,他与王稷依然有诗酒唱和,在《依韵酬邠州通判王稷太博》中,就有"南邠日日接英标,公外追随岂待招?"①的诗句。新校建成之时,范仲淹应王稷之邀,欣然写下了中国教育史上的名篇——《邠州建学记》。在记文中,他对邠州建学之举给予了高度评价,对学子们提出了殷切希望,表达了尊师重教、长养人才的教育思想。

范仲淹视农业生产为"养民之政、富国之本",故他一贯主张"厚农桑"②。在邠州任上,他亦关心农事并写有《邠州劝农》诗一首:

> 烹葵剥枣古年丰,莫管时殊俗自同。
> 太守召农须勉听,从今再愿颂邠风。③

这首劝农诗就是范仲淹重视农业生产的表现。他希望农民听从他的劝勉,采取措施发展农业,得到丰收就会衣食无忧,从而再现《诗经·邠风》中的美好生活情景。

庆历五年十一月乙未,朝廷诏"知邠州范仲淹罢陕西四路安抚使",同时"诏以边事宁息,盗贼衰止,知郓州富弼、知青州张存,并罢安抚使"④。此事的缘起是,当初仁宗"尝遣中使察视山东贼盗,还奏盗不足虑,而言兖州杜衍、郓州富弼,山东尤尊爱之,此为可忧"⑤。显然,尽管改革派已下台,但在地方上威信很高且握有兵权,这引起了

---

① 《范文正公文集》卷六《依韵酬邠州通判王稷太博》,《范仲淹全集》(上),凤凰出版社 2004 年版,第 105 页。
② 《范文正公政府奏议》卷上《答手诏条陈十事》,《范仲淹全集》(上),凤凰出版社 2004 年版,第 481、483 页。
③ 李裕民:《范仲淹、范纯仁诗文辑考》,《第三届中国范仲淹国际学术论坛论文集》,2009 年 11 月,第 194 页。
④ 《长编》卷一百五十七。
⑤ 《长编》卷一百五十七,庆历五年十月辛酉。

仁宗的疑虑,为防止他们谋反,故下此诏褫夺其兵权。另外,尽管石介已于是岁七月病卒,但夏竦依然不依不饶,恰值徐州狂人孔直温谋叛,搜其家得石介书,竦因言介实不死,建议朝廷核查石介棺木,且欲倾富弼,于是造谣说:"弼阴使(石介)入契丹谋起兵,弼为内应。"①为避嫌疑,范仲淹干脆申请离开西北军事重地,于是"引疾求解边任"②,陈乞邓州,获准。

二、"穰都"善政

庆历六年至八年,范仲淹知邓州。在《邓州谢上表》中,他说自己"诚难处于要路",所以"复请行于边鄙"。不过邓州并非"边鄙",而是山水秀丽、物庶人丰的中原重镇,范仲淹也称此地为"穰都善地",可见宋仁宗对他还是有所眷顾的,他也向仁宗表示,愿"求民疾于一方,分国忧于千里"。③

在知邓州期间,范仲淹励精图治,"意在生民"。他在《依韵答贾黯监丞贺雪》诗中说:"常愿帝力及南亩,尽使风俗如东邹。谁言吾子青春者,意在生民先发讴。"④可见,他的理想是将邓州治理成文教发达,民风淳朴,百姓安居乐业之所,为此他访贫问苦,推行善政,他在《依韵答提刑张太博尝新醖》诗中说:"长使下情达,穷民奚不伸?"可见他关心百姓疾苦,抑制豪强势力,注重伸张正义。而"但愿天下乐,一若樽前身。长戴尧舜主,尽作羲黄民。耕田与凿井,熙熙千万春"⑤等诗句,则表达了与民同乐、孜孜民事的民本主义思想,这一点,在其作于庆历六年的《依韵和提刑太博嘉雪》诗中也得到了鲜明体现。该诗云:

> 南阳风俗常苦耕,太守忧民敢不诚?
> 今秋与冬数月旱,二麦无望愁编氓。

---

① 《长编》卷一百五十七,庆历五年十一月丁亥。
② 《长编》卷一百五十七,庆历五年十一月乙未。
③ 《范文正公集》卷十八《邠邓州谢上表》,《范仲淹全集》(上),凤凰出版社2004年版,第371页。
④ 《范文正公集》卷三《依韵答贾黯监丞贺雪》,《范仲淹全集》(上),凤凰出版社2004年版,第55、56页。
⑤ 《范文正公集》卷三《依韵答提刑张太博尝新醖》,《范仲淹全集》(上),凤凰出版社2004年版,第55页。

图22 河南省邓州市的"范文正公祠"

> 龙遁云藏不肯起,荒祠巫鼓徒轰轰。

可知邓州这年秋冬大旱,来年收成无望,尽管人们祈雪的鼓声轰轰作响,但老天始终不肯降雪,这令范仲淹忧心忡忡,所喜的是:

> 昨宵天意骤回复,繁阴一布飘寒英。
> 裁成片片尽六出,化工造物何其精。
> 散乱狂飞若倚势,徘徊缓舞如含情。
> 千门竞扫明月色,万木都拆寒梅英。
> 天上风流忽尔在,人间险阻无不平。①

上天忽降瑞雪,这令范仲淹喜不自禁,于是写下了这首著名的喜雪诗。在他看来,片片雪花何其精美,如若含情,在瑞雪的滋润下,来年丰收有望,百姓可安居乐业,上苍如此眷顾,人世间还有什么艰难困苦不能克

---

① 《范文正公文集》卷三《依韵和提刑太博嘉雪》,《范仲淹全集》(上),凤凰出版社2004年版,第58页。

服呢？可见他对瑞雪的赞美，不是文人骚客的风花雪月，而反映了他对百姓利益的关心，当然也是其乐观心境的表达。

范仲淹向来主张为政简肃，不扰民，他曾说过："天下欲以富利而弗夺也，欲以寿养而弗伤也，欲以固信而弗欺也，欲以安静而弗扰也。"①在知邓州期间，他也贯彻了这一为政理念，如其诗句"此外更何事"②、"庭中无事吏归早，野外有歌民意丰"③、"列宿专城且自娱，清名善最即前途"④等，表达的都是垂拱而治的政治主张。

范仲淹认为从政不应以显达为目的，而要以诚实不欺为宗旨。据《邵氏闻见录》记载，范公在知邓州期间，尝以"不欺"二字勉励邓州状元贾黯：

> 贾内翰黯以状元及第归邓州，范文正公为守，内翰谢文正曰："某晚生，偶得科第，愿受教。"文正曰："君不忧不显，惟'不欺'二字，可终身行之。"内翰拜其言不忘，每语人曰："吾得于范文正公者，平生用之不尽也。"呜呼！得文正公二字者，足以为一代之名臣矣。⑤

所谓"不欺"是指为官要上不欺君，敢于直谏，下不欺民，以民为本，即以无私坦诚之心对待君主和百姓，做到忠君爱民。这是范仲淹一生从政经验的总结。

三、百花洲与《岳阳楼记》

范仲淹一生喜畅游山水名胜，广交游。在邓州的政事之余，他亦寻山问水，尽显文人本色。庆历六年，他重修了邓州历史名胜百花洲，在《览秀亭诗》中，他记其事曰：

> 南阳有绝胜，城下百花洲。

---

① 《范文正公文集》卷八《皇储资圣颂》，《范仲淹全集》(上)，凤凰出版社2004年版，第147页。
② 《范文正公文集》卷三《依韵答提刑张太博尝新酝》，《范仲淹全集》(上)，凤凰出版社2004年版，第55页。
③ 《范文正公文集》卷六《酬李光化见寄二首》，《范仲淹全集》(上)，凤凰出版社2004年版，第106页。
④ 《范文正公文集》卷六《依韵酬李光化叙怀》，《范仲淹全集》(上)，凤凰出版社2004年版，第107页。
⑤ (宋)邵伯温：《邵氏闻见录》卷八，中华书局1983年版，第83页。

图23 位于邓州"百花洲"内的"花洲书院",为范仲淹知邓州时所建

> 谢公创危亭,屹在高城头。
> 尽览洲中秀,历历销人忧。
> 作诗刻金石,意垂千载休。
> 我来亭早坏,何以待英游?
> 试观荆棘繁,欲步瓦砾稠。
> 嗟嗟命良工,美材肆尔求。
> 日基复日构,落成会中秋。①

范仲淹来邓州前,百花洲已荒废,但盛世江山,群英待游,岂能无胜迹? 于是他命良工,索美材,重建佳园。百花洲落成之后,他登上园中的览秀亭,尽观迷人美景,心旷神怡。为分享他的喜悦,他特将百花洲绘制成图并赋诗一首寄给了恩师晏殊,其诗云:

> 穰下胜游少,此洲聊入诗。
> 百花争窈窕,一水自涟漪。

---

① 《范文正公文集》卷三《览秀亭诗》,《范仲淹全集》(上),凤凰出版社2004年版,第52页。

洁白怜翘鹭,优游羡戏龟。
阑干红屈曲,亭宇碧参差。
倒影澄波底,横烟落照时。
月明鱼竞跃,春静柳闲垂。
万竹排霜仗,千荷卷翠旗。
菊分潭上近,梅比汉南迟。
岸鹊依人喜,汀鸥不我疑。
彩丝穿石节,罗袜踏青期。
素发频来醉,沧浪减去思。
步随芳草远,歌逐画船移。
绘写求真赏,缄藏献已知。
相君那肯爱,家有凤皇池。①

这首诗表达了对山水园林的喜爱,体现了传统文人精致典雅的审美情趣,是范仲淹山水诗的代表作。他后来在忆及百花洲时,仍有"芳洲名冠古南都,最惜尘埃一点无"②的诗句,对百花洲赞不绝口。

范仲淹一生敬业乐群,喜与同道好友诗酒唱和,广交游。他在西北前线御边时就有"引退丘园,咏歌太平"③的想法,如今的轻松岁月,又怎能不"优游款嘉宾"④呢?故在知邓州期间,他与各方文人雅士时常高酒诗会,风雅酬唱,乐此不疲。其《中元夜百花洲作》云:

南阳太守清狂发,未到中秋先赏月。
百花洲里夜忘归,绿梧无声露光滑。
天学碧海吐明珠,寒辉射空星斗疏。
西楼下看人间世,莹然都在青玉壶。
从来酷暑不可避,今夕凉生岂天意?

---

① 《范文正公文集》卷六《献百花洲图上陈州晏相公》,《范仲淹全集》(上),凤凰出版社 2004 年版,第 111—112 页。
② 《范文正公文集》卷六《依韵答王源叔忆百花洲见寄》,《范仲淹全集》(上),凤凰出版社 2004 年版,第 111 页。
③ 《范文正公文集》卷十七《让观察使第一表》,《范仲淹全集》(上),凤凰出版社 2004 年版,第 355 页。
④ 《范文正公文集》卷三《依韵答提刑张太博尝新酝》,《范仲淹全集》(上),凤凰出版社 2004 年版,第 55 页。

一笛吹销万里云,主人高歌客大醉。
　　客醉起舞逐我歌,弗舞弗歌如老何?①

中元之夜,百花洲里,月凉如水,笛声悠扬。夜阑酒酣之际,主客且歌且舞,聊发少年轻狂。其《览秀亭诗》亦云:"开樽揖明月,席上皆应刘。敏速迭唱和,醺酣争献酬。"②可见在随后的中秋之夜,范仲淹又宴宾客于百花洲,月明之夜,高士雅集,醺酣之际,宾主才思敏捷,飞诗传诵,其乐融融。

与宋夏战争时期的戎马倥偬和庆历新政时期的日夜操劳相比,范仲淹在地方为宦是相对悠闲的,加之远离了政治纷争,身心自由。故在邓州的闲适岁月中,他"公余更励经邦业"③,于是又迎来了一次创作高峰。在这三年时间里,他创作了大量脍炙人口的诗文,其中以写于庆历六年九月的《岳阳楼记》最为著名。

《岳阳楼记》是范仲淹应同年好友滕宗谅之邀而写的一篇记文。滕宗谅于庆历四年二月因"公使钱案"被贬知岳州④,在岳州任上,滕宗谅为洗刷罪名而励精图治,将岳州治理得百废俱兴、政通人和。庆历五年春,他主持重修了历史名胜岳阳楼,为纪念此盛事,他派人请范仲淹作记,范仲淹欣然命笔,于是写下了千古绝唱《岳阳楼记》,表达了"宠辱偕忘,把酒临风"和"不以物喜,不以己悲"的人生境界,"居庙堂之高则忧其民,处江湖之远则忧其君"的道德操守,以及"先天下之忧而忧,后天下之乐而乐"⑤的广阔胸怀。

庆历八年春,朝廷本想调任范仲淹知荆南府,但因其为政清廉,政平讼理,颇有治绩,深得民心,故"邓人爱之,遮使者请留"⑥,他自己也愿留任,于是朝廷从其所请。

---

①《范文正公文集》卷三《中元夜百花洲作》,《范仲淹全集》(上),凤凰出版社2004年版,第51页。
②《范文正公文集》卷三《览秀亭诗》,《范仲淹全集》(上),凤凰出版社2004年版,第52页。
③同上。
④参见《长编》卷一百四十六,庆历四年二月戊申。
⑤《范文正公文集》卷八《岳阳楼记》,《范仲淹全集》(上),凤凰出版社2004年版,第168—169页。
⑥《年谱》庆历八年。

第二节 知杭州

范仲淹与杭州有着深厚渊源。他早年曾两次到过杭州[①],留下与隐居西湖之滨的著名隐士林逋交往的佳话。晚年又在杭州担任了两年知府,其间治理有方、政声卓著,成为杭州历史上与白居易和苏轼齐名的父母官。

图 24　杭州的"范公亭"。范仲淹于宋仁宗皇祐元年至皇祐二年知杭州期间,治理灾荒,扶危济困,发展生产,得到百姓拥戴,后人建亭纪念之

一、"救荒三策"

皇祐元年(1049年)春,范仲淹从邓州移知杭州。此年二月,仁宗曾诏问辅翊之能,权三司使叶清臣认为"范仲淹深练军政",可为"社稷

---

① 王瑞来:《范仲淹三至杭州考实》,《浙江学刊》1992年第2期。

之固者"①,这表明范仲淹的军政才能已得到朝臣的广泛认可。在知杭州期间,范仲淹通过"救荒三策"成功解决饥荒问题,可谓不负众望。

皇祐二年,两浙路爆发大饥荒,饿殍遍地,但范仲淹创新荒政,使杭州成功度过灾荒,其能员形象展露无遗。沈括《梦溪笔谈》记载:

> 皇祐二年,吴中大饥,殍殣枕路。是时范文正领浙西,发粟及募民存饷,为术甚备。吴人喜竞渡,好为佛事,希文乃纵民竞渡,太守日出宴于湖上,自春至夏,居民空巷出游。又召诸佛寺主首,谕之曰:"饥岁工价至贱,可以大兴土木之役。"于是诸寺工作鼎兴。又新敖仓吏舍,日役千夫。监司奏劾杭州不恤荒政,嬉游不节,及公私兴造,伤耗民力。文正乃自条叙所以宴游及兴造,皆欲以发有余之财,以惠贫者。贸易饮食、工技服力之人,仰食于公私者,日无虑数万人。荒政之施,莫此为大。是岁,两浙唯杭州晏然,民不流徙,皆文正之惠也。岁饥发司农之粟,募民兴利,近岁遂著为令。既已恤饥,因之以成就民利,此先王之美泽也。②

传统的赈灾方式通常是官府直接开仓救济灾民,这种方式对于小规模饥荒是有效的,但对于大规模饥荒则难以奏效,因为政府的财力毕竟有限。另外,直接的财物救济易滋长灾民的消极懒惰习气,也不利于灾区经济和社会的长远良性发展。于是范仲淹一改传统的方法,他在筹措资金、开仓放粮的同时,更发挥官府和民间的力量,用拉动消费和以工代赈之举成功赈灾。具体措施主要有二:一是利用杭州人喜竞渡、好佛事、乐出游的特点,发展旅游业,促进消费,创造就业机会,解决灾民生计;二是利用岁饥工价至贱的机会,大事营建,这样即可兴工役以助赈,又可解决城市建设问题,可谓一举两得。结果"两浙唯杭州晏然"。对此,沈括给予了极高评价,认为范仲淹的荒政措施成就了民利,体现了"先王之美泽"。

另据《能改斋漫录》载:

---

① 《长编》卷一百六十六,皇祐元年二月辛巳。
② (宋)沈括:《梦溪笔谈》卷十一《官政一》。

> 范文正治杭州,二浙阻饥,谷价方涌,斗钱百二十。公遂增至斗百八十,众不知所为。公仍命多出榜沿江,具述杭饥及米价所增之数。于是商贾闻之,晨夜争进,唯恐后,且虞后者继来。米既辐凑,遂减价,还至百二十。①

大灾之年,谷价涌贵,故通常的荒政措施是禁抑粮价,但这反而会使富民不愿出售粮食。范仲淹下令将米价在斗钱百二十的基础上增至斗百八十,结果商贾争进杭州卖粮,导致粮食辐辏,市场供应充足,粮价反而下跌,灾民受益。这表明范仲淹对商品经济的价值规律已有所认识并能运用于救灾事业。这样,引四方粮商、拉动消费、以工代赈,就成为范仲淹的"救荒三策"②,此"三策"在中国荒政史上都是有重要影响的。

范仲淹在杭州有一则逸事值得一提。据《诗话总龟》记载:

> 苏麟为杭州属县巡检,范文正镇钱塘,城中兵官往往皆获荐书,独麟在外邑,未见收录。因公事入府,献诗曰:"近水楼台先得月,向阳花木易逢春。"文正荐之。③

苏麟名不见经传,他流传于世的诗作大概只有这两句献诗了,但这两句诗却非常有名,其含义通常比喻由于接近某些人或事物而易于得到某种利益或好处。范公乐于举荐下属,唯独苏麟因任杭州属县巡检,经常在外,不为范公所知,故未举荐,但这并不能说明范公用人凭感情用事,只举荐身边亲信。当他看到苏麟的献诗,明白了其暗示,还是立即举荐了他。

二、范氏义庄

范仲淹在知杭州期间所做的另一件大事是创办了范氏义庄。据《年谱》载,范公知杭州时已萌生退意,他的子弟劝他在洛阳置办私第,以备养老之用,范仲淹回答道:

---

① (宋)吴曾:《能改斋漫录》卷二《事始》。
② (明)陈子龙等选辑:《明经世文编》卷一百六十二《荒政从言四·三权》。
③ (宋)阮阅:《诗话总龟前集》卷五《自荐门》。另见(宋)俞文豹:《清夜录》。

> 人苟有道义之乐，形骸可外，况居室乎？吾今年逾六十，生且无几，乃谋治第、树园圃，顾何待而居乎？吾之所患，在位高而艰退，不患退而无居也。且西都士大夫园林相望，为主人者莫得常游，而谁独障吾游者？岂必有诸己而后为乐耶？俸赐之余，宜以赒宗族。若曹遵吾言，毋以为虑。①

看来范仲淹是打算老来定居洛阳陪伴母亲的，但他并不想求田问舍，认为人生有"道义之乐"足矣。因此他不担心退无所居，再说洛阳的士大夫园林很多，他也不担心无处游乐。他是想用积攒的俸赐置办义田，创建义庄，用以接济族人。此事又据《河南程氏遗书》载：

> 子厚（张载）言："昔年有人欲为范希文买绿野堂，希文不肯，识道理自不然。在唐如晋公者，是可尊也。一旦取其物而有之，如何得安？在他人犹可，如王维庄之类。独有晋公则不可，宁使耕坏，及他有力者致之，己则不可取。"②

张载曾与程氏兄弟说起过有人欲为范仲淹购买唐代名相晋公裴度在洛阳留下的"绿野堂"而被范公拒绝一事。他认为范公不肯是"识道理"。他引用范仲淹的话说，裴度是值得尊敬的，一旦谋取其庄园，如何能心安理得？庄园宁使被耕坏或他人有之，自己也不会谋取。

其实，范仲淹早在二十年前就有了创办义庄的想法，但由于当时尚未显贵，俸禄不充，故心有余而力不足。及显贵后，禄赐充厚，乃遂其志。据钱公辅的《义田记》记载：

> 初，公之未贵显也，尝有志于是矣，而力未逮者二十年。既而为西帅，以至于参大政，于是始有禄赐之入而终其志。公既没，后世子孙至今修其业，承其志，如公存也。③

范仲淹用一生的积蓄"置义庄里中"，实现了"以赡族人"④的想法，可谓不积私财，乐善好施。对此，富弼曾云：

---

① 《年谱》皇祐元年。
② （宋）程颐、程颢：《二程集》之《河南程氏遗书》卷十，中华书局1981年版，第113—114页。
③ 《范仲淹全集》（上），凤凰出版社2004年版，第978页。
④ 《宋史》卷三百一十四《范仲淹传》。

图 25　范氏义庄旧址，现位于苏州市景范中学内

公天性喜施与，人有急必济之，不计家用有无。既显，门中如贱贫时，家人不识富贵之乐。每抚边，赐金银甚多，而悉以遗将佐。在杭，尽以余俸买田于苏州，号义庄，以聚疏属。①

范仲淹"性喜施与"，慷慨助人，但本人生活简朴，清廉自律，不追求奢华享乐。据邵博的《邵氏闻见后录》记载：

> 范文正公曰："吾遇夜就寝，即自计一日饮食奉养之费，及所为之事，果自奉之费与所为之事相称，则鼾鼻熟寐。或不然，则终夕不能安眠，明日必求所以称之者。"②

范仲淹以道义为乐，看淡钱财，"贫终其身"，故在离世时，他"敛无新衣，友人醵赀以奉葬。诸孤无所处，官为假屋韩城以居之。"③

范仲淹不仅自奉甚俭，还勤俭持家，他"常以俭约率家人"④，"非宾

---

① 《范文正公褒贤集》卷一《范文正公仲淹墓志铭》，《范仲淹全集》(下)，凤凰出版社 2004 年版，第 949 页。
② (宋)邵博：《邵氏闻见后录》，中华书局 1983 年版，第 171—172 页。
③ 《范文正公褒贤集》卷一《范文正公仲淹墓志铭》，《范仲淹全集》(下)，凤凰出版社 2004 年版，第 949 页。
④ 《言行拾遗事录》卷一，《范仲淹全集》(上)，凤凰出版社 2004 年版，第 793 页。

客不重肉",其"妻子衣食,仅能自充"。① 据朱熹的《五朝名臣言行录》记载,范仲淹以勤俭家风传世,家教甚严,他儿子纯仁结婚娶妻时,儿媳想用罗绮作房屋帷幔,范仲淹闻之不悦曰:"罗绮岂帷幔之物耶?吾家素清俭,安得乱吾家法?敢持至吾家,当火于庭。"②

范仲淹出身寒门,青少年时期经历过艰苦生活的磨炼,后经自己的奋斗,终成大器,获得富贵。故他既能够深切体会身处贫困之不易,对急困之人给予周济,同时他也深知"无故富贵"之无意义。据《宋元学案》载:

> 公为参知政事时,告诸子曰:吾贫时与汝母养吾亲,汝母躬执爨,而吾亲甘旨未尝充也。今而得厚禄,欲以养亲,亲不在矣,汝母亦已早世,吾所最恨者,忍令若曹享富贵之乐也?③

范公对诸子所说的"吾所最恨者,忍令若曹享富贵之乐也?",看似无情,却是苦口良言。他希望他的孩子们能够像他一样艰苦奋斗,以道德学业立身,而不要耽于富贵,这无疑是洞彻社会人生的长者之言。最终,他也没有把财产留给诸子,而是用来购置义田、接济众多族人了。事实上,他的后世子孙能够长盛不衰,不正得益于范公所树立的勤俭家风吗?

范仲淹创办义庄,是为了接济贫困族人,维护宗族内部和谐。他尝言:

> 吾吴中宗族甚众,于吾固有亲疏,然吾祖宗视之,则均是子孙,固无亲疏也。苟祖宗之意无亲疏,则饥寒者吾安得不恤也?自祖宗来,积德百余年而始发于吾,得至大官。若独享富贵而不恤宗族,异日何以见祖宗于地下,今何颜入家庙乎?于是恩例俸赐,常均于族人,并置义田宅云。④

事实上,苏州的众多族人,与范仲淹的关系亲疏不等。当初在他父

---

① 《宋史》卷三百一十四《范仲淹传》。
② (宋)朱熹:《五朝名臣言行录》卷七之二。
③ 《宋元学案》卷三《高平学案》。
④ 《宋元学案》卷三《高平学案》。

亲去世,母亲谢氏带他回苏州时,孤儿寡母并未得到族人的善待,后来在他归宗复姓及安葬母亲的过程中,也未得到族人的支持,故范仲淹曾感慨其姑苏族人"风俗太薄"①。但范仲淹不以亲疏为介,他从宗法人伦的道义出发,创办了义庄,其维系宗族的目的,从义庄的规则可见端倪,据《义田记》载:

> 范文正公,苏人也,平生好施与,择其亲而贫,疏而贤者,咸施之。方贵显时,于其里中置负郭常稔之田千亩,号曰义田,以养济群族。族之人日有食,岁有衣,嫁娶凶葬皆有赡。择族之长而贤者一人主其计,而时其出纳焉。日食人米一升,岁衣人衣一缣,嫁女者钱五十千,娶妇者二十千,再嫁者三十千,再娶者十五千。葬者如再嫁之数,葬幼者十千。族之聚者九十口,岁入粳稻八百斛,以其所入给其所聚,沛然有余而无穷。仕而家居俟代者与焉,仕而之官者罢其给,此其大较也。②

难能可贵的是,范仲淹的几个儿子都能支持乃父志愿,并遵从父训,继承光大乃父事业。后来,他们也不断地投入钱财和精力,继续扩大义庄规模,完善义庄规程,使乃父开创的义庄事业得到了良好传承并成为各地义庄的典范。

第三节 知青州

一、"轻重之权"

皇祐三年(1051年),范仲淹接替富弼,以户部侍郎知青州,兼淄潍等州军安抚使。时值河北水灾,大量流民涌入青州,这不仅使青州的治安形势严峻,还导致粮价上涨,出现了饥荒,所以范仲淹一到任就急需处理流民和饥荒问题,从事赈灾工作。他在写给韩琦的信

---

① 《范文正公尺牍》卷下,《范仲淹全集》(上),凤凰出版社2004年版,第638页。
② 《范文正公褒贤集》卷三《义田记》,《范仲淹全集》(上),凤凰出版社2004年版,第978页。

中说：

> 某上巳日方至青社，继富公之后，庶事有伦，守之弗坠。但岁饥物贵，河朔流民尚在村落，因须救济。数日间入城者六七千人，无非饥穷。某来未已，二麦须稔，方可复苏。四向亦有寇盗，齐博间稍炽。①

赈灾的关键是解决粮食问题，即必须提供充足的粮食供应，平抑物价。为此，范仲淹在继解决杭州饥荒问题之后，又运用"轻重之权"，成功解决了青州的饥荒问题。据朱熹的《五朝名臣言行录》记载：

> 范文正公镇青社，会河朔艰食。青之舆赋，博州置场纳，青民大患辇置之苦。公戒民纳价每斗三锾，给钞与之。以书与博守，遣官挽金诣博坐仓，以倍价招之。赍巨榜数道，介其境则张之，且戒曰："郡不假廪，则寄僧舍可也。"至则贸者山积，不五日遂足，而博斛亦衍；斛金尚余数千缗，按等差给还之。青民因立像祠焉。②

北宋的粮食储备有固定的地点和仓库，按朝廷的规定，农户必须将税粮送往指定地点的粮仓，运送费用自理，此谓"支移"，若农户不愿自己运送则出钱由官府运送，此谓"脚力钱"。"支移"制度无疑加重了农民的负担，也导致有粮仓之地因粮食大量聚集而粮价较低，而无粮仓之地则粮价较高。而青州无粮仓，农户的税粮要交到博州（今聊城）纳场，农民大受辇置之苦。待到纳粮之日，范仲淹让青州农民按照正常年景的粮价交钱给官府，以现款代粮，然后派人携款去博州以高于当地粮价一倍的价格就地购粮，很快就完成了纳粮任务，即使这样，青州农民的纳粮款仍有剩余。这样做，既免去了百姓的辇运之苦，又增加了青州的粮食供给，平抑了物价，而且范仲淹还把剩余的纳粮款退还给农民，农民深受其益。为此，青州人建祠立像纪念他。

---

① 《范文正公尺牍》卷中《与韩魏公》，《范仲淹全集》（上），凤凰出版社2004年版，第616页。
② （宋）朱熹：《五朝名臣言行录》卷七之二。

图 26　山东省青州市"三贤祠"内的"范公亭"

范仲淹在处理荒政问题方面所表现出的杰出才能,是他关心民众疾苦的民本主义政治思想的体现。他曾对仁宗说:"臣出处穷困,忧思深远,民之疾苦,物之情伪,臣粗知之。"① 正因为忧思民之疾苦,所以他一直关注赈灾事业。早在明道二年,江、淮、京东大灾,范仲淹就强烈呼吁朝廷赈灾,并亲自安抚江、淮,"所至开仓廪,赈乏绝,毁淫祀,奏蠲庐舒折役茶、江东丁口盐钱"。② 事后又言"八事",力陈务本节俭之意,得到仁宗好评。

在此之前,吴遵路亦在崇州(通州)赈灾,据史载:

> 遵路至崇州,即令转市吴中米以备岁俭,已而果大乏食,民赖赈济,自他州流至者亦十全八九。

---

① 《范文正公文集》卷十七《让观察使第三表》,《范仲淹全集》(上),凤凰出版社 2004 年版,第360 页。
② 《长编》卷一百十二,明道二年七月甲申。

范仲淹安抚江、淮时,对吴遵路的赈灾经验非常欣赏,于是以右司谏身份"荐遵路为郡得古人之风,乞以遵路救灾事迹颁诸州为法,并付史馆"。① 皇祐二年,范仲淹在杭州通过"救荒三策"成功救灾。这次在青州,他又灵活运用古老的"轻重之权"成功赈灾。这表明,范仲淹以民本主义思想为指导,在总结吸收前人及同代人赈灾经验的基础上,结合自己的赈灾实践,形成了丰富而有效的荒政思想。

二、与世长辞

范仲淹晚年老病缠身,他在任职各地的谢上表中,都曾向仁宗坦言自己的病情。在青州任上,他的病情不断加重,于是在青州不到一年就上书仁宗,称"自谓得君,未尝避事,险易一志,周旋四方"。但如今病情严重,已"力不支持",故又曰:

> 今守东齐,方面亦重,救灾御寇,敢不尽心?而年高气衰,日增疾恙,去冬以来,顿成羸老,精神减耗,形体尪弱,事多遗忘,力不支持。②

可见范仲淹此时已心力交瘁,再也无法应对青州的繁剧政务,遂请移颍、亳闲郡,获准知颍州。皇祐四年(1052年)春正月,范仲淹抱病徙颍州,五月二十日行至徐州病逝,享年六十四岁。富弼在《范文正公仲淹墓志铭》中记载:

> 皇祐四年夏五月二十日甲子,资政殿学士、户部侍郎范公以疾薨于徐。吏走驿马,以公丧闻,天子感慨,不一御垂拱殿朝,特赠兵部尚书。太常考行,谥文正。录孤赒物,悉用加等。中外士大夫骇然相吊以泣,至于岩壑处逸,无不痛惜之。③

根据其生前遗愿,范仲淹卒后没有归葬苏州范氏祖茔,而是于同年十二月一日壬申,由其遗孤葬于河南洛阳县尹樊里之万安山下,这里也

---

① 《长编》卷一百十三,明道二年十月辛亥。
② 《范文正公文集》卷二十《陈乞颍亳一郡状》,《范仲淹全集》(上),凤凰出版社2004年版,第401页。
③ 《范仲淹全集》(下),凤凰出版社2004年版,第942页。

图 27　位于河南省洛阳市伊川县万安山范文正公陵园内的范仲淹墓

是其母谢氏的安葬之地。范仲淹病重时,宋仁宗曾遣使赐药问候;既卒,仁宗为此嗟悼者久之,辍朝一日。因范仲淹临终所上《遗表》"无所请",没提什么(私人方面的)请求,仁宗遣使问其家属还有何可提;既葬,仁宗又亲篆其碑曰"褒贤之碑",极尽哀荣。因范公一生"为政忠厚,所至有恩。邠、庆二州之民与属羌皆画像立生祠。及其卒也,羌酋人数百为举哀佛寺,哭之如父,三日而去"[①]。

范仲淹一生勤俭,身无余财,家无宅舍,乃至没后无以为殓。据钱公辅的《义田记》记载:"(范)公虽位充禄厚而贫终其身,没之日,身无以为殓,子无以为丧,唯以施贤活族之仁遗其子而已。"[②]富弼的《范文正公仲淹墓志铭》亦称,范公没后"殓无新衣,友人醵资以奉葬。诸孤亡所处,官为假屋韩城以居之"。[③]

范仲淹在徐州临终前写有《遗表》,这是他人生中的最后一篇文章。

[①]《年谱》皇祐四年。
[②]《范仲淹全集》(上),凤凰出版社 2004 年版,第 979 页。
[③]《范文正公褒贤集》卷一《范文正公仲淹墓志铭》,《范仲淹全集》(下),凤凰出版社 2004 年版,第 949 页。

图 28　位于河南省洛阳市伊川县万安山范文正公陵园内的范仲淹雕像

《遗表》所表达的思想内容和情感是非常丰富和感人的。其中主要对仁宗的信任和眷顾表达了深切的感恩之情,感念"主恩之难忘";对自己一生的经历进行了简要的回顾和总结,表达了忠于国家社稷的平生志愿和"决知圣道之可行""不信贱官之能屈"的坚贞情怀;向仁宗叙说了自己的严重病情,表达了面对病魔的无奈和坦然,也表达了与仁宗"永绝再瞻之望"的痛苦和不舍;对自己"起于诸生,历此华贯,雨露泽于数世,圭组焕于一门"的人生成就深感荣幸;对几次重大政治事件如景祐党争、西北御边、庆历新政等再次申明了自己的看法;对未能"复横山之壤"表达了深深的遗恨;对自己跌宕起伏、艰苦备尝的从政生涯无怨无悔。

《遗表》所关心的只是国家的治道和命运,以及对仁宗恪守为君之道的劝谏，而对自己和子女家人没有提出任何请求,这表现了一代忠良的高风亮节和忧国忧民的拳拳之心。对此,富弼在《范文正公仲淹墓志铭》中称,范仲淹"遗奏不干私泽,此益见其始卒志于道,不为禄仕出也"。①

---

① 《范文正公褒贤集》卷一《范文正公仲淹墓志铭》,《范仲淹全集》(下),凤凰出版社2004年版,第949页。

下编　范仲淹的思想和学术

第一章　范仲淹在北宋儒学复兴中的地位和作用

复兴儒学是宋儒的使命。关于范仲淹在北宋儒学复兴过程中的地位和作用，古人有比较一致的看法，即认为范仲淹在道德节操和政治功业方面具有杰出成就，而在思想和学术领域并无特别建树。例如朱熹对范仲淹的道德功业推崇备至，说他是"天地间气，第一流人物"，并说范仲淹能够"大历名节，振作士气，故振作士大夫之功为多"。[①] 元代学者李祁认为范仲淹"开学校，隆师儒，诱掖劝奖，以成就天才之士，且以开万世道统之传"，故范仲淹之"有功名教，夫岂少哉？"[②] 全祖望在《宋元学案·序录》中则说："高平（范仲淹）一生粹然无疵，而导横渠以入圣人之室，尤为有功。"并认为范仲淹对于儒学的振兴，主要发挥了一个政治家"左提右挈"，使"师儒之道"得以确立的作用。可见，古人主要是从道德操守的示范作用和功业的推动保障作用来肯定范仲淹对儒学的振兴作用。

近代以来，人们研究范仲淹，往往把注意力集中在两个方面，首先是关于范仲淹的事功，集中范仲淹如何主持"庆历新政"和抵御西夏这两件大事上；其次是关于关注范仲淹以忧患意识为主的政治思想上。而对于范仲淹在宋学领域的建树和思想影响依然不够重视。

近些年来，随着对宋学研究的不断深入，范仲淹在北宋儒学复兴过程中的地位和作用问题越来越受到学界的重视。许多学者指出，范仲

[①]《朱子语类》卷一百二十九。
[②]《范文正公褒贤集》卷四《文正书院记》，《范仲淹全集》（下），凤凰出版社2004年版，第1023页。

淹对儒学复兴所发挥的作用,不仅表现在其道德操守的影响作用和政治功业的推动作用,还特别表现在其所具有的思想建树,认为范仲淹也是北宋义理之学的先驱。①

事实上,范仲淹虽以道德功业闻名于世,但他终生尊崇学术事业,这不仅表现在兴办学校、奖掖儒士等方面,还表现在倡导义理之学等方面。因此范仲淹对儒学在北宋的复兴,对有宋一代学术思想之发展,都产生了重要影响。

第一节　兴办学校

在北宋的历史上,有过三次大规模的兴学运动,分别是庆历兴学、熙宁兴学和崇宁兴学。② 其中第一次兴学运动发生在庆历新政期间,是由范仲淹发动和领导的,属于庆历新政教育和科举改革方面的内容。庆历改革虽然很快失败了,但庆历兴学的很多内容却保留了下来,这对于北宋儒学的复兴和宋代文教事业的发展都产生了重大影响。

儒家素来重视教育,力图通过教育和教化活动,宣传其仁义道德学说和德治礼治思想,培养能够治国平天下的人才,进而实现仁政和王道的政治理想,这是儒者的不变情怀。由于儒家思想的影响,我国形成了尊师重教的优良传统,教育事业历来发达,而学校教育是实现教育理想的主要手段,故"谨庠序之教"③——即完善学校教育,就成为历代儒者和统治者的共识。

---

① 参见:徐洪兴《试论范仲淹与北宋理学的兴起》,《复旦学报》(社会科学版)1992年第2期;蒙培元《范仲淹的哲学与理学的兴起》,《北京社会科学》1992年第4期;杨渭生《范仲淹与宋学之勃兴》,《浙江大学学报》1999年第2期;郎国华、范立舟《略论范仲淹与理学思潮产生的关系》,《广东社会科学》2003年第6期;李存山《范仲淹与宋代新儒学》,《湖南大学学报》2008年第1期;张培高《范仲淹的〈中庸〉诠释及其影响》,《哲学研究》2018年第6期;李存山《范仲淹与宋学精神》,中国人民大学出版社2019年版。
② 陈植锷认为:"北宋兴学一共有四次,第一次是天圣、景祐时期的州县学校大量兴办,第二次是庆历、嘉祐时期的太学盛建,第三次是熙宁、元丰时期太学三舍法的实施,第四次是崇宁以后,三舍法由太学推广到州县,学校考选代替科举成为取士的主要途径。"《北宋文化史述论》,中华书局2019年版,第141页)可供参考。
③《孟子·梁惠王上》。

唐代已经形成了完备的学校教育制度,无论是官学还是私学都很发达,形成了从中央到地方的系统的教育体系。唐王朝通过发展包括学校教育在内的各种教育活动,以此来教化百姓,发展国家的文化事业,并通过科举制度选拔统治人才。唐朝的经济发达,文化繁荣,国力强盛,与其完备的教育制度是密不可分的。但经过"安史之乱",唐王朝的国力开始衰败,教育制度亦受到严重破坏,出现了"干戈之后,学校尚微""太学空设,诸生盖寡;弦诵之地,寂寥无声;函丈之间,殆将不扫"①的凋敝局面。在五代混乱时期,统治者更是无心向学,士大夫阶层也是斯文扫地,国家的文化教育事业更加衰敝。据《麟台故事》记载:"自唐室陵夷,中原多故,经籍文物,荡然流离,近及百年,斯道几废。国家承衰敝之末,复兴经籍,三馆之书,访求渐备。"②

宋初的统治者实行文治政策,重视科举,北宋于建国的当年即建隆元年(960年)就举行了首次科举考试。宋初曾增修国子监学舍,据《宋史·崔颂传》记载:"宋初,判国子监。会重修国学及武成王庙,命颂总领其事。建隆三年夏,始会生徒讲说。"③但据《儒林公议》记载:"国朝以来,京都虽有国子监为讲学之地,然生徒不上三十人,率蒙稚未能成业者。"④可见此时的国子监规模狭促,生徒人少且素质不高。北宋太学是在庆历三年建立的,据史载:"庆历三年,立四门学,以士庶子弟为生员。四年,判国子监王拱辰等言:'首善自京师,汉太学二百四十房,千八百余室,生徒三万人。唐学舍亦千二百间。今国子监才二百楹,不足以容学者,请以锡庆院为太学。'从之。"⑤北宋从此结束了只有国子监而无太学的局面。但对于地方州县的办学,宋初的统治者并不重视。

到了宋仁宗在位期间,情况开始转变,国家不仅兴办了太学,渐次聘请了大儒胡瑗、孙复、石介、李觏等为太学直讲,太学日渐兴盛。宋仁宗还支持州县官办立学,他在即位之初,即因"士之服儒术者不可胜

---

① 《旧唐书》卷十一《本纪》。
② (宋)程俱:《麟台故事》卷一《沿革》。
③ 《宋史》卷四百三十一《儒林一》。
④ (宋)田况:《儒林公议》卷上。
⑤ 《文献通考》卷四十二《学校考三》。

数",而"赐兖州学田,已而命藩辅皆得立学。其后诸旁郡多愿立学者,诏悉可之,稍增赐之田如兖州"。① 其后,州县建学渐成风气,如田况在《儒林公议》中说:"自景祐以来,天下州郡渐皆建学,规模立矣。"② 到了庆历年间,已位居执政行列的范仲淹极力倡导州县兴学,其主张也得到了朝廷宋祁、欧阳修等许多大臣的支持,据《宋史》记载:

> 时(庆历三年)范仲淹参知政事,意欲复古劝学,数言兴学校,本行实。诏近臣议,于是宋祁等奏:"教不本于学校,士不察于乡里,则不能核名实。有司束以声病,学者专于记诵,则不足尽人材。参考众说,择其便于今者,莫若使士皆土著,而教之于学校,然后州县察其履行,则学者修饬矣。"③

到庆历四年,宋仁宗支持范仲淹实施变法,对他给予厚望,范仲淹此前就曾多次上书阐述其教育理念。他有感于官吏队伍质量参差不齐,主张通过"精贡举"来选拔优秀人才,所以范仲淹一方面主张改革科举内容,反对单纯以"声病章句"和记诵为取士标准,而代之以对经义的理解和阐发为主的考核标准;同时又认为,优秀人才的培养和乡里教化的敦行,必须依赖各级各类学校的普遍存在,而官办州县学校是其中的关键环节。如果教育不兴,只重视科举是徒然的,为此他很早就提出了州县兴学主张。庆历新政时,他在写给宋仁宗的《答手诏条陈十事》札子中,就有"精贡举"这一条,于是再次提出兴办学校和复古劝学的主张,这也称宋仁宗的心意,于是朝廷下诏,"其令州若县皆立学,本道使者选部属官为教授,员不足,取于乡里宿学有道业者"。下诏后,"州郡奉诏兴学,而士有所劝矣"。④

虽然庆历新政很快失败了,范仲淹的变法主张大多没有得到实现,但"庆历兴学"的成果却保留了下来,州县办学以法定的形式得到了确认,并很快就在全国普及了,其影响可谓深远。正如欧阳修在《吉州学

---

① 《文献通考》卷四十六《学校考七》。
② (宋)田况:《儒林公议》卷上。
③ 《宋史》卷一百五十五《选举一》。
④ 《宋史》卷一百五十七《选举三》。

记》中所言：

> 诏天下皆立学,置学官之员,然后海隅徼塞四方万里之外,莫不皆有学。呜呼,盛矣! 学校,王政之本也。古者致治之盛衰,视其学之兴废。《记》曰:"国有学,遂有序,党有庠,家有塾。"此三代极盛之时大备之制也。宋兴,盖八十有四年,而天下之学始克大立,岂非盛美之事,须其久而后至于大备欤?①

欧阳修把兴学办教视为"王政之本",认为学校之兴衰体现政治之盛衰,更是实现"三代"理想的"大备之制"。从这样的高度认识学校教育的重要性,也是当时一大批有识之士的共同主张,范仲淹是其中的佼佼者。

范仲淹是北宋著名的教育家,其办校兴学的想法和实践都由来已久,"庆历兴学"不过是集中表现和爆发而已。早在大中祥符八年(1015年),二十七岁的范仲淹进士及第,出任广德军司理参军,这是他仕宦生涯的开端。范仲淹在广德除了掌管狱讼外,还很关注和重视文化教育事业。② 广德当初文化教育落后,经过范仲淹的办学提倡,景祐后文风渐盛,考中进士的人也络绎不绝。

天圣三年(1025年),范仲淹知泰州兴化县事,在此期间,他创立了兴化县学。陈垓在《高邮军兴化县重建县学记》中说:"诏天下州县皆立学,仁宗朝参知政事范公仲淹请也。然国初文治已盛,如周党遂,有贤守令,学校必兴。……意此学之兴,必仁宗皇帝初政,公试民事之日也。文明之运,辅宰所临,学重于天下,而士得师矣。"③陈垓为南宋人,时知兴化县,他对先贤范仲淹在此创建学校的事迹评价极高,认为兴学体现了"文明之运"。

天圣五年,晏殊留守南京,范仲淹因丁母忧也退处南京,晏殊请他掌管应天府书院。在此工作期间,他的教学能力和管理能力都得到了体现,《宋元学案》说他:"常宿学中,训督学者夜课。诸生读书寝食,皆

---

① (宋)欧阳修:《欧阳修全集》卷三十九《吉州学记》,中华书局2001年版,第572页。
② 《范文正公褒贤集》卷三《广德军范文正公祠堂记》,《范仲淹全集》(下),凤凰出版社2004年版,第987页。
③ 《范仲淹全集》(下),凤凰出版社2004年版,第993页。

立时刻。往往潜至斋舍伺之,见先寝者,诘之,其人亦妄对,则取书问之。其人不能对,乃罚之。出题使诸生作赋,必先自为之,欲知其难易及所当用意,亦使学者准以为法。由是从学者辐辏。"①

范仲淹在应天府书院的教育活动,体现了高度的社会责任感和对传道授业、人才培养工作的高度自觉。正是在这种自觉意识和责任感的推动下,范仲淹在以后的仕宦生涯中虽不能亲执教鞭,但同样锐意兴学,所到州县,无不留下办学兴教印记。

景祐元年(1034年)正月,范仲淹因谏诤废郭后事而得罪权相吕夷简,因而被贬出知睦州。在睦州,他想方设法完善原有州学的办学条件,并"延见诸生,以博以约"——即广延名师、施行教化,结果当地豪民的"吞夺之害,稍稍而息"。②

同年六月,范仲淹移知苏州。据《年谱》载,景祐二年,"公在苏州,奏请立郡学。先是公得南园之地,既卜筑而将居焉。阴阳家谓当踵生公卿,公曰'吾家有其贵,孰若天下之士咸教育于此,贵将无已焉?'遂即地建学"③。另据范仲淹本传:"纯祐性英悟自得,尚节行。方十岁,能读诸书;为文章,籍籍有称。父仲淹守苏州,首建郡学,聘胡瑗为师。瑗立学规良密,生徒数百,多不率教,仲淹患之。纯祐尚未冠,辄白入学,齿诸生之末,尽行其规,诸生随之,遂不敢犯。自是苏学为诸郡倡。"④

据上可知,范仲淹在苏州创立了州学,并将所得风水宝地南园辟为学校,希望"天下之士咸教育于此",还聘请大儒胡瑗为教授,讲授"明体达用之学"⑤,范仲淹令诸子从之学。胡瑗是著名的教育家,他为学校制定了良密学规,范纯祐率先"尽行其规",结果学风整肃。在教学内容和教学方法上,胡瑗创立的"苏湖教法"独步当世,据《文献通考》记载:

安定先生胡瑗,自庆历中教学于苏、湖间二十余年,束脩弟子前后以数千计。是时方尚辞赋,独湖学以经义及时务。学中故有

---

①《宋元学案》卷三《高平学案》。
②《范文正公尺牍》卷下《与晏尚书》,《范仲淹全集》(上),凤凰出版社2004年版,第619页。
③《年谱》景祐二年。
④《宋史》卷三百一十四《范仲淹传》。
⑤《宋元学案》卷一《安定学案》。

经义斋、治事斋。经义斋者,择疏通有器局者居之;治事斋者,人各治一事,又兼一事,如边防、水利之类。故天下谓湖学多秀彦,其出而筮仕往往取高第,及为政,多适于世用,若老于吏事者,由讲习有素也。①

"苏湖教法"重视"经义及时务",体现了经世致用的精神,这与范仲淹的教育理念相吻合,庆历兴学时,范仲淹将此教法引入了太学。因有优良的学风和教学方法,故东南学术之昌,自范仲淹苏州建学始。

景祐三年(1036年)五月,范仲淹因上《百官图》而落职知饶州。在饶州他又"迁建饶之郡学",且将学校建于饶之山水形胜处,随后就出现了"学既建而生徒浸盛"的局面,范仲淹见此而高兴地说:"二十载后当有魁天下者。"②果不其然,到宋英宗治平二年(1065年),邑人彭汝砺果然第一人及第。在随后知润州、越州任上,范仲淹都有兴学举动。

第二节 奖掖儒士

据《文献通考》所载,北宋的晁补之曾为张肃的《触鳞集》作序曰:"五季文物荡尽,而鲁儒犹往往抱经伏农野,守死善道,盖五十年不改也。太祖皇帝既定天下,鲁之学者,始稍稍自奋,白袍举子,大裾长绅,杂出戎马介士之间,父老见,而指以喜曰:'此曹出,天下太平矣!'"③可见即使在五代混乱时期,民间仍有一批儒者待时而出。宋兴之后,儒者迎来了施展抱负的契机。

范仲淹所生活的年代,正是宋代新儒学形成的关键时期。全祖望说:"有宋真、仁二宗之际,儒林之草昧也。当时濂、洛之徒方萌芽而未出,而睢阳戚氏在宋,泰山孙氏在齐,安定胡氏在吴,相与讲明正学,自拔于尘俗之中。"④可见,全祖望认为宋学的开创者主要宋初孙复(泰山

---

① 《文献通考》卷四十六《学校考七》。
② 《年谱》景祐三年。
③ 《文献通考》卷三十《选举三》。
④ 《宋元学案》卷三《高平学案》。

孙氏)、胡瑗(安定胡氏)等诸位先生,他认为二程和朱熹也赞成此说,故他又云:"宋世学术之盛,安定、泰山为之先河,程、朱二先生皆以为然。"①那么作为士林领袖的范仲淹,他在这个过程中发挥了怎样的作用呢?全祖望认为他发挥了对儒学人才"左提右挈"的作用。事实上,胡瑗和孙复诸儒的讲学活动,主要是在宋仁宗庆历年间进行的,而此时亦"会值贤者在朝,安阳韩忠献公、高平范文正公、乐安欧阳文忠公皆卓然有见于道之大概,左提右挈,于是学校遍于四方,师儒之道以立"。王梓材也认为:"安定、泰山诸儒皆表扬于高平。"②意思是,胡瑗和孙复等大儒的成长和成名,与范仲淹的"左提右挈"是分不开的。

范仲淹与孙复相识较早。宋仁宗天圣四年(1026年),范仲淹因丁母忧退处南京应天府。次年,丞相晏殊留守南京,遂请范仲淹掌管应天府学,于是发生了与"穷秀才"孙复的因缘际会。穷愁潦倒的孙复曾四举进士不第,为赡养老母,他曾两次索游到睢阳上谒范仲淹。范仲淹慷慨相赠并补以学职,帮助孙复解决生计之忧,然后授以《春秋》,鼓励他"安于为学"。孙复也不负范仲淹的重望,退居泰山,发奋苦学,十年后成为讲授《春秋》的名家。③ 孙复著有《春秋尊王发微》,成为复兴儒学的"宋初三先生"之一。庆历二年(1042年),经范仲淹和富弼的推荐,处士孙复被朝廷任命为国子监直讲,召为迩英殿祗候说书。④

范仲淹对于胡瑗也敬而爱之,并予以多方扶持。范仲淹知苏州时,胡瑗"以经术教授吴中"。宋仁宗景祐二年(1035年),范仲淹在苏州首建郡学,聘胡瑗为师,并令诸子从学。"安定立学规良密,生徒数百,自是苏学为诸郡倡。"⑤是年冬,朝廷更定雅乐,诏求知音,范仲淹"荐白衣胡瑗,对崇政殿,授校书郎"。⑥ 康定元年(1040年),范仲淹经略陕西,辟胡瑗为丹州军事推官。庆历新政期间,范仲淹写有《奏为荐胡瑗李觏充学官》的政府奏议,其中在推荐胡瑗时说:"前密州观察推官胡瑗,志

---

① 《宋元学案·序录》。
② 《宋元学案》卷三《高平学案》。
③ (宋)魏泰:《东轩笔录》卷十四。
④ 《宋元学案》卷二《泰山学案》。
⑤ 《宋元学案》卷三《高平学案》。
⑥ 《年谱》景祐二年。

穷坟典,力行礼义,见在湖州郡学教授,聚徒百余人,不惟讲论经旨,著撰词业,而常教以孝弟,习以礼法,人人向善,闾里叹伏,此实助陛下之声教,为一代美事。伏望圣慈特加恩奖,升之太学,可为师法。"①

范仲淹与石介的关系也比较密切。天圣五年(1027年),"晏殊留守南京,公(范仲淹)遭母忧,晏公请掌应天府学"。由于范仲淹教学有方、管理严格,"由是从学者辐辏"。②各地学子纷纷来到应天府学,石介这一年是二十三岁,他也慕名来到应天府读书求学于范仲淹,故《宋元学案》视石介为高平"门人",而视胡瑗和孙复为高平"讲友"。石介在应天府学可谓"固穷苦学,世无比者",③他曾拒绝府官王渎馈赠的美食,知道"朝享膏粱,暮厌粗粝"的道理。④这种立志苦学、发愤图强的精神,与范仲淹二十三岁在此求学时的"昼夜讲诵",以及当年在长白山醴泉寺读书时的"断齑画粥",是何其相似!庆历新政时期,孙复与石介同为国子监直讲,两人都是新政的积极支持者,石介还写了《庆历圣德颂》,大赞范仲淹的贤能,指责变法反对派夏竦等人为"大奸"。不过他的行为也激化了矛盾,使夏竦等人自此怀恨在心,视革新派为死敌,形成了尖锐的党争局面,导致了新政的破产,石介本人也因此罹祸。但范仲淹对石介也并非朋党曲护,而是秉公对待。据《东轩笔录》记载:

> 庆历中,余靖、欧阳修、蔡襄、王素为谏官,时谓之四谏。四人者力引石介,而执政亦欲从之。时范仲淹为参知政事,独谓同列曰:"石介刚正,天下所闻,然性亦好为奇异,若使为谏官,必以难行之事,责人君以必行。少怫其意,则引裾折槛,叩头流血,无所不为矣。主上虽富有春秋,然无失德,朝廷政事亦自修举,安用如此谏官也。"诸公服其言而罢。⑤

胡瑗、孙复和石介,被后人尊称为"宋初三先生"。他们通过讲学活动,以道德仁义教授诸生;通过著书立说,以义理之学弘扬儒家思想,为

---

①《范仲淹全集》(上),凤凰出版社2004年版,第557页。
②《宋元学案》卷三《高平学案》。
③《宋元学案》卷二《泰山学案》。
④(宋)张师正:《倦游杂录·石首道不收馈赠之食》。
⑤(宋)魏泰:《东轩笔录》卷十三。

北宋教育的发展和儒学的复兴作出了重要贡献,因而被视为理学的先驱。他们培养了大量的儒学人才,程颐就是胡瑗的学生,朱熹说:"程子平生不敢忘此数公,依旧尊他。"①在"此数公"中,程颐最尊敬的实为胡瑗。黄百家在《宋元学案》中说,胡瑗对小程子"一见异之","知契独深","伊川之敬礼先生亦至。于濂溪,虽尝从学,往往字之曰'茂叔',于先生,非'安定先生'不称也"。②胡瑗的另一位高足刘彝,曾于熙宁二年回答宋神宗"胡瑗与王安石孰优"时说:"今学者明夫圣人体用,以为政教之本,皆臣师之功,非安石比也。"③在此我们暂且不论胡瑗与王安石的孰优孰劣,仅就其"皆臣师之功"而言,亦显然忽视了庆历诸贤的共同努力和范仲淹的引领作用,故未免有目中无人、妄自尊大之嫌。事实上,范仲淹是庆历新政时期士大夫群体的精神和政治领袖,范仲淹是"宋初三先生"的领路人,对他们有知遇之恩,这正如李存山先生所言:"'宋初三先生'都是因有范仲淹的激励、延聘和推荐,才在宋代思想史或学术史上发生了重要的作用。"④

劝导张载弃武从文、服膺儒家名教一事,是范仲淹诱掖劝奖、竭力培育儒家人才的又一生动案例。康定元年,范公在陕西统兵御夏期间,关中士人张载求见范公,希望弃笔从戎,但范公知其器远,就提醒他:"儒者自有名教可乐,何事于兵。"于是折之以儒者名教,且授之以《中庸》。⑤

《宋元学案》将张载列为高平门人,这未必可靠,该书所引汪玉山与朱子书曰"范文正公一见横渠,奇之,授以《中庸》。若谓从学,则不可",⑥亦可为证。但范公指导过张载,当为不易之论。在张载少年义气之时,范仲淹折之以儒者名教,且授之以《中庸》,这对于张载的成长是非常重要的,他先是研读《中庸》,而后出入于佛老,最后返诸《六经》并成为理学巨擘,这与范仲淹的劝导和指引不无关系,所以全祖望说:"高

---

① 《朱子语类》卷一百二十九。
② 《宋元学案》卷一《安定学案》。
③ 《宋元学案》卷一《安定学案》。
④ 李存山:《范仲淹与宋代新儒学》,《湖南大学学报》(社会科学版),2008年第1期。
⑤ 《宋史》卷四百二十七《道学一·张载》。
⑥ 《宋元学案》卷三《高平学案》。

平一生粹然无疵,而导横渠以入圣人之室,尤为有功。"①

范仲淹对大儒李觏也有举荐知遇之恩。在宝元元年知润州和宝元二年知越州期间,他都曾写信邀请李觏前来本地讲学。庆历四年,范仲淹曾上荐举状,称李觏"讲贯六经,莫不赡通,求于多士,颇出伦辈",是"鸿儒硕学"②,可与胡瑗同充学官。皇祐元年(1049 年)十一月,范仲淹在知杭州期间,又上章举荐李觏,称李"于经术文章,实能兼富,今草泽中未见其比",是"非常儒也"③。同时将李觏所著《礼论》七篇、《明堂定制图序》一篇、《平土书》三篇、《易论》十三篇,共二十四篇,编为十卷录进。皇祐二年,范仲淹第三次举荐"草泽李觏"④,并再次录进其《明堂图序》。方健先生指出:"没有范的鼎力举荐,李可能以布衣潦倒终生,而无法打开入仕之路"⑤

范仲淹自出仕以后,政务繁忙,戎马倥偬,但于从政之暇,亦好讲学。《宋元学案》云:"先生泛通《六经》,尤长于《易》,学者多从质问,为执经讲解亡所倦。并推其俸以食四方游士,士多出其门下。"⑥其门人如李觏、富弼、张方平、胡瑗、孙复等,皆为当时名儒,范仲淹与之形成讲友或亦师亦友的关系;而石介、刘牧等则以师事之。

第三节　义理之学

义理之学是宋初三先生的特质,宋学的各个流派,如洛学、闽学、关学、新学、濂学、蜀学等,都重视对儒家经典的义理阐发。而义理之学的兴起,与范仲淹有密切关系,朱熹尝言:

---

① 《宋元学案》卷三《高平学案》。
② 《范文正公政府奏议》卷下《奏为荐胡瑗李觏充学官》,《范仲淹全集》(上),凤凰出版社 2004 年版,第 557 页。
③ 《范文正公文集》卷二十《荐李觏并录进礼论等状》,《范仲淹全集》(上),凤凰出版社 2004 年版,第 399 页。
④ 《范文正公集逸文》之《进李觏明堂图序表》,《范仲淹全集》(上),凤凰出版社 2004 年版,第 701 页。
⑤ 方健:《范仲淹评传》,南京大学出版社 2001 年版,第 355 页。
⑥ 同上。

> 本朝道学之盛……亦有其渐,自范文正以来已有好议论,如山东有孙明复,徂徕有石守道,湖州有胡安定,到后来遂有周子、程子、张子出。故程子平生不敢忘此数公,依旧尊他。①

朱熹认为,北宋儒学(道学)的复兴不是一蹴而就的,而是经历了一个逐渐发展的历史过程。在这一历史过程中,宋初的一大批学者都为此作出了贡献,如"宋初三先生"、周敦颐、二程和张载等。但朱熹在此明确指出,宋儒"好议论"(探求义理)的传统始于范仲淹。据此,便有学者认为范仲淹实乃"宋学之开端"。②

《宋元学案》将《安定学案》和《泰山学案》置于《高平学案》之前,对此,全祖望在《安定学案·序录》中云:"宋世学术之盛,安定、泰山为之先河,程、朱二先生皆以为然。"这显然是将安定(胡瑗)、泰山(孙复)和徂徕(石介)这"宋初三先生"视为宋学之开端,并认为这也是程颐和朱熹的观点。但在上面的论述中,已知朱熹是视范仲淹为宋学之开端的,因此全祖望的按语便与朱熹本人的说法相抵牾;至于说程颐赞成此说倒有充分的依据。程颐作为安定门人,对于安定先生一贯礼敬,据《宋元学案·安定学案》所载黄百家按:胡瑗对小程子"知契独深","伊川之敬礼先生亦至,于濂溪虽尝从学,往往字之曰茂叔,于先生,非安定先生不称也"。胡瑗与孙复同学十年,且始终友善,而石介又是孙复高足,据此,程颐理所当然推崇"宋初三先生"。故王梓材按:"高平形辈不后于安定、泰山,而庐陵亦当时斯道之疏附也。谢山以梨州编次《学案》托始于安定、泰山者,其意远有端绪,故以高平、庐陵次之。"(《宋元学案·序录》)这段按语表明,范仲淹和欧阳修在年龄辈分上早于胡瑗和孙复,那么按思想发展的逻辑应该是前者影响后者,但《宋元学案》却认为宋学"托始于安定、泰山",王梓材暗示,这次序的颠倒"其意远有端绪",其实就是指《宋元学案》的编写是受到了程颐的影响,故"范仲淹的开创者地位遂被'宋初三先生'所掩"。③

---

① 《朱子语类》卷一百二十九。
② 李存山:《范仲淹与宋学精神》,第二章《范仲淹与宋学之开端》,中国人民大学出版社 2019 年版。
③ 李存山:《范仲淹与宋代新儒学》,《湖南大学学报》(社会科学版),2008 年第 1 期。

笔者认为,谁是宋学的开创者,这是一个仁者见仁智者见智的问题。一种社会思潮的兴起,一定是当世众多学者根据社会变革的需要、按照思想自身发展的逻辑共同推动的结果。其中不同的学者,依据其不同的禀赋和角色担当,为儒学的复兴作出了不同的贡献,正如全祖望所云:"安定沉潜、泰山高明,安定笃实,泰山刚健,各得其性禀之所近。要其力肩斯道之传,则一也。……而所造各有不同。"①"各得其性禀之所近","而所造各有不同",这是对思想发展与个性自由之间关系的绝好说明。那么范仲淹在这一历史进程中发挥了怎样的作用呢? 如上所述,朱熹曾说过宋代士人"好议论"的传统始于范仲淹,朱熹还说:"祖宗以来……至范文正公时便大厉名节,振作士气,故振作士大夫之功为多。"②《宋史·本传》说范仲淹"每感激论天下事,奋不顾身,一时士大夫矫厉尚风节,自仲淹倡之"。

　　范仲淹的学术思想,多为其政声和名节所掩盖。其实作为一个伟大的政治家,他的一生是在艰苦求学、奋发进取、政事纷繁和戎马倥偬的岁月中度过的,他是一个内圣外王、体用兼备的历史人物,他杰出的政治才能和完美的人格操守,是以其杰出的理论和文化修养为基础的。关于范仲淹的学术造诣,《宋史》本传谓其"泛通六经,长于《易》,学者多从质问,为执经讲解,亡所倦",这表明范仲淹不仅能够在义理层次融通六经,还能够根据时代和理论发展的需要,从儒家元典中寻求有利的理论资源来为我所用。可见,他之所以"长于《易》",正是因为在《易经》这部经典中包含更多的哲学和思辨元素,对这些元素进行充分的阐发并与儒家思想相结合,可以提升儒学的思辨层次和理论品质,增强儒学吸引力和影响力,从而完成重构儒家的形而上学、批判佛老、超越汉唐经学的大业。

　　如何对待六经,南宋大儒陆九渊认为有"我注六经"和"六经注我"两种方法。据《陆九渊集》载:

　　或谓陆先生云:"胡不注六经?"先生云:"六经当注我,我何注

---

① 《宋元学案·序录》。
② 《朱子语类》卷一百二十九。

六经。"①

陆九渊主张"六经注我",并不是反对"我注六经",他强调的是在研究经典的过程中,要坚持以我为主的具有创造性和思想性的研究方法,反对崇经据典、不敢越雷池一步、只知章句训诂的僵化保守学风。如果说汉儒的解经方法是"我注六经",那么宋儒的解经方法就是"六经注我"。宋儒的这种解经方法,最直接的表现就是注重对经典的义理阐发。这种解经思潮,是从以范仲淹为核心和先导的庆历学者集团开始的。

对于儒家的经典,范仲淹多以己意解读,这从他对《易经》的诠释中可以见之。范仲淹认为《周易》本身就包含天地万物之理,他在《易兼三材赋》中说:

> 大哉!《易》以象设,象由意通。兼三材而穷理尽性,重六画而原始要终。……昔者有圣人之生,建大易之旨。观天之道,察地之纪。取人于斯,成卦于彼。将以尽变化云为之义,将以存洁静精微之理。②

范仲淹认为《易》兼天地人三材,包含天道地道和人道之理,因此易理由象而设,故"洁静精微",幽隐难察,但通过穷理尽性的认识和思考,此理可由意(理性)而通并进而可知。

鉴于《易》理可知的认识,范仲淹在《易义》一文中,首先对《易经》的主卦——《乾》卦的义理进行了阐释,他说:

> 《乾》上《乾》下,内外中正,圣人之德位乎天之时也。德,内也;位,外也。九二,君之德;九五,君之位。成德于其内,充位于其外。圣人之德,居乎诚而不迁,有时舍之义,故曰"见龙在田";德昭于中,故曰"利见大人"。"天下文明",君德也。圣人之位,行乎道而不息。有时乘之义,故曰"飞龙在天";位正于上,故曰"利见大人"。

---

① (宋)陆九渊:《陆九渊集》卷三十六《年谱·绍定三年》,中华书局1980年版,第522页。
② 《范仲淹全集》(上),凤凰出版社2004年版,第437页。

"乃位乎天德",于是乎位矣。①

这里没有烦琐的象数推演和文词训诂,而是借《乾》卦卦象直接阐明儒家的为君之道:君主修德于内,通过行德将德展现于外即为位。说明君道是德与位的统一,《乾》卦就是"君之象"。

在《易义》一文中,范仲淹还对《易经》的《咸》《恒》《遁》等26卦的义理加以诠释,分别阐述了阴阳交感、阴阳互补、否极泰来、天人合一、以人为本、阳尊阴卑、贵和尚中等哲理,行权革易、变在其中的变革精神,君尊臣卑、男尊女卑的君臣男女之道,本固邦宁、爱民利物的民本主义,内圣外王、进退有节的君子之道,孝悌为本、明理知义的齐家之道,等等。这些思想在《四德说》等短文和《乾为金赋》《易兼三材赋》等诗赋中都有所体现。如在《四德说》中,他将元、亨、利、贞"四德"阐发为"道之纯者""道之通者""道之用者""道之守者"②,就是以义理解《易》的鲜明体现。

可见,范仲淹是从儒家精神出发来对《易经》进行义理阐发的,他是宋代易学义理派的先驱。但朱熹尝言:"已前解《易》,多只说象数。自程门以后,人方都作道理说了。"③朱熹认为宋易都是讲义理的,这是对的,但他说宋易的这个传统始于程门,而不是始于范门,这就令人费解了。

宋儒特别重视《中庸》这部经典,范仲淹也不例外。遗憾的是,在现存的范氏文集中,并未看到关于《中庸》的著作和文章,只是在天圣六年,范仲淹在南都掌府学时曾作《南京府学生朱从道名述》一文,其中对《中庸》主旨"率性之谓道"作了些义理阐发。④

范仲淹还重视《春秋》,不过他对《春秋》的认识已超越汉唐经学家了。他说:"盖春秋以时记事而为名也,优劣不在乎'春秋'二字。"⑤他显然认为《春秋》于"以时记事"之外还另有深意。他说"学者以为

---

① 《范仲淹全集》(上),凤凰出版社2004年版,第119页。
② 《范仲淹全集》(上),凤凰出版社2004年版,第162页。
③ 《朱子语类》卷第六十七《程子易传》。
④ 《范仲淹全集》(上),凤凰出版社2004年版,第151页。
⑤ 《范文正公文集》卷十《与欧静书》,《范仲淹全集》(上),凤凰出版社2004年版,第211页。

《春秋》之道久隐,而近乃出焉",故称赞朱寀所著《春秋指归》"苦心探赜,多所发挥"①。他还称赞尹洙"深于《春秋》,故其文谨严,辞约而理精"②,可见他强调的是"理精"。他在《说春秋序》中云:

> 圣人之为《春秋》也,因东鲁之文,追西周之制,褒贬大举,赏罚尽在,谨圣帝明皇之法,峻乱臣贼子之防。……虽丘明之《传》颇多冰释,而素王之言尚或天远,不讲不议,其无津涯。今褒博者流,咸志于道,以天命之正性,修王佐之异材,不深《春秋》,吾未信也。……吾辈方扣圣门,宜循师道,碎属词比事之教,洞尊王黜霸之经,由此登太山而知高,入宗庙而见美,升堂睹奥,必有人焉,君子哉无废。③

范仲淹认为《左传》对《春秋》虽有所发明,但还远不及圣人之意。他主张"深《春秋》",即深入思考其精神实质,这样才能"升堂睹奥",揭示其义理,否则无法"志于道",也无法知"天命之正性"。范仲淹曾对学生孙复"授以《春秋》"④,受范仲淹的影响,孙复也持有类似的看法,他在写给范仲淹的信中说:"专守左氏、公羊、穀梁、杜预、何休、范宁之说而求于《春秋》,吾未见其能尽于《春秋》者也;……又后之作疏者,无所发明,但委曲踵于旧之注说而已。"⑤

---

① 《范文正公文集》卷二十《进故朱寀所撰春秋文字及乞推恩与弟寘状》,《范仲淹全集》(上),凤凰出版社2004年版,第400页。
② 《范文正公文集》卷八《尹师鲁河南集序》,《范仲淹全集》(上),凤凰出版社2004年版,第158页。
③ 《范仲淹全集》(上),凤凰出版社2004年版,第163—164页。
④ (宋)魏泰:《东轩笔录》卷十四。
⑤ 《孙明复小集·寄范天章书二》。

第二章 范仲淹的哲学思想

范仲淹作为杰出的政治家,其政治实践是以其深厚的学术和思想为基础的。他的人格,体现的是儒家内圣外王的理想人格。他通过发掘《周易》《中庸》《孟子》等儒家经典中的本体论和心性论思想资源,通过吸收和借鉴佛道的本体论思想,初步构建了一个以乾坤为本体,融本体论、心性论和大化论为一体的哲学思想体系。其哲学思想,实现了天道与性命、内圣与外王的相互贯通,从而为克服传统儒学的本体论缺失,为超越汉唐经学、批判佛老思想,实现儒学复兴提供了坚实的理论支撑。

第一节 从义理之学到性理之学

对于范仲淹在北宋儒学复兴中的地位和作用,历史上的学者们大多从事功的角度进行评说,认为范仲淹在当政时能振作士气、开设学校、发展教育、提挈儒学人才,这些措施都有功于圣门,推动了儒学的复兴,而其在学术思想领域的创见则被忽视。例如朱熹对范仲淹的道德功业推崇备至,说他是"天地间气,第一流人物"①,有"振作士大夫之功",并认为宋儒"好议论"(探求义理)的传统始于范仲淹和"宋初三先

---

① 《范文正公褒贤集》卷五《朱文公论范公》,《范仲淹全集》(下),凤凰出版社 2004 年版,第1048 页。

生",后经周敦颐、二程与张载等人的努力方蔚为大观①。但范仲淹到底议论了什么,朱熹是只字未提的。元代学者李祁认为范仲淹"开学校,隆师儒,诱掖劝奖,以成就天才之士,且以开万世道统之传",故范仲淹"之有功名教,夫岂少哉?"②全祖望在《宋元学案》中亦说"高平(范仲淹)一生纯然无疵,而导横渠以入圣人之室,尤为有功",认为范仲淹等人"卓然有见于道之大概,左提右挈,于是学校遍于四方,师儒之道以立"③。可见,在李祁、全祖望等人看来,范仲淹只是发挥了一个"有功名教"和"贤者在朝"的政治家的作用,他只是以其政治影响、通过一定的行政措施推动了儒学的复兴,至于他在思想学术上有何建树,全祖望等人也是只字未提的。

一、"义理"与"性理"

近些年来,随着学界对宋学研究的不断深入,范仲淹在北宋儒学复兴过程中的开创性地位越来越受到重视。诸多学人不仅肯定作为政治家的范仲淹对儒学复兴所发挥的推动作用,还特别强调其对北宋义理之学的开创之功。④

所谓义理之学,是指宋儒重在从思想理论角度阐发儒家经典的学问。义理之学体现了宋学的特质。从解经方法而言,义理之学是对汉唐经学专注于章句训诂诠释方法的革新,表现为对经典传注甚至经典本身的怀疑精神和自由思考的学术风气。在思想内容上,宋儒重在创造性地揭示儒家经典所包含的、体现着时代精神的义理,而不固守汉唐不得自出新意的师门家法,钱穆先生称此为"创通经义"⑤。因此,作为

---

① 《朱子语类》卷一二九。
② 《范文正公褒贤集》卷四《文正书院记》,《范仲淹全集》(下),凤凰出版社2004年版,第1023页。
③ 《宋元学案》卷三《高平学案》。
④ 参见:徐洪兴《试论范仲淹与北宋理学的兴起》,《复旦学报》(社会科学版)1992年第2期;蒙培元《范仲淹的哲学与理学的兴起》,《北京社会科学》1992年第4期;杨渭生《范仲淹与宋学之勃兴》,《浙江大学学报》1999年第2期;郎国华、范立舟《略论范仲淹与理学思潮产生的关系》,《广东社会科学》2003年6月;李存山《范仲淹与宋代新儒学》,《湖南大学学报》2008年第1期;张培高《范仲淹的〈中庸〉诠释及其影响》,《哲学研究》2018年第6期;李存山《范仲淹与宋学精神》,中国人民大学出版社2019年版。
⑤ 钱穆:《中国近三百年学术史》(上册),第7页,商务印书馆1997年版。

一场思想解放运动,义理之学不仅表现为对经典诠释方法的创新,更重要的是思想和理论的创新。对儒家的"内圣外王"学说加以重新反思,揭示内圣的天道本体依据和外王的价值之源,发掘和探寻道德性命之理,构建道德形而上学,并对"性理"关系展开讨论,这才是义理之学的本质。可见,由义理之学发展为性理之学,才是宋学精神的真正体现。正如牟宗三先生所言:"宋、明儒所讲者即'性理之学'也。"①牟先生的言下之意,是说先秦儒家包括汉唐儒家所讲者并非性理之学。事实上,传统儒家对性与天道问题(即"性理"问题)的认识,是存在本体论思维缺陷的②,故牟宗三先生又认为,对于"性理"问题,儒家"自《诗经》、孔孟以后,竟在千余年的漫长岁月里无人能讲得深透,直到宋代,才因佛教讲'空'的刺激,而彰显了这'性理'"③。

总之,讲义理之学的宋儒们,不仅要扬弃汉儒的注疏传统,还要否定其以神学目的论为特征的宇宙论图式,同时还要吸收借鉴佛道的本体论思想,将义理之学发展为性理之学。这样才能建构新儒学的哲学思想体系和道德性命之学,才能应对佛道的挑战,实现儒学的复兴。故"宋明理学之为新儒学"的理由,就在于宋儒完善了孔孟的"内圣之教",从而使"天道性命相贯通"。④因此,"宋明理学家建构的哲学体系大多都有一个本体论的设定"⑤。

对于构建新的哲学思想体系和道德性命之学,宋初诸儒并未形成自觉的认识,这正如陈植锷先生所指出的:"一般讲,正如宋初文风沿袭唐人之旧一样,宋初学术,也基本上是汉、唐训诂之学和文章之学的延伸。"⑥但到庆历年间,范仲淹已经超越宋初的学术,最早致力于对儒家经典的义理阐发,并开始从事性理之学的建构了。笔者认为,这是范仲淹能视为宋学开创者的最本质的原因。

对于儒家的经典,范仲淹多以己意论断经义,这一点在他对《易经》

---

① 牟宗三:《心体与性体》(上),上海古籍出版社1999年版,第3页。
② 魏福明:《性不可以善恶言》,《齐鲁学刊》2019年第4期。
③ 牟宗三:《宋明儒学的问题与发展》,华东师范大学出版社2004年,第42页。
④ 牟宗三:《宋明儒学的问题与发展》,华东师范大学出版社2004年,第11页。
⑤ 任蜜林:《早期儒家人性论的两种模式及其影响》,《中国哲学史》2019年第2期。
⑥ 陈植锷:《北宋文化史述论》,中国社会科学出版社1992年版,第169页。

的诠释中就得到了充分体现。在一系列的解《易》文献中,范仲淹一扫汉儒的解易传统,不重象数,也不重文字训诂,更不讲阴阳灾异和天人感应;同时也扬弃了王弼等玄学派贵无贱有的易学思想,重在阐明儒家思想。

范仲淹"泛通六经,长于《易》"①,《周易》是范仲淹哲学思想的重要来源,为此他写有《易义》《四德说》等文章,以及《易兼三材赋》《天道益谦赋》《穷神知化赋》《乾为金赋》《水火不相入而相资赋》《蒙以养正赋》等几篇赋。

范仲淹也很重视《中庸》这部经典。据史载,康定元年,范仲淹在任陕西经略安抚副使期间,于戎马倥偬中曾接见张载,劝其不要从戎,而是引导其研读《中庸》,并说"儒者自有名教可乐,何事于兵!"②

关于宋儒特别重视的《中庸》,在现存的范氏文献中,只有在天圣六年(1028年),范仲淹掌南都府学时所作《南京府学生朱从道名述》一文,其中有所涉及:

> 然则道者何?率性之谓也。从者何?由道之谓也。臣则由乎忠,子则由乎孝,行己由乎礼,制事由乎义,保民由乎信,待物由乎仁,此道之端也。子将从之乎,然后可以言国,可以言家,可以言民,可以言物,岂不大哉?若乃诚而明之,中而和之,揖让乎圣贤,蟠极乎天地,此道之致也。必大成于心,而后可言焉。③

这段文字是对《中庸》主旨"率性之谓道"的义理阐发,其创通儒家之意十分鲜明,故余英时先生认为:"此文全就《中庸》发挥,充分表达了由修身、齐家而建立理想秩序的意识,而且也含有'内圣'与'外王'相贯通的观念。"④

范仲淹之所以重视《周易》和《中庸》,是因为在这两部儒家经典中包含着诸多的哲学和思辨元素,通过对这些元素进行新的诠释,对于建构儒家的形而上学来说,是难得的思想资源。正是基于对《周易》《中

---

① 《宋史》卷三百一十四《范仲淹传》。
② 《宋史》卷四百二十七《张载传》。
③ 《范仲淹全集》(上),凤凰出版社2004年版,第151页。
④ 余英时:《朱熹的历史世界——宋代士大夫政治文化的研究》(M),生活·读书·新知三联书店2004年版,第89页。

庸》等儒家经典的阐发,范仲淹初步形成了一个以乾坤为本体,融本体论、心性论和大化论为一体的本体论哲学思想体系。

二、范仲淹与"宋学精神"

如前所述,钱穆先生曾将宋学精神概括为"革新政令"和"创通经义"两端。范仲淹与这两端都有关联,他不仅于"革新政令"一端卓有建树,单就"创通经义"而言,范仲淹也成就巨大。本书上述所集中探讨的内容,如范仲淹对儒家经典中的义理乃至性理的发掘,以及融本体论、心性论和大化论为一体的哲学思想体系的建构,正是他"创通经义"的具体表现。

诚然,范仲淹的哲学思想是不完善的,他的"创通经义"还带有初创性质,其哲学思想也大多体现在一系列的诗赋和奏章书信中,他在宵衣旰食和戎马倥偬的短暂一生中,未能在学术和思想领域有更多更系统的创作,所以与后来的理学家相比,他的哲学思想还不够精致。但是,范仲淹倡导"明体达用之学"①,他的"创通经义"与"革新政令"是体用相关的,其中"创通经义"为体,"革新政令"为用,用不离体,以体达用,体用之间无所偏颇,两者是有机联系的整体,因此"明体达用之学"无疑体现了儒家内圣外王的优良传统。而后来的理学家们则背离这一传统,他们弃用言体,弃外王而言内圣。就哲学思想来看,范仲淹并未局限于道德心性之一隅,也未把性理之学引向单纯的心性之学,这又是空谈道德心性的理学家们所无法比拟的。

第二节 "易兼三材、乾坤本体"的本体论

一、"易兼三材"

《周易》视乾坤大易为宇宙万物的创生主体,并兼立天地人三材之

---

① 《宋元学案》卷一《安定学案》。

道。但《周易》所表达的主要是天人合一的宇宙生成论世界观,如《彖》对乾坤两卦的解释:"大哉乾元,万物资始","至哉坤元,万物资生"(《周易·彖上》),认为乾坤是万物的"资始"和"资生",这些表述带有明显的生成论倾向。《系辞》亦云:

> 是故《易》有太极,是生两仪,两仪生四象,四象生八卦,八卦定吉凶,吉凶生大业。

这里的太极即是乾坤,太极与宇宙万物也是生成关系。太极首先产生阴阳二气,由阴阳二气产生四时变化,进而产生由八卦所象征的宇宙万物和人世间的吉凶大业。故《易》"广矣大矣","以言乎天地之间则备矣"(《周易·系辞上》)。在《系辞》作者看来,太极本身就是指乾坤(天地)阴阳,那么太极与天地阴阳及宇宙万物之间就不是形上和形下的体用共存关系,而是形下事物之间的因果和生成关系。

在《周易》中,最具有本体论意向的表述莫过于"易兼三材"之说了。《说卦》云:

> 昔者圣人之作《易》也,将以顺性命之理。是以立天之道,曰阴与阳;立地之道,曰柔与刚;立人之道,曰仁与义。兼三材而两之,故《易》六画而成卦,分阴分阳,迭用柔刚,故《易》六位而成章。

这些话本为卜筮之语,也包含着丰富的哲理:"易"为天地人三材立道,故"易兼三材",这似乎表达了三材之道都是"易"道所体现的体用观念。其实不然,《说卦》作者强调的是易与三材之间的单向决定关系即生成关系,而并未从本体与现象之间的相感想通、共存共生的角度说明两者的关系。

范仲淹对《周易》的宇宙生成论世界观进行了本体论改造,他在《易兼三材赋》中说:"昔者有圣人之生,建大易之旨。观天之道,察地之纪。取人于斯,成卦于彼。将以尽变化云为之义,书以存洁静精微之理。"[①]范仲淹认为《易经》的主旨就体现着"洁静精微之理",此理是指宇宙本体虽无象无体("洁静精微"),但却是决定宇宙万物包括天地人三材存

---

① 《范仲淹全集》(上),凤凰出版社2004年版,第437页。

在的本质。故"大哉!《易》以象设,象由《易》通。兼三材而穷理尽性,重六画而原始要终"。① 意思是,大易本体不离具体事物(象)而存在;具体事物也不离本体而存在,天地人三材都是本体的体现。这样,乾坤本体与宇宙万物之间就变成了形上形下、共存共生的体用关系,"易兼三材"的观念,因而也具有了本体论的含义。

二、"乾坤本体"

范仲淹已经能够运用本体论思维来阐明《易》理,他在《穷神知化赋》中说:

> 大易格言,先圣微旨。……视其体则归于无物,得其理则谓之圣人。必先赜其真宰,然后识其鸿钧。②

这里所说的"体"即大易乾坤之本体,即"真宰",其特征是"无物",但"无物"并不是空无一物,而只是无具体之物的形上之物;有"体"必有用,"鸿钧"即为本体之用。

范仲淹在《易义》篇中诠释《乾》卦时,也表达了同样的思想,他说:

> 明夫乾,君之象。……随意而发,非必执六龙之象也。故易无体,而圣人之言岂凝滞于斯乎?③

这里所说的"易无体",是指大易乾坤本体本无定体,《乾卦》的六龙之象只是大易本体的不同表现形态而已,故圣人必须领悟一本万殊的道理,这个道理就是范仲淹在《易兼三材赋》中所说的"洁静精微之理"。

范仲淹用此"洁静精微之理"对儒学的许多传统问题进行了新的阐发和论述。《文言》将《乾》卦卦辞"元亨利贞"解释为"善之长""嘉之会""义之和""事之干"四德,认为君子行此四德即为元、亨、利、贞(《周易·文言》)。范仲淹没有完全否定《文言》的四德说,但却对之进行了新的哲理阐发,认为元、亨、利、贞,乃"道之纯""道之通""道之用""道之守"

---

① 《范仲淹全集》(上),凤凰出版社2004年版,第437页。
② 《范仲淹全集》(上),凤凰出版社2004年版,第433页。
③ 《范仲淹全集》(上),凤凰出版社2004年版,第119—120页。

者也,此四德都是乾道的体现,故"行此四者之谓道,述此四者之为教""惟乾坤之德,统其四者焉"。① 这样,乾道就成为四德的本体了。在《易兼三材赋》中,范仲淹指出,圣人通过"观天之道,察地之纪,取人于斯"而建易,故乾坤大易作为"保合太和"的"纯粹之源","兼三材(天地人)而穷理尽性",可见乾坤大易实为宇宙之本体,此本体既是"立天之道",也是"立地之道",又是"立人之道",可谓"变动不居,适内外而无滞;广大悉备,包上下而弗疑",乃至"无幽不通""达乎四维",这一方面表明本体和现象之间的显微无间,另一方面也表达了理一分殊的本体论思维。至于"上以统百王之业,下以断万物之疑",和"准天地而容日月,畜风雷而列山泽"②等优美词句,同样表达了明体达用、体用不二的本体论思想。

范仲淹认为本体即乾坤,有时也称之为乾或乾元,他在《四德说》中说:

> 夫元者何也?道之纯者也。于乾为资始,于坤为发生。

> 惟乾坤之德,统其四者焉。③

所谓"元者"即本体,本体即乾坤,乾坤之德决定元亨利贞四德,元亨利贞四德都是乾坤之德的表现。

《穷神知化赋》亦谓:

> 通乾道而明矣;……圣人德合乾坤,道通昼夜,法至神而有要,臻大道而多暇。④

因乾为本体,故通乾道即可洞明事理,抓住事物的本质。

《乾为金赋》又谓:

> 大哉乾阳,禀乎至刚。……立夫乾也,所以体乎高明;……乾

---

① 《范仲淹全集》(上),凤凰出版社 2004 年版,第 162—163 页。
② 《范仲淹全集》(上),凤凰出版社 2004 年版,第 437—438 页。
③ 《范仲淹全集》(上),凤凰出版社 2004 年版,第 162—163 页。
④ 《范仲淹全集》(上),凤凰出版社 2004 年版,第 433 页。

之运矣,盖造物而罔忒。①

所谓"造物"即乾为万物的决定者,故乾阳至大志刚,体悟乾道即为高明。

总之,范仲淹认为本体无形无体,但却是有形万物的本质和一切存在的依据;本体不脱离万物,万物是本体的表现,本体与现象之间是共存共生的关系。

如何在理论上批判佛道的世界观而弘扬儒家的世界观,是宋儒在进行本体论建构过程中无法回避的问题。作为新儒学的倡导者,范仲淹"提倡'有'的哲学,反对'无'的哲学"②。所谓"有"的哲学,是指视本体为实有的儒家哲学;所谓"无"的哲学,是指佛道以"空""无"为本体的佛道哲学。对于佛道思想,范仲淹不像同时代的儒者如孙复、石介等人那样持激烈否定的立场,并且对于佛道的一些合理思想也能够吸收和借鉴。但作为一代大儒,范仲淹对于佛道世界观在总体上还是持批判立场的。他在《乾为金赋》中说:

> 我道宜知,喻披沙而既得;我功不拔,如在砺以焉亏?则知为冰未良,喻马安仰?一则消释而可待,一则老瘠而何往?曷若我取难得之宝,匹始亨之象?③

这段话表明,范仲淹对佛道空无本体观的弊端是有深刻认识的。他认为佛道的空无世界观如冰雪浮云一般消散易逝,无法为人的安身立命提供坚实依据,而儒家思想则为"难得之宝"。儒家道体的实有性质,可以通过其功用的实有性质而得到体现:既然披沙可得金,砺功不可拔,那么事物的本性就绝不是空无虚寂的。

范仲淹在《上执政书》中还指出:

> 夫释道之书,以真常为性,以清净为宗。神而明之,存乎其人,智者尚难于言,而况于民乎?君子弗论者,非今理天下之道也。其徒繁秽,不可不约。……天下寺观,每建殿塔,蠹民之费动逾数万,

---

① 《范仲淹全集》(上),凤凰出版社2004年版,第434—435页。
② 蒙培元:《范仲淹的哲学与理学的兴起》,《北京社会科学》1992年第4期。
③ 《范仲淹全集》(上),凤凰出版社2004年版,第434—435页。

止可完旧,勿许创新。斯亦与民阜财之端也。①

范仲淹认为佛道的性理学说高明玄远,虽有一定的合理性,但因其空寂无着,严重脱离现实,且违背伦常,动摇国家根基,所以不是正确的理论,也不是治理国家的正道。

为了同佛道的空无本体相区别,范仲淹视乾坤本体为实体。作为本体的实体是指独立存在的、能够为万物的一切属性提供存在和统一性依据的东西。佛道二教的空无本体看似"神而明之",却无法为万物提供真实依据,只会导致人们对现实世界的虚无感和幻灭感,故对于以入世主义、肯定现实的人伦日用为基本价值的范仲淹来说,必须否定佛教思想。这正如劳思光先生所指出的:

> 宋儒之反佛教,则只以价值意义之"舍离精神"为对象。换言之,佛教持"否定世界"之态度,宋儒则提出"肯定世界"之态度。此一肯定自亦是重在价值意义。……其以"肯定世界"之立场,反对佛教"否定世界"之立场,固确不失儒学之大方向,亦可说符合孔孟立说之本旨。

宋儒以"肯定世界"之立场,反对佛道"否定世界"之立场,在哲学上就表现为以具有"实质意义之内容"的本体否定仅为"形式意义之概念"②的佛道本体,即以实体的本体论否定和超越佛道的空无本体论。事实上,宋儒中的各派都视本体为实体,其中气学派视气为实体,理学派视理为实体(实理),心学派视心为实体。③ 这些实体性的本体概念,都构成了对佛道空无本体概念的批判和否定,如北宋气本论的代表人物张载曾明确指出:"知太虚即气,则无无。"(《正蒙·太和》)

宋儒的气本论学派滥觞于范仲淹。范仲淹所说的乾坤,实为天地阴阳之气,故乾坤本体实为气本体。范氏此说大体是依《周易》推衍而

---

① 《范仲淹全集》(上),凤凰出版社2004年版,第188页。
② 劳思光:《新编中国哲学史》(三上),广西师范大学出版社2005年版,第40—41页。
③ 关于宋代儒学的学派分属,有传统的视理学和心学相对峙的二系说;有劳思光先生提出的一系说[参见劳思光:《新编中国哲学史》(三上),广西师范大学出版社2005年版,第30—39页];还有牟宗三先生提出的三系说[参见牟宗三:《心体与性体》(上),上海古籍出版社1999年版,第42—43页]。无论是一系说、二系说还是三系说,都忽视或否认气学派的存在,这是不符合历史事实的。

成的。《系辞》云:"《易》有太极,是生两仪",这一观念对范仲淹的影响很大,在很多论述中,他都是以默认这一观念为前提的。如:

> 大哉乾阳,禀乎至刚。……冠三才而中正,秉一气而纯粹。万物自我而资始,四时自我而下施。①

> 得不观庶物之情,究至理之本?……高者抑而下者举,一气无私;往者屈而来者伸,万灵何遁?②

这里所说的"秉一气"和"一气无私",是说乾坤本体及宇宙万物都是由气构成的,气包含着阴阳两端,即气分阴阳,也称之为"二气"或"两仪"。气因阴阳交感会产生无穷变化,产生宇宙万物,故气为万物之本。

第三节 "性以诚著、德由明发"的心性论

宋儒的使命是复兴儒学,在这个过程中,儒学本体论的建构是关键环节。不过,宋儒的主流——无论是程朱还是陆王二系,继承的都是思孟学派的道统,而思孟学派是以心性论见长的,故宋儒真正关心的其实是心性论问题,即道德性命问题。自先秦以来,思孟学派的心性论,主要体现为以性善论为基础的一套伦理道德学说和相应的礼乐制度,但其理论的形而上学("性与天道")不足问题却一直存在着,尽管子思和孟子等先儒也试图在人性与天道之间建立起超越的联系,但由于受传统"天人合一"思维模式的限制,这种努力并不成功。对此,杨儒宾先生曾指出:

> 孟子的立场大概是这样的:他的"良知""性善"诸说都只是用在道德界,也只是用在人的世界,这两个概念没有牵涉到万物存在的问题。③

---

① 《范仲淹全集》(上),凤凰出版社2004年版,第434页。
② 《范仲淹全集》(上),凤凰出版社2004年版,第447页。
③ 杨儒宾:《"性命"怎么和"天道"相贯通的》,《杭州师范大学学报》(社会科学版)2010年第1期。

到了汉唐时期,佛道的心性论大行其道,其根本原因就在于以精致的本体论学说作为依托的心性论,较之儒家不完善的心性论更有理论的和思辨的魅力。因此,如何完善儒家的心性论,打通"性"与"天道"的壁垒,建立道德形而上学,就成为宋儒努力的方向。回顾宋代的哲学历程,我们应该认同这样的观点:"主流理学的主要议题集中在天道性命上面,'天道'是形而上学的语汇,'性命'则是心性论的语汇,理学思想中的形上学命题大抵是心性论的延伸,两相比较之下,心性论的问题更为根本。"①

作为北宋儒学复兴运动的先驱,作为对儒家价值观有深刻体认的一代大儒,范仲淹对于心性论在儒家思想中的根本作用是有着自觉的认识的。他之所以在泛通六经的基础上精研《周易》、看重《中庸》,就是想发掘这两部经典中潜在的但又"成形存存"的"道义之门"(《系辞》),从而建立起"天人会同""诚明一体"的心性论思想体系。所以对范仲淹来说,"建立宇宙本体论只是一个基本前提,他的真正目的是建立人学本体论"。②

范仲淹所建构的乾坤本体论,其施用范围是涉及整个存在领域的,当然也包括人类社会。他对《易兼三材赋》篇名的题解是"通彼天地人谓之易",意为天地人三材有会通之处。故他在文中又说:"所以明乾坤之化育,见天人之会同者也。"③意思是,人由乾坤本体所化育,那么天人之间就必然存在相通或相同("会同")之处。

强调"天人合一"是儒学的根本特征,但问题是怎样认识"天人合一"的本质。如上所述,先秦和汉唐之儒的"天人合一"思维模式是一种宇宙生成论的思维模式,天人之间的合一只是一种原始的、外在的、神秘的合一。以这种思维模式为基础的儒家思想,尽管也包含性命与天道相关联的一些内容,但都难以从本体论的角度论证和推衍心、性、理这三者之间的关系。因为存在这个缺陷,所以在漫长的历史进程中,儒家的伦理道德学说始终没能从道德领域延伸到存在领域,这是儒家思

---

① 杨儒宾:《"性命"怎么和"天道"相贯通的》,《杭州师范大学学报》(社会科学版)2010年第1期。
② 蒙培元:《范仲淹的哲学与理学的兴起》,《北京社会科学》1992年第4期。
③ 《范仲淹全集》(上),凤凰出版社2004年版,第437页。

想难敌以精致本体论为基础的佛道学说的根本原因。

而范仲淹所说的天人"会同",是以其乾坤本体论为基础,体现的是本体论的思维模式,如他对四德说的阐发就有别于传统的四德说。传统四德说来自《周易》,《文言》将乾卦卦辞"元亨利贞"解释为"善之长""嘉之会""义之和""事之干"四德,这是乾元之德,属于天德范畴。以天道言人道是《周易》的特点,故《文言》认为君子也要行此四德,即"君子体仁足以长人,嘉会足以合礼,利物足以和义,贞固足以干事",还说:"夫大人者与天地合其德",这是说人世间的大人要上合天德。这些都属于人德。可见,《文言》也试图将天德和人德联系起来,但由于《文言》并未明确说明天德的形上性质和人德的形下属性,也未明确说明天德与人德的体用关系,所以人德上合天德的必然依据是什么?如何上合?这些问题便也无法合理地回答,这说明传统的四德说存在思维弊端。范仲淹对传统四德说的思维弊端是有清醒认识的,他说:

> 卦有四德,曰元亨利贞。虽《文言》具载其端,后之学者或未畅其义,故愚远取诸天,近取诸物,复广其说焉。①

范仲淹在此委婉地说后世学者未能明了《文言》的本意,实际上是对传统的四德说提出了批评。而他是如何"畅其义"的呢?

范仲淹从儒家的立场出发,将乾卦卦辞的"元亨利贞"阐释为"道之纯""道之通""道之用""道之守"四德,认为四德是天的固有属性,所谓"惟《乾》《坤》之德,统其四者焉"即是此意。可见四德是天德,也是天道;但同时也是人德,也是人道。他说:

> 行此四者之谓道,述此四者之为教。四者之用,天所不能违,而况于人乎?况于万物乎?故君子不去也。
>
> 惟圣人体乾而行,……尧舜率天下以仁,乾元之君也。……体其元而兼其三者,……处必亲仁,元之基也。②

文中"之谓道""之谓教"的表述是来自《中庸》的"天命之谓性,率性之谓

---

① 《范仲淹全集》(上),凤凰出版社 2004 年版,第 161 页。
② 《范仲淹全集》(上),凤凰出版社 2004 年版,第 162—163 页。

道,修道之谓教"。可见,范仲淹是将《周易》与《中庸》结合在一起来相互印证和相互发明的。前句话的意思是:君子能够践行四德,把四德作为修养教化的目标和人生价值的实现。四德是天道的体现,因而具有普遍性,人禀受天道,将其内化为人的本性,故君子能够保有自己的本性。后句话的大意是:乾元之德为四德的最全面的表现,是为天地之仁德。因为天地之仁德与人性内在想通,故圣人能够体认乾元之德,回归善良本性,并将乾元之德所赋予的仁德发扬光大,直达天命之性。显而易见的是,范仲淹对于四德说的新阐释,已超越了在"天人合一"思维框架下议论天道和人道关系的旧传统,而开始从形上形下、本末体用的本体论维度来讨论道德心性问题了。

《省试自诚而明谓之性赋》和《南京府学生朱从道名述》是范仲淹阐释《中庸》的两篇文献。关于这两篇文献所表达的义理,有些学者单纯从儒家内圣外王的角度进行论说,如张陪高认为:"就《中庸》本身而言,有天人合一、内圣外王、礼治与德治兼备等丰富思想。从整体上看,虽然范仲淹对《中庸》的诠释谈不上全面和系统,但是他对'内圣外王'思想作了新的阐发。"[①]笔者认为,范仲淹的《中庸》诠释,已从泛泛论述儒家内圣外王的伦理政治思想,发展到构建儒学心性本体论的哲学高度。

《省试自诚而明谓之性赋》是范仲淹较早论述心性论的文章,该文通过对《中庸》"自诚明,谓之性;自明诚,谓之教。诚则明矣,明则诚矣"的诠释,表达了诚体为本、诚明谓性的心性论思想。

诚是中国哲学的重要范畴,关于诚的含义,牟宗三先生曾有精确的概括,他指出:

> "诚"本真实无妄意,为形容名词,其所指目之实体即天道。天道以"生物不测"为内容,即以创生为内容。此作为实体之天道,即以诚代之亦无不可。故诚亦可转为实体字,而曰"诚体"。诚体者即以诚为体也。诚即是体,此即是本然,自然,而当然之天道。故《中庸》复曰:"诚者天之道也,诚之者人之道也。"[②]

[①] 张陪高:《范仲淹的〈中庸〉诠释及其影响》,《哲学研究》2018年第6期。
[②] 牟宗三:《心体与性体》(上),上海古籍出版社1999年版,第277页。

牟宗三先生指出,"诚"本意为真实无妄,为普通形容名词,但用于哲学则指"诚体",故"诚"为实体之天道。他认为《通书》第一章"以诚体合释乾道",即"以《中庸》之'诚'合释《易传》之《乾彖》"①的诠释方法,是周敦颐本体论哲学的特征。牟宗三先生此说乃源自黄宗羲"周子之学以诚为本"②的说法,的确抓住了宋明心性之学的本质。但牟先生认为北宋的心性之学"直接断自周濂溪"③,这个看法是值得商榷的。

其实,范仲淹已经在"诚体"的意义上使用诚的概念了,他说:"存乎诚而正性既立,贯乎明而盛德乃宣","圣人生禀正命,动由至诚。发圣德而非习,本天性以惟明",这是说,"诚"为人性之本,圣人所禀受的至诚天性,并不是在后天的道德践履中习得的,而是诚体以先天之圣德照明万物及人性的结果,故"性以诚著,德由明发","我性在斯,终存存而不竭"。可见,范仲淹所理解的诚,已不仅仅是指一种真实无妄的道德品质和主体精神,而与道一样,都是本体范畴。诚与道的区别在于:"诚"突出的是天道的价值意义,强调的是本体与人性的相感相通,此意亦如张载所言:"性与天道合一存乎诚"(《正蒙·诚明篇》),故诚实为人性的道德形上本体;而道则为宇宙万物的本体。所以在论述心性论问题时,范仲淹视诚、性为相互发明的同质本体,其中诚为纯粹至善本体,是性之源,而性是诚体在人身之中的显现,表现为纯粹至善的人性。

范仲淹所理解的明,首先是指"诚"本体的澄明和显现,其次是指主体对本体的体悟和洞见,前者之明指的是"自诚而明",后者之明指的是"自明而诚"。

关于"自诚而明",范仲淹说:"究其本也,盖钟纯粹之精;及其显焉,乃著文明之德。岂不以自诚而明者,生而非常。"④意思是,纯粹至善的本体之诚虽然无形,寂然不动,但感而遂通,广大清明,照乎天地,人性就是诚体的显现和澄明。故"自诚而明",是指本体的自幽而明,体现的

---

① 牟宗三:《心体与性体》(上),上海古籍出版社1999年版,第276、277页。
② 《宋元学案》卷十二《濂溪学案下》。
③ 牟宗三:《心体与性体》(上),上海古籍出版社1999年版,第274页。
④ 《范文正公文集》卷一《省试自诚而明谓之性赋》,《范仲淹全集》(上),凤凰出版社2004年版,第18、19页。

是道体下达、落实为道德心性的进路。

关于"自明而诚",范仲淹说:"自明而诚者,学而有方?生而德者,实兹睿圣;学而及者,惟彼贤良。"范仲淹区分了学而知之和生而知之,对于生而知之的睿圣而言,纯良人性与天性完全统一,而对于普通贤良而言须择善而从,经过穷理尽性的修养工夫方可复现此诚体。故"自明而诚",是指人性的自暗而明,体现的是主体上达、与道体合一的进路。不过,无论是"自诚而明"还是"自明而诚",体现的都是诚明或诚性之间的显微无间、"有感必通"关系,两者虽双头回向,但又"殊途而同归,相须而成理",由此达到了"由至诚而达至明"①的境界。

在《南京府学生朱从道名述》一文中,范仲淹结合《中庸》关于天道性命的论述,进一步阐述了心性之理。他说:什么是道呢?道就体现在人性中,故遵循人的善良本性去行动就是从道,忠、孝、礼、义、信、仁这些德行都是善性的体现,也是道的初步体现,故为"道之端"。若能进一步通过至诚尽性和致中和的工夫,就可以达到赞天地之化育,与天地参的圣贤境界,这是"道之致"。② 在范仲淹看来,无论是"道之端"还是"道之致",都不是自发形成的,而是主体自觉努力——"大成于心"的结果。

"大成于心"的提出,意味着范仲淹对"心"在心性论思想体系中的重要作用有着清醒的认识,这一点,范仲淹与宋儒的精神气质是完全吻合的。宋儒所讲的性理之学,认为性是理的体现,但心性不可分,性体必然落实为心的存在。而宋儒讲的心,绝非单纯的主观精神,而是包含心之载体和功能于一体的能动主体。故性理虽为心之源,但心的存在也非常重要,因为只有通过主体的格物致知或穷理尽性,主体才可以发挥其至诚之性去反思、认识、体悟性与天道,进而践行天道,并以此来实现人生的价值。因此,宋儒非常重视心的作用,牟宗三先生认为,宋明儒所讲者即为"性理之学",而此"性理之学"亦可直曰"心性之学",原因在于:

---

① 《范文正公文集》卷一《省试自诚而明谓之性赋》,《范仲淹全集》(上),凤凰出版社 2004 年版,第 19 页。
② 《范仲淹全集》(上),凤凰出版社 2004 年版,第 151 页。

  盖宋、明儒讲学之中点与重点唯是落在道德的本心与道德创造之性能（道德实践所以可能之先天根据）上。"性理"一词并非性底理，乃是即性即理。若只说"性理之学"，人可只以伊川、朱子所说之"性即理也"之"性理"义去想，此则便不周便，不能概括"本心即性"之"性理"义。……以此之故，直曰"心性之学"，或许更较恰当。①

牟宗三先生认为，"性理之学"不仅包括程朱的"性即理也"义，也包括陆王的"本心即性"义，故"心性之学"较"性理之学"更符合宋明儒所讲之学的本质。可见对心性的重视，构成了宋明儒独特的精神气质，而这种精神气质在宋学的开端——范仲淹"诚性相感""大成于心"的哲学思想中就已经初步形成了。

第四节 "感而遂通、穷神知化"的大化论

  作为北宋著名的政治家和改革家，范仲淹富有变革精神和进取精神，其社会政治改革的理论和方案，需要辩证思维的支撑。《周易》包含丰富的辩证思维，是我国古代辩证法的重要来源。范仲淹"泛通六经，尤长于《易》"（《宋史·范仲淹传》），他通过对《周易》辩证法思想的继承和发展，形成了自己丰富的辩证法思想，进而揭示了天地万物生生不息和宇宙大化流行不已的根源。

一、"一阴一阳之谓道"

  《周易》认为乾坤天地作为世界的本源，同时也是具备生生之德的创生主体，如《系辞》云"生生之谓易""天地之大德曰生"等等。范仲淹虽然扬弃了《周易》宇宙生成论的世界观，但他仍然结合宇宙的气化过程来谈论本体问题，他说：

---

① 牟宗三：《心体与性体》（上），上海古籍出版社1999年版，第3—4页。

> 于乾为资始,于坤为发生。①
>
> 天地动而万物生,日月动而昼夜成。②
>
> 取法乎天,所以显不息之义,所以轸行健之权。③

在范仲淹看来,乾坤天地虽然是世界的本体,但乾坤天地并不是静止不动的抽象本体,而是具有生命活力和运动属性的创生主体,宇宙万物是阴阳本体气化流行的产物。

按照《周易》的思想,大化流行有赖于阴阳二气的存在,如《系辞上》云"一阴一阳之谓道",《咸·彖》亦云"二气感应以相与""天地感而万物化生"。《周易》的阴阳思想,对范仲淹的影响很大,他也视阴阳结构为事物的普遍存在,如他说"三阳为乾""三阴为坤"④,认为乾坤本体自成阴阳。又说:"烈烈汤汤,曰阴曰阳","阴阳安得而两忘?"⑤这是说宇宙万物皆包含阴阳,而天地万物的生生不息和宇宙大化的流行不已,皆源自道体自身所包含的矛盾——阴阳之间的对立统一关系。

《周易》视阴阳关系为对立统一关系,如否与泰、谦与豫、损与益、既济与未济等等,都是对立统一关系,对立双方在一定条件下还可以相互转化,所谓"无平不陂,无往不复"以及"否极泰来"(《泰卦》)等,说的都是这个意思。范仲淹认为乾坤本体的创生动力,是来自阴阳二气的激荡和交感,他说"盖日用之利,和二体以交相",⑥说得也是这个意思。他在《水火不相入而相资赋》中认为,事物之间是"不相入而相资"的关系,他对该赋的注释是"其性相反,同济于用"。他说"水火之性也,偏其反而;水火之利也,一以贯之",以及"质本相违,义常相济""躁以静为君,有以无为用"⑦,等等,这些都表明,范仲淹对事物对立统一本性的认识是很深刻的。不仅如此,范仲淹还继承《周易》"天地絪缊,万物化醇。

---

① 《范仲淹全集》(上),凤凰出版社 2004 年版,第 162 页。
② 《范仲淹全集》(上),凤凰出版社 2004 年版,第 126 页。
③ 《范仲淹全集》(上),凤凰出版社 2004 年版,第 437 页。
④ 《范仲淹全集》(上),凤凰出版社 2004 年版,第 119 页。
⑤ 《范仲淹全集》(上),凤凰出版社 2004 年版,第 450 页。
⑥ 《范仲淹全集》(上),凤凰出版社 2004 年版,第 122 页。
⑦ 《范仲淹全集》(上),凤凰出版社 2004 年版,第 450 页。

男女构精,万物化生"(《系辞下》)的思想,认为只有对立面事物之间的相辅相成,才能产生有价值的新事物。他说:

> 天地睽也而阴阳合焉,昼夜睽也而日月交焉,男女睽也而礼义成焉,上下睽也而君臣会焉,万物睽也而情类聚焉。①

这里所说的天地、昼夜、男女、上下、君臣和万物,都包含阴阳对立的两面,都是"睽"与"合"的统一体,其中"睽"是指两者性质相反,"合"是指两者性质相成,但相反才能相成,宇宙万物就是在"睽"与"合"的矛盾运动中形成的。

可见,在范仲淹看来,阴阳的存在具有普遍性,矛盾关系为世界的普遍法则。对此,他在《穷神知化赋》中进一步说:

> 惟神也感而遂通,惟化也变在其中。究明神而未昧,知至化而无穷。通幽洞微,极万物盛衰之变;钩深致远,明二仪生育之功。大《易》格言,先圣微旨。神则不知不识,化则无终无始。②

由阴阳二仪所引起的变化是无穷无尽、无终无始的,这种变化具有永恒性的和普遍性,所以称为"至化",也即大化。范仲淹称此大化为"神",但这里的"神"并非神秘莫测的不可知之义,因为"穷神"可以"知化"(《穷神知化赋》的篇名即表明了此意)、"穷理(神之理)"可以"尽性"(《易兼三材赋》),此意亦如《系辞》所云"知变化之道者,知其神之所为乎",即认识了事物变化的本质和规律,也就知道了什么是"神",这显然是把"神"视为"变化之道"。范仲淹也是在此意义上来理解"神"的,他说"妙用之谓神",所谓"妙用"就是本体和现象之间的微妙作用,是无形的本体施展其作用于一切有形事物的"通幽洞微"之理。在《易兼三材赋》中,范仲淹也称此理为"洁静精微之理"。由此可知,范仲淹是在哲学本体论意义上使用"神"这一概念的,其目的是说明大化流行的必然性和普遍性。当然范仲淹也说过"神则不知不识""原其不测"之类的话,但这并不是说"神"不可知,而是说大化的"通幽洞微"之理难知难

---

① 《范仲淹全集》(上),凤凰出版社2004年版,第122页。
② 《范仲淹全集》(上),凤凰出版社2004年版,第433页。

测,不容易被人所理解,此意正如《系辞》所云:"百姓日用而不知,故君子之道鲜矣。……阴阳不测之谓神。"

二、"刚柔相推而生变化"

《周易》的辩证法思想还突出体现在"刚柔相推而生变化"(《系辞上》)这一命题中。受其影响,范仲淹也用阴阳交感和刚柔进退来说明事物的变化。在《易义》一文中,范仲淹主要用阴阳关系的变化,对《周易》的《乾》《咸》《恒》《遁》等27卦的卦义进行了诠释,他说:

> 《咸》,阴进而阳降,上下交感之时也。
> ……
> 《恒》,阳动阴顺,刚上柔下,上下各得其常之时也。
> ……
> 《遁》,阴进阳退,柔佞入而刚正出,君子遁去之时也。
> ……
> 《大壮》,刚以震而阴摧,君子威而小人黜,政令刚严之时也。①

范仲淹认为"易以象设",即天地至理通过卦象得以显现,而阴阳六画"形动静于爻中"②,因此必须通过考察阴阳两爻的爻位变化,才能揭示卦象的义理。

将《周易》的运动变化的思想升华为变革的思想,是范仲淹辩证法思想的重要特色。《周易》关于变易的思想是非常丰富的,其中《系辞》所说的"穷则变,变则通,通则久",尤为范仲淹所注重,他在《上执政书》中说:

> 惟圣人设卦观象,"穷则变,变则通,通则久"。非知其变者,其能久乎?此圣人作《易》之大旨,以授于理天下者也。③

范仲淹认为,穷则思变的变易精神是《周易》之"大旨",也是治理天下者

---

① 《范仲淹全集》(上),凤凰出版社2004年版,第119—128页。
② 《范仲淹全集》(上),凤凰出版社2004年版,第437页。
③ 《范仲淹全集》(上),凤凰出版社2004年版,第434页。

必须具备的理念。面对北宋纲纪不振的穷塞局面,范仲淹极力主张以《周易》的变易精神为依据,进行政治改革,寻求变通之道,以达到长治久安。

在《乾为金赋》中,范仲淹以"金"行喻《乾》阳,强调的就是"金"德的刚健进取、从革权时的品性,他说:

> 大哉《乾》阳,禀乎至刚。统于天而不息,取诸金而可方。外著元亨,想有英而可睹;中含变化,知从革之靡常。①

所谓"知从革之靡常",是指善于通过变革,突破陈规陋习来寻求生存之道。关于"革",范仲淹通过对《革》卦的阐释揭示了其本质:

> 革,火水相薄,变在其中,圣人行权革易变之时也。②

在对《鼎》卦的诠释中,范仲淹进一步指出"革去故"而"鼎取新",故"取鼎为义,表时之新"。可见,所谓的"新",就是要革除弊政,实行新政,以"有道易无道"。《易义》云:

> 天下既革而制作兴,制作兴而立成器,立成器而鼎莫先焉。……汤武正位,然后改正朔,变服章,更器用,以新天下之务,其此之时欤!③

本着"思其道则变而通之"④的变革精神,范仲淹赞成汤武革命,主张改章易制,革故鼎新。这是他利用辩证法这一理论武器而得出的积极结论。

变革精神必须以刚健进取精神为基础,否则变革就无法进行,所以范仲淹又特别强调《周易》的刚健精神。在《乾为金赋》中,他视乾为至阳至刚之气,指出:"大哉乾阳,禀乎至刚","立夫乾也,……所以尚乎刚健","乾之德也,至健于斯;金之性也,纯刚在兹"。⑤ 这些论述,都是结合时代特征对《周易》刚健进取精神的继承和发展。

---

① 《范仲淹全集》(上),凤凰出版社2004年版,第434页。
② 《范仲淹全集》(上),凤凰出版社2004年版,第435页。
③ 《范仲淹全集》(上),凤凰出版社2004年版,第125—126页。
④ 《范仲淹全集》(上),凤凰出版社2004年版,第438页。
⑤ 《范仲淹全集》(上),凤凰出版社2004年版,第434页。

第三章　范仲淹的名节观

钱穆先生在评论宋代学术时指出："北宋学术，不外经术、政事两端"；又说："宋学精神，厥有两端：一曰革新政令，二曰创通经义，而精神之所寄则在书院。"①钱穆先生所说的"革新政令"和"创通经义"，这两端的确是宋儒所要努力追求和创造的事业，是宋学精神之所在，也是宋代儒学复兴的重要标志。笔者以为，宋学精神的这两端与范仲淹都有直接关系，范仲淹既是"革新政令"的最初发起者也是"创通经义"的始祖。不仅如此，笔者还以为，宋学精神，于经术和政事两端之外，还有士风一端。事实上，如果没有士风的改变，经术创通和政事革新都不可能取得任何成果。因此，"大厉名节"与"革新政令""创通经义"一样，也是儒学复兴不可或缺的环节，也是宋学精神应有的内涵，而"大厉名节"正是范仲淹杰出的历史作为。

作为杰出政治家、军事家、教育家、思想界和文学家的范仲淹，他的一生，充溢着对政治理想、学术精神和道德操守的不懈追求。他几乎被视为完美无瑕的历史人物，正如元好问所言："文正范公……在朝廷，则又孔子之所谓大臣者，求之千百年之间，盖不一二见，非但为一代宗臣而已。"②朱熹则直接说他是"天地间气，第一流人物"③。范仲淹之所以拥有如此崇高的历史地位，不仅在于他所建立的杰出功业和思想成就，还在于他的"大厉名节"。也就是说，范仲淹不仅以卓越的事功扬名于

---

① 钱穆：《中国近三百年学术史》（上册），商务印书馆1997年版，第7页。
② 元好问：《遗山先生文集》卷三十八《范文正公真赞》，四库全书本。
③ 《范文正公褒贤集》卷五《朱文公论范公》，《范仲淹全集》（下），凤凰出版社2004年版，第1048页。

世,还以崇高的道德名节彪炳史册。

所谓名节,是由名和节两部分构成的概念:其中名是指名誉、名声或功名,可简称为名;节是指节操或气节,那么名节就是名誉和节操的统一。范仲淹对于名节问题有系统的思考,他针对当时士大夫阶层的道德状况,通过对佛道名节观的反思和批判,在坚持儒家传统名节思想的基础上,形成了具有时代特征的名节观。其主要内容包括:一方面,范仲淹不否定名,主张近名、爱名和重名。因此他汲汲追求功名,通过努力博取功名来提高自己的社会地位,进而实现自己的政治理想和人生价值。另一方面,范仲淹注重节,他所追求的名,是体现着礼义廉耻的令名。

第一节 范仲淹名节观形成的历史背景

北宋政权是在承袭了唐季五代以来武人跋扈、士风浇薄的基础上而建立的,加之佛道思想盛行以及由休养生息政策所带来的因循隐逸之风,使宋初(太祖、太宗和真宗三朝)的士风具有萎靡不振的特征。因此,改变唐季五代以来无视礼义廉耻的颓废士风,重建业已遭到严重破坏的忠义之风,也是北宋诸儒所要努力完成的事业。

一、五代的颓废士风及其影响

范仲淹的名节观,是对唐季五代以来士大夫阶层忠义之风丧失殆尽的一种拨乱反正。

晚唐以来,士风浇薄,道德败坏,他们卖身求荣,寡廉鲜耻,唯利是图,毫不顾及忠节名义。欧阳修在《王彦章画像记》一文中曾说:"悲夫!五代终始才五十年,而更十有三君,五易国而八姓,士之不幸而出乎其时,能不污其身得全其节者鲜矣。"[①]这种无耻文人和官僚的代表就是冯道。冯道自命"长乐老",历事"四姓十君",但因"未尝谏诤",故一生礼

---

① (宋)欧阳修:《欧阳修全集》,中华书局2001年版,第570页。

遇优渥。欧阳修在其撰写的《新五代史》中对冯道多有批评:

> 传曰:"礼义廉耻,国之四维,四维不张,国乃灭亡。"善乎,管生之能言也!礼义,治人之大法;廉耻,立人之大节。盖不廉,则无所不取;不耻,则无所不为。人而如此,则祸乱败亡,亦无所不至,况为大臣而无所不取不为,则天下其有不乱,国家其有不亡者乎!予读冯道《长乐老叙》,见其自述以为荣,其可谓无廉耻者矣,则天下国家可从而知也。①

应该指出的是,五代文人的气节沦丧,主要是长期的军阀专制统治和暴力压迫的结果。面对武人的专横跋扈,地位低下的文人,只能曲意逢迎,苟且偷生。正如赵翼所言:"藩镇皆武夫,恃权任气,又往往凌蔑文人,或至非礼戕害";这时的文士们"絷手绊足,动触罗网,不知何以全生也"②。这是感叹士人们生不逢时、丧失节操、苟且偷生的不幸遭遇。

在宋初(太祖、太宗、真宗三朝)的几十年里,五代所遗"贰臣"遍布朝野,所谓"国初人材,是五代时已生得了"③。在这种情况下,宋初的士风难免受五代颓废士风的影响,如《宋史》曾说:"宋之初兴,范质、王溥,犹有余憾,况其他哉!"④《宋史》说得还比较委婉,而南宋时人朱熹则比较刻薄地说:"本朝范质,人谓其好宰相,只是欠为世宗一死尔。如范质之徒,却最敬冯道辈,虽苏子由议论亦未免此。本朝忠义之风,却是自范文正公作成起来也。"⑤这是明确批评国初范质等人不仅先天具有道德瑕疵,而且还优柔不思进取,但求持禄保位。随后的几任宰相,也都以因循墨守、恭谨持重为风尚,故朱熹又说:"祖宗以来,名相如李文靖、王文正诸公,只恁地善,亦不得。至范文正时便大厉名节,振作士气,故振作士大夫之功为多。"⑥

---

① 《新五代史》卷五十四《冯道传》。
② (清)赵翼:《廿二史札记·五代幕僚之祸》卷二十二。
③ 《朱子语类》卷一百二十九《本朝三》。
④ 《宋史》卷四百四十六《忠义传一》。
⑤ 《朱子语类》卷四十七《论语》。
⑥ 《朱子语类》卷一百二十九《本朝三》。

二、佛道思想的盛行与宋初士大夫的隐逸之风

宋初的士风不振,与佛道思想的影响有关。宋初的统治者虽实行重文轻武的文治政策,重视儒教,但也尊崇佛道,儒家思想远未成为社会的主流思想,士大夫阶层也以谈佛论道作为时尚,参禅学佛活动极为盛行,甚至一度出现了如司马光所说的"近来朝野客,无坐不谈禅"①的局面。这种情况不仅在宋初,甚至到了北宋中期还很普遍,二程某次在参加了士人聚会后曾感慨道:

> 昨日之会,大率谈禅,使人情思不乐,归而怅恨者久之。此说天下已成风,其何能救!古亦有释氏,盛时尚只是崇设像教,其害至小。今日之风,便先言性命道德,先驱了知者,才愈高明,则陷溺愈深。在某,则才卑德薄,无可奈何佗。然据今日次第,便有数孟子,亦无如之何。只看孟子时,杨、墨之害能有甚?况之今日,殊不足言。②

二程对于读书人中的谈禅之风深表忧虑,认为佛教的危害已超过了当年的"杨、墨之害"。因为佛教不仅是"崇设像教"之类的粗俗宗教,而是"先言性命道德"的深奥宗教,即佛教以一套精致的人性理论为依托来宣扬其教义,故"才愈高明"的读书人,往往"陷溺愈深"。

面对宋初"儒门淡泊,收拾不住,皆归释氏"③的思想局面,王安石也深感忧虑,他说:

> 呜呼,礼乐之意不传久矣!天下之言养生修性者,归于浮屠、老子而已。浮屠、老子之说行,而天下为礼乐者,独以顺流俗而已。夫使天下之人驱礼乐之文以顺流俗为事,欲成治其国家者,此梁、晋之君所以取败之祸也。④

这种佛老之言盈天下的局面,对宋初的士风造成了许多消极影响,

---

① (宋)司马光:《传家集》卷十二《戏呈尧夫》。
② 《河南程氏遗书》卷二上。
③ (宋)志磐:《佛祖统纪》卷四十五《法运通塞志十七之十二》。
④ (宋)王安石:《王文公文集》卷二十九《礼乐论》,上海人民出版社1974年版,第335—336页。

有学者指出,宋初对佛家出世清净和道家无为无名思想的崇尚,导致了士大夫阶层"因循持重"的"隐逸之风"。①

为消除道家"无名"思想的影响,也为反驳时论对他的"好名""近名"指责,他专门写了《近名论》和《上资政晏侍郎书》等文章,阐述了他的名节观,其《近名论》云:

> 老子曰:"名与身孰亲?"(言人知爱名,不如爱其身之亲也。)庄子曰:"为善无近名。"(言为善近名,人将嫉之,非全身之道也。)此皆道家之训,使人薄于名而保其真。斯人之徒,非爵禄可加,赏罚可动,岂为国家之用哉?我先王以名为教,使天下自劝。②

范仲淹指出,"薄名保真"是老庄"道家之训",体现的是"全身之道",范仲淹对此有一定的同情,但对其危害也有清醒的认识,他认为"薄名保真"是缺乏社会责任感的体现。他从儒家的"入世"思想出发,对道家的"无名"思想进行了批驳,指出追求"名节"是由人的仁义忠孝本性决定的,故追求"无名",既无益于社会,也不符合礼教精神。

三、宋初的统治政策与士大夫的因循保守之风

另外,宋初统治者实行的休养生息政策,是造成官僚士大夫阶层因循持重保守风尚的又一重要因素。宋太祖一生南征北战,建制立业,是大有为之君,但太宗、真宗则崇尚清净无为之治。如太宗在开宝九年(976年)登基之初就对群臣说:

> 先皇帝创业垂二十年,事为之防,曲为之制,纪律已定,物有其常,谨当遵承,不敢逾越,咨尔臣庶,宜体朕心。③

淳化四年(993年),太宗又对臣下说:

> 今亭障无事,但常修德以怀远,此则清静致治之道也。④

---

① 郭学信:《宋代士大夫隐逸风尚时代特征谈论》,《宋史研究论丛》2016 年 12 月 31 日版。第 512—536 页。
② 《范仲淹全集》(上),凤凰出版社 2004 年版,第 132 页。
③ 《长编》卷十七,开宝九年十月乙卯。
④ 《长编》卷三十四,淳化四年十一月甲寅。

真宗虽东封西祀,广建宫观,但却崇尚清静无为之治。咸平二年(999年),他曾对臣下说:

> 图书之府,清净无事,可以养性也。①

大中祥符元年(1008年),真宗专为出使京朝官并幕职、州县官降锡,诫谕"清净为治"。②

上有所好,下必甚焉。太宗、真宗对清净无为之治的崇尚,与宋初因循保守、不尚名节士风的形成有直接关系,这正如程俱所言:"国初既已削平僭乱,海寓为一,于是圣主思与天下涵泳休息,崇儒论道,以享太平之功。"③欧阳修也说:"国家自数十年来,士君子务以恭谨静慎为贤。"④

近人刘咸炘对宋初的士风曾作过这样逼真的描述:"真宗以前及仁宗初年,士大夫论治则主旧章,论人则循资格,观人则主禄命,貌以丰肥为福,行以宽厚为尚,言以平易为长,文以缛丽为美,修重厚笃谨之行而贱振奇驱驰之才。"⑤

但到仁宗时期,士风开始由萎靡转变为振作,这主要是由于新型士人的崛起。经过唐末五代的社会动荡,旧的门阀士族消亡了,取而代之的是新型士人。到了宋仁宗时期,以范仲淹、欧阳修和"宋初三先生"为代表的一批新型士人开始崛起,并于庆历年间登上历史舞台。这批新型士人大多出身孤寒,没有家族门第可供依靠,唯有通过道德自律和有发奋苦读方可出人头地,从而改变社会地位,实现治国平天下的理想。而这些愿望在北宋统治者以科举取士、礼遇文人和"与士大夫共治天下"的文化和政治背景下变成了现实。

中国传统士人本来就具有淑世救民的情怀,不过在门阀制士族时代,普通士人由于缺乏政治参与的机会,往往沦为王朝的雇佣者和看客。与传统士人相比,北宋这批新型士人的社会责任感更加强烈,更具

---

① 《长编》卷四十四,咸平二年正月乙丑。
② 《长编》卷六十八,大中祥符元年四月丁酉。
③ (宋)程俱:《麟台故事》卷三《选任》。
④ (宋)欧阳修:《欧阳修全集》,中华书局2001年版,第1693页。
⑤ 刘咸炘:《史学述林·北宋政变考》,转引自郭学信:《范仲淹与北宋中期的儒学复兴》,《聊城师范学院学报》(哲学社会科学版),1997年第1期。

有主人翁意识,他们有追求、有能力、有责任、有担当,他们立志改变积弊丛生的现实,力图挽救王朝的命运,进而实现儒家的王道理想,他们以"名节"为立身之本,不苟且,不懈怠,不妥协。欧阳修说范仲淹"少有大节,于富贵、贫贱、毁誉、欢戚,不一动其心,而慨然有志于天下,常自诵曰:'士当先天下之忧而忧,后天下之乐而乐也。'"①,这不仅是对范仲淹个人精神品质的褒奖,也是对庆历一代士人精神品质的褒奖。

第二节　范仲淹的"大厉名节"及对"无名论"的反思

在北宋真宗、仁宗之际,以范仲淹为代表的新型士人对弥漫于士大夫阶层的因循保守之风发起了挑战,但也遭到了时论的"好名"非议。为了正本清源,从理论上根本解决在"名"这个问题上的许多错误观念,范仲淹对老庄的"无名论"进行了深入的反思和批判。

一、范仲淹的"大厉名节"及所受"好名"指责

范仲淹继承了我国古代士大夫重视名节的优良传统,在宋初士风因循保守的特定历史条件下,通过对老庄"无名论"思想的深入反思和批判,以及对儒家先贤前圣重视名教的历史总结,形成了既符合儒家精神又具有时代内涵的名节观。范仲淹的名节观,批判了老庄不加分析地否定一切"名"的极端立场,主张把个人名利与国家和社会整体利益相结合。以此名节观为指导,以范仲淹为代表的庆历一代新型士人"大厉名节",敢于"直言谠论"和"感激论天下事",这对于培育宋代士大夫所具有的忠义之风,对于北宋儒学的复兴作出了重要贡献。

宋初士大夫因循持重的隐逸之风,在真宗仁宗朝受到了范仲淹等新型士人的冲击。据史载:"真、仁之世,田锡、王禹偁、范仲淹、欧阳脩、唐介诸贤,以直言谠论倡于朝,于是中外搢绅知以名节相高,廉耻相尚,

---

① (宋)欧阳修:《欧阳修全集》,中华书局2001年版,第333页。

尽去五季之陋矣。"①这时的士大夫们"每感激论天下事,奋不顾身,一时士大夫矫厉尚风节,自仲淹倡之"。② 可见,范仲淹对士风的推动和激励作用,是通过"直言谠论"和"感激论天下事"来体现的。范仲淹认为"儒者报国,以言为先"③,故从天圣七年(1027年)到景祐三年(1036年)的六七年时间里,他秉持公道,连续上书,对抗权臣,在多次遭受打击迫害的情况下,不但不吸取教训,谨言慎行,反而"论事益急"④,终因"言事无所避"而导致"大臣权幸多忌恶之"⑤,结果遭到了三次贬谪左迁的命运,其政治生涯的坎坷可想而知。但范仲淹的谏诤也为他赢得了巨大声誉,赢得了越来越多的同情和支持。

宋代士大夫精神风貌的转变以及忠义之风的形成,始于以范仲淹为代表的庆历一代新型士人的"大厉名节"⑥,这是世所公认的。如朱熹说:"宋朝忠义之风,却是自范文正作成起来也。"⑦北宋最大的改革家王安石曾评论范仲淹"名节无疵"。⑧ 总之,在宋仁宗在位时期,范仲淹发挥了士大夫群体的领袖作用,他的"大厉名节",带动和激励了北宋士人由因循保守、消极颓废的苟且之风,转变为注重名节、以廉耻相尚的忠义之风。

但范仲淹的"大厉名节"也遭到了"好名"的指责和非议。所谓"好名"是指热衷于追逐声誉,然后通过声誉达到谋取私利的目的,故"好名"与沽名钓誉相类似,通常具有贬义。对"好名"的这种污名化理解,主要来自道家的"无名论"。在道家看来,一切功名皆为虚名和浮名,那么追求和崇尚功名则为无意义的"好名";"好名"的产生,要么是因为对生命本质缺少认识,要么是出于追名逐利的私心。所以道家的"无名论",在如何对待"名"这个问题上造成了许多思想混乱。在儒道两种名利观念的作用下,传统士大夫服膺名教、崇尚气节,有爱批判、喜议论,敢言直谏,高调入世的固有倾向,但同时又坚持缄默、中庸处世的作人

---

① 《宋史》卷四百四十六《忠义传一》。
② 《宋史》卷三百一十四《范仲淹传》。
③ 《范仲淹全集》(上),凤凰出版社2004年版,第355页。
④ 《范仲淹全集》(下),凤凰出版社2004年版,第944页。
⑤ 《长编》卷一百十八,景祐三年五月。
⑥ 《朱子语类》卷一百二十九《本朝三》。
⑦ 《朱子语类》卷四十七《论语》。
⑧ 《范文正公褒贤集》卷一《祭范颍州文》,《范仲淹全集》(下),凤凰出版社2004年版,第959页。

和为官之道。他们谨言慎行,以避免因名声外露而招致嫉恨,所谓"决事不欲明白,误则有悔,模棱持两端可也"①,就是这种明哲保身、玩世不恭心态的典型体现。而宋初士大夫这种名节淡薄的因循持重之风尤为浓烈,所以范仲淹的"直言谠论"和"感激论天下事",就引来了"好奇邀名""近名""务名"的种种指责和讥讽。

据范仲淹写于天圣八年(1030年)的《上资政晏侍郎书》的记载,他因"上封章言朝廷礼仪事",曾遭到舆论的非议,晏殊告诉他:"众或议尔以非忠非直,但好奇邀名而已。"意思是,众议认为范仲淹的上书言事,谈不上忠也谈不上直,只是沽名钓誉而已。因范仲淹入朝为官是由晏殊举荐的,为此晏殊对范仲淹的做法很是不满,他说:"尔岂忧国之人哉?苟率易不已,无乃为举者之累乎?"②

范仲淹的政敌,宰相吕夷简曾指责范仲淹"务名无实"。而范仲淹对"吕夷简执政,进者往往出其门"的局面非常不满,他多次上书谏诤但均无果。所以当他听到吕夷简的"务名"指责后,立即上书"四论"进行反击,并用汉成帝罔信张禹、终致王莽之乱的故事来影射宋仁宗和吕夷简的关系,无非是说吕夷简就是和张禹同类的奸臣。这导致了吕夷简的激烈反击,他控告范仲淹有"越职言事""荐引朋党""离间君臣"三大罪状,于是范仲淹第三次遭贬。③

曾经举荐过范仲淹的另一位宰相王曾也说过:"范希文亦未免近名,须要纯意于国家事尔。"④意思是说,范仲淹的"直言谠论"和"感激论天下事",都是为了邀名,而并非是为了国家的公利。其实这并非孤证,王曾对范仲淹还有过一次非常委婉的提示,据《宋史》载:

> 曾进退士人,莫有知者。范仲淹尝问曾曰:"明扬士类,宰相之任也。公之盛德,独少此耳。"曾曰:"夫执政者,恩欲归己,怨使谁归?"仲淹服其言。⑤

---

① 《新唐书》卷一百一十四《苏味道传》。
② 《范仲淹全集》(上),凤凰出版社2004年版,第201页。
③ 《长编》卷一百一十八,景祐三年五月。
④ 《锦绣万花谷》前集卷十一,引《魏王别录》。
⑤ 《宋史》卷三百一十《王曾传》。

这段对话令人费解。大意是,身居相位的王曾,无论是举荐了谁还是压制了谁,都不会让当事人知道。范仲淹不理解王曾的做法,于是问王曾道:扬善抑恶是宰相的职责,你为何不做在明处?王曾的回答非常高妙,他说:作为执政大臣,如果邀尽了恩名,那么臣下的怨恨又由谁来承担呢?这似乎是在点拨范仲淹:作为执政大臣,不可邀名,否则就有要结人心之嫌。

二、范仲淹对老庄"无名论"的反思和批判

当然,时论对于范仲淹的"好名"指责,有些是属于误解,但也有很多是恶意攻击。他们纷纷指责范仲淹"好名",不但"好名",而且好朋党。但范仲淹也并非等闲之辈,面对"好名"指责,他激愤地说:

> 若以范某好奇邀名为过,则伊尹负鼎,太公直钓,仲尼诛侏儒以尊鲁,夷吾就缧绁而霸齐,蔺相如夺璧于强邻,诸葛亮邀主于敝庐,陈汤矫制而大破单于,祖逖誓江而克清中原,房乔杖策于军门,姚崇臂鹰于渭上,此前代圣贤,非不奇也,某患好之未至尔。①

范仲淹说,如果我的好奇邀名有过错的话,那么历史上诸多的圣贤无不是好奇邀名的,我只是遗憾我的"好名"没他们做得好。可是这些激愤之语,并不能有效解决当时在"名"这个问题上存在的诸多错误认识。事实上,道家的"无名论"是这些错误认识产生的主要思想根源,这正如范仲淹所说:"然则为善近名,岂无伪耶?"②为了正本清源,他通过《上资政晏侍郎书》《近名论》《帝王好尚论》等一系列上书,对道家的"无名论"从生命哲学和社会政治两个维度进行了深入反思和批判。

从生命哲学的维度来看,范仲淹对于道家的"无名论"并没有简单否定。他认为老子所说的"名与身孰亲"和庄子所说的"为善无近名",其目的在于"使人薄于名而保其真"③,因此这两者体现的都是"道家自

---

① 《范文正公文集》卷十《上资政晏侍郎书》,《范仲淹全集》(上),凤凰出版社2004年版,第203页。
② 《范文正公文集》卷七《近名论》,《范仲淹全集》(上),凤凰出版社2004年版,第132页。
③ 同上。

全之说"。① 道家认为,生命的价值在于回归自然本性和实现心灵自由,这才是生命之"真",人应该保全生命之"真",而名利的追求则有悖于人的自然天性,也妨碍心灵自由的实现,即会使人失"真",从而丧失其本性。所以道家从其特有的生命意识出发,认为生命本身的价值高于名利的价值,反对以名累身,反对在对名利的追逐中忘却生命自身的价值,主张人生"无名",所以庄子说:"至人无己,神人无功,圣人无名。"②可见,范仲淹说老庄的"无名论"在于"使人薄于名而保其真",可谓颇具慧眼。另外,范仲淹认为庄子所说的"为善无近名"③,还具有保全性命于乱世的人生考量,因为"为善近名,人将嫉之,非全身之道也"④。总之,范仲淹对于老庄以"远害全身之谋"⑤为特征的无名论人生哲学,是给予了一定的理解和同情的。

但范仲淹对于老庄的"远害全身之谋"所造成的危害也有清醒的认识。他在《上资政晏侍郎书》中说:"今天下民庶而未富,士薄而未教,礼有所未格,乐有所未谐,多士之源有所未澄,百司之纲有所未振,兵轻而有所未练,边虚而有所未计,赏罚或有所未一,恩信或有所未充。"国家贫弱衰败的原因是什么呢?范仲淹认为这种局面是由"逊言逊行之党"的"不战而胜"造成的。他说:

> 夫天下之士有二党焉。其一曰:我发必危言,立必危行,王道正直,何用曲为?其一曰:我逊言易入,逊行易合,人生安乐,何用忧为?斯二党者,常交战于天下。天下理乱,在二党胜负之间尔。傥危言危行,获罪于时,其徒皆结舌而去,则人主蔽其聪,大臣丧其助。而逊言逊行之党不战而胜,将浸盛于中外,岂国家之福、大臣之心乎?人皆谓危言危行,非远害全身之谋,此未思之甚矣。使搢绅之人皆危其言行,则致君于无过,致民于无怨,政教不坠,祸患不

---

① 《范文正公文集》卷十《上资政晏侍郎书》,《范仲淹全集》(上),凤凰出版社2004年版,第203页。
② 《庄子·逍遥游》。
③ 《庄子·养生主》,全句为"为善无近名,为恶无近刑;缘督以为经,可以保身,可以全生,可以养亲,可以尽年"。
④ 《范文正公文集》卷七《近名论》,《范仲淹全集》(上),凤凰出版社2004年版,第132页。
⑤ 《范文正公文集》卷十《上资政晏侍郎书》,《范仲淹全集》(上),凤凰出版社2004年版,第205页。

起,太平之下,浩然无忧,此远害全身之大也。使搢绅之人皆逊其言行,则致君于过,致民于怨,政教日坠,祸患日起,大乱之下,汹然何逃,当此之时,纵能逊言逊行,岂远害全身之得乎?①

范仲淹认为,"搢绅之人"即士大夫可分为两类,一类崇尚"逊言逊行",即缄默不言、明哲保身;一类崇尚"危言危行",即不顾个人安危而敢于正道直言。如果"搢绅之人"皆"逊言逊行",只会导致"政教日坠,祸患日起"的局面,从而使国家败亡。可见"逊言逊行"并不是什么"远害全身之谋";如果"搢绅之人"皆"危言危行",反而会使"政教不坠,祸患不起",从而形成"太平之下,浩然无忧"的局面。可见"危言危行"才是"远害全身之大"。所以范仲淹崇尚"危言危行"的正直精神,反对道家"逊言逊行"的庸俗作风。

另外,老庄把一切的名都视为无意义的虚名和浮名,而虚名和浮名都必然会对人的自然本性和心灵自由造成伤害,所以老庄不加分析地否定一切名,这也是范仲淹无法接受的。在范仲淹看来,名分两种,一种是以个人出风头和哗众取宠为目的的小名,另一种则是以国家利益为目的的大名和大节。对于前一种名,范仲淹是反对的,而对于后一种名,他是赞成的。他在一封家书中对朱氏子弟说:"平生之称,当见大节,不必窃论曲直,取小名招大悔矣。"②意思是说,自己平生注重的只是大名大节,而不追逐小名。在《上张右丞书》中,范仲淹表白其志向为"文以鼓天下之动,学以达天下之志",所以"始乃育大节,历小位,艰难备思,造次惟道"。③ 这是说自己既然有志于天下,故能培育"大节",无论个人处境如何,都会坚守道义。皇祐元年(1049年),范仲淹在写给好友叶清臣的一封信中也说:"宜其与国同优,无专尚名节,而忘邦家之大。"④这同样是说,只有与国家利益相联系的名节才有价值,而除此之外的名节,则不必崇尚。

---

① 《范仲淹全集》(下),凤凰出版社2004年版,第205—206页。
② 《范文正公尺牍》卷上《与朱氏》之六,《范仲淹全集》(上),凤凰出版社2004年版,第600页。
③ 《范文正公文集》卷九《上张右丞书》,《范仲淹全集》(上),凤凰出版社2004年版,第180页。
④ 《范文正公文集》卷十一《与省主叶内翰书》(二),《范仲淹全集》(上),凤凰出版社2004年版,第230页。

可见,范仲淹并没有不加分析地否定一切"名",而是标榜以实现国家利益为目的的大名和大节。这体现了儒道两家在如何对待"名"这个问题上的根本分野。显而易见的是,范仲淹把个体生命与社会利益相结合的名节观,比老庄只注重个体生命感受的无名论更加合理。因此他批评老庄之徒道:"斯人之徒,非爵禄可加,赏罚可动,岂为国家之用哉?"①意思是说,道家者流,致力于成全自我,不为名利所动,看似能够成全自我,却无法成全社会。这实质上是批评道家者流缺乏社会责任感,只知小我而不知大我,只知为己而不知为他。

老庄的"无名论",在社会政治领域的表现就是其无为政治的主张。如老子云:"我无为而民自化,我好静而民自正,我无欲而民自富,我无事而民自朴"②,范仲淹对此无为政治主张也并未简单否定,他认为:

> 此则述古之风,以警多事之时也。三代以还,异于太古。王天下者,身先教化,使民从善。故《礼》曰:"人君谨其所好恶,君好之,则民从之。"孔子曰:"上好礼,则民莫敢不恭;上好义,则民莫敢不服;上好信,则民莫敢不用情。"③

言下之意是,在太古时代,大道流行,社会充分自治,可以实行无为政治,以避免多事扰民;而自三代以来,大道既隐,则必须实行有为的政治,即必须重视礼乐教化,崇尚名节,利用名教教化社会,维护社会秩序。故范仲淹又说:

> 人不爱名,则虽有刑法干戈,不可止其恶也。武王克商,式商容之闾,释箕子之囚,封比干之墓,是圣人敦奖名教,以激劝天下。如取道家之言,不使近名,则岂复有忠臣烈士为国家之用哉?④
>
> 名教不崇,则为人君者谓尧舜不足慕,桀纣不足畏,为人臣者谓八元不足尚,四凶不足耻,天下岂复有善人乎?人不爱名,则圣

---

① 《范文正公文集》卷七《近名论》,《范仲淹全集》(上),凤凰出版社2004年版,第132页。
② 《范文正公文集》卷七《帝王好尚论》,《范仲淹全集》(上),凤凰出版社2004年版,第129页。
③ 同上。
④ 《范文正公文集》卷七《近名论》,《范仲淹全集》(上),凤凰出版社2004年版,第132页。

人之权去矣。①

范仲淹视名教为治国之本,认为先王都利用名教治国,这样才可"激劝天下"。他反对把无为政治作为治国的原则,他的结论是:"我先王以名为教,使天下自劝",②而"道家自全之说,岂治天下者之意乎?"③

综上所述,在宋初因循保守的士风中,范仲淹的"大厉名节"却遭到了"好奇邀名""近名""务名"的指责。以回击这些指责为契机,范仲淹对老庄的"无名论"作了深入的反思和批判,从而为北宋士风的转变和儒家名节观的确立奠定了理论基础。

第三节 对儒家名节观的丰富和发展

范仲淹在反思和批判老庄"无名论"的基础上,又结合时代特点,丰富和发展了传统儒家的名节思想,形成了自己的名节观。范仲淹的名节观主要有两方面内容:一方面,范仲淹汲汲追求功名,试图通过博取功名来提高自己的社会地位,进而实现自己的政治理想和人生价值;另一方面,范仲淹注重节,他所追求的名,是体现着礼义廉耻的令名。

一、士人意识的觉醒

范仲淹的"大厉名节"是士人意识觉醒的产物。在门阀士族观念遭到彻底荡涤的宋代,统治者实行礼遇士人的政策,出身寒门的读书人通过科举获得了较为平等的进入仕途的机会。士大夫们生活优渥,拥有令人羡慕的社会地位。在政治上,统治者又特别实行"与士大夫共治天下,非与百姓治天下"④的策略,结果出现了"满朝朱紫贵,尽是读书人"⑤的局面。这些都极大地激发了读书人的功名心和社会责任感,促

---

① 《范文正公文集》卷十《上资政晏侍郎书》,《范仲淹全集》(上),凤凰出版社2004年版,第203页。
② 《范文正公文集》卷七《近名论》,《范仲淹全集》(上),凤凰出版社2004年版,第132页。
③ 《范文正公文集》卷十《上资政晏侍郎书》,《范仲淹全集》(上),凤凰出版社2004年版,第203页。
④ 《长编》卷二百二十一,熙宁四年三月戊子。
⑤ (宋)汪洙:《神童诗》。

成了士人意识的觉醒。范仲淹在《上张右丞书》中,自陈生而为士是人生的大幸,因为士知书达理闻道,知晓忠孝仁义,故应有"益天下之心"并"垂千古之志",追求不朽的"功名"。①

范仲淹从不掩饰自己对功名的渴望。早在睢阳学舍读书期间,范仲淹写了其平生最早的一首诗,叫《睢阳学舍书怀》。诗云:"白云无赖帝乡遥,汉苑谁人奏洞箫?多难未应歌凤鸟,薄才犹可赋鹡鸰。瓢思颜子心还乐,琴遇钟君恨即销;但使斯文天未丧,涧松何必怨山苗?"②诗中他虽以颜子自居,表达了安贫乐道的志趣,但对功名的向往还是很强烈的,其中的"帝乡"和"汉苑"意指金榜题名,被皇家录用,进而大有作为,不使斯文扫地。这个目标虽然遥远,但范仲淹对自己的能力充满自信,相信经过艰苦努力,这个目标一定会实现。

进士及第后的范仲淹心情极为愉悦。三十六年后,他在《寄乡人》一诗中自述道:"长白一寒儒,名登三纪余。百花春满路,二麦雨随车。鼓吹迎前道,烟霞指旧庐。乡人莫相羡,教子读诗书。"③从诗中可以看出,范仲淹作为出身寒族的读书人,科举成功之后就受到了朝廷的隆礼重恩并拥有令人羡慕的社会地位,这种金榜题名的荣耀显然也是范仲淹孜孜以求的。

范仲淹于天圣二年(1024年)写有《赠张先生》一诗,其中有诗句云:"有客淳且狂,少小爱功名。非谓钟鼎重,非谓箪瓢轻。素闻前哲道,欲向圣朝行。风尘三十六,未作万人英。"④这是说自己从小狂傲,醉心功名,但无论贵贱荣辱,自己都会按照先哲的教诲,在圣明的时代努力前行。不过他感慨自己已经三十六岁了,但还未成为万人景仰的精英。范仲淹显然把成为"万人英"视为人生的目标。

据《东轩笔录》记载,范仲淹在睢阳学舍掌学时,穷愁潦倒的孙秀才

---

① 《范仲淹全集》(上),凤凰出版社2004年版,第181页。
② 《范仲淹全集》(上),凤凰出版社2004年版,第62页。
③ 《范文正公文集逸文》之《律诗·寄乡人》,《范仲淹全集》(上),凤凰出版社2004年版,第673—674页。据《年谱》记载,范仲淹此诗作于大中祥符八年(1015年)进士及第后。但据王瑞来先生考证,此诗作于范仲淹进士及第后的三十六年或二十四年后,应为范仲淹晚年作品。参见王瑞来:《宋代士大夫主流精神论——以范仲淹为中心的考查》,《宋史研究论丛》第6辑,2005年4月版,第171页。
④ 《范仲淹全集》(上),凤凰出版社2004年版,第29页。

（孙复）曾一再索游上谒，为其母索钱索米，范仲淹也一再慷慨相赠，多方提携，孙秀才因以成才，位列"宋初三先生"，也成就了范仲淹奖掖儒士的一段佳话。但对于人生的富贵贫贱，范仲淹还是发出了深深的感叹："贫之为累亦大矣，倘因循索米至老，则虽人才如孙明复者，犹将汨没而不见也。"①言下之意是：贫贱不可取，富贵是实现人生大业的基础。范仲淹绝不是甘于贫贱，只求坐而论道而不求闻达的无为书生，他在《依韵答梁坚运判见寄》一诗中说："功名早晚就，裴度亦书生"②，可见他是要出人头地、建功立业的，他向往的人格是传统儒家内圣外王式的、集立德立功立言于一体的君子人格。

范仲淹是旗帜鲜明地追求功名的，王瑞来先生也认为："作为士大夫中的一员，范仲淹的功名心相当重。"③这无疑是真知灼见。但方健先生认为，如果说范仲淹"受科举诱惑求功名富贵，实有贬低范仲淹，厚诬古人之嫌"。④ 笔者认为这个观点是值得商榷的，因为称范仲淹追求功名富贵，并没有贬低范仲淹，更没有厚诬古人，这需要从儒家的义利观说起。

二、儒家的义理之辨及对范仲淹名节观的影响

作为信奉儒家思想的读书人，热衷功名是再正常不过的事情。至于把功名视为获取个人荣华富贵的阶梯，还是把功名作为服务于家国天下的手段，这两者当然是有本质区别的。人们常把信奉前者的视为唯利是图的小人，其人格特点是只知为己而不知为人，只追求个人利益而忽略社会利益；而信奉后者的则是"博施与民而能济众"⑤的圣人，其人格特点是只知为人而不知为己，只追求社会利益而忽视个人利益。但这只是一种理论的或逻辑的表达。事实上，这两者虽有区别，但往往又是相辅相成、内在统一、不可截然分割的。道家注重自我，强调为

---

① （宋）魏泰：《东轩笔录》卷十四。
② 《范仲淹全集》（上），凤凰出版社2004年版，第102页。
③ 王瑞来：《宋代士大夫主流精神论——以范仲淹为中心的考查》，《宋史研究论丛》第6辑，2005年4月版，第177页。
④ 方健：《范仲淹评传》，南京大学出版社2001年版，第35页。
⑤ 《论语·雍也》。

己,杨朱甚至有"拔一毛而利天下,不为也"①的极端立场,这当然是儒家所反对的。但如果认为儒家只知为人而不知为己,只追求社会利益而忽视个人利益,只强调"君子喻于义,小人喻于利"②,似乎君子就不能言利,这也是对儒家价值观的极大误解。

  孔子反对唯利是图,主张以义制利,具有重义轻利的倾向,这是非常明确的,也为人们所熟知,故无须多论。但孔子并不反对合理的个人利益和个体价值追求。他曾说"富而可求也,虽执鞭之士,吾亦为之"③,又说"邦有道,贫且贱焉,耻也"④,这些论述往往难以为人们所接受。孔子甚至还为"为己"正名,他说:"古之学者为己,今之学者为人。"⑤这又怎么理解呢?难道孔子主张人应该为己吗?这不是自私吗?这是圣人的主张吗?是的,这就是孔子的主张。孔子主张人应从为己出发,然后"推"出为人,孔子认为这才是真实的人性。千百年来,人们为孔子的这句话打了无数的笔墨官司,说到底,很多人就是无法接受孔子关于为己与为人关系的论述。孟子继承了孔子的思想,更加注重"推"的作用,他说"老吾老,以及人之老;幼吾幼,以及人之幼"⑥,就是讲推己及人的道理,他甚至认为仁政就是君主推恩的结果。

  总之,孔孟所倡导的是为己与为人的统一,以及在重视社会利益的前提下不否定个人利益的价值关怀。笔者认为,孔孟的这种价值关怀,不是对人性善的否定,而恰恰是对人性真实形态的肯定。所以我们没有理由也没有必要否定个人对功名富贵的追求,即便是像范仲淹这样"以天下为己任"⑦的大儒和纯儒,他对个人利益和自我价值的追求,与对社会利益和社会价值的追求,在北宋那样一个特定的时代,也是达成了高度的统一。他在与继父朱氏子弟的通信中曾说:"居官临满,直须小心廉洁。稍有点污,则晚年饥寒可忧也。"⑧可见,范仲淹的廉洁自

---

① 《孟子·尽心上》。
② 《论语·里仁》。
③ 《论语·述而》。
④ 《论语·泰伯》。
⑤ 《论语·宪问》。
⑥ 《孟子·梁惠王上》。
⑦ 《朱子语类》卷一百二十九《本朝三》。
⑧ 《范文正公尺牍》卷上《与朱氏》之三,《范仲淹全集》(上),凤凰出版社2004年版,第599页。

守,当然首先是出自为国为民的忠贞情怀,但也并非不包含任何个人功利的考量。

三、范仲淹对儒家名节观的坚守

从传统的义利观出发,范仲淹认为,儒家先贤前圣虽然不否定利,但见利思义却是儒者必须坚持的操守,他曾在一封家书中说道:"凡见利处便须思患。老夫屡经风波,惟能忍穷,故得免祸。"①范仲淹在此所说的"思患"即"思义",这是说自己从未因穷而丧志,因能"忍穷",故能"免祸"。范仲淹在另一封家书中也说:"虽清贫,但身安为重。家间苦淡,士之常也。"②这是说士大夫要做到贫贱不能移,不可见利忘义,即使生活"清贫",也要以义为重,这样方可"身安",即心安理得。此为"士之常",即士人必须遵守的原则。

名和利总是统一的。范仲淹认为儒家圣贤不仅不否定利,也不否定名;不仅不否定名,还近名、重名和爱名。为此,他从儒家经典中找出许多述论,如"立身扬名""善不积不足以成名""耻没世而名不称""荣名以为宝"③等,来证明先圣具有近名、重名和爱名的思想。他还专门写了《近名论》,其中说:

> 是三代人君已因名而重也。太公直钓以邀文王,夷齐饥死于西山,仲尼聘七十国以求行道,是圣贤之流无不涉乎名也。孔子作《春秋》,即名教之书也。善者褒之,不善者贬之,使后世君臣爱令名而劝,畏恶名而慎矣。④

范仲淹说"三代人君已因名而重""圣贤之流无不涉乎名",这种重名论主张,旗帜鲜明地表达了儒家积极入世、因名而重、以名为教的合理思想,但这在当时必定是令俗儒震惊的观点。他在《上资政晏侍郎书》中说自己"惟惧忠不如金石之坚,直不如药石之良,才不为天下之奇,名不

---

① 《范文正公尺牍》卷上《与朱氏》之七,《范仲淹全集》(上),凤凰出版社 2004 年版,第 600 页。
② 《范文正公尺牍》卷上《与朱氏》之九,《范仲淹全集》(上),凤凰出版社 2004 年版,第 600 页。
③ 《范文正公文集》卷十《上资政晏侍郎书》,《范仲淹全集》(上),凤凰出版社 2004 年版,第 203 页。
④ 《范仲淹全集》(上),凤凰出版社 2004 年版,第 29 页。

及泰山之高"①,就是近名、重名和爱名思想的强烈表达。但范仲淹也明确指出,圣贤所重所爱之名为"令名",所谓"令名"即美名,而非"恶名",如范仲淹曾说自己"耻佞人之名,慕忠臣之节"。② 可见,他鄙视巧言谄媚、争风夺利的佞名,他渴慕的是敢于正道直言的圣贤之名。

总之,范仲淹是宋代具有道德节操的士大夫的典型代表,他铁骨铮铮、气节刚劲,秉承"宁鸣而死,不默而生"③的信念,以一生的身体力行,诠释了一位优秀士人所具有的完美名节。

---

① 《范文正公文集》卷十《上资政晏侍郎书》,《范仲淹全集》(上),凤凰出版社2004年版,第201页。
② 《范文正公文集》卷九《奏上时务书》,《范仲淹全集》(上),凤凰出版社2004年版,第172页。
③ 《范文正公文集》卷一《灵乌赋》,《范仲淹全集》(上),凤凰出版社2004年版,第12页。

第四章 范仲淹的政治思想

"回向三代"是北宋士大夫共同的政治理想。范仲淹的政治思想也是以"回向三代"为中心而展开的理论体系,其中主要涉及"三代"论,"回向三代"的政治路径,"回向三代"的政治主体等内容。范仲淹的"三代"论,突出了"先王之道"的指导意义,故他不讲封建、不议井田,对"先王之制"采取了历史主义而非教条主义的态度。范仲淹把实行"礼治"作为"回向三代"的政治路径,突出了六经的经世致用意义,着力发掘了六经特别是《周礼》的制度之学维度。而关于"回向三代"的政治主体,范仲淹则突出了士大夫的政治作用,主张君臣"共理天下"。总体来看,范仲淹的政治思想没有突破传统民本主义和王权主义的思想范式,但有积极的补充和发展。

第一节 范仲淹的"三代"论

儒家的政治理想是"回向三代"。儒家的三代理想是建立在对远古尧舜之道高度认同的基础上。孔子说:"大哉尧之为君也!"又说:"巍巍乎,舜禹之有天下也而不与焉!"可见在孔子的心目中,尧舜之道是无比崇高的。而夏、商、周三代恰恰是对二帝之道的继承,孔子所谓"禹,吾无间然矣"[1],以及称赞三代是"直道而行"[2]的社会,都是说三代的先王

---

[1]《论语·泰伯》。
[2]《论语·卫灵公》。

(夏禹、商汤、周文王)完全继承了尧舜之道。故在后世儒家看来,二帝三王之道一脉相承,成为儒家的道统,此道统又可称为儒道、王道、先王之道或圣人之道。总之,自孔子开始,三代就成为儒家共同向往和追求的政治理想国。

孔子之所以推崇夏商周三代,不仅在于对二帝三王之道的高度认同,还在于对三代之礼的高度认同。他认为三代特别是周代的圣王通过礼乐的制作,从而使先王之道得以实现和彰显。他主张"道之以德,齐之以礼"①,认为"天下有道,则礼乐征伐自天子出,天下无道,则礼乐征伐自诸侯出"②,又说"人而不仁,如礼何?人而不仁,如乐何?"③这些都是强调"道"(仁)与"礼"的内在关联。孔子还明确指出:"殷因于夏礼,所损益,可知也;周因于殷礼,所损益,可知也。"④这是强调作为"道"之体现的"礼"在三代的与时损益和传承,并在周代臻于完美,故孔子说:"周监于二代,郁郁乎文哉!吾从周。"⑤显然,孔子之从周,从的是周公制作的周礼和周文王所代表的周文化,他说:"甚矣吾衰也!久矣不复梦见周公!"⑥又说:"文王既没,文不在兹乎?"⑦这虽然是对"礼坏乐崩"和"周道衰微"的惋惜,但也表达了复兴周礼对周文化的坚定信念。

一、"回向三代"的政治理想

在儒学复兴的背景下,北宋的士大夫继承了先秦儒家的士人传统,以道自任,充满了"弘道"的自觉意识;同时他们又广泛地参与了政治生活,具备了"行道"的实践基础。于是宋儒重提"三代"论,把回向"三代"作为其政治理想和目标。早在宋太宗时期,已有"五代不竞,兹制日沦。国家兴儒,追风三代"⑧的说法,至仁宗时,"'回向三代'

---

① 《论语·为政》。
② 《论语·季氏》。
③ 《论语·八佾》。
④ 《论语·为政》。
⑤ 《论语·八佾》。
⑥ 《论语·述而》。
⑦ 《论语·子罕》。
⑧ 《宋史》卷二百九十六《梁颢传》。

的意识大盛"①,如苏轼在嘉祐年间曾说:"仕者莫不谈王道,述礼乐,皆欲复三代,追尧舜。"②朱熹尝云:

> 国初人便已崇礼义,尊经术,欲复二帝三代,已自胜如唐人,但说未透在。直至二程出,此理始说得透。③

朱熹说宋人力图超越唐朝,以回向"二帝三代"作为高远的目标理想追求,这是事实,但说只有二程才将三代之理说透了,这是道学家的偏见。事实上,仁宗时期的士大夫们都在倡导回向三代,他们"言政教之源流,议风俗之厚薄,陈圣贤之事业,论文武之得失",期待"王道大成"④,"三代"论显然已成为普遍的政治意识。

范仲淹作为这一时期士大夫的杰出代表,他自幼从学,"游心儒术,决知圣道之可行"⑤,他创通经义,致力于对六经的义理阐发,同时又躬行圣道,推行德政,具有鲜明的儒家立场和价值追求,其回向"三代"的意向非常鲜明。

范仲淹对尧舜二帝三王之道推崇备至,认为:"教化纪纲,莫盛于三代。"⑥他的朋友滕子京编撰唐朝制诰之文,成三十卷,书成之后欧静命名为《唐典》,范仲淹认为不妥,于是他致书欧静曰:

> 近滕从事子京编李唐制诰之文,成三十卷,各于文首序其所以,而善恶昭焉。足下命为《唐典》,以仆观之,似所未安。典之名,其道甚大。夫子删《书》,断自唐虞已下,今之存者五十九篇,惟尧舜二篇为典,谓二帝之道,可为百代常行之则。其次夏商之书,则有训、诰、誓、命之文,皆随事名篇,无复为典。以其或非帝道,则未足为百代常行之典。乃知圣人笔削之际,优劣存焉,如《诗》有《国风》《雅》《颂》之别也。李唐之世三百年,治乱相半,如贞观、开元有

---

① 余英时:《朱熹的历史世界——宋代士大夫政治文化的研究》第一章《回向"三代"——宋代政治文化的开端》,生活·读书·新知三联书店2004年版,第190页。
② (宋)苏轼:《苏轼文集》卷四十八《应制举上两制书》,中华书局1986年版(全六册),第1392页。
③ 《朱子语类》卷一百二十九《本朝三》。
④ 《范文正公文集》卷九《奏上时务书》,《范仲淹全集》(上),凤凰出版社2004年版,第177—178页。
⑤ 《范文正公文集》卷十八《遗表》,《范仲淹全集》(上),凤凰出版社2004年版,第377页。
⑥ 《范文正公文集》卷十三《赠兵部尚书田公墓志铭》,《范仲淹全集》(上),凤凰出版社2004年版,第283页。

> 霸王之略,每下诏命,多有警策。失之者盖亦有矣,如则天、中宗昏乱之朝,诛害宗室,戮辱忠良,制书之下,欺天蔽民,人到于今冤之。傥亦以典为名,跻于唐虞之列,不亦助欺天之丑乎?是圣狂不分,治乱一致,百代之下,尧舜何足尚,桀纣何足愧也?
>
> 仆不忍天下君子将切齿于子京,乃请以《统制》之名易之。①

范仲淹认为,在孔子删定的《尚书》中,只有《虞书》中的《尧典》《舜典》二篇可称为"典",因为"其道甚大",可为后世常行之则;而其余的《夏书》《商书》中的诸篇,则只能随事命名为训、诰、誓、命等,但都不可称为"典",就如同孔子命名《诗经》的《国风》《雅》《颂》,是有优劣之别的。因此,把唐朝制诰称为"典",与《尚书》中那些唐虞时代之文相提并论,这就有侮圣贤经典,实在不可取,他建议将其命名为《统制》。

在写给周骙的信中,范仲淹又批评欧静道:

> 自尧舜而后,历代之史无以典为名者,何哉?盖尊避尧舜,为万世之师,使后之明王有所稽仰,……伯起(欧静)以其册制特谓之典,岂有优劣之心乎?如有优劣之心,则不当以错综治乱之文,跻于三代之上,炳尧舜之光明;如无优劣之心,唐三百年册制之文,一旦易其名,则何以哉?②

范仲淹再次强调,尧舜之后历代之史不能以"典"为名,是因为只有尧舜之道可为万世之师,故可称"典",而唐朝错综治乱之文不能称"典"。

范仲淹认为"观虞夏之书,足以明帝王之道"③,故他主张"儒者之学,非王道不谈"④,这些都表达了他对王道政治的坚定信仰。他向往"王道大成"⑤"三代盛王致治天下"⑥的局面,不过他认为现实却是"六

---

① 《范文正公文集》卷十《与欧静书》,《范仲淹全集》(上),凤凰出版社2004年版,第210—211页。
② 《范文正公文集》卷十《与周骙推官书》,《范仲淹全集》(上),凤凰出版社2004年版,第213—214页。
③ 《范文正公文集》卷九《奏上时务书》,《范仲淹全集》(上),凤凰出版社2004年版,第172—173页。
④ 《范文正公文集》卷九《上执政书》,《范仲淹全集》(上),凤凰出版社2004年版,第183页。
⑤ 《范文正公文集》卷九《奏上时务书》,《范仲淹全集》(上),凤凰出版社2004年版,第176页。
⑥ 《范文正公文集》卷十九《代人奏乞王洙充南京讲书状》,《范仲淹全集》(上),凤凰出版社2004年版,第379页。

经无光辉,反如日月蚀。此道日以疏,善恶何茫然",意为自秦汉以来,先王之道日益荒疏,善恶失去标准,结果出现了"学者忽其本,仕者浮于职。节义为空言,功名思苟得"①的士风沉沦局面。为此,范仲淹大厉名节,砥砺士风,主张"深思治本,渐隆古道"②,他说:"大道岂复兴,此弊何时抑?"③为了复兴大道,他与同时代的许多士大夫一样,把"致君尧舜"作为使命。如他在《睦州谢上表》中说:"上下同心,致君亲如尧舜;中外有道,跻民俗于羲黄"④;他在《杭州谢上表》中自称"有致君之素志",期待"共理吴会之城,奉扬唐虞之风"。⑤

二、先王之道与先王之制

所谓先王之道,如上所述,是指尧、舜、禹、汤、周文王、周武王、周公一脉相承的为政之道,是指尧舜三代治理天下的精神实质、指导思想和根本原则;而先王之制则是先王之道的外在延伸和落实,具体是指在三代实行过的、体现着先王之道的各项礼乐制度和社会规范。在历史上,先王之道与先王之制的关系,也被称为"道"与"迹"、"道统"与"政统"的关系。北宋的士大夫普遍认为,三代时的"道统"与"政统"是合而为一的,汉唐之后产生了分裂,到了北宋,士大夫们又致力于两者的统一,故历史上有视宋代为"后三代"⑥的说法。

范仲淹也从先王之道与先王之制两个层面考察三代,他认为先王之道通过先王之制得以彰显,这两者在是统一的,统一的载体就是六经。他在《南京书院题名记》中曾提道:

> 经以明道……文以通理……至于通《易》之神明,得《诗》之风化,洞《春秋》褒贬之法,达礼乐制作之情,善言二帝三王之书,博涉

---

① 《范文正公文集》卷二《四民诗·士》,《范仲淹全集》(上),凤凰出版社 2004 年版,第 26 页。
② 《范文正公文集》卷九《上执政书》,《范仲淹全集》(上),凤凰出版社 2004 年版,第 190 页。
③ 《范文正公文集》卷二《四民诗·士》,《范仲淹全集》(上),凤凰出版社 2004 年版,第 26 页。
④ 《范文正公文集》卷十六《睦州谢上表》,《范仲淹全集》(上),凤凰出版社 2004 年版,第 341 页。
⑤ 《范文正公文集》卷十六《杭州谢上表》,《范仲淹全集》(上),凤凰出版社 2004 年版,第 341 页。
⑥ 余英时:《朱熹的历史世界——宋代士大夫政治文化的研究》第一章《回向"三代"——宋代政治文化的开端》,生活·读书·新知三联书店 2004 年版,第 184—198 页。

九家百流之说,盖互有人焉。①

范仲淹认为六经是先王之道、先王之制的完美统一。他倡导宗经,是因为经是先王之道的体现,故宗经可明道;同时他也认为《书》《易》《诗》《春秋》《礼》《乐》六经,体现着先王在哲学、政治、历史、法制、道德、礼仪和审美等各个方面的治国理念,也保存着先王制作的礼乐规范和典章制度。因此,通过研修六经,既可体先王之道,又可明先王之制,这样就可"辅成王道"。

以宗经为原则,范仲淹致力于对先王之道本质的揭示,这集中表现为他对"六经"经义的创通。欧阳修说他在未中进士之前就已"大通六经之旨,为文章,论说必本于仁义"②,《宋史》本传亦说他"泛通六经,长于《易》"③,这表明他通过对六经的义理阐发,而形成了对儒家道统的体认。在《近名论》中,范仲淹认为先王之道的本质是仁义忠孝。他说:

> 《孟子》曰:"尧舜性之也,(性本仁义)。三王身之也,(躬行仁义)。五霸假之也,(假仁义而求名)。"后之诸侯,逆天暴物,杀人盗国,不复爱其名者也。人臣亦然。有性本忠孝者,上也;行忠孝者,次也;假忠孝而求名者,又次也。④

范仲淹认为尧舜二帝性本仁义,三王躬行仁义,后世春秋五霸诸侯要么假名仁义,要么抛弃仁义。对于普通人臣而言,亦存在性本忠孝、躬行忠孝和假名忠孝的区别。

在《南京府学生朱从道名述》一文中,范仲淹对先王之道的仁义忠孝本质亦有阐述。他认为儒道发端于人性之仁,体现为忠孝礼义,只有秉承此道,方可治国、治家、治民、治物。如果能进一步感而遂通,由诚而明,坚守中和之道,必能发扬光大此道,从而保天心而立人极,臻于赞天地之化育的圣境。⑤

---

① 《范仲淹全集》(上),凤凰出版社2004年版,第165—166页。
② (宋)欧阳修:《欧阳修全集》卷二十一《资政殿学士户部侍郎范文正公神道碑铭》,中华书局2001年版,第332页。
③ 《宋史》卷三百一十四《范仲淹传》。
④ 《范文正公文集》卷七《近名论》,《范仲淹全集》(上),凤凰出版社2004年版,第132页。
⑤ 《范仲淹全集》(上),凤凰出版社2004年版,第151页。

对于先王之道的本质，北宋的士大夫除了从仁义的角度进行诠释之外，亦多从传统儒家的"大中之道"的角度进行界说。如有的研究者曾指出：宋儒"对二帝、三王政治精神的把握，其核心是'大中之道'"①。笔者认为，所谓"大中之道"（即"中庸之道""大公之道"或"中和之道"，亦可简称为"中道"），是儒家对先王治国精神的概括。综合来看，儒家主要从哲学、伦理和政治三个层次界说"大中之道"。从哲学层次来说，"大中之道"是指天人合一，万物和合的宇宙观和人性论，以及由此而形成的不偏不倚、过犹不及和权时达变的方法论。如《中庸》言："中也者，天下之大本也；和也者，天下之达道也。致中和，天地位焉，万物育焉"，又言："喜怒哀乐之未发，谓之中；发而皆中节，谓之和"。朱熹对《中庸》总的注解是"中者，不偏不倚、无过不及之名。庸，平常也"②。孔子则说："过犹不及。"③从伦理层面来说，中庸是指至高无上的美德，如孔子说："中庸之为德也，其至矣乎！"④《中庸》亦引用孔子的话说："君子中庸，小人反中庸。"从政治层面来看，"大中之道"是指大公无私、无偏无党的政治，如《尚书》所说的"允执厥中"⑤，以及"无偏无党，王道荡荡；无党无偏，王道平平；无反无侧，王道正直"⑥等。当然，哲学、伦理和政治的含义是内在想通的，三者共同构成了君子之道和先王的政治精神，故对"大中之道"的理解，不可偏于一隅。

范仲淹继承了传统的"中和""中道"思想，并在不同的层次上表述了这一思想。他首先从哲学层次阐述了"中和"和"中道"，如云："大哉乾阳，……画而成三，……运太极之始，履至阳之位，冠三才而中正，禀一气而纯粹"⑦，就是将"中正"视为乾阳之特性。他还说：

> 保合太和，纯粹之源显著；首出庶物，高明之象昭宣。此立天

---

① 李同乐：《北宋士大夫的政治理想和实践：以北宋前中期为中心的研究》，华东师范大学博士学位论文 2010 年，第 94 页。另外，关于北宋士大夫对"大中之道"的讨论，参见该博论第二章之第三节《大中之道与三代之治：士大夫的政治理念》部分。
② 《四书章句集注·中庸章句》。
③ 《论语·先进》。
④ 《论语·雍也》。
⑤ 《尚书·大禹谟》。
⑥ 《尚书·洪范》。
⑦ 《范文正公别集》卷二《乾为金赋》，《范仲淹全集》（上），凤凰出版社 2004 年版，第 434 页。

> 之道也,御阴阳而德全。又若卑而得位,下蟠于地,所以取沉潜之体,所以拟广博之义。宛然不动,既俘厚载之容;感而遂通,益见资生之利。此立地之道也,自刚柔而功备。于是卑高以陈,中列乎人。刚而上者宜乎主,柔而下者宜乎臣。慎时行时止之间,宁迷进退;察道长道消之际,自见屈伸。此立人之道也,敦仁义而有伦。①

范仲淹认为天地精神的本源为"保合太和",因其能统摄阴阳万物,故此既为立天之道也为立地之道。人道应秉承天地之"和合"精神,根据天地之道的变化消长,知时行止,与时进退,方能通权达变,不离"中道"。范仲淹把天、地、人三才之道视为相互贯通的整体,把人道视为天地精神的体现,其内容为仁义,而仁义的实现,则必须立足于"中道"。

其次,范仲淹视"中正""中道"为君子之德。如云:"《乾》上《乾》下,内外中正,圣人之德位乎天之时也。……圣人之德,居乎诚而不迁"②,君子应"颠沛造次,弗离中道"③,并于"庶几进退之间,保君子之中正"④。这里的"中道"和"中正",是指君子的道德境界。他在谈及雅乐时,认为"清厉而静,和润而远"的琴道也是君子人格的体现。他说:

> 清厉而弗静,其失也躁;和润而弗远,其失也佞。弗躁弗佞,然后君子,其中和之道欤!⑤

再次,范仲淹亦以"中和""大中"来指称理想的为政之道。他认为仁义作为先王内在的精神品质,必然体现为外在的治国策略和手段,此即公正无私的"大中之道",故在政治层面,范仲淹将"大中之道"指向了先王之制和依先王之制而采取的为政措施。他的诗句"金台下客思何报?愿上《中和》《乐职》诗"⑥,以及在《上攻守二策状》中所说的"窃观西

---

① 《范文正公别集》卷三《易兼三材赋》,《范仲淹全集》(上),凤凰出版社2004年版,第437—438页。
② 《范文正公文集》卷七《易义》,《范仲淹全集》(上),凤凰出版社2004年版,第119页。
③ 《范文正公文集》卷十四《太常少卿直昭文馆知广州军州事贾公墓志铭》,《范仲淹全集》(上),凤凰出版社2004年版,第302页。
④ 《范文正公文集》卷一《蒙以养正赋》,《范仲淹全集》(上),凤凰出版社2004年版,第16页。
⑤ 《范文正公文集》卷十《与唐处士书》,《范仲淹全集》(上),凤凰出版社2004年版,第215页。
⑥ 《范文正公文集》卷四《和黄总太傅上知郡杜少卿》,《范仲淹全集》(上),凤凰出版社2004年版,第64页。

事以来,每议攻守,未见适中"①,都是将"中和"视为实现理想政治的途径。其《遗表》又云:

> 伏望陛下调和六气,会聚百祥,上承天心,下徇人欲。明慎刑赏,而使之必当;精审号令,而期于必行。尊崇贤良,裁抑侥幸,制治于未乱,纳民于大中。如此,则不独微臣甘从于异物,庶令率土永浸于淳风。②

范仲淹对宋仁宗提出的这些期望,是希望宋仁宗成为圣王,实行王道政治。他把"纳民于大中"视为实现王道政治的根本途径,因为只有如此才可"庶令率土永浸于淳风"。不过他所理解的"大中",在继承传统"大中之道"的基础上,显然具有自己的特点。这表现在:第一,主张"下徇人欲",即"大中之道"要体察民情,满足人的欲望。这在传统的王道仁政思想中虽有体现,但明确主张"徇人欲"却比较少见,这使得范仲淹的政治思想具有有别于传统民本主义的新鲜因素。第二,主张"明慎刑赏""精审号令",这是强调必须重视制度建设,以一定的行政管理措施来治理国家。这是理学家比较忽略的内容,而在范仲淹的政治思想中则是突出的内容。第三,主张"尊崇贤良,裁抑侥幸",这是强调"大中之道"的公平公正性,但在范仲淹的思想体系中,政治的公平公正必须通过制度的规范而非道德的规范才能实现,这也是范仲淹的特色。这些特点凸显了范仲淹力图从制度层面落实"大中之道"的思想倾向,这与理学家们极研性理,致力于形而上学建构,片面推崇德治,把"正人心"视为政治根本的旨趣是大不相同的。

因思想的相互联系和相互影响,在同时代的思想家当中,与范仲淹有着相同思想旨趣的学者是很多的。如孙复在谈及"大中之道"时曾说:

> 所谓夫子之道者,治天下,经国家,大中之道也。其道基于伏羲,渐于神农,著于黄帝、尧、舜,章于禹、汤、文武、周公。然伏羲而

---

① 《范文正公文集》卷七《上攻守二策状》,《范仲淹全集》(上),凤凰出版社2004年版,第136页。
② 《范文正公文集》卷十八《遗表》,《范仲淹全集》(上),凤凰出版社2004年版,第378页。

下,创制立度,或略或繁,我圣师夫子从而益之损之,俾协厥中,笔为六经。由是治天下,经国家,大中之道焕然而备。此夫子所谓大也,其出乎伏羲、神农、黄帝、尧、舜、禹、汤、文武、周公也远矣。①

孙复认为"大中之道"为治天下,经国家之道,此道经由伏羲而传至孔子。此道表现为"创制立度",即通过创立制度而治理国家。不过在孔子之前,这些制度"或略或繁",即在形式上并不完美,待孔子"笔为六经","大中之道"方"焕然而备",臻于完美,故孔子比先王更为伟大。在此,孙复明确认为先王之制是"大中之道"的体现,而六经又是先王之制的完备形态。

范仲淹"回向三代"的政治理想,是建立在对先王之道和先王之制高度认同的基础上,但三代已成了历史的过往,时代已发生了变化,因此,试图在后世恢复三代之制,既不可能,也没有必要,但三代所体现的精神价值即"先王之道"却挥之不去,令人神往。在范仲淹看来,实行礼治是治国的必由之路,对"先王之道"的遵循也必须坚定不移,但"制"可因时而变,故对礼治不能采取教条主义而只能采取历史主义的态度。

三、王霸之辨

"三代论"必然涉及王霸之辨。儒家的王霸立场,总的思想倾向是崇尚王道而反对霸道。如孟子认为王道是先王为政之道,其特点是"以德服人""以德行仁";而霸道则是"以力服人""以力假仁"②,故王道高于霸道,只有行王道才能得天下。孟子强调政治应以仁义为原则和目地,这是难能可贵的,但他具有尊王贱霸、割裂王道与霸道的片面思想倾向。他虽然没有完全否定霸道,但他认为霸道与王道相比,不过是"小补"而已。如他所说:

> 以佚道使民,虽劳不怨。以生道杀民,虽死不怨杀者。
>
> ……
>
> 霸者之民驩虞如也,王者之民皞皞如也。杀之而不怨,利之而

---

① (宋)孙复:《孙明复小集·上孔给事书》。
②《孟子·公孙丑上》。

不庸,民日迁善而不知为之者。夫君子所过者化,所存者神,上下与天地同流,岂曰小补之哉?①

"佚道"即霸道,"生道"即王道。孟子认为霸道以欲望诱惑民众,故霸道之民追逐欢娱享乐,虽劳不怨,乐此不疲,但并无精神信念和寄托,孟子认为这种生存状态并不可取;王道以仁义化民,故王道之民广大自得、安定从容,虽面临生死利害,亦不动摇为善的信念。孟子推崇王道教化,认为这可导民于"上下与天地同流"的境界,而霸道带给民众的欢娱只是无根本裨益的"小补"而已。

范仲淹继承了孟子王霸之辨的基本立场,尊崇王道而反对霸道,主张:"儒者之学,非王道不谈。"②他说:"以德服人,天下欣戴;以力服人,天下怨望。尧舜以德,则人爱君如父母;秦以力,则人视君如仇雠。是故御天下者,德可凭而力不可恃也。"③又说:"五霸何知?据山河而一战;三王有道,流声教于四夷。"④这是认为尧舜以德服人,受民爱戴,仁政远播,故可御天下;而秦朝不行仁义,只靠暴力征服进行统治,不得人心,其统治必定是短暂的,故王道终胜霸道。鉴于对王道政治的深刻认同,范仲淹自觉到:"吾辈方扣圣门,宜循师道,粹属词比事之教,洞尊王黜霸之经。"⑤意为只有洞察"尊王黜霸"的圣门经义,才可入圣人之道。

但范仲淹所理解的王道,并非只是礼义教化和民本仁政,而是包含霸道的手段的,他说:

先王修德,以服远人,然安不忘危,故不敢去兵以恃德也。⑥

范仲淹认为在三代的政治实践中,先王"不敢去兵以恃德",而是王霸兼用,即在修德以怀柔远人的基础上再辅之以"兵",这才是王道的落实。

范仲淹回顾历史,认为不应以王道而否定霸道。他认为管仲虽为

---

① 《孟子·尽心上》。
② 《范文正公文集》卷九《上执政书》,《范仲淹全集》(上),凤凰出版社2004年版,第183页。
③ 《范文正公文集》卷九《奏上时务书》,《范仲淹全集》(上),凤凰出版社2004年版,第176页。
④ 《范文正公别集》卷二《王者无外赋》,《范仲淹全集》(上),凤凰出版社2004年版,第436页。
⑤ 《范文正公文集》卷八《说春秋序》,《范仲淹全集》(上),凤凰出版社2004年版,第164页。
⑥ 《范文正公文集》卷二十《论西京事宜札子》,《范仲淹全集》(上),凤凰出版社2004年版,第402页。

"霸臣",但其攘戎狄之举"功高当时,赐及来代",足以为后世法。① 又说:"夷吾作轻重之权霸齐,桑羊行均输之法以助汉。近则隋有高颎,唐有刘晏,皇朝有左丞陈公恕,是皆善天下之计者也。"②范仲淹认为"轻重之权""均输之法"虽为"霸"术,却对天下有利。联系现实,他说:"先王食货之政,霸王之略,变通之术,不得行于君子,而常桎于群吏,则天下之计宜其难矣。"③范仲淹认为北宋因未能行此"霸王之略",所以导致了积贫积弱的局面。

在抵御西夏入侵的斗争中,范仲淹主张兼用王霸之道,他说:

> 兵马精劲,西戎之所长也;金帛丰富,中国之所有也。礼义不可化,干戈不可取,则当任其所有,胜其所长,此霸王之道也。④

范仲淹在此明确提出了"霸王之道"的观念,意为王道应统摄霸道,体现着王道为体、霸道为用的"明体达用"理念。

在人才培养方面,范仲淹主张培养王霸兼通之人才,他希望"所举之士,皆能熟经籍之大义,知王霸之要略",认为"明经籍之旨,并练王霸之术,问十得十,亦朝廷教育之本意也"。⑤ 总之,强调王道与霸道的辩证统一关系,是范仲淹三代论的特色。

强调三代的王道性质,尊崇王道而反对霸道,是宋儒共同的思想特征,但在如何平衡王道与霸道的关系问题上,宋儒内部还是存在很大分歧。如对汉唐之治的认识,程朱之流则认为汉唐之治及其功业——像制度之完备、国力之强盛、疆域之广阔等等,完全背离了王道,纯属霸道。如程颢就说:"三代之治,顺理者也。两汉以下,皆把持天下者也。"⑥程颐也说:"后世以智力把持天下者,霸道也。"⑦朱熹则更极端地说:"汉唐之君,虽或不能无暗合之时,而其全体却只在利欲上。此其所

---

① 《范文正公文集》卷九《上执政书》,《范仲淹全集》(上),凤凰出版社2004年版,第193—194页。
② 《范文正公文集》卷十三《宋故同州观察使李公神道碑》,《范仲淹全集》(上),凤凰出版社2004年版,第268页。
③ 《范文正公文集》卷十一《与省主叶内翰书》,《范仲淹全集》(上),凤凰出版社2004年版,第229页。
④ 《范文正公集补编》卷一《再议攻守疏》,《范仲淹全集》(上),凤凰出版社2004年版,第656页。
⑤ 《范文正公文集》卷十《上时相议制举书》,《范仲淹全集》(上),凤凰出版社2004年版,第209页。
⑥ (宋)程颐、程颢:《二程集》之《河南程氏遗书》卷十一,中华书局1981年版,第127页。
⑦ (宋)程颐、程颢:《二程集》之《河南程氏经说》卷四,中华书局1981年版,第1087—1088页。

以尧舜三代自尧舜三代,汉祖唐宗自汉祖唐宗,终不能合而为一也。"①又说:"尧舜三王周公孔子所传之道",在此后的千五百年间,"未尝一日得行于天地之间也"②。这些言论否定了汉唐的文治武功所具有的王道性质,这不仅割裂了王霸之间的辩证关系,在理论上是错误的,而且也不符合历史事实。如汉宣帝曾言:"汉家自有制度,本以霸王道杂之,奈何纯任德教,用周政乎!"③这是汉宣帝对太子(后来的汉元帝)的"柔仁好儒"提出的批评,他认为汉朝的治国原则是王霸兼用,礼法并重。可见,汉宣帝反对的只是"纯任德教"的片面做法,而并不反对王道本身。

程朱视汉唐完全是人欲流行的霸道社会,无可取之处,与此相反,范仲淹则认为汉唐虽然不能与三代相提并论,但也绝非人欲流行、祸乱不已的霸道社会,而是王霸并存、治乱相伴之世,不能将其一概斥为霸道。如云:"周、汉、李唐,虽有祸乱而能中兴者,人未厌德,作乱者不能革天下之心,是邦本之固也"④,意为汉唐虽有祸乱,但王道之基——道德人心尚存,邦本尚固。又云:"某窃览前书,见周汉之兴,圣贤共理,使天下为富为寿数百年,则当时致君者功可知矣。李唐之兴也,如周汉焉;其衰也,亦周汉焉"⑤,"至西汉,得贾谊、董仲舒,其言可以追先王之烈,而弗克施,使后世王者无复起三代之心,由汉始也"⑥,至于唐代,范仲淹认为"如贞观、开元有霸王之略,每下诏命,多有警策"⑦。这些都是说汉唐虽不能复兴三代,但圣贤共理,为富为寿,且贾谊和董仲舒的言论犹可追先王之风,唐朝的贞观、开元霸业也包含王道的因素,其制度设施仍有可取之处,汉唐故事仍可为后人所效法。如他所说:

河湟议始行,汉唐功必寻。⑧

---

① (宋)朱熹:《晦庵先生朱文公文集》卷三十六《答陈同甫第八书》。
② (宋)朱熹:《晦庵先生朱文公文集》卷三十六《答陈同甫第六书》。
③ 《汉书》卷九《元帝纪》。
④ 《范文正公文集》卷九《上执政书》,《范仲淹全集》(上),凤凰出版社 2004 年版,第 190 页。
⑤ 《范文正公文集》卷九《上执政书》,《范仲淹全集》(上),凤凰出版社 2004 年版,第 183 页。
⑥ 《范文正公文集》卷十三《赠兵部尚书田公墓志铭》,《范仲淹全集》(上),凤凰出版社 2004 年版,第 283 页。
⑦ 《范文正公文集》卷十《与欧静书》,《范仲淹全集》(上),凤凰出版社 2004 年版,第 211 页。
⑧ 《范文正公文集》卷三《阅古堂诗》,《范仲淹全集》(上),凤凰出版社 2004 年版,第 96 页。

我国家承五代破散之弊,未能复三代、汉、唐之制,事多权宜。①

我国家累圣,求理而致太平,大约纪纲,法象唐室……不宜法唐衰之后……重为制度,以法唐兴之时。②

范仲淹认为北宋秉承先王之道,锐意于太平,汲汲于回向三代,但其制度设施不如"汉、唐之制"完备,故可借鉴唐朝全盛时期的制度。这表明他对汉唐的制度设施有正面评价。

其实关于汉、唐的制度及其文治武功,历史早有定论,南宋学者吕中就认为:"汉唐享国不及三四百年者,治体之有纯驳也。汉四百年,治多而乱少;唐三百年,乱多而治少者,制度之有疏密也。汉唐多内难而无外患,本朝无内患而有外忧者,国势之有强弱也。盖我朝有唐虞三代之治体、制度,而无汉唐之国势。"③余英时先生也指出,"汉、唐在政治史上占有最显赫的地位",尽管宋代"在文化史上有超越汉、唐的成就",但"在政治史上不能和汉、唐争辉"。④ 以此看来,范仲淹对"汉、唐之制"的评价是中肯的,他对于王霸之辨的见解也是远胜程朱的。

总之,范仲淹认为先王治国虽以王道为根本原则和目的,王道优于霸道,但王道的实现却要以霸道为手段,离开霸道别无王道,霸道也不能脱离王道的指引,故王道和霸道不能截然分割。这显然是合理的王霸之辨,范仲淹以此为基础而阐发的三代论和回向三代的政治主张,就不仅理想主义的情怀,也具有现实主义的品质。

第二节 回向"三代"的政治路径

肯定先王之道的仁义本质,这是儒者的共同特征。但在如何实现

---

① 《范文正公政府奏议》卷上《再奏乞两府兼判》,《范仲淹全集》(上),凤凰出版社2004年版,第505页。
② 《范文正公文集》卷九《奏上时务书》,《范仲淹全集》(上),凤凰出版社2004年版,第175页。
③ (宋)吕中:《宋大事记讲义》卷一《序论·国势论》,四库全书本。
④ 余英时:《朱熹的历史世界——宋代士大夫政治文化的研究》,生活·读书·新知三联书店2004年版,第188—189页。

和落实先王之道,即在如何由抽象层面的先王之道走向现实政治层面的先王之制这个问题上,宋儒内部存在明显的分歧。总体来看,以程朱为代表的理学家们,基于"穷理尽性以至于命"①的思路,致力于返本复性,他们精研性理,建构起一套道德形而上学思想体系和工夫论思想体系,从而将先王之道本体化和心性化。

在范仲淹看来,二帝三王之道或回向"三代"的高远理想,必须通过合理的治道才能实现。他在北宋新儒学的开端阶段即倡导"明体达用之学"②。他一方面创通经义,阐明义理,传承道统;另一方面又致力于经世致用。在他的从政生涯中,所到之处推行民本德政,砥砺士风,整饬吏治;发掘先王之制中的制度因素,并在新的历史条件下加以创新,从而构建出一套制度条例,以此作为"革新政令"③、回归儒家道统,进而实现三代之治的制度依托。他在庆历三年九月所上的《答手诏条陈十事》,既是宋仁宗"以太平责之"④的产物,也是范仲淹"日夜谋虑兴致太平"⑤的结晶,体现了北宋君臣共同的政治理想。范仲淹所条陈之十项改革内容,以及为此而制定的一系列制度条例,作为庆历新政的政治纲领和具体的改革举措,亦是"前代帝王之道"和"尧舜能通其变"⑥的体现。总之,范仲淹的政治思想,具有鲜明的"制度之学"⑦的特征。

一、实行礼治

推崇礼治为儒家之通说。孔子主张"为国以礼"⑧,认为"道之以德,齐之以礼",可以使民"有耻且格"⑨。又说:"能以礼让为国乎?何有?

---

① 《周易·说卦》。
② 李存山:《范仲淹与宋代儒学的复兴》,《哲学研究》2003年第10期。
③ 钱穆:《中国近三百年学术史》上册,商务印书馆1997年版,第7页。
④ 《长编》卷一百四十三,庆历三年九月丁卯条。
⑤ 《宋史》卷三百一十四《范仲淹传》。
⑥ 《范文正公政府奏议》卷上《答手诏条陈十事》,《范仲淹全集》(上),凤凰出版社2004年版,第473—474页。
⑦ 谢琰:《制度之学的新开展》,《中国哲学史》2020年第3期。
⑧ 《论语·先进》。
⑨ 《论语·为政》。

不能以礼让为国,如礼何?"①孔子所服膺之礼为周礼,他说:"殷因于夏礼,所损益,可知也;周因于殷礼,所损益,可知也"②,故"周监于二代,郁郁乎文哉!吾从周"③。孔子之所以删《诗》《书》、定《礼》《乐》、赞《周易》、修《春秋》,就是为了传承和弘扬礼乐文化,把传统的六经视为治国安邦的圭臬。孔子以礼治国的根本措施是"正名"。他认为:"名不正,则言不顺;言不顺,则事不成"④。所谓"正名"就是用周礼纠正时弊,使现实的秩序回归周礼所规定的等级名分,做到名实相符。

孟子主张在法"先王之道"的基础上重建西周的礼治秩序,正如司马迁所言:"孟轲乃述唐、虞、三代之德,是以所如者不合。退而与万章之徒序《诗》《书》,述仲尼之意,作《孟子》七篇。"⑤孟子的仁政思想,向往西周的井田制,主张"谨庠序之教,申之以孝悌之义",认为这是"王道之始"。⑥ 孟子对不遵守礼义的行为进行了严厉批评,指出:"无礼义,则上下乱"⑦,"孔子成《春秋》而乱臣贼子惧"⑧;又说:"上无礼,下无学,贼民兴,丧无日矣。《诗》曰:'天之方蹶,无然泄泄。'泄泄犹沓沓也。事君无义,进退无礼,言则非先王之道者,犹沓沓也"⑨。

荀子同样推崇礼治。他认为:"儒者法先王,隆礼义,谨乎臣子而致贵其上者也"⑩;又说:"为政不以礼,政不行矣","礼之于正国家也,如权衡之于轻重也,如绳墨之于曲直也。故人无礼不生,事无礼不成,国家无礼不宁"⑪。

范仲淹继承了儒家传统的礼治思想,认为回向三代必须实行礼治。在他看来,先王依靠礼乐治国,所谓"礼以成之,乐以歌之。光天之下,

---

① 《论语·里仁》。
② 《论语·为政》。
③ 《论语·八佾》。
④ 《论语·子路》。
⑤ (汉)司马迁:《史记》卷七十四《孟子荀卿列传》。
⑥ 《孟子·梁惠王上》。
⑦ 《孟子·尽心下》。
⑧ 《孟子·滕文公下》。
⑨ 《孟子·离娄上》。
⑩ 《荀子·儒效》。
⑪ 《荀子·大略》。

教以化之"①,"先王制礼经,祠为国大事"②,认为尧舜二帝"但复礼以居朝"③。他还说:

> 三代圣王致治天下,必先崇学校,立师资,聚群材,陈正道。使其服礼乐之风,乐名教之地,精治人之术,蕴致君之方。然后命之以爵,授之以政,济济多士,咸有一德。列于朝,则有制礼作乐之盛;布于外,则有移风易俗之善。④

范仲淹认为先王依靠礼乐致治天下。他在这里所说的"正道",包括"礼乐之风""名教之地""治人之术""致君之方",都泛指礼治,即"制礼作乐之盛"。而先王礼乐之治的结晶就是六经,在范仲淹看来,《书》《易》《诗》《春秋》《礼》《乐》六经,作为先王之治的经籍,体现着先王治国的各个方面的理念,也记载着三代的礼仪制度和规范,此即所谓的"法度之言""安危之几""得失之鉴""是非之辩""天下之制""万物之情"。⑤ 这些都是先王治理国家的依据。故范仲淹所理解的礼治,具体来说,就是以六经为指导的治理。

范仲淹认为先王之道具有普遍价值,六经作为先王之道的载体,其精神是适用于古今的。他说:"圣人之道也,无幽不通"⑥,礼义"本于太一","贯古今而不坠"⑦,因此"圣人昭昭之训,岂用于先王而废于今日者哉?"⑧又说:"孔子删《书》,垂于后世,明其可行之法也。"⑨可见,六经不仅是先王治国的依据,对于现实的治理也具有指导意义。故云:

---

① 《范文正公文集》卷一《明堂赋》,《范仲淹全集》(上),凤凰出版社2004年版,第8页。
② 《范文正公文集》卷三《祠风师酬提刑赵学士见贻》,《范仲淹全集》(上),凤凰出版社2004年版,第53页。
③ 《范文正公别集》卷二《尧舜帅天下以仁赋》,《范仲淹全集》(上),凤凰出版社2004年版,第424页。
④ 《范文正公文集》卷十九《代人奏乞王洙充南京讲书状》,《范仲淹全集》(上),凤凰出版社2004年版,第379页。
⑤ 《范文正公文集》卷十《上时相议制举书》,《范仲淹全集》(上),凤凰出版社2004年版,第208页。
⑥ 《范文正公文集》卷一《老子犹龙赋》,《范仲淹全集》(上),凤凰出版社2004年版,第15页。
⑦ 《范文正公文集》卷一《礼义为器赋》,《范仲淹全集》(上),凤凰出版社2004年版,第17页。
⑧ 《范文正公文集》卷九《上执政书》,《范仲淹全集》(上),凤凰出版社2004年版,第186页。
⑨ 《范文正公政府奏议》卷上《奏乞于陕西河东沿边行赎法》,《范仲淹全集》(上),凤凰出版社2004年版,第522页。

> 今天下久平,修理政教,制作礼乐,以防微杜渐者,道也。①

> 经以明道……文以通理……至于通《易》之神明,得《诗》之风化,洞《春秋》褒贬之法,达礼乐制作之情,善言二帝三王之书,博涉九流百家之说者,盖互有人焉。若夫廊庙其器,有忧天下之心,进可为卿大夫者;天人其学,能乐古人之道,退可为乡先生者,亦不无矣。②

范仲淹认为礼治是普遍的治国之道。在他看来,通经可以明道,士大夫若通达《易》《诗》《春秋》等经典,就可以"进可为卿大夫",从事国家的治理;"退可为乡先生",从事社会的教化,总之可以"辅成王道"。因此他主张治国一定要"奉先王之训"③,实行礼治,而反对违背礼教的做法。如云:

> 惜乎三代以还,智者间间;诸儒靡协,议者喋喋。而皆胶其增损,忘礼乐之大本;泥于广狭,废皇王之大业。④

> 今文庠不振,师道久缺,为学者不根乎经籍,从政者罕议乎教化,故文章柔靡,风俗巧伪,选用之际,常患才难。⑤

范仲淹视六经为治国治人之道,因此他希望士人"皆能熟经籍之大义"⑥,不忘"礼乐之大本",反对为学"不根乎经籍",从政"罕议乎教化"的浮躁轻薄学风。

范仲淹崇尚礼治,但他绝非泥古不化的教条主义者。他认为礼乐之制是可变的,信奉先王之道不必固守先王之制,如他在阐释明堂之制时就指出:

> 殊不知五帝非沿乐而兴,三王岂袭礼而至?为明堂之道,不必

---

① 《范文正公文集》卷九《上执政书》,《范仲淹全集》(上),凤凰出版社2004年版,第184页。
② 《范文正公文集》卷八《南京书院题名记》,《范仲淹全集》(上),凤凰出版社2004年版,第165—166页。
③ 《范文正公文集》卷九《上执政书》,《范仲淹全集》(上),凤凰出版社2004年版,第197页。
④ 《范文正公文集》卷一《明堂赋》,《范仲淹全集》(上),凤凰出版社2004年版,第9页。
⑤ 《范文正公文集》卷十《上时相议制举书》,《范仲淹全集》(上),凤凰出版社2004年版,第208页。
⑥ 《范文正公文集》卷十《上时相议制举书》,《范仲淹全集》(上),凤凰出版社2004年版,第209页。

尚其奥；行明堂之义，不必尽其制。适道者与权，忘象者得意。大乐同天地之和，岂匏竹而已矣？大礼同天地之节，岂豆笾之云尔？①

范仲淹明确地提出了"适道者与权"的观念，认为坚守先王之道可以采取灵活权变的措施。他说五帝三王也并非机械地沿袭礼乐，如今可以接受明堂之制所体现的"道"和"义"，但不必全盘恢复明堂古制，这大有后来王安石"当法其意而已"②的意味。

范仲淹为探寻变法事业的理论依据，对于《易经》的变革思想进行了多方阐发。如在《易义》一文中，他在对《革》卦的阐释时就得出了"圣人行权革易变之时"的结论。他说：

> 革，火水相薄，变在其中，圣人行权革易变之时也。……天下无道，圣人革之以反常之权。③

范仲淹还多次直接引用《易经》的经文，为其变法事业提供理论依据。如他在《答手诏条陈十事》中说：

> 《易》曰："穷则变，变则通，通则久。"此言天下之理有所穷塞，则思变通之道。既能变通，则成长久之业。④

面对北宋纲纪制度日削、内外交困的穷塞局面，范仲淹极力主张以《周易》穷则思变思想为依据，寻求变通之道，进行政治改革，以达到长治久安的目的。

综上所述，范仲淹崇尚礼治，不是为了发思古之幽情，而是为了探寻经世致用之道。如其所云："今国家稽古不忘"，乃鉴于礼义"体之于政，见日用之无穷"，"合二美以同归，皆能致用"⑤。故礼治作为回向"三代"的必经之路，是通过经世致用而实现的。

---

① 《范文正公文集》卷一《明堂赋》，《范仲淹全集》(上)，凤凰出版社2004年版，第9页。
② (宋)王安石：《王文公文集》卷一《上皇帝万言书》，上海人民出版社1974年版，第2页。
③ 《范文正公文集》卷七《易义》，《范仲淹全集》(上)，凤凰出版社2004年版，第125页。
④ 《范文正公政府奏议》卷上《答手诏条陈十事》，《范仲淹全集》(上)，凤凰出版社2004年版，第473—474页。
⑤ 《范文正公文集》卷一《礼义为器赋》，《范仲淹全集》(上)，凤凰出版社2004年版，第17页。

二、经世致用

主张经世致用是儒家的思想传统。孟子尝言:"尧舜之道,不以仁政,不能平治天下。今有仁心仁闻而民不被其泽,不可法于后世者,不行先王之道也。故曰,徒善不足以为政,徒法不能以自行。"①这是认为尧舜之道必表现为泽民之用。孟子又说:"如欲平治天下,当今之世,舍我其谁也?"②"待文王而后兴者,凡民也;若夫豪杰之士,虽无文王犹兴。"③这是认为平治天下为儒者的职责,豪杰之士必须自觉地承担起平治天下的社会责任。在儒学复兴的时代背景下,北宋的士大夫充满了"弘道"和"行道"精神,传统儒家的经世致用思想再次得到彰显,并表现为"以天下为己任"④的集体意识。这一点,在范仲淹的《岳阳楼记》中,则被表述为"先天下之忧而忧,后天下之乐而乐"⑤的千古名言。

范仲淹礼治思想的重要特点是主张经世致用,而经世致用必须通过士大夫集团自觉的社会担当才能实现,他所说的"先忧后乐",正是这种担当精神的完美表达。他试图把六经等儒家经典与北宋社会的政治、社会和教育问题相结合,探索一条治国平天下的道路。在微观层面,为了扶贫济弱,建设和谐邻里,他在家族内部设立"义庄",力图将三代理想验之一族;在宏观层面,他奉行民本主义,所到之处必推行德政,整饬吏治,锐意改革,又力图将三代理想验之一地和一国。他不是迂腐的儒者,而是善于在理想和现实之间寻找平衡的务实思想家和政治家,正因如此,他才在求学和从政生涯中培养和历练出了卓越的行政管理能力,他在《上张右丞书》中,对自己身为"衣冠礼乐之士"深感自豪,认为自己"粗闻圣人之道",坚信仁义的施行可以济民利物,因此他"慨然有益天下之心",立志博施于民。关键是,"至于稼穑之难,狱讼之情,政教之繁简,货殖之利病,虽不能辨,亦尝有闻焉,似可备僚俊之末议"⑥。

---

① 《孟子·离娄上》。
② 《孟子·公孙丑下》。
③ 《孟子·尽心上》。
④ (宋)王安石:《王文公文集》卷二十六《杨墨》,上海人民出版社1974年版,第309页。
⑤ 《范仲淹全集》(上),凤凰出版社2004年版,第169页。
⑥ 《范文正公文集》卷九《上张右丞书》,《范仲淹全集》(上),凤凰出版社2004年版,第181页。

他认为自己在稼穑、狱讼、政教、货殖等民事民政方面,都具备相应的知识和管理的能力,所以可以将圣人之道贯彻落实。范仲淹的这段自陈,展现的正是其内圣外王、经世致用的政治伦理品格。

为培养"通经有道之士",解决"才难"问题,范仲淹倡导"明体达用"之学,主张把精通经籍、学以致用作为科举考试的主要标准,反对国家"专以词赋取进士,以墨义取诸科"的考核方法。为此,他提出了"精贡举"的改革主张,其要点为:

> 其考校进士,以策论高、词赋次者为优等,策论平、词赋优者为次等。诸科经旨通者为优等,墨义通者为次等。
>
> ……
>
> (士)虽济济盈庭,求有才有识之士十无一二,况天下危困乏人如此,将何以救?在乎教以经济之业,取以经济之才,庶可救其不逮。或谓救弊之术无乃后时,臣谓四海尚完,朝谋而夕行,庶乎可济,安得晏然不救,坐俟其乱哉?①

范仲淹认为只有"精贡举"才能引导学校培养有用之才。他希望士子们不专辞藻、不重墨义,而要精通经旨、晓明理道,同时还要具备经济之才,这样才可学以致用。但现实的局面却是人才匮乏,尽管士人济济盈庭,而国家求有才有识之士十无一二。故他认为学校对士子们除了进行经义教育之外,还应"教以经济之业",这样国家就可"取以经济之才,庶可救其不逮",范仲淹称此为"救弊之术",应立即施行。总之,范仲淹的"精贡举"及相应的教育主张,体现了"经术正所以经世务"②的经世致用精神。

由此可见,范仲淹的礼治思想,是包含着"明体达用"的全面考量的。他所说的"明体",不是对儒家经典的章句训诂和机械背诵,而是创通经旨,通晓义理;他所说的"达用",不是空谈心性和道德修养,而是理论联系实际,经世致用。他认为只有坚持"明体达用"之学,才能造就有

---

① 《范文正公政府奏议》卷上《答手诏条陈十事》,《范仲淹全集》(上),凤凰出版社2004年版,第478—479页。
② 《宋史》卷三百二十七《王安石传》。

用之才,才能克服弊政,从而更好地实现国家治理并实现回向三代的政治理想。四库全书《范文正集》提要认为:

> 仲淹人品事业,卓绝一时,本不借文章以传。而贯通经术,明达政体,凡所论著,一一皆有本之言,固非虚饰词藻者所能,亦非高谈心性者所及。苏轼称其天圣中所上执政万言书,天下传诵。考其平生所为,无出此者。盖行求无愧于圣贤,学求有济于天下,古之所谓大儒者,有体有用,不过如此。初不必说太极、衍先天而后谓之能闻圣道,亦不必讲封建,议井田而后谓之不愧王佐也。观仲淹之人与仲淹之文,可以知空言实效之分矣。①

这段文字对范仲淹的人品事业和学术都给予了高度评价,指出范仲淹礼治思想的特点是贯通经术,明达政体。这具体表现在三个方面:第一,范仲淹恪守礼教,所论皆有依据;第二,范仲淹不尚空言,不高谈心性,不热衷于形而上学建构,追求实效;第三,范仲淹不拘泥于古制,不讲封建,不议井田,立论施政皆能从现实出发,具备王佐之才。这些评论基本符合范仲淹的政治思想特点,可谓慧眼独具。

三、制度依赖

范仲淹崇尚礼治,致力于经世致用,但如何经世致用?实现礼治的具体路径是什么?他作为"缜密多知之才"②的务实政治家和改革家,对此亦有深入的思考。范仲淹没有特别关注心性修养问题,更没有将政治单纯建立在主体内在德性基础上的德治主义立场,他倾向于规范伦理,力图通过制度建构来实现其政治主张。故他在阐发六经义理和先王之道的同时,也注重发掘儒家经典中制度之学的因素,并以此为依据而构建适合于时代的、稳定的和规范的制度和条例,用以治理社会,纠正时弊,建设理想国家。总体来看,范仲淹的政治思想具有制度依赖的鲜明特征。

范仲淹认为北宋当时所面临的一系列社会问题的根源在于"纲纪

---

① (清)纪昀:四库全书《范文正集·提要》。
② (清)王夫之:《宋论》,中华书局1964年版,第97页。

浸隳,制度日削"。他说：

> 臣闻历代之政,久皆有弊。弊而不救,祸乱必生。何哉？纲纪浸隳,制度日削,恩赏不节,赋敛无度,人情惨怨,天祸暴起……然则欲正其末,必端其本;欲清其流,必澄其源。臣敢约前代帝王之道,求今朝祖宗之烈,采其可行者条奏,愿陛下顺天下之心,力行此事,庶几法制有立,纲纪再振,则宗社灵长,天下蒙福。①

范仲淹认为纲纪是立国的指导思想和根本的政治原则,实为"前代帝王之道"即先王之道的体现,制度则是国家以纲纪为基础而制定的各项规范化的社会管理措施,两者之间是本末、源流关系。在范仲淹看来,当时的纲纪和制度都出现了问题,故北宋走向衰败是必然的。解决之道只能是改革,即"法制有立,纲纪再振",在指导思想上拨乱反正,尊崇先王之道,实行礼治;在社会各领域的管理体制上建立和完善法制。

通过发掘经典资源来构建法制是范仲淹的政治取向。在六经当中,范仲淹认为《周礼》的礼乐制度堪称完美。如云：

> 周之礼,禀夏之正。②

> 周人礼无不当,诚无不臻。③

> 圣人之为《春秋》也,因东鲁之文,追西周之制。④

对于制礼作乐的周公,范仲淹也是推崇备至。如云：

> 在汤武时,伊尹、周公为之训诰。故教化纪纲,莫盛于三代。⑤

> 周公之才之美,亦自生知。故得冠乎人伦,立乎圣域。所以见至矣之性,所以成自然之诚。究其本也,盖钟纯粹之精;及其显焉,

---

① 《范仲淹全集》(上),凤凰出版社2004年版,第473—474页。
② 《范文正公文集》卷一《明堂赋》,《范仲淹全集》(上),凤凰出版社2004年版,第6页。
③ 《范文正公文集》卷一《明堂赋》,《范仲淹全集》(上),凤凰出版社2004年版,第7页。
④ 《范文正公文集》卷八《说春秋序》,《范仲淹全集》(上),凤凰出版社2004年版,第163页。
⑤ 《范文正公文集》卷十三《赠兵部尚书田公墓志铭》,《范仲淹全集》(上),凤凰出版社2004年版,第283页。

乃著文明之德。①

范仲淹对于经典的选择和推崇并非单纯的思想偏好,而必有其现实的考量。如何克服弊政,如何借助于经典的制度资源而构建一个稳定完善的制度,进而复兴王道大业才是其根本目的。因此他主张以《周礼》为蓝本,对北宋的官僚制度进行改造和完善。他说:

> 臣谨按三代之制,皆立三公建六卿。太公、周公、召公,周之三公也,以论道经邦为师傅。又天官冢宰掌邦治,地官司徒掌邦教,春官宗伯掌邦礼,夏官司马掌邦政,秋官司寇掌邦禁,冬官司空掌邦土,此周之六卿也。各帅其属,以佐王理邦国。大事从其长,小事则专达。亦以三公兼六卿之职,取其重也。周用此制而王道大兴,世祚绵久,至八百年。我国家有周之天下,未能行周之制,亦当约而申之,以治天下,则可卜长世之业矣。今中书乃天官冢宰之任,枢密院乃古夏官司马之任。其地官、春官、秋官、冬官之职,各散于群有司,皆无六卿之正,又无三公兼领之重。而两府间惟进拟差除多循资级,评论赏罚各遵条例之外,上不专三公论道之职,下不专六卿佐王之业,虽庶政不修,天下不理,咎将安归?臣请朝廷于百职中选其务之重者,命辅臣兼领其纲要,体周之三公下兼其六卿,法周之六卿各帅其属,以佐理邦国。

范仲淹认为周朝因实行三公兼领六卿之制而王道大兴,北宋也应借鉴这一制度,命中书和枢密院的宰辅大臣兼判六卿,以改变两府上不专三公论道之职,下不专六卿佐王之业的局面。通过这种自上而下的监督,官员中的"不修举者,朝廷得以责之",这样"庶政之弊可救,天下之治可期"。②

范仲淹认为《周礼》的官制体现了尧舜之道。他在景祐三年(1036年)批评吕夷简任人不公而给仁宗上《百官图》时说:"任人各以其材而

---

① 《范仲淹全集》(上),凤凰出版社 2004 年版,第 501 页。
② 《范文正公政府奏议》卷上《奏乞两府兼判》,《范仲淹全集》(上),凤凰出版社 2004 年版,第 501—502 页。

百职修,尧、舜之治不过此也。"①随后他又上《四论》讥指时政,其《推委臣下论》主张根据周代的官爵制度,完善北宋的官制。他说:

> 天生兆人,得王乃定。万机百度,不可独当。内立公卿大夫士,外设公侯伯子男。先择材以处之,次推公以委之……

在此,范仲淹认为周代"内立公卿大夫士,外设公侯伯子男"的官爵制度,体现了"择材委任"的用人原则。根据这一原则,他又对宰辅、将帅、御史府、京尹等政府各级官员的职责进行了详细说明,希望借此理顺北宋职权关系混乱的官僚制度。②

对于官员的任用,范仲淹主张通过"精贡举"③来培养选拔合格的管理人才。如何"精贡举"呢?他指出要"约《周官》之法,兴阙里之俗"④,具体依据就是《周礼·地官司徒第二》所规定的"大比"制度。他说:

> 臣谨按《周礼》乡大夫之职:"各教其所治,三年一大比,考其德行道艺,乃献贤能之书于王,贤为有德行,能为有道艺。王再拜受之,登于天府。"天府,太庙之宝藏也。盖言王者举贤能,所以上安宗社,故拜受其名,藏于庙中,以重其事也。卿大夫之职废既久矣,今诸道学校如得明师,尚可教人六经,传治国治人之道。而国家乃专以词赋取进士,以墨义取诸科,士皆舍大方而移小道。

范仲淹认为当时国家实用型管理人才匮乏,所谓"求有才有识之士十无一二",他认为这种局面是由国家"以词赋取进士,以墨义取诸科"的错误导向造成的。而周朝三年举行一次的"大比"制度,注重考核人才的"德行"和"道艺",以此举贤能,可以安宗社。范仲淹以此为依据,主张改革北宋的学校教育和科举制度,以实用知识作为教育和科举的主要内容,即"教以经济之业,取以经济之才",这样便可解决人才匮乏的问题。⑤

---

① (宋)欧阳修:《欧阳修全集》卷二十一《资政殿学士户部侍郎文正范公神道碑铭》,中华书局2001年版,第332页。
② 《范文正公文集》卷七《推委臣下论》,《范仲淹全集》(上),凤凰出版社2004年版,第133页。
③ 《范文正公政府奏议》卷上《答手诏条陈十事》,《范仲淹全集》(上),凤凰出版社2004年版,第478页。
④ 《范文正公文集》卷九《上执政书》,《范仲淹全集》(上),凤凰出版社2004年版,第190—191页。
⑤ 《范文正公政府奏议》卷上《答手诏条陈十事》,《范仲淹全集》(上),凤凰出版社2004年版,第478页。

对于官员的考核升迁问题,北宋实行"文资三年一迁,武职五年一迁"的磨勘制度。范仲淹指出这项制度的最大弊端是"不限内外,不问劳逸,贤不肖并进",即中外官员的晋升不问政绩,单纯以年资为依据,这样就导致了"人人因循,不复奋励"的糟糕局面。为此,他提出了"明黜陟"的改革措施,主张以政绩实效作为磨勘的重点,以期"人人自励,以求绩效"。其改革依据是《周礼》和《尚书》的有关规定。他说:

> 臣观《书》曰:"三载考绩,三考黜陟幽明。"然则尧舜之朝,建官至少,尚乃九载一迁,必求成绩,而天下大化,百世之后,仰为帝范。①

范仲淹认为,按《尚书》的规定,每三年按"成绩"对官员进行一次绩效考核,经三次考核即九年方可决定升降,结果天下大治,这是百世帝范。但《尚书》关于九年方可迁升的规定,因磨勘时间过长不宜实行,故后世多有变易,如《周礼》就规定三年考核即可决定官员升降,所谓:

> 三岁,则大计群吏之治而诛赏之。②

> 凡邦国,三岁则稽士任,而进退其爵禄。③

显然,周公没有拘泥于"三考黜陟幽明"的古制,只是坚持了按绩效进行考核的尧舜之道。所以李觏指出:

> 先王所以课吏考功如是其密也……三年有成,则申之以诛赏……《舜典》"三载考绩,三考黜陟幽明",彼三岁而一考,九岁而后黜陟,盖帝道宽简,抑时世之然,未若周公之典垂后昆之题也。④

李觏认为尧舜古制是可以因时而变的,周公"三年有成"之典较《舜典》"九岁而后黜陟"的规定,更适合于后世。

同李觏一样,范仲淹也没有拘泥于"三考黜陟幽明"的古制,他原则

---

① 《范文正公政府奏议》卷上《答手诏条陈十事》,《范仲淹全集》(上),凤凰出版社 2004 年版,第 474 页。
② 《周礼·天官冢宰第一》。
③ 《周礼·夏官司马第四》。
④ (宋)李觏:《李觏集》卷十一《周礼致太平论·官人第三》,中华书局 1981 年版,第 110 页。

上认可文官三年一迁的现实规定①,只是强调考核的重点为政绩实效,而非按年资迁改而已。他说,对于"县令郡长"当"以《周礼》司徒之法约而行之"②。此处的"《周礼》司徒之法"是指对官吏的考核制度,如《周礼·地官司徒》曾明确记载:"三年大比,则以考群吏,而以诏废置。"③《周礼注疏》对此释曰:"古者亦三年一大案比户口,则考校主民之群吏,校其功过,以诏告在上。有功者置之以进爵位,有过者废退之。"④显然,范仲淹更看重《周礼》的"三年大比"之法,主张以此为基础完善北宋的磨勘制度。

范仲淹作为帝制时代的儒家士大夫,不可能就君主专制和官本位的根本制度提出非议,如果以近代民主主义的政治伦理来衡量他,可谓为时尚早,不切实际。他在当时所能做的,只能是在加强和完善封建专制制度的基础上,以儒家经典为指导,变革和重构社会各项管理制度,尤其是官僚制度。总之,范仲淹"希望在不改变国家体制的前提下,对具体官僚职能进行修补整肃,从而形成一个稳定、长久的完美体制。"⑤

第三节 回向"三代"的政治主体

回向三代的政治理想,必须通过一定的政治行为者——即政治主体的自觉努力才能实现。选择何种政治主体,如何培养和造就合理的政治主体,对于"三代"理想的实现至关重要。故对政治主体问题的探讨,也是范仲淹政治思想的题中应有之意。

在中国封建社会,君主专制制度是根本的政治制度,王权主义(王权至上和王权崇拜)是传统政治思想的根本特征,故在传统社会,君主是当然的政治主体。但君主专制制度必须通过官僚体制才能够运转,

---

① 参见范仲淹《答手诏条陈十事》中关于"明黜陟"的内容。
② 《范文正公文集》卷九《上执政书》,《范仲淹全集》(上),凤凰出版社2004年版,第189页。
③ 《周礼·地官司徒·县师》。
④ (东汉)郑玄注,(唐)贾公彦疏:《周礼注疏》卷十三。
⑤ 谢琰:《制度之学的新开展》,《中国哲学史》2020年第3期。

而官僚系统的构成又往往以士人为基础。这样,在君主专制的前提下,士大夫成为传统政治生活的主要参与者和实践者,这就是"君臣共治"的体制,表现为"皇帝—官僚制"的统治结构。如上所述,在这种体制下,君主专制无须论证,士大夫的存在也必须正视,但这并不意味着双方具有平等的政治权利,君尊臣卑、君强臣弱是不争的事实,士大夫只是作为君主的附庸而存在着,他们虽然发挥着类似于政治主体的功能,但自身并无法定的政治权利,其治理国家的权力和利益,也只是君主权力和利益的让渡和实现而已,君主可以随时剥夺他们的权力和利益,当然也可以仁慈地赐予他们权力和利益,这一切都取决于君主的教养和好恶,所以士大夫并非严格意义上的政治主体。另外,在历史上,由于君主的一人独大而导致的君权不受限制和滥用问题一直存在,于是儒家士大夫在坚守"忠君"政治伦理的同时,也往往会通过种种理念和制度设计来限制君权,从而使君主专制的实现形态具有复杂性①。北宋政治思想的形成和发展也体现着这种复杂性,一方面,君主专制与"忠君"的观念在不断强化;另一方面,士大夫的地位和作用以及限制君权的努力也在不断增强,并形成了以皇帝"与士大夫治天下"为标志的政治理念。范仲淹是北宋仁宗时期士大夫的杰出代表,他的政治思想具有鲜明的时代特征,他既主张君主专制,视皇帝为天经地义的政治主体,同时又彰显了士大夫的地位和作用,主张皇帝与士大夫"共理天下"。

一、专制而圣明的君主

范仲淹不可能超越君主政治的基本原则来谈论回向"三代"问题,尽管在北宋的政治生活中,士大夫已成为主要的参与者和实践者,但他依然把君主视为实现王朝政治理想的决定性因素和政治主体。这集中表现在他对君主专制制度的自觉认同。

鉴于唐季五代藩镇割据的离乱局面,宋初君臣都主张加强中央集权,强化君权。范仲淹对此亦有鲜明的立场,他认为君主专制是天经地

---

① 刘泽华先生称此种君臣关系为"刚柔结构"或"阴阳组合结构",可谓一语中的。参见刘泽华:《中国的王权主义》,上海人民出版社 2000 年版,自序。

义、无须论证的道理。如云：

> 天尊地卑，道之常矣。君处上，臣处下，理之常矣。①

> 立地之道也，自刚柔而功备。于是卑高以陈，中列乎人。刚而上者宜乎主，柔而下者宜乎臣。②

范仲淹认为《大易》之旨所体现的"道之常"是天尊地卑，"理之常"是君上臣下，"立地之道"是君刚臣柔，那么帝王就必然拥有独掌乾坤的权力，所以他说："圣人以治历乾纲"③，"天启于一人"，帝王的专制权力是"天故生成"④。他还说："帝王名器，乾坤定矣，岂沿革之可言哉？"⑤这是认为帝王拥有定乾坤的权力永远不变的。

关于君臣关系，范仲淹又云：

> 按《大易》之义，《坤》者，柔顺之卦，臣之象也，而有履霜坚冰之防，以其阴不可长也。《丰》者，光大之卦，君之象也，而有日中见斗之戒，以其明不可微也。

范仲淹自《周易》之《坤》《丰》两卦的卦象，得出了臣之象为阴，君之象为明的结论，其意在说明"君道宜强，臣道宜弱"的道理。因此他主张王者必"进退群臣，听决大事"，乃至"总揽纲柄，博延俊髦"。⑥

对君主专制的自觉认同就必然形成忠君的政治伦理观念。在历史上，范仲淹素有忠贞之臣的美誉，其重要原因在于他能不顾个人安危，自觉地、坚定地维护君主的权威。

天圣七年（1029 年），宋仁宗已年满十九岁，但刘太后依然在垂帘听政，主持朝政。这年十一月，刘太后打算让宋仁宗在冬至这一天率百官为她祝寿，此事表面看来是皇帝的家事，表示仁宗对太后的孝心，但

---

① 《范文正公文集》卷七《易义》，《范仲淹全集》（上），凤凰出版社 2004 年版，第 120 页。
② 《范文正公别集》卷三《易兼三材赋》，《范仲淹全集》（上），凤凰出版社 2004 年版，第 437—438 页。
③ 《范文正公别集》卷二《从谏如流赋》，《范仲淹全集》（上），凤凰出版社 2004 年版，第 430 页。
④ 《范文正公别集》卷二《圣人大宝曰位赋》，《范仲淹全集》（上），凤凰出版社 2004 年版，第 431 页。
⑤ 《范文正公文集》卷十《上资政晏侍郎书》，《范仲淹全集》（上），凤凰出版社 2004 年版，第 205 页。
⑥ 《范文正公文集》卷十六《润州谢上表》，《范仲淹全集》（上），凤凰出版社 2004 年版，第 344 页。

实际上有"借上寿仪礼突显摄政太后位居皇帝之上的政治意义"①。故消息一出,缙绅为此失色对视,却畏悼而无一敢论②,只有官微言轻的秘阁校理范仲淹出于反对后宫干政、维护君权、维护正常统治秩序的目的,认为作为一国之尊的天子行臣子之礼是不合礼法的,于是上疏强烈反对此事。他说:

> 天子有事亲之道,无为臣之礼;有南面之位,无北面之仪。若奉亲于内,行家人礼可也;今顾与百官同列,亏君体,损主威,不可为后世法。③

范仲淹话说得很重,认为此事"亏君体,损主威",结果是刘太后"颇不怿"④,范仲淹也以此遭贬。事后,范仲淹在写给晏殊的的信中说,这次谏诤不是为了"好奇邀名",而是为了"足存皇帝贵高之体",以避免"后代必有舅族强炽"局面的出现,是故不惜"轻一死以重万代之法"⑤。

天圣八年,范仲淹又上书督促太后还政,其略云:

> 陛下拥扶圣躬,听断大政,日月持久。今皇帝春秋已盛,睿哲明圣,握乾纲而归坤纽,非黄裳之吉象也。岂若保庆寿于长乐,卷收大权,还上真主,以享天下之养。⑥

明道二年(1033年)三月,刘太后驾崩,仁宗亲政。同年四月,范仲淹于陈州通判任上被召赴阙,除右司谏,专任言官。因刘太后在驾崩前留有遗诰曰"尊太妃为皇太后,皇帝听政如祖宗旧规,军国大事与太后内中裁处",朝廷随后就"册皇太妃杨氏为太后"。⑦ 范仲淹一上任就对这件

---

① 刘静贞:《范仲淹的政治理念与实践——借仁宗废后事件为论》,《宋史研究集》(第24辑),台北:"国立"编译馆,1995年,第60页。
② 《范文正公褒贤集》卷一《范文正公仲淹墓志铭》,《范仲淹全集》(下),凤凰出版社2004年版,第943页。
③ 《长编》卷一百八,天圣七年十一月癸亥。
④ 《范文正公褒贤集》卷一《范文正公仲淹墓志铭》,《范仲淹全集》(下),凤凰出版社2004年版,第943页。
⑤ 《范文正公文集》卷十《上资政晏侍郎书》,《范仲淹全集》(上),凤凰出版社2004年版,第201、205、204页。
⑥ 《年谱》天圣八年。
⑦ 《长编》卷一百一十二,明道二年三月。

事表示不满,上疏言:"太后,母号也,未闻因保育而代立者。今一太后崩,又立一太后,天下且疑陛下不可一日无母后之助矣!"他上此疏的目的,显然是为了铲除刘太后的政治影响,避免新立太后作为其代言人而干政,这有利于防止刘太后的余党借其阴魂而继续把持朝政,体现了范仲淹对仁宗权威的鼎力支持。

景祐三年(1036年)五月丙戌,天章阁待制、权知开封府范仲淹落职,知饶州。原因是他之前曾指责宰相吕夷简政出私门、用人不公,其上疏言:"官人之法,人主当知其迟速、升降之序,其进退近臣,不宜全委宰相。"① 范仲淹又上《百官图》,指陈序迁次第,又上《四论》②,大抵讥指时政,其锋芒所向,仍是权相吕夷简如《推委臣下论》云:皇帝应"操荣辱之柄,制英雄之命,庶务委于下,而大柄归于上,始可以言无为矣"。③ 范仲淹的这些言论和做法,意在彰显皇帝的权力,但也深深地得罪了吕夷简,故再次遭贬。

但是,范仲淹对于君主专制的认同和维护是有条件的。他从"道高于势"的原则出发,认为皇帝必须"适道",必须像尧舜一样"舍己从人,同底于道",而不能"肆予一人之意"。他说:

> 至明在上,无远弗宾。得天下为心之要,示圣王克己之仁。政必顺民,荡荡洽大同之化;礼皆从俗,熙熙无不获之人。当其治国牧民,代天作主。敷至治于四海,遂群生于九土。④

范仲淹认为在现实的君主之上,还有一理想的君道,此为"至明"、为"天"。现实的君应与理想的君道相统一,表现为要像圣王一样克制私欲,具有"克己之仁",并力行顺民之政,导民于"大同之化"。总之,皇帝必须是圣明的君主,以仁义统治天下,只有这样,才会建立太平之政。类似的说法,范仲淹还有很多,如:

---

① 《长编》卷一百一十八,景祐三年五月丙戌。
② 指《帝王好尚论》《选贤任能论》《近名论》《推委臣下论》。参见《范仲淹全集》(上),凤凰出版社2004年版,第129—135页。
③ 《范仲淹全集》(上),凤凰出版社2004年版,第133页。
④ 《范文正公文集》卷一《用天下心为心赋》,《范仲淹全集》(上),凤凰出版社2004年版,第23—24页。

> 王天下者,身先教化,使民从善。①

> 然则帝者民之宗焉,仁者教之大也。帝居大于域内,仁为表于天下。②

范仲淹认为,圣明的君主还要具备"选贤任能"的能力,如云:

> 君之盛德,莫大于求贤。③

> 圣帝明王,常精意于求贤,不劳虑于临事。④

> 官也者名器所守,贤也者才谋不群。当建官而公共,惟任贤而职分……惟美材而是取……致王业之不愆。⑤

这就是说,圣明帝王要致力于求贤,不能忙于事务。作为国家栋梁的官员,只有才智出众的贤者才可胜任,因此要选拔材质美好的官员治理国家,如此政治便无过失,王者之业才可兴盛。

在君主所应具备的各种美德中,范仲淹特别强调帝王的纳谏品质。他说:

> 圣人之至明也,临万几之事而不敢独断;圣人之至聪也,纳群臣之言而不敢偏听。⑥

> 吾君尽心以虚受天下之言也,亦天下君子尽心以助成王道之日也。⑦

> 圣人以治历乾纲,思迈前王。从忠谏而弗逆,观流水以堪方。每行补过之言,曾无凝滞;或得兴邦之议,宁昧激扬?矧夫内守宗

---

① 《范文正公文集》卷七《帝王好尚论》,《范仲淹全集》(上),凤凰出版社2004年版,第129—130页。
② 《范文正公别集》卷二《尧舜帅天下以仁赋》,《范仲淹全集》(上),凤凰出版社2004年版,第557页。
③ 《范文正公政府奏议》卷下《奏为荐胡瑗李觏充学官》,《范仲淹全集》(上),凤凰出版社2004年版,第424—425页。
④ 《范文正公文集》卷七《推委臣下论》,《范仲淹全集》(上),凤凰出版社2004年版,第135页。
⑤ 《范文正公别集》卷二《任官惟贤材赋》,《范仲淹全集》(上),凤凰出版社2004年版,第428—429页。
⑥ 《范文正公文集》卷九《奏上时务书》,《范仲淹全集》(上),凤凰出版社2004年版,第178页。
⑦ 《范文正公文集》卷十《上资政晏侍郎书》,《范仲淹全集》(上),凤凰出版社2004年版,第204页。

社,外临华夏。臣不兴谏则君道有亏,君不从谏则臣心莫写。①

范仲淹认为君主善于纳谏是至聪至明的美德,也是实现王道政治的前提。他还从"君道"的高度说明了帝王从谏如流的重要性,认为圣人治理国家,应遵循先王之道,对于臣下的"补过之言""兴邦之议",帝王都应视为忠谏从而弗逆,否则就会于君道有亏。

总之,范仲淹从传统君臣关系的政治伦理观念出发,以"皇帝一人为天下的绝对统治者"②,视王权为政治权力的根本和绝对的政治主体,因此他自然将王道复兴和"三代"理想的实现寄托于乾纲独断但又圣明仁慈的君主。他殷切地希望现实的帝王能够遵循圣人之道,以仁义教化天下,并能充分发挥优秀士大夫的作用,否则王道难以实现,回向"三代"也只是一句空话,此谓"得君行道"③。

二、"共理天下"的士大夫

帝制时代的君主专制,必须借助于官僚体制才能得以实现,而士大夫又往往是官僚系统的构成主体和官僚体制的运作主体,故传统政治便表现为"皇帝—官僚制"的复杂权力和治理结构。这种结构将皇帝的"家产制"与官僚制的"公共性""理性化"精神融为一体,常常给人以"君臣共治"的外观。但必须清醒地看到,"君臣共治"体制是以君尊臣卑的政治伦理观念为基础的,皇帝具有主宰一切的终极权利,士大夫并无法定的政治权利,故在此体制下,士大夫群体在王朝的政治生活中尽管是不可或缺的存在,有时甚至具有重要地位、能发挥巨大作用,但皇帝与士大夫并不是平等的政治主体,士大夫及官僚制在本质上只是皇帝实现其统治目的的工具而已。

北宋的政治发生了很多变化,集中表现为"新型士人"④的崛起。但

---

① 《范文正公别集》卷二《从谏如流赋》,《范仲淹全集》(上),凤凰出版社2004年版,第430页。
② 刘静贞:《范仲淹的政治理念与实践——借仁宗废后事件为论》,《宋史研究集》(第24辑),台北:"国立"编译馆,1995年,第58页。
③ 对于"得君行道"的详细阐释,参见余英时:《朱熹的历史世界——宋代士大夫政治文化的研究》,生活·读书·新知三联书店2004年版,第八章《理学家与政治取向》之第三、四节的内容。
④ 参见袁行霈、严文明主编:《中华文明史》第三卷第四章《科举制度的发展与新型士人的出现》,北京大学出版社2006年版,第128—157页。

"皇帝—官僚制"的权力和治理结构并未发生改变。关于北宋的政治特征,研究者通常以文彦博所说的皇帝"与士大夫治天下"作为标志性言论,此语的原始记载为:

> 彦博又言:"祖宗法制具在,不须更张以失人心。"上曰:"更张法制,于士大夫诚多不悦,然于百姓何所不便?"彦博曰:"为与士大夫治天下,非与百姓治天下也。"①

这是熙宁四年(1071年)三月戊子,宋神宗与文彦博、王安石等人讨论更张法制问题时的一段对话。对话的背景复杂,讨论激烈,具体内容此处无须赘述,但文彦博庙堂之上"脱口而出,视若当然"②的"与士大夫治天下"一语,并未引起异议,显然得到了在场诸人的默认。故许多研究者认为这句话所表达的政治理念,就是主张君主与士大夫官僚阶层共同治理天下,而非君主一人独治天下;士大夫作为不可或缺的政治力量,有权参与决策和国家管理,而不只是君主治理天下的工具。③ 余英时先生认为,"在皇帝面前,公然说士大夫与皇帝同治天下,而皇帝也视为当然,这在中国史上是很少见的"。因此,"这正是宋代的一大特色,也是宋代能获得'后三代'美称的一个主要根据"。④ 显然,皇帝与士大夫"共治天下"的理念,不只为士大夫所独有,也得到了宋代许多君主的首肯。

事实上,"共治天下"的理念虽以文彦博于庙堂之上的所言为经典,但却是北宋士大夫思想成熟时期普遍的政治意识,只是不同的论者对此有不同的表述而已。范仲淹在强调君主专制的同时,也鲜明地主张君主与士大夫"共理天下",这个理念遍布在他的奏疏、书信和各种诗文议论中。如:

---

① 《长编》卷二百二十一,熙宁四年三月戊子。
② 余英时:《朱熹的历史世界——宋代士大夫政治文化的研究》第一章《回向"三代"——宋代政治文化的开端》,生活·读书·新知三联书店2004年版,第222页。
③ 对于"与士大夫治天下"的详细辨析,参见邓小南先生《祖宗之法——北宋前期政治述略》一书之第五章第三节《从"奉行圣旨"到"共治天下"》的论述。
④ 余英时:《朱熹的历史世界——宋代士大夫政治文化的研究》第一章《回向"三代"——宋代政治文化的开端》,生活·读书·新知三联书店2004年版,第222页。

> 先王建官，共理天下，必以贤俊授任，不以爵禄为恩。①
>
> 苟且之弊，积习成风。俾斯人之徒共理天下，王道何从而兴乎？②
>
> 盖闻昔者圣人求天下之言，以共理天下。③

范仲淹君臣"共理天下"的政治理念，是北宋士人道德主体意识觉醒的产物。先秦以孔孟荀为代表的儒家，本来就有以道自任的强烈道德主体精神，他们"笃信好学，守死善道"，自觉"行道"和"弘道"。他们坚信"道高于势"，所以在处理现实的政治关系时，他们主张"从道不从君"④，力图用"道"来规范现实的政治，而不屈从于权势。孟子所说的"天下有道，以道殉身；天下无道，以身殉道"⑤，就是这种主体精神的典型体现。不过，孔孟荀的主体精神，主要是建立在道德自觉而非政治自觉的基础上，如曾子在《论语》中尝言：

> 士不可以不弘毅，任重而道远。仁以为己任，不亦重乎？死而后已，不亦远乎？⑥

士为何要"弘毅"，为何要以仁为"己任"，而且要"死而后已"，曾子认为，君子因具有"临大节而不可夺也"⑦的道德品质，故可担此重任。至于孔子所说的"士志于道"⑧，孟子所说的"无恒产而有恒心者，惟士为能"⑨，以及荀子所说的"天地生君子，君子理天地。君子者，天地之参也"⑩，都是强调士大夫因具有崇高的道德品质和知识修养，并自认为是价值世界的承担者，故可自觉地担当道义，履行社会责任。这样的主体精神，体现的主要是士大夫道德意识的觉醒而非政治权利意识的觉醒。

---

① 《范文正公文集》卷九《奏上时务书》，《范仲淹全集》(上)，凤凰出版社2004年版，第174页。
② 《范文正公文集》卷九《上执政书》，《范仲淹全集》(上)，凤凰出版社2004年版，第186页。
③ 《范文正公文集》卷十《上资政晏侍郎书》，《范仲淹全集》(上)，凤凰出版社2004年版，第202页。
④ 《荀子·臣道》。
⑤ 《孟子·尽心上》。
⑥ 《论语·泰伯》。
⑦ 《论语·泰伯》。
⑧ 《论语·里仁》。
⑨ 《孟子·梁惠王上》。
⑩ 《荀子·王制》。

秦汉专制帝制的建立,使得士大夫处理政治关系的态度发生了重大变化。两汉之后,尽管历代都不乏敢于坚守道义、不屈权势的士大夫,但士大夫群体中,更多的是"曲学阿世"之辈。魏晋以来,随着门阀士族政治的建立,众多出身寒族的士大夫失去了参政的机会,他们往往只为"稻粱谋"而沦为王朝的雇佣者和政治看客。有唐一代依然沿袭魏晋南北朝以来的旧习,"门第基本上占据了政治世界的中心,'寒士'始终处于边缘的地位"①,因此士人的主体精神依然受到压抑。对此,王瑞来先生曾指出:

> 由于魏晋以来形成的门阀制度及其残余观念一直影响到唐代,这就往往使大多数士大夫的"兼济天下之志"不得施展,这些人也就只好"卷而怀之","独善其身"了。②

经过唐季五代的社会动荡,门阀士族制度遭到破坏,到了北宋,士的性质发生了根本变化。对此历史变革,余英时指出:

> "士"在宋代是"四民之首",但内部已无法律身份上的差异,如唐之"子弟"与"寒士"或"衣冠"与"江湖之士"。所以宋代的"士",特别是在取得进士身份,成为"士大夫"之后,对于国家与社会所承担的责任与享有的权利都是相同的。③

唐宋之际士的性质的变化,为士人广泛参与政治提供了历史契机。加之北宋统治者实行礼遇士人的文治政策,在政治上,统治者采取"与士大夫共治天下,非与百姓治天下"的统治策略,出身寒门的众多士人通过科举考试,可以获得较为平等的进入仕途的机会。在经济上,士大夫们生活优渥,拥有令人羡慕的社会地位,出现了"满朝朱紫贵,尽是读书人"④的局面。这些因素都极大地激发了士人的功名心和社会责任感,促成了士人意识的复苏和觉醒,故为与魏晋以来的士人相区别,研

---

① 余英时:《朱熹的历史世界——宋代士大夫政治文化的研究》,生活·读书·新知三联书店2004年版,第218页。
② 王瑞来:《论宋代皇权》,《历史研究》1989年第1期。
③ 余英时:《朱熹的历史世界——宋代士大夫政治文化的研究》,生活·读书·新知三联书店2004年版,第219页。
④ (宋)汪洙:《神童诗》。

究者通常称北宋士人为"新型士人"。事实上,士大夫的确是以"不同于以往的崭新风貌登上了宋代政治舞台。宋朝的统治结构,全然是这部分人为中心构成的。他们当中的多数人是由科举步入仕途的"①。

范仲淹是北宋"新型士人"的杰出代表,他对于士人的特质和使命有着清醒的认识。在《四民诗》中,范仲淹认为士、农、工、商四民都有其存在的价值,但士为四民之首,其存在具有特殊价值。他说:

> 前王诏多士,咸以德为先。道从仁义广,名由忠孝全。②

范仲淹认为与农、工、商相比,只有士是以道德立身的,故士可以担负起复兴大道的历史重任。

在《上资政晏侍郎书》中,范仲淹说:

> 天生蒸民,各食其力,惟士以有德,可以安君,可以庇民,于是圣人率民以养士。

范仲淹认为士因有德,故可安君庇民。他引用《易经》"不家食,吉"的说法,证明士本当食君之禄,养于人民。所以士若无德——即"上莫救斯文之弊,下无庇斯人之德",则是"无功而食矣"③。

范仲淹立志改变积弊丛生的现实,力图挽救王朝的命运,进而实现儒家的王道理想。他以"名节"为立身之本,不苟且、不懈怠,不妥协。常自诵曰:"士当先天下之忧而忧,后天下之乐而乐也。"④

总之,范仲淹认为与其他的社会阶层相比,士大夫能够"体道",并具有知识和道德方面的能力和品质。士大夫对自身的特质和使命必须要有自觉的体认,做到"以天下为己任"⑤,其道德人格才能得以展现。他的不朽名言——"先天下之忧而忧,后天下之乐而乐"⑥,就是其道德

---

① 王瑞来:《论宋代相权》,《历史研究》1985年第2期。
② 《范文正公文集》卷二《四民诗·士》,《范仲淹全集》(上),凤凰出版社2004年版,第26页。
③ 《范文正公文集》卷十《上资政晏侍郎书》,《范仲淹全集》(上),凤凰出版社2004年版,第203—204页。
④ (宋)欧阳修:《欧阳修全集》卷二十一《资政殿学士户部侍郎文正范公神道碑铭》,中华书局2001年版,第333页。
⑤ 《宋史》卷三百一十四《范仲淹传》。
⑥ 《范文正公文集》卷八《岳阳楼记》,《范仲淹全集》(上),凤凰出版社2004年版,第169页。

人格的完美写照。这种道德人格反映在政治领域,就是坚守"道高于势"的儒家信仰,大厉名节,谏诤不已,推行德政,爱民保国,自觉承担起与皇帝"共理天下"的责任,从而致君尧舜,实现回向"三代"的理想。

但范仲淹所彰显的士人精神,主要还是士人的道德主体意识而非政治主体意识。如上所述,他视君尊臣卑、君上臣下为"道之常"和"理之常"①,认为"天下之为人子者,忠于其君""天下之为人臣者,惟忠孝之至诚,与天地而不泯"②,他称赞唐朝的狄仁杰"为子极于孝,为臣极于忠"③。这些都表现了他对忠君伦理的自觉认同。

刘泽华先生认为,忠君观念乃默认"君权是国家权力的唯一表现形式,封建贵族和官吏的权力不过是君权的再分配形式,官吏系统是君权统治的延伸,他们拥有的只是从王权派生或分解出来的政治和经济特权,而非法定的权利"。在忠君义务观念的制约和作用下,"人们的政治期盼和利益表达不是通过权利规定的形式,而是通过尽义务、报皇恩等形式表现出来,进一步加深了人们参与政治的从属性和被动性"。④ 以此而论,认为宋代士人已形成"政治主体意识"的结论是难以成立的。

范仲淹所说的"共理天下",作为一种权力结构,也是以"皇帝—官僚制"的政治结构为基础而展开的,后人将这一权力结构的基本框架概括为"权归人主,政出中书"。范仲淹也主张建立这种政治格局,他的表述是:

> 庶务委于下,而大柄归于上。⑤

所谓"大柄"是指国家最重要的权力,此权由皇帝掌控;"庶务"是指国家的行政管理事务,此权由臣下行使。对于这两种权力的具体内容和范围,范仲淹进一步阐述道:

> 夫执持典礼,修举政教,均和法令,调理风俗,内养万民,外抚四夷,师表百僚,经纬百事,此宰辅之职也。练兵戎,谨城壁,修方

---

① 《范文正公文集》卷七《易义》,《范仲淹全集》(上),凤凰出版社2004年版,第120页。
② 《范文正公文集》卷十一《祭英烈王文》,《范仲淹全集》(上),凤凰出版社2004年版,第246页。
③ 《范文正公文集》卷十二《唐狄梁公碑》,《范仲淹全集》(上),凤凰出版社2004年版,第247页。
④ 刘泽华:《从臣民意识向公民意识的转变》,《炎黄春秋》2009年第4期。
⑤ 《范文正公文集》卷七《推委臣下论》,《范仲淹全集》(上),凤凰出版社2004年版,第135页。

略,威夷狄,此将帅之职也。肃朝廷之仪,触搢绅之邪,此御史府之职也。治繁剧,制豪猾,此京尹之职也。至于金谷刑法,各有攸司之职矣。抚民人,宣风化,均徭役,平赋敛,此刺史、县令之职也。是皆人臣之职,不可不委之也。

若乃区别邪正,进退左右,操荣辱之柄,制英雄之命,此人主之权也,不可尽委于下矣。①

在此,范仲淹对"人臣之职"和"人主之权"的内容和范围都进行了具体说明。认为国家的内政外交、军事教化等行政事务,皇帝可尽委之于以中书大臣为代表的各级官僚进行管理;而对宰辅大臣的选任、赏罚和进退的权力即掌控左右的权力,则必须由皇帝独擅,不可旁落。这样,范仲淹所说的皇帝于士大夫"共理天下",作为一种政治理念,就落实为"庶务委于下,而大柄归于上"的权力架构。

范仲淹还特别重视台谏官的监察谏议权力,这也是其"共理天下"思想的重要内容。如上所述,在范仲淹的仕宦生涯中,无论对于君权还是相权,他都进行过多次谏诤,也因此而遭受过多次迫害。他之所以勇于谏诤,是基于"儒者报国,以言为先"②的信念,也是出于对权力监督重要性的认识。他重视台谏官的作用,说:"谏官、御史、耳目之司,不讳之朝,宜有赏劝",如果言论闭塞,"令谏官、御史之徒尸素于朝,非国家之福也"。③ 又说:"日闻美言,则知佞人未去,此国家之可忧也;日闻直谏,则知忠臣在右,此国家之可喜也。"④他总结历史的经验教训,认为"下之情不达,而上之势孤矣",因此除了对于君权要进行谏诤之外,对于相权还要进行监督制衡,而唐明皇"不闻谏诤,自谓宰相得人,泰然无为矣。言路已绝,故至禄山犯关向阙,而明皇不知"。⑤

在君主专制时代,如何限制君权是官僚政治所遇到根本难题。在范仲淹的政治理念中,如何保证君主不"肆予一人之意"而"同底于道"?

---

① 《范文正公文集》卷七《推委臣下论》,《范仲淹全集》(上),凤凰出版社2004年版,第133页。
② 《范文正公文集》卷十七《让观察使第一表》,《范仲淹全集》(上),凤凰出版社2004年版,第355页。
③ 《范文正公文集》卷九《奏上时务书》,《范仲淹全集》(上),凤凰出版社2004年版,第175页。
④ 《范文正公文集》卷九《奏上时务书》,《范仲淹全集》(上),凤凰出版社2004年版,第177页。
⑤ 《范文正公文集》卷七《推委臣下论》,《范仲淹全集》(上),凤凰出版社2004年版,第134页。

即如何限制君主的私欲,使其成为有道君王,也是他极力思考的问题。对于这一问题的解决,范仲淹在很大程度上将希望寄托于士大夫的谏诤努力,而台谏官作为专职言官,对此更具有不可推卸的责任。他说:

> 事君有犯无隐,有谏无讦,杀其身有益于君则为之。①

> 所可荐于君者,惟忠言耳。②

> 保直臣,斥佞人,以致君于有道。③

范仲淹恪守"公罪不可无,私罪不可有"④的为官之道,廉洁自律,但却不惜为公事而触犯权贵甚至忤逆龙颜。他认为儒者的本色就在于坚守道义、直言极谏,甚至杀身成仁,这也是臣子应尽的职责。因为"王道正直",故君子应当"危言危行"(直言谠论),而无须"逊言逊行"(谨言慎行)⑤,这样才能致君尧舜,建立太平之政。

范仲淹的从政生涯充满了"危言危行"。天圣七年(1029年),范仲淹曾上疏反对仁宗于冬至日率百官为刘太后贺寿,认为此事"亏君体,损主威"⑥。随后,范仲淹又多次上疏督促刘太后还政于仁宗,并对朝政多有褒贬。如他责备朝廷不顾民力乱修寺观,还指责刘太后违规任用官员等。⑦

明道二年(1033年)三月,刘太后驾崩。仁宗亲政后按刘太后生前旨意,立即册封皇太妃杨氏为太后,参决军国事。范仲淹以为不可,上疏批评仁宗"今一太后崩,又立一太后,天下且疑陛下不可一日无母后之助矣!"⑧

明道二年十二月,仁宗在吕夷简等人的唆使下,下诏废黜了郭皇后。在诏书颁布之前,范仲淹就曾上书仁宗,"极陈其不可,且曰:'宜早

---

① 《范文正公文集》卷十《上资政晏侍郎书》,《范仲淹全集》(上),凤凰出版社2004年版,第202页。
② 《范文正公文集》卷十《上资政晏侍郎书》,《范仲淹全集》(上),凤凰出版社2004年版,第204页。
③ 《范文正公文集》卷九《上执政书》,《范仲淹全集》(上),凤凰出版社2004年版,第196页。
④ (宋)晁说之:《晁氏客语》,四库全书本。
⑤ 《范文正公文集》卷十《上资政晏侍郎书》,《范仲淹全集》(上),凤凰出版社2004年版,第205页。
⑥ 《长编》卷一百八,天圣七年十一月癸亥。
⑦ 《宋史》三百一十四《范仲淹传》。
⑧ 《长编》卷一百一十二,明道二年四月庚申。

息此议,不可使闻于外也'"①,但仁宗置之不理。诏书颁布之后,范仲淹认为仁宗废后无理,于是率众谏官、御史请求仁宗收回成命,并极言仁宗无故废后乃"昏君所为",属"光武失德"之事。②

出于深沉的忧患意识,范仲淹对于北宋的弊政多有抨击,其矛头所指,往往是针对北宋的一些基本统治政策。这种抨击在庆历新政时期尤为激烈。如他在《答手诏条陈十事》中所言"纲纪浸隳,制度日削,恩赏不节,赋敛无度,人情惨怨,天祸暴起"等语,针砭时弊,言辞激切。③

范仲淹认为臣下谏诤的根本目的是为了"致君于无过"④,即用理想的"君道"来匡正现实的君。为此他羡慕寇准能说服真宗亲征澶渊,说:

> 寇莱公当国,真宗有澶渊之幸,而能左右天子,如山不动,却戎狄,保宗社,天下谓之大忠。⑤

"能左右天子"似为大不敬语,但其中却蕴含着"道高于势"的政治理想。他希望士大夫能忠于"道"并以"道"事君,从而使天子服从"道"并受"道"的左右;而不是屈从于君的权势,阿谀逢迎,谄媚于君。范仲淹称此为"大忠"。

随着北宋相权的扩张,加之目睹了权相吕夷简的所作所为,范仲淹也主张加强对相权的监督制约。他说:

> 于是乎得以操荣辱之柄,制英雄之命,庶务委于下,而大柄归于上,始可以言无为矣。犹复置御史大夫、中丞,使搢绅无敢慢者;置诤臣七人,使言路无敢蔽者;置门下封驳司,使制敕无得误者。⑥

对于相权的监督制约力量首先来自皇权,所谓"操荣辱之柄,制英雄之命"即是此意。其余的监督制约因素分别来自御史、谏官以及封驳制

---

① 《年谱》明道二年。
② 《长编》卷一百一十三,明道二年十二月乙卯。
③ 《范文正公政府奏议》卷上《答手诏条陈十事》,《范仲淹全集》(上),凤凰出版社2004年版,第473—474页。
④ 《范文正公文集》卷十《上资政晏侍郎书》,《范仲淹全集》(上),凤凰出版社2004年版,第205—206页。
⑤ 《范文正公文集》卷一《杨文公写真赞》,《范仲淹全集》(上),凤凰出版社2004年版,第144页。
⑥ 《范文正公文集》卷七《推委臣下论》,《范仲淹全集》(上),凤凰出版社2004年版,第135页。

度。通过这些因素的共同作用,可使相权良性运转。

事实上,这种权力架构主张,在当时不独为范仲淹所持有,也是一大批官僚士大夫的共同主张,同时也得到北宋统治者的认可,并于仁宗朝得到了充分落实。据《龟山集》载:

> 仁宗时,或劝云陛下当收揽权柄,勿令人臣弄威福。仁宗曰:"如何收揽权柄?"或曰:"凡事须当自中出,则福威归陛下矣。"仁宗曰:"此固是,然措置天下事,正不欲自朕出。若自朕出,皆是则可;如有不是,难于更改,不如付之公议,令宰相行之。行之而天下以为不便,则台谏得言其失,于是改之为易矣。"据仁宗识虑如此,天下安得不治?人君无心如天,仁宗是也。①

这样,范仲淹所说的"共理天下"就意味着:国家的治理非由皇帝一人而是由皇帝与官僚士大夫群体共同来完成的,并且由于双方权力范围的明确,士大夫不再是皇权的简单和被动的依附者,而是行使着一定管理权力的主动参与者,这就使得"共理天下"有了非常实质性的内容。尽管在实际的政治过程中,皇帝并不安于自己的职分而常常插手和干预臣下的工作,"中出"和"内降"现象时有发生,但无论如何,"共理天下"作为君臣共同遵守的规范,在宋代特别是仁宗朝还是基本得到了体现的。这在一定程度上带来了限制皇权的新思路,也突显了官僚士大夫集团在国家政治生活中的地位和作用。故如今的研究者普遍认为,宋代君臣"共治天下"政治理念及其实践,不仅意味着士大夫政治主体意识的觉醒,而且还蕴含着的近代政治文明的新因素。笔者认为,这些认识尽管有将宋代政治拔高和理想化的嫌疑,但还是抓住了其合理性的一面的。

"共治天下"思想的确体现了北宋士大夫政治观念的进步,也彰显了北宋官僚制所具有的理性精神。但能否据此就得出"'同治'或'共治'所显示的是士大夫的政治主体意识"②的结论呢?笔者认为这一结

---

① (宋)杨时:《龟山集》卷十二《语录三》。
② 余英时:《朱熹的历史世界——宋代士大夫政治文化的研究》,生活·读书·新知三联书店2004年版,第229页。

论是值得商榷的。

对于宋代的政治,南宋的洪咨夔曾有过一段评论。绍定六年(1233年),他在给亲政的宋理宗的上疏中说:

> 臣历考往古治乱之原,权归人主,政出中书,天下未有不治。权不归人主,则廉级一夷,纲常且不立,奚政之问?政不出中书,则腹心无寄,必转而他属,奚权之揽?此八政驭群臣,所以独归之王,而诏之者必天官冢宰也。陛下亲政以来,威福操柄,收还掌握,扬廷出令,震撼海宇,天下始知有吾君。①

洪咨夔此段论述是对历史治乱经验的总结,也是对宋代统治原则的经典概括。其中的"权归人主,政出中书"所表明的,不仅仅是君主与臣下之间在行政管理学意义的分工关系,还意味着双方政治地位的根本差异。这里的"权"是指政治权利,此权利只能为人主所独有;此处的"政"是指行政权力,此权力在本质上也为人主所有,但在实践中是由人主委托给以中书为代表的官僚系统行使,因此群臣包括"天官冢宰",作为人主"驭"的对象,自身并无政治权利,只能是人主的"诏之者"——即实现人主政治权利的工具而非独立的政治主体。

关于天水一朝的政治特征,邓小南教授在论述其"祖宗之法"时曾指出:

> 在帝国时代,皇帝具有至高无上的权威,如何对其形成制约,是官僚政治遇到的难题之一。宋朝君臣共同提炼维系的"祖宗之法",从一定程度上缓解了这一纽结。"祖宗之法"体现着"任人"与"任法"原则的互补与折衷。其落脚处是规矩法度,同时又突出着作为家族尊长、人治象征的"祖宗"之导向与决定作用。从这一意义上,或许可以说,作为根本性治国原则的"祖宗家法",既是对于"人治"的限制与规范,又是"人治"的延伸,是寓含一定理性精神的"人治"。②

---

① 《宋史》卷四百〇六《洪咨夔传》。
② 邓小南:《宋代"祖宗之法"治国得失考》,《人民论坛》,2013年第6期(上)。

邓小南教授认为,宋朝基于君臣"共同"提炼维系的"祖宗之法",蕴含着一定的理性精神,表现为对"任法"原则及规矩法度的重视,从而对至高无上的君权和"人治"形成了一定制约,士大夫的政治作用也有所提升。而突显着家族尊长"人治"精神的"任人"原则,依旧是"祖宗之法"的导向和决定因素。故宋朝的政治并没有超越王权主义,没有改变传统的君臣关系,没有克服王权专制和官本位所具有的"人治"特征。以此而论,说"'同治'或'共治'所显示的是士大夫的政治主体意识"是难以成立的。

唐德刚先生亦指出,北宋开明的文官制,并未开启中国政治现代化的起步:

说北宋的朝政是近古中国政治现代化的起步,亦不为过。可惜的是,传统中国这种有高度现代化和民主意味的开明文官制,在宋亡之后,就再次复古回潮了。元朝的集权专制不用说了。明太祖朱元璋晚年,皇权竟然回潮到连宰相和内阁也一道废除的程度。这种皇帝废除内阁而集大权于一身的寡头制度,三百年后,满族入主中原,再加以效仿和延续,就变本加厉了。①

笔者以为,北宋开明的文官制之所以未能开启近代的民主政治,关键是由于北宋的文官制在本质上并没有超越君主专制主义,不过是君主专制主义的开明表现形态而已,故元明清专制主义的变本加厉,并非是不可思议的历史逆袭,而是有其内在的历史和逻辑依据的。

第四节　范仲淹政治思想的哲学基础

在历史上,范仲淹是以政治家和改革家的形象著称于世的,但他并非是只重政治改革实践而不重理论的普通政治人物,而是集实践和理论于一身的杰出政治人才。范仲淹政治改革思想的核心是主张变法,

---

① 唐德刚:《读〈宋史·范仲淹传〉——对中国传统和现代文官制的认识》,参见《范仲淹研究文集》(一),新亚洲文化基金会 2000 年 8 月出版,第 20 页。

而其变法思想又有深厚的政治哲学基础,他以《周易》的辩证法思想作为其改革实践的哲学依据,这是范仲淹政治哲学的特色。

一、《周易》辩证法与王权主义

范仲淹以《周易》辩证法作为其政治思想的哲学基础,既有积极的理论和实践意义,也包含不可避免的理论缺陷。为说明此意,需要进一步探讨《周易》辩证法与王权主义的内在关联。

刘泽华先生在对古代中国王权主义的研究过程中,不仅深刻揭示了王权主义的本质,还通过对王权主义"阴阳组合结构"的研究,进一步揭示了王权主义的现实形态及其复杂性,从而使其王权主义理论更加完备。刘泽华先生认为,王权主义的"阴阳组合结构",是我国古代政治思想的现实形态和根本特征。王权主义表现为阴阳对立范畴的成对出现,这种理论形态包含对立统一的辩证法因素,但因其从根本上否认阴阳之间的相互转化,故"阴阳组合结构"实质上是反辩证法的。

刘泽华先生在20世纪80年代至90年代,相继使用过"混沌性"、"阴阳结构"、"主辅组合命题"①和"刚柔结构"②等概念来表述中国古代政治思维的特质。到20世纪末,刘泽华先生已提出"阴阳组合结构"的概念,但仍然与其他概念共同使用,如在《中国的王权主义》一书中,刘泽华先生指出:

> 传统政治思想和观念有一个重要特点,这就是理论上的"混沌性",也可以说是一种"阴阳组合结构",或者说是"组合命题",例如"君本—民本"组合,"尊君—非君"组合等。③

随着研究的不断深入和完善,刘泽华把这些概念整合为"阴阳组合结构"概念,并对其内涵作了更为清晰和明确的界定:"所谓阴阳组合结构,是说一个主命题一定有一个副命题来补充,形成相反而相成的关

---

① 刘泽华主编:《中国传统政治哲学与社会整合·前言》,中国社会科学出版社,2002年,第2页。
② 刘泽华、葛荃:《王权主义的刚柔结构与政治意识》,朱日耀、刘泽华等:《论中国传统政治文化》,吉林大学出版社,1987年;刘泽华:《中国政治思想史集》第3卷,第23—38页。
③ 刘泽华:《中国的王权主义》,上海人民出版社2000年版,自序。

系。"①此后,刘泽华在其《传统政治思维的阴阳组合结构》一文中,对"阴阳组合结构"作了新的表述:

> 我们的先哲几乎都不从一个理论元点来推导自己的理论,而是在"阴阳组合结构"中进行思维和阐明道理……诸如:天人合一与天王合一;圣人与圣王;道高于君与君道同体;天下为公与王有天下;尊君与罪君;正统与革命;民本与君本;人为贵与贵贱有序;等级与均平;纳谏(听众)与独断……在上述组合关系中有对立统一的因素,但与对立统一又有原则的不同,对立统一包含着对立面的转化,但阴阳之间不能转化,特别是在政治与政治观念领域,居于阳位的君、父、夫与居于阴位的臣、子、妇,其间相对而不能转化,否则便是错位。因此阴阳组合结构只是对立统一的一种形式和状态,两者不是等同的。②

可见,所谓"阴阳组合结构",是刘泽华先生对传统政治思维特质的概括,即传统的政治思维都不是以一个基本范畴作为元点来推导出系列概念及理论体系的思维模式,而是以成对概念出现的理论形态,并且成对政治概念之间具有相辅相成、对立统一的辩证法因素,故可用中国传统哲学的阴阳范畴进行概括,所以刘泽华先生称这种政治思维模式为"阴阳组合结构"。显然,这一概念强调的是传统政治思维与传统哲学思维的内在关联,但刘泽华先生又尖锐指出,"阴阳组合结构"虽然包含辩证法因素,可阴阳之间不能转化,这与对立统一又有原则的不同,因为对立统一包含着对立面的转化。

依据刘泽华先生的论述,中国古代王权主义的"阴阳组合结构",表现为政治思想中各种成对概念间某种程度的对立统一关系,在形式上具有辩证法的外观。但这里所说的对立,也只是有限的差别;所说的统一,也只是抽象共同体意义上的同一。这种意义上的对立统一,还不是辩证法意义上的对立统一,那么何为辩证法意义上的对立统一?首先,马克思指出:"辩证法在对现存事物的肯定的理解中同时包含对现存事

---

① 刘泽华:《中国政治思想史研究之思路》,《学术月刊》2008 年第 2 期。
② 刘泽华:《传统政治思维的阴阳组合结构》,《南开大学学报》2006 年第 5 期。

物的否定的理解,即对现存事物的必然灭亡的理解;辩证法对每一种既成的形式都是从不断的运动中,因而也是从它的暂时性方面去理解;辩证法不崇拜任何东西,按其本质来说,它是批判的和革命的。"①可见,辩证法的精髓是承认对立面事物之间在一定条件下的相互转化,这才是对立统一关系的本质。因此,作为中国式的辩证法,作为传统政治思想中最重要的思维范式,"阴阳组合结构"只承认有限的对立统一关系,而否定对立面的转化,这在本质上是反辩证法的。

笔者认为,中国古代王权主义"阴阳组合结构"的反辩证法性质,源于中国古代辩证法的内在缺陷。不可否认,中国古代哲学具有悠久的辩证思维传统,但却存在严重缺陷的,这主要表现在:虽然认识到事物阴阳结构的对立统一性质,但却从根本上否认对立面的转化,对此,本节试从以下两个方面进行探讨。

二、"一阴一阳之谓道"与阳尊阴卑

《周易》包含丰富的辩证思维,其辩证法思想是我国古代辩证法思想的重要来源。《周易》的辩证法思想集中体现在"一阴一阳之谓道"(《系辞上》)这一命题中。首先,《周易》对于事物的变易及其普遍性有深刻的认识,指出:"在天成象,在地成形,变化见矣"(《系辞上》)、"易穷则变,变则通,通则久"(《系辞下》)。其次,《周易》对于事物对立统一的阴阳结构是有明确认识的,指出:"《易》有太极,是生两仪"(《系辞上》),两仪即是阴阳,作《易》者是"观变于阴阳而立卦"(《说卦》),故"阳卦多阴,阴卦多阳,其故何也?阳卦奇,阴卦耦"(《系辞下》),即阴阳互补,相反相成,而"一阴一阳之谓道"(《系辞上》),这说明事物的阴阳结构具有普遍性和规律性。再次,《周易》认为事物的变易是因阴阳交感而产生的,指出:"乾刚坤柔"(《杂卦》),"刚柔相推而生变化"(《系辞上》);又说:"乾坤其易之门邪?乾阳物也,坤阴物也。阴阳合德,而刚柔有体,以体天地之撰"(《系辞下》)。

《周易》对事物变化的本质和规律也进行了探讨,指出:"日中则昃,月

---

① 《马克思恩格斯文集》(第5卷),人民出版社2009年版,第22页。

盈则食,天地盈虚,与时消息"(《彖下》);"上下无常,刚柔相易"(《系辞下》);"善不积不足以成名,恶不积不足以灭身"(《系辞下》)。这都是说天地万物的变化和发展,当达到极致时就会被否定,从而走向自身的反面,故虚盈、上下、刚柔、善恶之间,都可以相互转化,并且对立面之间的相互转化具有普遍性,所谓"无往不复,天地际也"(《彖上》),即此之谓也。

值得注意的是,《周易》在表达这些辩证法思想的同时,已预设了一个前提,即乾为阳、为刚、为主、为健、为动;坤为阴、为柔、为辅、为顺、为静,这些差别可以概括为乾刚阴柔或阳刚阴柔。《周易》认为乾坤阴阳之间的刚柔关系,具有某种绝对的性质,《周易》云:"刚柔者,立之本者。变通者,趣时者也"(《系辞下》),这表明:阳刚阴柔,阳主阴辅,是立论的根本,在这个前提下,再讨论阴阳之间的变通问题,不过这已经属于权时而变的次要问题了。显然,《周易》对刚柔之本的强调,为走向阳尊阴卑的形而上学思想埋下了伏笔。

张岱年先生在论述《周易》的反复思想时曾指出:

> 中国哲人……认为一切都是依循反复的规律而变化。何谓反复? 就是:事物在一方向上演变,达到极度,无可再进,则必一变而为其反面,如是不已①。

事实果然如此吗? 如果对《周易》的反复思想作进一步的剖析,会发现《周易》在此问题上存在自相矛盾和逻辑不彻底的严重缺陷。例如《周易》一方面说"一阴一阳之谓道"(《系辞上》),并且阴阳之间会"反复其道"(《周易·复卦》),甚至"无平不陂,无往不复"(《周易·泰卦》),但又说"天尊地卑,乾坤定矣。卑高已陈,贵贱位矣。动静有常,刚柔断矣"(《系辞上》)。所以《周易》不仅认为乾为刚为阳为动,坤为柔为阴为静,而且还认为天地乾坤阴阳之间存在尊卑贵贱关系,即天尊地卑、乾贵坤贱,更重要的是,《周易》认为这种关系是"定矣""位矣",即确定不移和不可改变的,这就是天道,此道"广矣大矣",人道也应"崇效天,卑法地"(《系辞上》),故"乾道成男,坤道成女",人间的秩序必须上合天地

---

① 张岱年:《中国哲学大纲》,中国社会科学出版社1982年版,第103页。

(阴阳)秩序。所以《周易·序卦》云：

> 有天地然后有万物,有万物然后有男女,有男女然后有夫妇,有夫妇然后有父子,有父子然后有君臣,有君臣然后有上下,有上下然后礼仪有所错。①

万物是由天地间的阴阳二气交合而化生的,有万物才有了人世间的男女、夫妇、父子、君臣、上下等伦理关系及礼仪规范,天地是产生万物的根源,也是人伦秩序的根源。既然天地阴阳之间存在尊卑贵贱关系,那么人伦秩序也必然是天地阴阳关系的体现,也是尊卑贵贱、上下有等的关系,而且这种关系作为"道之大原"②,是不能改变的。

这样,《周易》在思维方式就出现了巨大的矛盾:一方面大谈变易、转化;而在乾坤阴阳、君臣父子等根本问题上又否认转化。这实际上是一种形而上学的思维方式,说明《周易》的辩证法存在内在缺陷。

《周易》以"一阴一阳之谓道"为核心的辩证法思想的影响极大,后世哲学家大多把宇宙万物的对立统一关系归纳为阴阳概念,故阴阳成为中国古代辩证思维的核心概念。同时,承认阴阳之间是对立统一、相互转化关系,但在天道和人伦的根本环节上,又否认转化的思维特征,在后世也得到了广泛的认同,如董仲舒认为:

> 凡物必有合……阴者,阳之合;妻者,夫之合;子者,父之合;臣者,君之合。物莫无合,而合各相阴阳。阳兼于阴,阴兼于阳,夫兼于妻,妻兼于夫,父兼于子,子兼于父,君兼于臣,臣兼于君,君臣、父子、夫妇之义,皆取诸阴阳之道。君为阳,臣为阴,父为阳,子为阴,夫为阳,妻为阴,阴阳无所独行。③

董仲舒承认事物都是由阴阳相合而构成的矛盾统一体,阴阳之间彼此相对,但又相互依存,相互规定,不可分割,此阴阳之道体现在天地万物的一切事物中。但问题是,董仲舒认为阴必合于阳,阴阳的地位是固定

---

① 《周易·序卦》。
② 张载:《张子语录·语录下》。
③ 《春秋繁露·基义第五十三》。

不变的,以此"阴阳之道"为原则,他进而提出了君为臣纲、父为子纲,夫为妻纲的"三纲"思想。

对此"阴阳之道",董仲舒还论证道:"是故推天地之精,运阴阳之类,……贵阳而贱阴也",故"阳常居实位而行于盛,阴常居空位而行于末"①,那么"天下之尊卑随阳而序位,幼者居阳之所少,老者居阳之所老,贵者居阳之所盛,贱者居阳之所衰。藏者,言其不得当阳,不当阳者,臣子是也,当阳者,君父是也"②,由此人间君臣父子之间的尊卑关系也是固定不变的,所以"丈夫虽贱皆为阳,妇人虽贵皆为阴"③,这样一来,具有一定辩证法色彩的"阴阳之道"就陷入形而上学了。

理学家们经常使用"仇""对"概念说明事物的阴阳对待性质,如程颐所言:"仇,对也。阴阳相对之物"(《周易程氏传·鼎卦》);"万物之生,负阴而抱阳"(《周易程氏传·易序》)。二程认为:"万物莫不有对,一阴一阳,一善一恶,阳长而阴消,善增而恶减"(《遗书》卷十一)。朱熹继承二程思想,也认为:"天地万物之理,无独必有对"(《朱子语类》卷六十二);"大抵天下事物之理,亭当均平,无无对者"(《文集》卷四十二)。在理学家们看来,不仅物皆有对,事物还因阴阳二气的交感而相互转化,如程颐说:"无往不复,言天地之交际也。阳降于下,必复于上;阴升于上,必复于下;屈伸往来之常理也"(《周易程氏传·泰卦》);又说"以理言之,盛必有衰,始必有终,常道也"(《周易程氏传·离卦》)。朱熹说得更明白:"阴阳虽是两个字,然却只是一气之消息,一进一退,一消一长,进处便是阳,退处便是阴,长处便是阳,消处便是阴。只是这一气之消长,做出古今天地间无限事来。"(《朱子语类》卷七十四)

但理学家们的上述思想并不是真正的辩证法。表面上,他们讲阴阳互动,彼此消长,相互转化,但其实他们为阴阳确立了一个不变的框架,所谓变化,也只是在此框架内的变化。在朱熹看来:"乾只是个健,坤只是个顺"④,乾为阳,坤为阴,阳刚阴柔,这是不变的,所谓"刚柔便是

---

①《春秋繁露·阳尊阴卑第四十三》。
②《春秋繁露·天辨在人第四十六》。
③《春秋繁露·阳尊阴卑第四十三》。
④《朱子语类》卷六十八《易四·乾上》。

个骨子,只管恁地变化。"①就是此意,即阴阳的根本地位是永远不可改变的。在人伦关系中,这个不变的原则就体现为:"君臣父子,定位不易,事之常也"②;"三纲五常,终变不得,君臣依旧是君臣,父子依旧是父子。"③二程也明确地说:"天尊地卑,尊卑之位定,而乾坤之义明矣。高卑既别,贵贱之位分矣。阳动阴静,各有其常,则刚柔判矣。"④

三、"否极泰来"与阳刚阴柔

"一阴一阳之谓道"所确立的思维框架,是一种刚柔相济的对立统一结构。一方面,阴阳之间在本质是一种阳主阴辅的刚性关系,主辅不易其位。关于这一点,先哲们在泛泛讨论阴阳关系时,说得还比较隐晦,有时甚至还表达了阴阳互变的思想,朱熹尝言:"只说'一阴一阳',便见得阴阳往来循环不已之意,此理即道也",但如上所述,朱熹在说到天道阴阳特别是人伦关系时,则明确否定两者的互变。另一方面,先哲也承认阴阳之间存在一定的互动关系,朱熹说:"变是自阴而阳,化是自阳而阴","变是自微而著,化是自盛而衰",不过这种变化只是阴阳之间的一种柔性互动,是阴阳地位的有限消长,朱熹强调:"刚柔是体,变通不过是二者盈虚消息而已,此所谓变化。"⑤可见,变是不变之变,参透此意,对于把握《周易》的思维特征,至关重要。

源于《周易》前后相继的《泰》《否》两卦的"否极泰来"一语,历来被解读为对立面在一定条件下的相互转化,因而被广泛地赋予了辩证法的含义,但若仔细剖析,情况并不如此。《泰》卦卦象为乾下坤上,卦辞为"小往大来";《否》卦卦象为坤下乾上,卦辞为"大往小来"。所以从表面看来,《泰》《否》两卦的卦象和卦辞正好相反,这似乎表达了对立统一、相互转化的意义,但《象传》认为小为阴大为阳,《泰》卦的"小往大来"意为"内阳而外阴,内健而外顺",故"君子道长,小人道消";《否》卦

---

① 《朱子语类》卷七十四《易十·上系上》。
② (宋)朱熹:《晦庵先生朱文公文集》卷十四《甲寅行宫便殿奏札一》。
③ 《朱子语类》卷二十四《论语六·为政下》。
④ 《河南程氏经说》卷一《系辞》。
⑤ 《朱子语类》卷七十四《易十·上系上》。

的"大往小来"意为"内阴而外阳,内柔而外刚",故"小人道长,君子道消"。可见,《象传》先设定了阳为大、为刚、为健、为君子的属性;而阴为小、为柔、为顺、为小人的属性。因此,阴阳之间的变化消长,无论是"小往大来"还是"大往小来",都只是在阳主阴辅、阳绝对阴相对的框架内的消长,而阴阳之间、君子与小人之间的根本地位和性质是不可改变的。依此分析,"否极泰来"在形式上包含辩证法的因素,但其立论的基础是形而上学的。

张载是以辩证思维著称的,他的哲学著作《正蒙》从《太和篇》入手,以《乾称篇》结尾,这对于《周易》阴阳刚柔结构的辩证法可谓别有发挥。他说:"一物而两体,其太极之谓与!"两体即阴阳,围绕着阴阳之间的对立统一关系,张载展开了多方面的论述,并提出了一个著名的辩证法命题:

> 有象斯有对,对必反其为,有反斯有仇,仇必和而解。①

关于这四句话,现代的学者们对于前三句是认可和赞成的,而对于第四句"仇必和而解"则存在很大争议。在20世纪50至70年代的特定历史时期,冯友兰先生认为"仇必和而解"具有"很不彻底"和"调和论"的性质,他指出:

> 张载的辩证法思想,从现代的标准看,也是很不彻底的。最明显的就是,他所说的"仇必和而解"。他认为,两个对立面的斗争("仇")的结果,是调和。调和了,矛盾就解决了("和而解")。张载认为,宇宙演变的整个过程是阴、阳矛盾的过程,也是阴、阳调和的过程。这个总的调和过程,称为"太和"。……张载又认为,对立面的斗争,调和的过程是一个循环的过程。②

20世纪80年代之后,冯友兰先生对张载哲学赞赏不已,认为"仇必和而解"重视矛盾对立面的统一性,重视"和"的作用,是"客观辩证法。不管人们意愿如何,现代社会,特别是国际社会,是照着这个客观辩证

---

① 张载:《正蒙·乾称篇第十七》。
② 冯友兰:《三松堂全集》(第十三卷)(M),河南人民出版社1994年版,第370页。

法发展的",冯先生并断言:"这就是中国哲学的传统和世界哲学的未来",而马克思主义哲学、毛泽东思想强调矛盾的斗争性,是"仇必仇到底"的哲学,这种斗争哲学在社会的大转变时期,会"转到'仇必和而解'的路线"。① 冯先生对于"仇必和而解"的价值阐发,受到了许多学者的推崇,但其视马克思主义哲学为"仇必仇到底"的斗争哲学的观点,则遭到了许多质疑。

笔者认为,"仇必和而解"的确具有"很不彻底"的性质。这主要表现在:张载是在刚柔结构的框架内讨论阴阳关系的,由刚柔结构组成的世界是一个"太和"世界,"太和"世界的基本特征是乾坤阴阳和君臣父子之间尊卑有等、上下有序,万物和谐共生,但阴阳不易其位。如张载说:"阳遍体众阴,众阴共事一阳,理也。是故二君共一民,一民事二君,上与下皆小人之道也;一君而体二民,二民而宗一君,上与下皆君子之道也"②,这是从"体用""一多"角度说明阴阳、君民之间的刚性关系:阳为体阴为用,君为体民为用,故阳一而阴众,君一而民多;阳主宰阴,君统治民,这是君子之道,反之就是小人之道。

在阴阳结构的刚性框架内,张载也充分承认事物的对立统一关系,他说:"凡可状,皆有也;凡有,皆象也;凡象,皆气也"③,而气涵阴阳,表现为"浮沉、升降、动静、相感之性,是生絪缊、相荡、胜负、屈伸之始",故"阴阳两端循环不已者,立天地之大义"。④ 阴阳之间的这些矛盾和冲突,发展到极点(即"仇"到极点)会怎样解决呢?张载说:"仇必和而解",即必然通过"和"的途径进行解决。"和"是指对立面的统一和相互包容,是阴阳之间在既定格局内的一种动态平衡,是两者之间的量变,是阴阳双方力量的有限消长,是事物不易其质的度,用黑格尔的话说就是"有质的定量"⑤,用《中庸》的话说就是"执两用中",用《周易》的话说就是"时中"(《周易·蒙卦象传》)。但如果把变化仅仅理解为"执两用

---

① 冯友兰:《中国现代哲学史》,广东人民出版社1999年版,第253—254页。
② (宋)张载:《正蒙·大易篇第十四》。
③ (宋)张载:《正蒙·乾称篇第十七》。
④ (宋)张载:《正蒙·太和篇第一》。
⑤ [德]黑格尔:《小逻辑》,商务印书馆1980年版,第234页。

中"或"时中",当然是形而上学。

张载的问题正在于此,他把"和"绝对化,否定事物有突破其质的变化,否定阴阳之间彻底的、全面的转化,因此"和"的结果,只是阴阳双方力量的有限调整,而阳主阴辅、阳尊阴卑的原有格局是不会改变的,"太和"世界依旧和乐融融,故张载所说的"仇必和而解",与董仲舒所说的"道之大原出于天,天不变,道亦不变"①,在本质上是一回事。

程颐对《泰》《否》两卦的义理阐发是"物理极而必反,故泰极则否,否极则泰……极而必反,理之常也。然反危为安,易乱为治,必有刚阳之才而后能也"(《周易程氏传·否卦》)。程颐指出物极必反是即"理之常",以此推论,阴阳之间也可相互转化,所以单从此处的论述来看,这是对辩证法对立统一规律的揭示。程颐此说遭到了朱熹的批评,他说《泰》《否》两卦"论阴阳各有一半",似乎阴阳并立,但朱熹认为"不然";朱熹对程颐在阐释《否》卦时所说的"君子在下说"也觉得牵强,认为"不是此意",他强调:"圣人于《泰》《否》,只为阳说道理"(《朱子语类》卷七十)。朱熹的这个看法,在他解释《乾》《坤》两卦时说得最清楚:

> 乾只是个健,坤只是个顺。纯是阳,所以健;纯是阴,所以顺。……乾坤阴阳,以位相对而言,固只一般。然以分言,乾尊坤卑,阳尊阴卑,不可并也。以一家言之,父母固皆尊,母终不可以并乎父。②

朱熹认为"《否》本是阴长之卦",但经过九五的"休否"和九六的"倾否",阳又"自大故好"。③ 可见,在朱熹看来,阴无论怎样长、怎样反,也不能取代阳,那么无论是泰极则否或者否极则泰,都是在阳主阴辅、阳尊阴卑范围内阴对阳的一种有限否定。关于阴阳之间的这种奇妙关系,朱熹在解释《否》卦时有一段明确的说明:

> 盖阴之于阳,自是不可,自是不可相无者。今以四时寒暑而论,若是无阴阳,亦做事不成。但以善恶及君子小人而论,则圣人

---

① 《汉书》卷五十六《董仲舒传》。
② 《朱子语类》卷第六十八《易四·乾上》。
③ 《朱子语类》第七十《易六·否》。

直是要消尽了恶,去尽了小人,盖亦或抑阴进阳之意。①

好一个"抑阴进阳之意","消尽了恶,去尽了小人",听起来让人毛骨悚然！如果说在自然观上,理学家们还有一些辩证思维的话,那么一进入社会领域,这些辩证思维就荡然无存了。

四、《周易》辩证法的刚柔结构与王权主义的"阴阳组合结构"

　　《周易》以"一阴一阳之谓道"为标志的辩证法思想,是在阳刚阴柔的刚柔框架内而展开的。这种辩证法思想,与传统政治思想中的王权主义"阴阳组合结构",在思维方式上是完全一致的。

　　王权主义的"阴阳组合结构",首先表现为阴阳之间的刚性关系或绝对性关系,表现为王权主义的至上性和神圣性。刘泽华先生指出："刚是指王权主义的绝对性而言"②,表现在政治生活领域,处于阳位的君、父、夫与处于阴位的臣、子、妇之间,其地位是不能转化的,否则就是错位。从孔子的"君臣父子",到董仲舒的"三纲五常",再到理学家们的"人伦大本",都是对这一刚性关系的表述。其实,政治生活领域的刚性关系,就是《周易》阳刚阴柔、阳主阴辅、阳尊阴卑辩证法思想的表现。

　　其次,王权主义的"阴阳组合结构",还表现为阴阳之间的柔性关系,刘先生指出："柔是指王权主义内在调节机制",这种调节机制主要有"天谴说""从道说""圣人和尊师说""社稷和尚公说""纳谏说"等形式。③ 这些调节机制作为民本主义的重要内容,对于王权主义的"君本"来说,只具有相对和从属的意义,但使王权主义更加稳定。因此"民本"并不构成对"君本"的否定,恰恰是在更高层次上对"君本"的肯定。故刘泽华先生指出："可惜,中国古代一切民本论者都没能从君为民主、治权在君、君为政本的思路中走出来,从而跃入民主主义范畴。"④可见,所谓的柔性关系,从《周易》辩证法的角度来看,是指阴阳之间的对立统一关系,不过这种对立统一关系只是阴阳之间的有限互动。

---

① 《朱子语类》第七十《易六·否》。
② 刘泽华：《中国的王权主义》,上海人民出版社 2000 年版,141 页。
③ 刘泽华：《中国的王权主义》,上海人民出版社 2000 年版,141 页。
④ 刘泽华：《传统政治思维的阴阳组合结构》(J),《南开大学学报》2006 年第 5 期。

第五章　范仲淹的教育思想

范仲淹不仅是著名的思想家、政治家、军事家和文学家,也是著名的教育家,他在继承儒家传统教育思想的基础上,通过融合新的时代精神,形成了完整的教育思想体系。他的教育思想和实践,对宋代教育和思想文化事业的发展产生了巨大的推动作用,在后世也有重要影响。范仲淹的教育实践,主要表现为他在州县和中央政府任职时一以贯之的兴学办教行动,以及在各个时期对于人才培养的重视。关于这方面的内容,我们在下编第一章《范仲淹在北宋儒学复兴中的地位和作用》及其他章节中已有所说明,故不再赘述。下面仅就范仲淹的教育思想加以论述。

第一节　兴学办教

儒家历来重视教育,《礼记·学记》云"古之王者建国君民,教学为先",孔子主张"有教无类"①,孟子主张"谨庠序之教"②,后世大儒也都重视教育。在儒家的推动下,中华民族形成了尊师重教的优秀文化传统。范仲淹继承了这一传统,也高度重视教育在社会发展中的作用,他结合历史的经验和时代的需要,对教育的重要性作了新的阐发。

---

① 《论语·卫灵公》。
② 《孟子·梁惠王上》。

一、庠序之教与"三代"之治

范仲淹作为北宋儒学复兴时期著名的教育家,他的教育思想与其政治理想是密切相关的。如前所述,复兴王道,实现"三代"之治是范仲淹的政治理想,而"三代"的重要特征是重视庠序之教,文教事业发达。他说:

> 三代右文,四郊立学,尊严师道,教育贤材。①

> 《诗》谓"长育人材",亦何道也?古者庠序列于郡国,王风云迈。②

> 庠序者,俊乂所由出焉。三王有天下各数百年,并用此道以长养人材。材不乏而天下治,天下治而王室安,斯明著之效矣。③

在对"三代"的追忆中,范仲淹特别关注了庠序之育对于人才培育的重要意义,他认为"三代"社会的借鉴意义就是尊师重教,培育贤材。在他看来,庠序之教之所以能够辅成"三代"盛世,关键在于庠序之教能够培养"俊乂",是"长育人材"或"长养人材"之道。而人才的培育和涌现不仅有助于礼乐教化,还能治国安邦。故他认为"三代"之所以礼乐昌明,"三王"各有天下数百年,为富为寿,长治久安,实为并用此道培育人才的结果。所以他又说:

> 夫庠序之兴,由三代之盛王也,岂小道哉?④

可见,教育事业绝非"小道",而是关涉王道大业能否复兴,国家能否实现长治久安的大道。因此,教育事业的成败,直接影响社会的盛衰,这是范仲淹通过对庠序之教与"三代"之治内在关系的考察而得出的深刻认识。

范仲淹认为重视教育不仅是"三代"社会的特征,也应成为后世通

---

① 《范文正公文集》卷十六《代胡侍郎奏乞余杭州学名额表》,《范仲淹全集》(上),凤凰出版社2004年版,351页。
② 《范文正公文集》卷九《上执政书》,《范仲淹全集》(上),凤凰出版社2004年版,第190页。
③ 《范文正公文集》卷八《邠州建学记》,《范仲淹全集》(上),凤凰出版社2004年版,169页。
④ 《范文正公文集》卷九《上执政书》,《范仲淹全集》(上),凤凰出版社2004年版,第191页。

行的法则。他说:

> 恭惟前圣之文之道,昭昭乎为神器于天下,得之者昌,失之者亡。后世圣人开学校,设科等,率贤俊以趋之,各使尽其心,就其器,将以共理于天下。①

> 至于唐家,中外建学,文物之盛,三代比隆。②

> 李唐之盛,常设制科,所得大才,将相非一。③

范仲淹认为前圣兴学办教之道,作为天下"神器",也应为后世圣人所秉持,表现为开学校,设科等,以此来培育招揽贤俊,以共同治理天下。他还以唐朝为例,说明通过兴学办校,普及文教,完善科举制度,就可广纳贤才,进而比隆三代。北宋作为追慕"三代"的太平之朝,更应大力发展教育事业,故云:

> 当太平之朝,不能教育,俟何时而教育哉?④

范仲淹极其看重人才在历史发展中的作用,他总结历史的经验教训,从秦汉、隋唐因人才得失而导致王朝兴亡的历史变故中,得出了"得士者昌,失士者亡"的著名结论:

> 王者得贤杰而天下治,失贤杰而天下乱。张良、陈平之徒,秦失之亡,汉得之兴。房、杜、魏、褚之徒,隋失之亡,唐得之兴。故曰:"得士者昌,失士者亡。"⑤

范仲淹认为,既然人才关涉兴亡,所以历史上的明君贤相无不重视"择材",他说:

> 《书》曰:"先王昧爽丕显,坐以待旦,旁求俊彦,启迪后人。"其勤求人材如是之急也。

---

① 《范文正公文集》卷十《上时相议制举书》,《范仲淹全集》(上),凤凰出版社2004年版,第209页。
② 《范文正公文集》卷十六《代胡侍郎奏乞余杭州学名额表》,《范仲淹全集》(上),凤凰出版社2004年版,351页。
③ 《范文正公文集》卷九《上执政书》,《范仲淹全集》(上),凤凰出版社2004年版,第191页。
④ 《范文正公文集》卷九《上执政书》,《范仲淹全集》(上),凤凰出版社2004年版,第190页。
⑤ 《范文正公文集》卷七《选贤任能论》,《范仲淹全集》(上),凤凰出版社2004年版,第130页。

> 《书》之《说命篇》曰:"旁求俊乂,列于庶位。"是朝廷庶位,惟俊乂是求。①

> 圣宋定天下,太宗锐意太平,真宗之初,复亲擢俊乂。②

不过在范仲淹看来,"择材"固然重要,但"育材"更为根本,如果只知"择材"而不知"育材",就如同"不务耕而求获"一样不可思议:

> 或谓举择令长,久则乏人,亦何道以嗣之?某谓用而不择,贤孰进焉?择而不教,贤孰继焉?③

> 孟子谓得天下英材而教育之,一乐也,岂偶言哉?行可数年,士风丕变。斯择材之本,致理之基也。④

范仲淹认为"育材"是"择材之本",是"致理之基",基于这样的教育理念,他主张:

> 复当深思治本,渐隆古道。先于都督之郡,复其学校之制,约《周官》之法,兴阙里之俗。⑤

在此,范仲淹明确提出"复其学校之制"和"兴阙里之俗"的教育主张。所谓"学校之制"是指"三代"的庠序教育制度,而"阙里之俗"是指西周王朝在基层社会广兴教化的风俗。对于"阙里之俗",范仲淹认为在州县建立学校,在乡间普及教化,以此培育贤能,然后每三年考其德行道艺,选贤任能,郑重其事,此为《周礼》乡大夫之职",也即"阙里之俗"。⑥他认为后世欲复二帝三王之治,其必由之路就是恢复"三代"的教育制度,实行《周官》之法,此为"治本"之策。

总之,范仲淹通过对历史经验的总结,深刻认识到通过学校教育对于"长育人材"的重要性,认识到教育事业的发展对于国家的长治久安

---

① 《范文正公文集》卷七《选贤任能论》,《范仲淹全集》(上),凤凰出版社2004年版,第130、131页。
② 《范文正公文集》卷十三《赠兵部尚书田公墓志铭》,《范仲淹全集》(上),凤凰出版社2004年版,第283页。
③ 《范文正公文集》卷九《上执政书》,《范仲淹全集》(上),凤凰出版社2004年版,第190页。
④ 《范文正公文集》卷九《上执政书》,《范仲淹全集》(上),凤凰出版社2004年版,第191页。
⑤ 《范文正公文集》卷九《上执政书》,《范仲淹全集》(上),凤凰出版社2004年版,第190—191页。
⑥ 《范文正公政府奏议》卷上《答手诏条陈十事》,《范仲淹全集》(上),凤凰出版社2004年版,第478页。

和理想政治的实现都具有重要意义,这是范仲淹教育思想的重要闪光点。

二、兴学办教与"劝学育材"

通过对历史经验的反思,范仲淹深刻阐述了庠序之教为王政之本的道理。结合北宋的现实,他进一步论述了兴学办教与"劝学育材"、实现国家善治的必然联系。仅在天圣八年(1030年)的《上时相议制举书》中,他就反复强调:

> 国家劝学育材,必求为我器用,辅我风教。
> ……
> 劝天下之学,育天下之才。①

另外范仲淹在《奏上时务书》《上执政书》《答手诏条陈十事》《南京书院题名记》《代人奏乞王洙充南京讲书状》《南京府学生朱从道名述》《选贤任能论》和《邠州建学记》等诸多篇章中,对教育的重要性都有深刻论述。

范仲淹认为缺乏人才是国家最大的祸患,他说:"国家之患,莫大于乏人。"②而北宋面临的根本问题恰恰就在于"乏人",对此他多次指出,"天下危困乏人"③,"举择令长,久则乏人","诸司乏人"④,"朝廷渴用将帅,大患乏人"⑤,因其"乏人",国家在"选用之际,常患才难"⑥。北宋为何"乏人"若此呢?范仲淹认为这根本是由于"士曾未教"所致,因为"士曾未教则贤材不充"⑦,可见,"乏人"问题的形成,最终是教育不兴导致的。

事实上,宋初百废待兴,国家尚不安定,故统治者虽热心文治,重用

---

① 《范文正公文集》卷十《上时相议制举书》,《范仲淹全集》(上),凤凰出版社2004年版,第208、209页。
② 《范文正公文集》卷八《邠州建学记》,《范仲淹全集》(上),凤凰出版社2004年版,第169页。
③ 《范文正公政府奏议》卷上《答手诏条陈十事》,《范仲淹全集》(上),凤凰出版社2004年版,第478页。
④ 《范文正公文集》卷九《上执政书》,《范仲淹全集》(上),凤凰出版社2004年版,第190、191页。
⑤ 《范文正公文集》卷十一《上吕相公书》,《范仲淹全集》(上),凤凰出版社2004年版,第224页。
⑥ 《范文正公文集》卷十《上时相议制举书》,《范仲淹全集》(上),凤凰出版社2004年版,第208页。
⑦ 《范文正公文集》卷九《上执政书》,《范仲淹全集》(上),凤凰出版社2004年版,第183页。

文人,以科举取士,对私人办学有所鼓励,但对于政府的大规模办学并不甚重视,存在重视科举而忽视教育的不合理导向,范仲淹所谓的"不以教育为意,而以去留为功"①,指的就是这种导向。在这种导向的作用下,宋初学校未兴、教育不振、师道久废。宋初中央虽有国子监,但规模狭促,管理混乱,生徒很少且素质不高。另据《文献通考》记载,仁宗庆历二年(1042年),天章阁侍讲王洙言:

> 国子监每科场诏下,许品官子弟投保官家状量试艺业,给牒充广文、太学、律学三馆学生,多或致千余人。即随秋试召保取解,及科场罢日,则生徒散归,考官倚席,若此但为游士寄应之所,殊无国子肄习之法。居常讲筵无一二十人听讲者。②

到了仁宗庆历二年,情况也无好转,国子监给牒人数虽众,但科考结束后,则生徒散归,平时在监听讲者止一二十人,讲官无所适从,管理无法,国子监成为游士寄居之所。

至于州县办学的情况,宋初也很不理想:

> 宋兴之初,是时未有州县之学。盖州县之学,有司奉诏旨所建也,故或作或辍,不免具文。③

可见宋初州县办学不兴,直到到仁宗景祐之后,地方州郡才渐次建学,有了一定规模。学校教育的落后,导致国家人才培养渠道不畅,对此局面,范仲淹亦云:

> 今文庠不振,师道久缺。④

> 州人子弟多习诗书而未有学校,士望缺然。⑤

> 然九州之广,庠序未振,四始之奥,讲议盖寡。⑥

---

① 《范文正公文集》卷十《上时相议制举书》,《范仲淹全集》(上),凤凰出版社2004年版,第209页。
② 《文献通考》卷四十二《学校考三》。
③ 《文献通考》卷四十六《学校考七》。
④ 《范文正公文集》卷十《上时相议制举书》,《范仲淹全集》(上),凤凰出版社2004年版,第208页。
⑤ 《范文正公文集》卷十六《权三司盐铁判官尚书兵部员外郎王君墓表》,《范仲淹全集》(上),凤凰出版社2004年版,335页。
⑥ 《范文正公文集》卷八《唐异诗序》,《范仲淹全集》(上),凤凰出版社2004年版,第161页。

针对这种庠序不兴、师道久废的状况,范仲淹大声疾呼:"庠序可不兴乎?"①他主张"敦教育之道""慎选举之方",大力发展学校教育,振兴师道,认为只有这样才可造就德才兼备的人才,从而做到"政无虚授""代不乏人"②。正是基于这种认识,范仲淹一生都致力于兴学办教,且成效斐然,其中尤以"庆历兴学"的功绩最大。对此,历史是有公论的:

> 仁宗以前,天下州县未尝立学。公自始筮仕以迄参大政,其间历守诸州郡,所在必开设学校,率先训督,教育多士,首以吴郡所卜居之宅奏请立郡学。至庆历四年诏州县皆立学,从公请也。③

> 国朝庠序之设,遍于寓内,自庆历始。其卓然为后学师表者,若南都之戚氏,泰山之孙氏,海陵之胡氏,徂徕之氏,集一时俊秀,相与讲学,涵养作成之功,亦既深矣。亦会值贤者在朝,安阳韩忠献公、高平范文正公、乐安欧阳文忠公皆卓然有见于道之大概,左提右挈,于是学校遍于四方,师儒之道以立。④

范仲淹从州县开始,直至位列执政,一直坚持兴学办教,在他不断的倡导和推动下,终于结出了"庆历兴学"的硕果。当然,北宋兴学大业的建立并非范仲淹一人之功,但他的开创者地位及关键作用是毋庸置疑的。

关于兴学的目的,范仲淹尝云:

> 庆历甲申岁,予参贰国政,亲奉圣谟,诏天下建郡县之学,俾岁贡群士,一由此出。⑤

看来,范仲淹是希望通过大规模的郡县办学来培育众多的优质生源,以此来夯实贡举的基础,这样就可从根本上解决人才匮乏的问题,使国家的政治走上正轨。

当然,范仲淹倡导兴学办教,不仅仅是出于政治方面的考量,还出

---

① 《范文正公文集》卷八《邠州建学记》,《范仲淹全集》(上),凤凰出版社2004年版,第169页。
② 《范文正公文集》卷九《上执政书》,《范仲淹全集》(上),凤凰出版社2004年版,第190页。
③ 《范文正公集补编》卷二《宋太师中书令兼尚书令魏国公文正公传》,《范仲淹全集》(下),凤凰出版社2004年版,第1089页。
④ 《宋元学案》卷三《高平学案》。
⑤ 《范文正公文集》卷八《邠州建学记》,《范仲淹全集》(上),凤凰出版社2004年版,第169页。

于礼乐教化、人性改造方面的综合考量。如前文所述,范仲淹认为,庠序之教的发达,礼乐文明的昌盛,人心的古朴向善,是"三代"社会的特征,也是王道仁政的标志,而现实的局面却是"有宋真、仁二宗之际,儒林之草昧也"①,且人心不古,士风浇竞,文风萎靡。故欲复"二帝三王之道",除了振兴纲纪,建立制度完备的政体之外,还必须发展教育事业,制礼作乐,以仁义道德教化社会,大厉名节,移风易俗,这样"十数年间,异人杰士必穆穆于王庭矣,何患俊乂不充,风化不兴乎?"②

另外,范仲淹还深刻认识到教育对于人性改造的重要意义,他在《南京府学生朱从道名述》中说:

> 子未预于教也,弗学而志穷,如玉之未攻,如泉之在蒙,昧焉而弗见其宝,汩焉而莫朝于宗。子既预于教也,克学而神晤,如金之在铸,如骥之方御,跃焉可成乎美器,腾焉可致乎夷路者也。③

这段话是范仲淹对教育之本质和作用的深刻论述。他说人性如蒙,也如玉之未琢,如果不进行教育,则不知向学也不知向善;如果加以教育,人性就会发生改变,既知向学也知向善,如金石经过陶冶,就可铸成美器,烈马经过驯导,就可腾飞于道路。范公称此为"人知向方"④,他称赞南京府学生朱从道经过学校教育,便"果知向方"⑤。总之,范公认为教育可使人性走向美好,从而为理想社会的建立奠定最可靠的基础。

范仲淹注重教育的思想,还体现在他对学校管理的重视。范仲淹在执掌应天府学期间,很是注重学校的教育管理,这主要表现在:第一,他注重对学校的规范管理,训督有法度,学生起居皆立时刻,要求严格;

---

① 《宋元学案》卷三《高平学案》。
② 《范文正公文集》卷十《上时相议制举书》,《范仲淹全集》(上),凤凰出版社 2004 年版,第 209—210 页。
③ 《范文正公文集》卷八《南京府学生朱从道名述》,《范仲淹全集》(上),凤凰出版社 2004 年版,第 151 页。
④ 《范文正公文集》卷十九《代人奏乞王洙充南京讲书状》,《范仲淹全集》(上),凤凰出版社 2004 年版,第 380 页。
⑤ 《范文正公文集》卷八《南京府学生朱从道名述》,《范仲淹全集》(上),凤凰出版社 2004 年版,第 151 页。

第二,注重学风建设,要求学生诚实守信,勤奋学习;第三,注重教风建设,他为人师表,对教学工作兢兢业业,一丝不苟,因材施教,要求学生做到的自己先做到。在他的严格管理下,应天书院办得很成功,培养的人才也很多。

为了提高教学质量,规范教学秩序,发挥学校的教育优势,范仲淹还对学生在校学习的时日作出明确要求,据史载:"范仲淹等意欲复古劝学,数言兴学校,本行实。"①在他的奏请下,宋廷于庆历四年(1040年)三月乙亥下诏规定:

> 士须在学习业三百日,乃听预秋赋;旧尝充赋者,百日而止。

诏书对于学生的品行也作出严格要求,规定有下列七种不良行为者不得入学:

> 所禁有七:曰隐忧匿服;曰尝犯刑责;曰行亏孝弟,有状可指;曰明触宪法,两经赎罚,或不经赎罚,而为害乡党;曰籍非本土,假户冒名;曰父祖干十恶四等以上罪;曰工商杂类,或尝为僧道。皆不得预。②

范仲淹之所以注重学校教育,也与他的亲身经历有关。范仲淹幼时未曾接受过国家系统的学校教育,他是在寺院"划粥断齑"的苦况中自己读书成长的,故对于孤寒士子求学无门的困境怀有切身的感受,这也是他自从政后就致力于兴学办教的重要原因。

范仲淹一生对于国家的贡献是多方面的,其中对于教育事业的大力倡导和推动是他的历史功绩之一。有宋一代教育发达,人才辈出,文化兴盛,学术繁荣,与范仲淹是密不可分的。可以说,范公对学校教育的本质、地位和对社会发展的重要作用等问题的认识水平,都"远远超过同时代的许多政治家,也为历朝所罕有"③。

---

① 《长编》卷一百四十七,庆历四年三月甲戌。
② 《长编》卷一百四十七,庆历四年三月乙亥。
③ 董平:《试论范仲淹的教育思想及实践活动(上)》,《西安教育学院学报》1997年第2期。

第二节 人才培养

培养什么样的人是教育的核心问题,作为教育家范仲淹对此亦有深入的思考。他认为培养既具有坚定的儒家立场又符合社会需要的"内圣外王"人才是教育的目标。同时,基于对人性和社会生活丰富性的全面理解,他认为教育应服务于人的全面发展,成为作人的教育,因此,范仲淹还有一个完人教育的终极理想。

一、"内圣外王"的人才培养目标

"内圣外王"为儒家人生论之通说。"内圣外王"是对"修身、齐家、治国、平天下"人生理想的概括,这一目标是由"内圣"和"外王"两个环节构成的,其中"内圣"主要涉及修身和齐家的内容,是指士人道德和知识的内在修养,而"外王"主要涉及治国平天下的内容,是指建立在"内圣"基础上的能力和社会功业。儒家认为,"内圣"和"外王"是相辅相成、内在统一的关系,若割裂两者之间的联系,仅有"内圣"或仅有"外王",都不是人生价值的完美体现。因此,实现两者的统一,完成从"内圣"到"外王"的跨越,做到"内圣外王",便是儒者为之奋斗的人生目标,故"内圣外王"是儒家君子人格的象征,培养"内圣外王"人才是儒家的教育宗旨。

余英时先生曾用"从'内圣'转出'外王'"来概括宋代理学家的政治文化,并认为范仲淹《南京府学生朱从道名述》一文,在"从道"两字上大作文章,表达的就是"内圣外王"的观念。[①] 余英时先生此论可谓卓识。其实范仲淹不仅具有"内圣外王"的观念,他还是"内圣外王"人才的典范,他尝自称:"窃念仲淹草莱经生,服习古训,所学者惟修身治民而已。"[②]所谓"修身治民",即是"内圣外王"。从"内圣"的角度看,欧阳修说他"少有大节,于富贵贫贱毁誉欢戚,不一动其心,而慨然有志于天

---

① 余英时:《朱熹的历史世界——宋代士大夫政治文化的研究》,生活·读书·新知三联书店2004年版,第89页。
② 《范文正公集逸文》之《上吕相公书》,《范仲淹全集》(上),凤凰出版社2004年版,第702页。

下",并且"大通六经之旨,为文章论说必本于仁义"。可见他在中进士之前,就已拥有坚定的道德信念和扎实的文化知识修养。从政之后,他又秉持"士当先天下之忧而忧,后天下之乐而乐"①的精神,于是大厉名节、兴学办教、推行德政、保家卫国,还能革新政令,匡正时弊,故从"外王"的角度看,范仲淹在政治、军事、教育、文学等领域都卓有建树,令人景仰。范仲淹不仅以自己的人生历程完美诠释了"内圣外王"的内涵,还以此为标准,把培养"内圣外王"人才作为教育的目标。

范仲淹所理解的"内圣",是指士人精通六经经义并擅长德行、政事、言语、文学"四科"的精神境界。他说:

敦六籍以恢本,发"四科"以彰善。②

四科:一曰德行,二曰政事,三曰言语,四曰文学。③

敦之以诗书礼乐,辨之以文行忠信。④

博识之士,当于六经之中,专师圣人之意。⑤

范仲淹认为士人首先必须"宗经",以六经为教,他说:"吾儒之职,去先王之经则茫乎无从矣。"⑥为何要"宗经"呢? 因为在范仲淹看来,六经作为先王治国的经籍,体现着先王在哲学、政治、历史、伦理、审美等各个方面的理念,也记载着三代的礼仪制度,这些都是先王治理国家的理论依据,故士人必须"入乎六经"才能领会圣人之意。可见,范仲淹之"宗经"主张,乃基于对经典价值的深刻认识。

必须强调的是,范仲淹所说的"宗经",不是唯经典是从,也不是以寻章摘句、考据训诂的教条主义的态度对待经典,更不是对经文的死记

---

① 《范文正公褒贤集》卷一《资政殿学士户部侍郎文正范公神道碑铭》,《范仲淹全集》(下),凤凰出版社2004年版,第936页。
② 《范文正公文集》卷八《南京府学生朱从道名述》,《范仲淹全集》(上),凤凰出版社2004年版,第150页。
③ 《范文正公文集》卷七《推委臣下论》,《范仲淹全集》(上),凤凰出版社2004年版,第134页。
④ 《范文正公文集》卷九《上执政书》,《范仲淹全集》(上),凤凰出版社2004年版,第191页。
⑤ 《范文正公文集》卷十《与欧静书》,《范仲淹全集》(上),凤凰出版社2004年版,第212页。
⑥ 《范文正公尺牍》卷下《与胡安定屯田》,《范仲淹全集》(上),凤凰出版社2004年版,第629页。

硬背,而是"能熟经籍之大义"①,不"忘礼乐之大本"②,"精于经术,通圣人之旨"③,即深刻领会六经的义理,这样才可发挥经典的指导意义。

范仲淹是北宋义理之学的积极倡导者,但在义理之学的兴起之时,又出现了一种怀疑经典甚至背离经典的空疏学风和教风。对此风尚,司马光在熙宁二年(1069年)六月所上的《论风俗札子》中曾评说道:

> 窃见近岁公卿大夫好为高奇之论,喜诵老庄之言,流及科场亦相习尚。新进后生,未知臧否,口传耳剽,翕然成风。至有读《易》未识卦爻,已谓《十翼》非孔子之言;读《礼》未知篇数,已谓《周官》为战国之书;读《诗》未尽《周南》《召南》,已谓毛、郑为章句之学;读《春秋》未知十二公,已谓《三传》可束之高阁。循守注疏者,谓之腐儒;穿凿臆说者,谓之精义。且性者,子贡之所不及;命者,孔子之所罕言。今之举人,发口秉笔,先论性命,乃至流荡忘返,遂入老庄,纵虚无之谈。④

司马光此札,显然有反对王安石借重新诠释儒家经典而主张变法的政治意义,这一点暂且不论,但他所指出的流行于官僚士大夫群体并波及科场举子的疑传疑经思潮却是事实。他对迷恋老庄哲学的"虚无之谈",借反对"章句之学"为由而背离经典,进而空谈义理的"穿凿臆说"所给予的批评很有见地;其中所论孔子罕言性与天道,而时下举子却动辄高谈性命,也暗含对思孟学派热衷于"心性之学"的否定。

其实,在司马光之先,范仲淹已注意到了学风不正问题。早在天圣五年(1027年)的《上执政书》中,他就指出士林之间存在浮躁轻薄学风,他说:"今士林之间患不稽古,委先王之典,宗叔世之文,词多纤秽,士惟偷浅,言不及道,心无存诚。……至于明经之士,全暗指归。"⑤在天圣八年的《上时相议制举书》中,他对"为学者不根乎经籍,从政者罕议乎教化"的空疏学风提出了严厉批评,认为这种学风"足以误多士之心,

---

① 《范文正公文集》卷十《上时相议制举书》,《范仲淹全集》(上),凤凰出版社2004年版,第209页。
② 《范文正公文集》卷一《明堂赋》,《范仲淹全集》(上),凤凰出版社2004年版,第9页。
③ 《范文正公文集》卷七《推委臣下论》,《范仲淹全集》(上),凤凰出版社2004年版,第135页。
④ (宋)司马光:《传家集》卷四十二《论风俗札子》,四库全书本。
⑤ 《范文正公文集》卷九《上执政书》,《范仲淹全集》(上),凤凰出版社2004年版,第190页。

不足以救斯文之弊"。①

范仲淹主张士人必须以六经为依据而发明义理,探究先王的"道心之微"②,而不能"博习非圣,旁攻异端",这样就会于"圣人之门无复启发"③,乃至"言不及道,心无存诚"。他说:

> 有能理其书而不深其旨者,虽朴愚之心未可以适道,然必顾瞻礼义,执守规矩,不犹愈于学非而博者乎?④

这是说,士子不能"学非",即不能离经叛道,在佛老诸子的博杂之言中探索义理,而只能在儒家经典之中深究其旨,此为"正道"⑤。如果心智"朴愚",暂时不能领会经旨,也必须在行为规范上坚守礼制规矩,这样经过长期的修持,最终也会"适道",这表明范仲淹尊崇礼制之学而与道德心性之学保持距离。他认为释道之书,"以真常为性,以洁净为宗。神而明之,存乎其人,智者尚难于言,而况于民乎?"可见,他对释道性理之说所体现的哲学本体论思维方式并未全盘否定,但认为佛老说空论无,玄谈心性,误导士子,乃"非今理天下之道也",故"君子弗论者"⑥。

范仲淹甚至主张士人不仅要"善言二帝三王之书",还要"博涉九流百家之说"⑦,这表明他对诸子之说持有相当宽容的态度。不过他认为"扣诸子,猎群史"的目的,只是为了"观异同,质成败",即从比较的意义上加深对儒家精神的理解,而"非求道于斯也"⑧。

在"宗经"的基础上,范仲淹还主张士人必须学习德行、政事、言语和文学"四科",因为国家"求人之道,非一端也"⑨,所以士人只有具备广

---

① 《范文正公文集》卷十《上时相议制举书》,《范仲淹全集》(上),凤凰出版社2004年版,第208页。
② 《范文正公文集》卷八《皇储资圣颂》,《范仲淹全集》(上),凤凰出版社2004年版,第146页。
③ 《范文正公文集》卷十《上时相议制举书》,《范仲淹全集》(上),凤凰出版社2004年版,第209页。
④ 《范文正公文集》卷十《上时相议制举书》,《范仲淹全集》(上),凤凰出版社2004年版,第208、209页。
⑤ 《范文正公文集》卷十九《代人奏乞王洙充南京讲书状》,《范仲淹全集》(上),凤凰出版社2004年版,第379页。
⑥ 《范文正公文集》卷九《上执政书》,《范仲淹全集》(上),凤凰出版社2004年版,第188页。
⑦ 《范文正公文集》卷八《南京书院题名记》,《范仲淹全集》(上),凤凰出版社2004年版,第166页。
⑧ 《范文正公文集》卷十《上时相议制举书》,《范仲淹全集》(上),凤凰出版社2004年版,第208页。
⑨ 《范文正公文集》卷七《选贤任能论》,《范仲淹全集》(上),凤凰出版社2004年版,第131页。

博的知识,才能满足国家多方面的人才需要。

范仲淹也反对当时流行的专扣声病、崇尚声律浮华之辞的颓靡文风,故在《奏上时务书》中,提出了"救文弊"主张:

> 臣闻国之文章,应于风化。风化厚薄,见乎文章。是故观虞夏之书,足以明帝王之道;览南朝之文,足以知衰靡之化。故圣人之理天下也,文弊则救之以质,质弊则救之以文……故文章之薄,则为君子之忧;风化其坏,则为来者之资。惟圣帝明王,文质相救,在乎己,不在乎人。《易》曰:"穷则变,变则通,通则久。"亦此之谓也。伏望圣慈,与大臣议文章之道,师虞夏之风。况我圣朝千载而会,惜乎不追三代之高,而尚六朝之细。然文章之列,何代无人?盖时之所尚,何能独变?大君有命,孰不风从?可敦谕词臣,兴复古道,更延博雅之士,布于台阁,以救斯文之薄,而厚其风化也,天下幸甚!①

在《上时相议制举书》中,范仲淹同样指出了文风不正的问题:

> 某闻前代盛衰,与文消息。观虞夏之纯,则可见王道之正;观南朝之丽,则知国风之衰。惟圣人质文相救,变而无穷。前代之季,不能自救,则有来者起而救之。是故文章以薄,则为君子之忧;风俗其坏,则为来者之资。②

其实范仲淹并不反对士人工于文辞,他自己就是精于文章辞赋的文学家。他所反对的只是没有实质内容的堆砌辞藻,以及为了追求声律工整和文辞华丽而以文害质的形式主义文风,他称此为"文弊"或"文章之薄",他认为六朝文风"衰靡","古道"不复,深患此弊。救弊之道就是"文质相救",即"文弊则救之以质,质弊则救之以文",所谓质是指"文章之道",即文章要体现先王礼义精神,虞夏之文就体现了"王道之正",这

---

① 《范文正公文集》卷九《奏上时务书》,《范仲淹全集》(上),凤凰出版社 2004 年版,第 172—173 页。
② 《范文正公文集》卷十《上时相议制举书》,《范仲淹全集》(上),凤凰出版社 2004 年版,第 208—209 页。

大有孔子所说的"文质彬彬,然后君子"①之意。范仲淹希望士人属文能够"学术稽古,文辞贯道"②,而不能"士不稽古""言不及道",他认为这样就可以"救文弊",故他主张士人为文要"追三代之高",而不能"尚六朝之细"。

综上可见,范仲淹对士人的"内圣"要求可以归之为"贯通经术",这一点从他对李觏的评价中可见一斑。在《荐李觏并录进礼论等状》中,他称赞李觏:"善讲论六经,辩博明达,释然见圣人之旨。著书立言,有孟轲、扬雄之风义,实无愧于天下之士。"③这表明,李觏因能"贯通经术",所以才成为了像孟轲、扬雄那样的"天下之士",这是范仲淹心目中理想的士人标准。"天下之士"必有"外王"之功业。范仲淹认为,只要对士人"敦之以诗书礼乐,辨之以文行忠信"的"内圣"培育,国家"必有良器,蔚为邦材"④的"外王"局面就会出现。

范仲淹素有治国平天下的政治抱负,这种抱负反映在其教育思想中,就是主张士人首先要立志于学,修成"内圣"正果,然后学以致用,建立经邦济世的"外王"功业,实现"内圣"与"外王"的统一。总之,培养"内圣外王"人才,是教育的根本目标。

二、"完人教育"理想

范仲淹"内圣外王"的人才培养思想,把造就通经致用、王霸皆能的人才作为教育的目标,反对割裂"内圣"与"外王"有机联系的片面人才标准,这蕴含着人的全面发展的教育理念。但在北宋士人意识觉醒的背景下,士人对于生命价值的认识又有所深入,他们对于"自我"和"个体"的存在意义更加关注,故范仲淹对于人的全面发展的理解并不止于"内圣外王",因为"内圣外王"所指向的毕竟是人生的宏大叙事,是儒者由"明明德""亲民"而"至于至善"的"大学问",此乃生命之"大道"。而

---

① 《论语·雍也》。
② 《范文正公文集》卷十九《举丘良孙应制科状》,《范仲淹全集》(上),凤凰出版社2004年版,第385页。
③ 《范文正公文集》卷二十《荐李觏并录进礼论等状》,《范仲淹全集》(上),凤凰出版社2004年版,第398页。
④ 《范文正公文集》卷九《上执政书》,《范仲淹全集》(上),凤凰出版社2004年版,第191页。

个体生命的存在是丰富多彩的,其精神追求也是多元的,故个体生命价值的充分实现,除了必须本于"大道"之外,还须追求诗意雅趣人生,润之以多能"小道",如诗酒禅茶、琴棋书画之类。可见,范公对于人才的理解是全面的和多角度的,从国家社会的角度来说,他强调"内圣外王";从个体生命的角度来说,他强调人生的丰富性。以此观之,范公在"内圣外王"的基础上,还怀有实现人的全面发展的"完人教育"理想。

完人教育,也称全人教育,是日本新教育运动中的重要流派。日本新教育运动发生在20世纪前半期,受到欧洲新教育运动、美国进步主义教育运动和日本国内"自由""民主"运动的影响。一些日本教育家接触到欧美"儿童中心主义"的新教育理念,开始批判传统的"教师中心主义"的教育理念,反对日本传统的"偏重智育""注入填鸭""考试地狱"的教育模式,逐渐推动日本新教育运动的开展。

完人教育的代表人物是日本教育家小原国芳(1887—1977年)。他于1921年首次提出"完美的人"的教育观念,主张人的多方面的和谐发展,认为教育应包括人类文化的所有领域,即科学、道德、艺术、宗教、身体、生活六个方面。玉川学园是他的教育实验基地。

完人教育所彰显的教育理念,总体上符合教育的本质和规律,故全人教育流派不仅在日本国内产生了很大影响,还影响到了世界许多国家。欧美许多著名教育学家都曾参访过玉川学园,中国教育学会代表团也曾于1981年访问玉川学园。

孔子是我国春秋时期伟大的教育家,他同样把人的全面和谐发展作为教育的目的,他所主张的"四科"或"六艺"教育,蕴含着丰富的人文主义精神,实为成己成人的完人教育。后世的教育家对孔子的教育思想多有继承,如韩愈就主张振兴师道,他认为教师的职责在于"传道、受业、解惑也"[①],即在于培养全面发展的人,而不是简单的知识传授者。

范仲淹是北宋时期的著名教育家,他继承了传统儒家优秀的教育思想,也怀有完人教育的理想。他信奉儒家思想,为人端方,恪守礼教,

---

① (唐)韩愈:《昌黎文集》卷十二《杂著二·师说》。

是严谨求实、富有韬略的政治家、军事家和思想家,但他绝不是一介刻板无趣的冬烘"腐儒",而是喜好山水交游,且才华横溢,于诗酒禅茶、琴棋书画皆通的潇洒文人。他精神世界丰富,乐观豁达,故在接二连三的贬黜生涯中还能"笑谑有味"①。

范仲淹欣赏"研经讲道,弦歌终日"②的生活,对诗意雅趣人生有着天生的向往和追求,他在《书海陵滕从事文会堂》诗中说:

> 东南沧海郡,幕府清风堂,诗书对周孔,琴瑟亲羲黄,君子不独乐,我朋来远方。③

这是一首与同道好友相聚时的唱和之作,类似的诗句在《范集》中还有很多。如《清风谣》中的"庶几宋玉赋,聊广楚王情"④,《河朔吟》中的"太平燕赵许闲游,三十从知壮士羞,敢话诗书为上将,犹怜仁义对诸侯"⑤,《和延安庞龙图寄岳阳滕同年》中的"宦情须淡薄,诗意定连绵"⑥,以及《依韵酬光化李简夫屯田》中的"老来难得旧交游,莫叹樽前两鬓秋"⑦,等等,这些都表明了范公对于诗书、琴瑟和交游的喜爱。

北宋文学家、书法家黄庭坚在谈及范仲淹的书法时曾说:

> 范文正公书《伯夷颂》,极得前人笔意,盖正书易为俗,而小楷难于清劲有精神。斯人不必以书立名于来世也,然翰墨乃工如此,盖喜多能,虽大贤不免焉。⑧

黄庭坚认为范公本不必以书名立于世,但却工于翰墨,说明大贤都"喜多能",范公也是如此。用"喜多能"来概括范仲淹的精神追求,可谓一

---

① (宋)文莹:《续湘山野录》。
② 《范文正公文集》卷十五《试秘书省校书郎知耀州华原县事张君墓志铭》,《范仲淹全集》(上),凤凰出版社2004年版,第322页。
③ 《范文正公文集》卷二《书海陵滕从事文会堂》,《范仲淹全集》(上),凤凰出版社2004年版,第31页。
④ 《范文正公文集》卷二《清风谣》,《范仲淹全集》(上),凤凰出版社2004年版,第31页。
⑤ 《范文正公文集》卷四《河朔吟》,《范仲淹全集》(上),凤凰出版社2004年版,第64页。
⑥ 《范文正公文集》卷六《和延安庞龙图寄岳阳滕同年》,《范仲淹全集》(上),凤凰出版社2004年版,第103页。
⑦ 《范文正公文集》卷六《依韵酬光化李简夫屯田》,《范仲淹全集》(上),凤凰出版社2004年版,第104页。
⑧ (宋)黄庭坚:《豫章黄先生文集》卷三十《跋范文正公书伯夷颂》,四部丛刊本。

语中的。事实上,范仲淹的确是"多能"的,仅就书艺言,他的《道服赞》《远行帖》《伯夷颂》《师鲁帖》等作品,都大有帖意。对此,黄庭坚另有评论:

> 范文正公书,落笔痛快沉著,极近晋宋人书。往时,苏才翁笔法妙天下,不肯一世人,惟称文正公书与《乐毅论》同法。余少时得此评,初不谓然,以谓才翁傲睨万物,众人皆侧目无王法,必见杀也,而文正待之甚厚,爱其才而忘其短也。故才翁评书,少曲董狐之笔耳。老年观此书,乃知用笔实处,是其最工,大概文正妙于世故,想其钩指回腕皆优入古人法度中。今士大夫喜书,当不但学其笔法,观其所以教戒故旧亲戚,皆天下长者之言也。深爱其书,则深味其义,推而涉世不为吉人志士,吾不信也。①

黄庭坚认为范公书"极近晋宋人书",他说当时的苏舜钦(字才翁)以笔法妙天下而傲睨万物,从不肯轻易赞许人,但却称赞文正公书与王羲之的《乐毅论》同法。黄庭坚还认为范公书法表现了他的人品,故后人不但要学其笔法,关键是要观其"天下长者之言",这样才能"深味其义"。

范公留心书艺,他对于苏才翁"东斋所藏图书,尝尽览焉"②。皇祐三年(1051年),他在《与苏才翁转运》书中说:"示谕写黄素,为《乾卦》字多,眼力不逮,且写《伯夷颂》上呈。此中寒甚,前面笔冻,欲重写,又恐因循。书札亦要切磋,未是处无惜见教。"③可见直到晚年,他还在与苏才翁切磋书艺,并手书韩愈的《伯夷颂》送给他。对此,明人戴仁赞曰:

> 伯夷,圣之清者也,韩昌黎颂之,范文正书之。颂之者固尚其节义之清,书之者亦尚其节义之清。书之以遗苏才翁,岂惟欲尚书法之古,亦欲其尚节义之清也。④

---

① (宋)黄庭坚:《豫章黄先生文集》卷三十《跋范文正公帖》,四部丛刊本。
② 《范文正公集逸文》之《题苏才翁所藏兰亭序帖》,《范仲淹全集》(上),凤凰出版社2004年版,第707页。
③ 《范文正公集补编》卷一《与苏才翁转运》,《范仲淹全集》(上),凤凰出版社2004年版,第667—668页。
④ 《范文正公集补编》卷三,《范仲淹全集》(下),凤凰出版社2004年版,第1121页。

范仲淹不仅精于书墨笔翰,还精于琴艺。据陆游的《老学庵笔记》记载:"范文正公喜弹琴,然平日止弹《履霜》一操,时人谓之范履霜。"①今《范集》有范公抚琴诗二首,其一为《鸣琴》:

  思古理鸣琴,声声动金玉。何以报昔人,传此尧舜曲。②

其二为《琴酒》:

  弦上万古意,樽中千日醇。清心向流水,醉貌发阳春。③

《范集》另有《听真上人琴歌》一首:

  银潢耿耿霜棱棱,西轩月色寒如冰。上人一叩朱丝绳,万籁不起秋光凝。伏羲归天忽千古,我闻遗音泪如雨。嗟嗟不及郑卫儿,北里南邻竞歌舞。竞歌舞,何时休?师襄堂上心悠悠。击浮金,戛鸣玉,老龙秋啼苍海底,幼猿暮啸寒山曲。陇头琴瑟咽流泉,洞庭萧萧落寒木。此声感物何太灵,十二衔珠下仙鹄。为予再奏《南风》诗,神人和畅舜无为。为余试弹《广陵散》,鬼物悲哀晋方乱。乃知圣人情虑深,将治四海先治琴。兴亡哀乐不我逭,坐中可见天下心。感公遗我正始音,何以报之千黄金。④

前二首是范公抚琴思古,借酒抒怀;后一首是听友人琴歌,曲妙无穷,动人心弦,听者从琴声的变幻莫测中,探知圣人情虑并联想到国家的治乱兴衰,深为所动,乃至泪如雨下。

范仲淹擅长琴艺,对琴道也有研究。他在《今乐犹古乐赋》中说:"古之乐兮所以化人,今之乐兮亦以和民",认为"乐"的基本功能是教化民众、实现社会和谐,故"乐"可使"和气既充于天下,德华遂振于域中"。但"乐"必须是"雅颂"和"治世之音",而不可是"惑于郑卫"⑤的靡靡

---

① (宋)陆游:《老学庵笔记》卷九。
② 《范文正公文集》卷二《鸣琴》,《范仲淹全集》(上),凤凰出版社2004年版,第32页。
③ 《范文正公文集》卷四《和韩布殿丞三首·琴酒》,《范仲淹全集》(上),凤凰出版社2004年版,第69页。
④ 《范文正公文集》卷二《听真上人琴歌》,《范仲淹全集》(上),凤凰出版社2004年版,第40页。
⑤ 《范文正公文集》卷一《今乐犹古乐赋》,《范仲淹全集》(上),凤凰出版社2004年版,第17—18页。

之音。

范仲淹对于精通诗书及琴棋书画的清雅隐逸之士极为敬爱。他在谪守睦州期间写给晏殊的信中,称赞其属下的章(岷)、阮二从事,"俱富文能琴",范公与之"夙宵为会,迭唱交和,忘其形体。郑声之娱,斯实未暇",三人还"往往林僧野客,惠然投诗",乃至发出了"其为郡之乐,有如此者"的畅快之语。其《赠棋者》云:

> 何处逢神仙,传此棋上旨?静持生杀权,密照安危理。接胜如云舒,御敌如山止。突围秦师震,诸侯皆披靡。入险汉将危,奇兵翻背水。势应不可隳,关河常表里。南轩春日长,国手相得喜。泰山不碍目,疾雷不经耳。一子贵千金,一路重千里。精思入于神,变化胡能拟?成败系之人,吾当著棋史。①

范公说弈者棋艺高超,一招一式,如有神助。这首诗将棋局的变化与战争的胜败结合在一起,构思巧妙,表明范公深通围棋之理,必是个中高手。另外,在他的《依韵酬邠州通判王稷太博》诗中,亦有"恶劝酒时图共醉,痛赢棋处肯相饶?"②的句子,能够"痛赢"对手,表明他的棋艺的确不凡。

《唐异诗序》是范仲淹为处士唐异诗集所作的序,序文先对唐异的画艺和琴艺给予了极高评价,他说:

> 皇宋处士唐异,字子正,人之秀也。之才之艺,揭乎清名。西京故留台李公建中,时谓善画,为士大夫之所尚,而子正之笔实左右焉。江东林君复神于墨妙,一见而叹曰:"唐公之笔,老而弥壮。"东宫故谕德崔公遵度,时谓善琴,为士大夫之所重,而子正之音尝唱和焉。高平范仲淹师其弦歌,尝贻之书曰:"崔公既没,琴不在兹乎?"处士二妙之外,嗜于风雅,探幽索奇,不知其老之将至。一日以集相示,俾为序焉。

---

① 《范文正公文集》卷二《赠棋者》,《范仲淹全集》(上),凤凰出版社2004年版,第34页。
② 《范文正公文集》卷六《依韵酬邠州通判王稷太博》,《范仲淹全集》(上),凤凰出版社2004年版,第105页。

范仲淹认为唐异的画艺可与当时著名书画家李建中比肩,而其琴艺则可以与国手崔遵度相唱和。唐异于画、琴二妙之外,还有令范公欣赏的风雅诗才:

> 嘻!诗之为意也,范围乎一气,出入乎万物,卷舒变化,其体甚大。故夫喜焉如春,悲焉如秋,徘徊如云,峥嵘如山,高乎如日星,远乎如神仙,森如武库,锵如乐府,羽翰乎教化之声,献酬乎仁义之醇,上以德于君,下以风于民。不然,何以动天地而感鬼神哉?而诗家者流,厥情非一。失志之人其辞苦,得意之人其辞逸,乐天之人其辞达,觏闵之人其辞怒。如孟东野之清苦,薛许昌之英逸,白乐天之明达,罗江东之愤怒,此皆与时消息,不失其正者也。
>
> 五代以还,斯文大剥,悲哀为主,风流不归。皇朝龙兴,颂声来复,大雅君子,当抗心于三代。然九州之广,庠序未振,四始之奥,讲议盖寡。其或不知而作,影响前辈,因人之尚,忘己之实,吟咏性情而不顾其分,风赋比兴而不观其时。故有非穷途而悲,非乱世而怨,华车有寒苦之述,白社为骄奢之语。学步不至,效颦则多。以至靡靡增华,愔愔相滥,仰不主乎规谏,俯不主乎劝诫,抱郑卫之奏,责夔旷之赏,游西北之流,望江海之宗者有矣。
>
> 观乎处士之作也,孑然弗伦,洗然无尘。意必以淳,语必以真。乐则歌之,忧则怀之。无虚美,无苟怨。隐居求志,多优游之咏;天下有道,无愤惋之作。骚雅之际,此无愧焉。览之者有以知诗道之艰,国风之正也。①

范仲淹这段话"是一篇价值极高的文学评论"②,他强调诗的"意"和"气",认为诗乃教化之声,无论辞苦、辞逸、辞达和辞怒,都应歌颂仁义道德,这才不失其正。而五代以来王道不兴,诗风悲怨柔靡,诗作陈陈相因,浮艳滥情,无病呻吟,无关教化。而唐异诗风优美,诗意淳真,体现了诗道之艰和国风之正。

对于诗酒禅茶,范仲淹不仅乐此不疲,而且精于此道。他在《依韵

---

① 《范文正公文集》卷八《唐异诗序》,《范仲淹全集》(上),凤凰出版社2004年版,160—161页。
② 刘洪生:《范仲淹与应天府的不解情缘》,《商丘师范学院学报》2010年第7期。

答提刑张太博尝新酝》中,称酒为"灵物":

> 自言此灵物,尽心妙始臻。非徒水泉洁,大要曲蘖均。暄凉体四时,日月周数旬。其气芳以烈,厥味和而辛。涓涓滴小槽,清光能照人。固可奉宗庙,宜能格天神。①

范公喜饮酒,他对于酒的酿制有独到体会,对于酒的美妙功能极尽赞誉,他说酒可以"奉宗庙",宜能"格天神",可见他精于"酒道"。对于"茶道",范公也是精通的,他曾作《和章岷从事斗茶歌》,其诗云:

> 年年春自东南来,建溪先暖冰微开。
> 溪边奇茗冠天下,武夷仙人从古栽。
> 新雷昨夜发何处,家家嬉笑穿云去。
> 露牙错落一番荣,缀玉含珠散嘉树。
> 终朝采撷未盈襜,唯求精粹不敢贪。
> 研膏焙乳有雅制,方中圭兮圆中蟾。
> 北苑将期献天子,林下雄豪先斗美。
> 鼎磨云外首山铜,瓶携江上中泠水。
> 黄金碾畔绿尘飞,紫玉瓯心雪涛起。
> 斗余味兮轻醍醐,斗余香兮薄兰芷。
> 其间品第胡能欺,十目视而十手指。
> 胜若登仙不可攀,输同降将无穷耻。
> 吁嗟天产石上英,论功不愧阶前蓂。
> 众人之浊我可清,千日之醉我可醒。
> 屈原试与招魂魄,刘伶却得闻雷霆。
> 卢仝敢不歌,陆羽须作经。
> 森然万象中,焉知无茶星?
> 商于丈人休茹芝,首阳先生休采薇。
> 长安酒价减千万,成都药市无光辉。

---

① 《范文正公文集》卷三《依韵答提刑张太博尝新酝》,《范仲淹全集》(上),凤凰出版社 2004 年版,第 55—56 页。

>不如仙山一啜好,泠然便欲乘风飞。
>君莫羡花间女郎只斗草,赢得珠玑满斗归。①

范公对于茶农的生活,对于茶叶的性能和生长制作,都了如指掌。他以文人的视角,对古老的茶艺给予了无比赞美,在他的笔下,茶农的生活是如此美好,茶叶的生长是如此传奇,茶叶的制作是如此奥妙,饮茶的意义是如此高远。对于斗茶之乐,他的感受是如此精微,同陆羽一样,范公可以写一部《茶经》了。

范仲淹喜爱自然山水,创作了许多歌咏山水田园的佳作,表现出了极其优雅脱俗的文人审美情趣。景祐元年(1034年),他谪守睦州。到达睦州后,他写有《与晏尚书》的信件,信中,他对睦州的山水风光有大段描述:

>郡之山川,接于新定,谁谓幽遐,满目奇胜。衢歙二水,合于城隅,一浊一清,如济如河。百里而东,遂为浙江。渔钓相望,凫鹜交下。有严子陵之钓石,方干之隐茅。又群峰四来,翠盈轩窗。东北曰乌龙,崔嵬如岱。西南曰马目,秀状如嵩。白云徘徊,终日不去。岩泉一支,潺湲斋中。春之昼,秋之夕,既清且幽,大得隐者之乐。惟恐逢恩,一日移去。……往往林僧野客,惠然投诗。其为郡之乐,有如此者。②

在范仲淹笔下,睦州山水佳绝,他徜徉于绿水青山之间,大得隐者之乐,反而担心有朝一日朝廷把他调往别郡。

范仲淹把自己对于生命的理解融汇在了他的教育理念中。在《南京府学生朱从道名述》一文中,范仲淹借阐述"从道"之意,希望朱生能从"臣则由乎忠,子则由乎孝,行己由乎礼,制事由乎义,保民由乎信,待物由乎仁"的"道之端"做起,进而"诚而明之,中而和之",就可以达到"揖让乎圣贤,蟠极乎天地"的"道之致"。除了这些要求之外,范公还希望朱生"格美俗于诗书,被颂声于金石,致我宋之文,炳焉复三代之

---

① 《范仲淹全集》(上),凤凰出版社2004年版,第43页。
② 《范文正公尺牍》卷下《与晏尚书》,《范仲淹全集》(上),凤凰出版社2004年版,第619—620页。

英"。① 这说明范仲淹不仅重视仁义礼智的教育,也重视诗书才艺的教育。在《邠州建学记》中,他则指出同道朋友之间交游讲习的重要性,他说:

> 予尝观《易》之《大象》,在《小畜》曰:"君子以懿文德。"谓其道未通,则畜乎文德,俟时而行也。在《兑》曰:"君子以朋友讲习。"谓相说之道,必利乎正,莫大于讲习也。②

范仲淹以赋体文教育学生。如前文所述,范仲淹并不反对学生工于文辞,对于诗赋,他更是情有独钟,他说"言依声而成象,诗依乐以宣心,感于人神,穆乎风俗,昭昭六义,赋实在焉",并称"仲淹少游文场,尝禀词律"③。为此,他在应天府书院任教期间还编有类书《赋林衡鉴》,用作范文和教材,可惜此书现已亡轶。

第三节 "尊严师道"

教育事业的成败取决于诸多因素,但师资队伍的状况无疑是关键因素,深谙教育之道的儒家对此有深刻的认识,并形成了以韩愈为代表的"师道"学说。在新的历史条件下,作为杰出教育家范仲淹对"师道"亦有自觉体认,他指出师有"师道",为师者必须恪守"师道",国家必须形成"尊严师道"的风气,这是发展教育,复兴儒学的前提。故"师道"学说也是范仲淹教育思想的重要组成部分。

一、振兴"师道"

魏晋南北朝隋唐以来,在儒学面临佛、道思想挑战的形势下,唐代的韩愈提出"道统论",其意在通过儒家思想传承谱系的建立,达到复兴

---
① 《范文正公文集》卷八《南京府学生朱从道名述》,《范仲淹全集》(上),凤凰出版社2004年版,第152页。
② 《范文正公文集》卷八《邠州建学记》,《范仲淹全集》(上),凤凰出版社2004年版,第170页。
③ 《范文正公别集》卷四《赋林衡鉴序》,《范仲淹全集》(上),凤凰出版社2004年版,第453页。

儒学的目的。但在韩愈看来,思想的传承必须以"师"的存在为前提,因为"道之所存,师之所存也"①。故韩愈又提出"师道说",试图通过振兴"师道"来传承"道统"。这无疑是合理的思路。宋儒承续韩愈的"道统论",以"为往圣继绝学"为使命,自然也须树立教师的话语权和权威,把"师道"的振兴作为复兴儒学的前提,故"宋学最先姿态,是偏重在教育的一种师道运动。这一运动,应该远溯到唐代之韩愈"。②

1. "回向三代"与"尊严师道"

儒家具有重视教育的优良传统,然而重教必须尊师。荀子云:"尊严而惮,可以为师。"③《礼记》云:"凡学之道,严师为难。师严然后道尊,道尊然后民知敬学。"可见,只有尊师才能使民敬学,人类的文化知识才能得到传承。故《礼记》又云:"大学之礼,虽诏于天子,无北面,所以尊师也。"④孟子亦云:"天子不召师,而况诸侯乎?"⑤意指天子包括诸侯都不能以召见臣下的方式召见教师,而必须以平等、庄重的礼仪对待教师,以此来彰显教师的尊严。总之,儒家具有尊师重教的传统,且以贤者为师,强调"师"在文化传承、社会教化中的重要作用,这与法家代表人物韩非的"以法为教、以吏为师"⑥主张是有根本区别的。

儒家倡导尊师的实质是尊重教师的博学多闻,即教师因能够履行传授道义和文化知识的使命而受到尊重。对此,韩愈曾说:"古之学者必有师。师者,所以传道受业解惑也。人非生而知之者,孰能无惑?惑而不从师,其为惑也终不解矣。"韩愈将教师的责任和使命归结为"传道、受业、解惑"三项,认为这三个方面的统一才是完整的"师道"。其中"传道"为主要方面,即教师不仅要教授文化、知识和技能,解答学生的疑惑,更要"传道"。所谓"传道"就是传承儒家"道统",即以儒家的思想对学生进行世界观、价值观和人生观教育。不过韩愈认为:"师道之不

---

① (唐)韩愈著,马其昶校注,马茂元整理:《韩昌黎文集校注》卷一《师说》,上海古籍出版社 2018 年 7 月版,第 50 页。
② 钱穆:《宋明理学概述》,九州出版社 2010 年版,第 2 页。
③《荀子·致士》。
④《礼记·学记》。
⑤《孟子·万章下》。
⑥《韩非子·五蠹》。

传也久矣!"①因此他呼吁重新确立师道。

在北宋宽松的士人政治背景下,士大夫们继承了先秦儒家的士人传统,以道自任,充满了自觉的"弘道"意识,同时他们又广泛地参与了政治生活,具备了"行道"的基础。于是在新的历史条件下,宋儒重提"道统论",把"回向三代"作为其历史使命,而此历史使命的达成,又系之于师道的确立。为此,宋儒又继承了韩愈的师道学说,主张重振师道。

范仲淹是北宋庆历年间士大夫集团的杰出代表。他自幼"游心儒术,决知圣道之可行"②,他主张儒者要"师虞夏之风""追三代之高"③,又说:"吾党居后稷、公刘之区,被二帝三王之风,其吾君之大赐,吾道之盛节欤!敢不拳拳服膺,以树其德业哉?"④这显然是把"回向三代"作为最高理想,把传承"先王之道"作为其人生使命。

范仲淹认为"三代"是文教事业发达的社会,具体表现就是"四郊立学,尊严师道"。他说:

> 窃以三代右文,四郊立学,尊严师道,教育贤材。被服礼乐之风,准绳仁义之行,功磨国器,标率人伦。式致用于荐绅,乃助成于声教,俊造以之富盛,基业由是绵昌。⑤

在范仲淹看来,"三代"因广设学校且"尊严师道",故能培育人才,助成声教,以此奠定礼乐昌盛、仁义流行的盛世基业。除此之外,范公又云:

> 三代盛王致治天下,必先崇学校,立师资,聚群材,陈正道。使其服礼乐之风,乐名教之地,精治人之术,蕴致君之方。⑥

这里所说的"正道"是指教育之道,也指师道。范仲淹再次强调,发达的

---

① (唐)韩愈著,马其昶校注,马茂元整理:《韩昌黎文集校注》卷一《师说》,上海古籍出版社2018年版,第50页。
② 《范文正公文集》卷十八《遗表》,《范仲淹全集》(上),凤凰出版社2004年版,第377页。
③ 《范文正公文集》卷九《奏上时务书》,《范仲淹全集》(上),凤凰出版社2004年版,第173页。
④ 《范文正公文集》卷八《邠州建学记》,《范仲淹全集》(上),凤凰出版社2004年版,第170页。
⑤ 《范文正公文集》卷十六《代胡侍郎奏乞余杭州学名额表》,《范仲淹全集》(上),凤凰出版社2004年版,351页。
⑥ 《范文正公文集》卷十九《代人奏乞王洙充南京讲书状》,《范仲淹全集》(上),凤凰出版社2004年版,379页。

教育与优良的师道是"三代"盛王致治天下的路径。

范仲淹深受"三代"尊师重教传统的影响。他终生倡导兴学办教,热衷于教育培养人才,并努力促成了北宋的"庆历兴学"运动的开展,他同时还主张继承"三代"的"尊严师道"传统,以此来劝学育才,辅成王道。

范仲淹之所以呼吁振兴师道,也是为了使师道与宋学精神相适应。宋学精神之所在,也就是前文钱穆先生所说的"革新政令"与"创通经义"两端。① "革新政令",是指北宋的政治革新运动;而所谓的"创通经义",则是指宋代儒学理论的创新和义理之学的建构。这"两端"与宋儒所要努力追求和创造的"三代"事业密切相关,也是宋代儒学复兴的标志。但这"两端"的达成,要求士人必须具备变革的精神和建构义理之学的能力,这实质上是要求士人要具备主体意识,即士人一方面要有"以天下为己任"的精神,主动参与政治,视变革之业为"回向三代"的分内之事;另一方面要摆脱汉唐以来章句训诂之学的束缚,以我为主,创通经籍,进而揭示其义理,提升儒学的思辨层次,也为革新政令提供学理支撑。但这种主体精神在汉唐固守师门之法的师道观下是无法培育的,只有在"先秦儒家士人文化主体意识的师道精神"②的支配下方可形成。这是范仲淹重建师道的内在动力。

2. 宋初的"师道不振"

范仲淹是北宋儒学复兴运动的先驱,是宋学的开创者,也是"师道"复兴的始祖。全祖望在《宋元学案》中指出,宋初学术和教育并不发达,直至真宗、仁宗之际儒林尚在草昧阶段。但戚同文、孙复和胡瑗等大儒虽在草泽,但能够自拔于尘俗之中,已开始在民间创建书院,致力于讲学育人。他们秉承传统师道精神,讲明"正学",加之范仲淹等在朝诸公的提携,于是官办学校和民办书院开始普及,宋学得以创立,师道得以复兴。③

全祖望虽然肯定了范仲淹在宋学创立和师道复兴过程中的地位和作用,但未突出范仲淹的开创者地位,这是不公允的。其实范仲淹在此

---

① 钱穆:《中国近三百年学术史》(上册),商务印书馆1997年版,第7页。
② 朱汉民:《师道复兴与宋学崛起》,《哲学动态》2020年第7期。
③《宋元学案》卷三《高平学案》。

过程中所发挥的作用,绝不仅仅是政治家的"左提右挈"作用,而同时也是作为士林领袖在思想和学术领域发挥了领导和开创作用。

单就师道而言,作为杰出教育家的范仲淹同韩愈一样,对于师道的重要意义有清醒的认识,他深知:师道是人才培养的关键环节,如无正确的师道,就不会有良好的教育,也不会有良好的文风、士风和学风,当然也不会有良好的政风,儒学也不可能得到复兴,"回向三代"也只是一句空话。因此,范仲淹极为关注师道问题,针对宋初的"师道不振",他率先提出了尖锐批评。

早在天圣三年(1025年)的《奏上时务书》中,范仲淹就指出文风关涉风化,只有正师道才能正文风。他认为当时士林"文风益浇",表现为"修辞者不求大才,明经者不问大旨",故士人"尚六朝之细"而"文章之薄"。他认为这种局面是因"师道既废"所致,因此他希望通过"兴复古道"来"救文弊"①。这里的"古道",当然包括古师道。在天圣五年的《上执政书》中,范仲淹又进一步指出士林学风不正,"词多纤秽,士惟偷浅,言不及道,心无存诚",并认为这是因"师道不振"导致的,为此他主张"深思治本,渐隆古道"。② 在天圣八年的《上时相议制举书》中,他又指出士人"文章柔靡,风俗巧伪",他认为这是"为学者不根乎经籍,从政者罕议乎教化"而导致的。他同样认为这种空疏学风是因"师道久缺"造成的,解决的办法是"宗经",因为"宗经则道大"③。此"道"既是政道,又是师道。

在对因"师道不振"而导致的文风、学风和士风不正进行尖锐批评的同时,范仲淹也疾呼发展教育,改变师道不存的局面。他在《上执政书》中说:

> 《诗》谓"长育人材",亦何道也?古者庠序列于郡国,王风云迈。(今)师道不振,斯文销散,由圣朝之弗救乎?当太平之朝,不能教育,俟何时而教育哉?④

---

① 《范仲淹全集》(上),凤凰出版社2004年版,第176页。
② 《范文正公文集》卷九《上执政书》,《范仲淹全集》(上),凤凰出版社2004年版,第190页。
③ 《范文正公文集》卷十《上时相议制举书》,《范仲淹全集》(上),凤凰出版社2004年版,第208页。
④ 《范仲淹全集》(上),凤凰出版社2004年版,第190页。

范仲淹认为"三代"因重视师道,发展庠序事业,故能"长育人材",实现王道。他显然把师道的振兴视为培育人才的关键,为此他呼吁北宋统治者拯救师道,通过振兴师道来劝学育才,辅成王道。

在《上时相议制举书》中,范仲淹针对"文庠不振,师道久缺"的局面,他呼吁朝廷"思救其弊":

> 今文庠不振,师道久缺,……朝廷思救其弊,兴复制科,不独振举滞淹,询访得失,有以劝天下之学,育天下之才,是将复小为大,抑薄归厚之时也。斯文丕变,在此一举。①

范仲淹认为通过恢复"制科"可以解决一时的人才滞淹问题,但根本的劝学育才之道还在于发展教育事业,解决"师道久缺"问题。他认为这一问题的解决,是关涉整个文教事业能否由小变大、由劣变优的关键之举。

3. "师道"新解

在批评师道不存、呼吁振兴师道的同时,范仲淹也在做着重建师道的努力。他继承了韩愈"传道、受业、解惑"的师道学说的基本精神,对师道的内涵进行了富有时代精神的新阐述。

范仲淹的师道新解,首先表现在对师者所传之道的重新发明。韩愈视"传道"为师者的首要职责,认为师者所传之道乃为儒家之仁义道德。他在《原道》中说:"博爱之谓之仁,行而宜之之谓义;由是而之焉之谓道,足乎己,无待于外之谓德。仁与义,为定名;道与德为虚位。"②可见韩愈所理解的仁义基本上属于纲常礼教和伦理道德范畴,并不涉及哲学义理层面。

同韩愈一样,范仲淹也认为"传道"是师道的核心,也认为师者首先要传授"先王之道",如云:"吾儒之职,去先王之经则茫乎无从矣。"③故他主张学者要委"先王之典"、要奉"先王之训"④。范仲淹认为"先王之道"的精神实质是仁义。在《南京书院题名记》中,范仲淹说:

---

① 《范仲淹全集》(上),凤凰出版社2004年版,第208—209页。
② (唐)韩愈著,马其昶校注,马茂元整理:《韩昌黎文集校注》卷一《原道》,上海古籍出版社2018年版,第17页。
③ 《范文正公尺牍》卷下《与胡安定屯田》,《范仲淹全集》(上),凤凰出版社2004年版,第629页。
④ 《范文正公文集》卷九《上执政书》,《范仲淹全集》(上),凤凰出版社2004年版,第190、197页。

> 天人其学，能乐古人之道，退可为乡先生者，亦不无矣。
>
> 登斯缀者，不负国家之乐育，不孤师门之礼教，不忘朋簪之善导，孜孜仁义，……抑又使天下庠序规此而兴，济济群髦，咸底于道。……他日门人中绝德至行，高尚不仕，如睢阳先生者，当又附此焉。①

这里所谓的"古人之道"实为仁义之道。范仲淹希望为学为师者（乡先生）皆能孜孜于仁义，以达于此道为乐，就如同名师戚同文先生一样，不以入仕为乐，而以绝德至行、弘扬此道为乐。

但范仲淹所说的仁义与韩愈所说的仁义是有层次区别的。他不主张对仁义仅限于作伦理道德层次的理解，而主张在创通经义的基础上揭示其义理，进而将仁义与天道相贯通。他说：

> 博识之士，当于六经之中，专师圣人之意。②

范仲淹认为，学者要通过对"六经"经义的创通而探究"圣人之意"。所谓"圣人之意"即"六经"之义理。范仲淹自己也是这么做的，欧阳修说他在未中进士之前就已"大通六经之旨，为文章，论说必本于仁义"③，《宋史》本传亦说他："泛通六经，长于《易》。"④这表明他是致力于"六经"的创通的。

在《南京府学生朱从道名述》一文中，范仲淹又将先王之道的仁义本质与《中庸》的"道"相联系，对《中庸》主旨"率性之谓道"作了义理阐发。他认为儒道发端于人性之仁，体现为忠孝礼义，只有秉承和发扬光大此道，方可治国、治家、治民、治物。如果进一步由诚而明，坚守中和之道，必能感而遂通，由人道上达天道，从而保天心而立人极，臻于赞天地之化育的圣境。⑤他力图将孔孟的仁义学说和子思的诚明、中和学说融为一体，其创通经义的特征十分明显。故范仲淹所理解的师者所传

---

① 《范仲淹全集》（上），凤凰出版社2004年版，第166页。
② 《范文正公文集》卷十《与欧静书》，《范仲淹全集》（上），凤凰出版社2004年版，第212页。
③ （宋）欧阳修：《欧阳修全集》卷二十一《资政殿学士户部侍郎文正范公神道碑铭》，中华书局2001年版，第332页。
④ 《宋史》卷三百一十四《范仲淹传》。
⑤ 《范仲淹全集》（上），凤凰出版社2004年版，第151页。

之道,实为"六经之旨"和"仁义之本",此乃形上层次的义理之道。

范仲淹认为师者所传之道为仁义之道,但仁义之道体现在儒家经典中,故只有深入研习经典才能发明此道。因此,范仲淹倡导"宗经",反对"为学者不根乎经籍,从政者罕议乎教化"的空疏学风。他在《上时相议制举书》中说:

> 夫善国者,莫先育材;育材之方,莫先劝学;劝学之要,莫尚宗经。宗经则道大,道大则才大,才大则功大。①

范仲淹认为治国的根本在于"宗经",因此学校教育必须培养"宗经"人才。而经之大是道,故"宗经"必须宗"经之道"。所谓"经之道",是指作为礼乐规范和典章制度的经典背后所体现的"道"和"理",如范仲淹言:"经以明道","文以通理"②。但此"道"此"理"并非空洞无物之"道理",而是先王创制立度、治国理政之实在"道理"。如其云:

> 盖圣人法度之言存乎《书》,安危之几存乎《易》,得失之鉴在乎《诗》,是非之辩存乎《春秋》,天下之制存乎《礼》,万物之情存乎《乐》。故俊哲之人,入乎六经,则能服法度之言,察安危之几,陈得失之鉴,析是非之辩,明天下之制,尽万物之情。使斯人之徒辅成王道,夫何求哉?③

范仲淹认为《书》《易》《诗》《春秋》《礼》《乐》六经,作为先王制定的礼乐规范和典章制度,也体现着先王在政治、哲学、文学、历史、制度礼仪和音乐审美等各个方面的治国理念。因此,通过研修六经,不仅可以了解先王之制,还可以洞悉圣人治国安邦、化成万物的理念,这样就可造就经世致用的人才。

要之,范仲淹所说的师者所传之"道",是指"先王之道",其实质是寓于"六经"中的仁义之道;而仁义之道又与天道相贯通,故此"道"又为形上之道;形上之道并非空洞之性理,亦非空谈之心性,而是经世致用

---

① 《范仲淹全集》(上),凤凰出版社2004年版,第208页。
② 《范文正公文集》卷八《南京书院题名记》,《范仲淹全集》(上),凤凰出版社2004年版,第165页。
③ 《范文正公文集》卷十《上时相议制举书》,《范仲淹全集》(上),凤凰出版社2004年版,第208页。

之道。所以他要求为师者必须"通经达道""明体达用",这是范仲淹师道学说的要义。

范仲淹对于"受业"亦有新的理解。韩愈视"受业"为师者的重要职责,认为师者所授之业为儒家的"六艺经传"①。"六艺"即"六经","传"即对"经"的解释。《论语·述而》云:"子以四教:文,行,忠,信"②,这说明孔子是将"六艺"的内容分为"四科"进行教学。范仲淹亦主张以"六经"或"四科"作为教学内容,但他对于学习经典的方法有独到和深入的理解。他反对只要求学生墨守背诵经文,不求经旨的教学方法。他多次指出,这种教学方法培养的士人"虽济济盈庭",但"求有才有识之士十无一二"③。范仲淹所说的"有才有识之士",是指精通典籍,富有文化和理论修养,但又擅长国计民生,精通文韬武略的有用之才。为达到这一人才培养目标,范仲淹主张以经世致用之学取代专务诗赋墨义的空疏之学,这是范仲淹教学思想的重要组成部分,也是其师道思想的重要内容。

综上所述,范仲淹认为,实现儒学复兴、"回向三代"之治的根本途径在于发展教育,振兴师道。为此,他对师道的内涵作了新的学理阐释。至于在实践中采取何种措施振兴师道,范仲淹认为必须从"立师资"和"重师礼"两方面做起。

二、"立师资"

范仲淹强调名师对于办学育人的极端重要性。他说:"一卷之书,必立之师"④,"非有讲贯,何以发明?"⑤于是他呼吁在兴学办教的同时也强调"立师资"⑥。在他的从政和教育实践中,所到之处无不热心延聘、推荐名师到地方和中央的各级学校任教,以充实师资队伍,这是范

---

① (唐)韩愈著,马其昶校注,马茂元整理:《韩昌黎文集校注》卷一《师说》,上海古籍出版社2018年版,第52页。
② 《论语·述而》。
③ 《范文正公政府奏议》卷上《答手诏条陈十事》,《范仲淹全集》(上),凤凰出版社2004年版,第478页。
④ 《范文正公文集》卷九《上张右丞书》,《范仲淹全集》(上),凤凰出版社2004年版,第181页。
⑤ 《范文正公文集》卷十九《代人奏乞王洙充南京讲书状》,《范仲淹全集》(上),凤凰出版社2004年版,379页。
⑥ 《范文正公文集》卷十九《代人奏乞王洙充南京讲书状》,《范仲淹全集》(上),凤凰出版社2004年版,379页。

仲淹"尊严师道"思想的重要内容。

1. 通经达道

范仲淹"立师资"的标准是很高的。在他看来，只有通经达道、博学多才之士才堪任教师。他心目理想的师者形象是："列于朝，则有制礼作乐之盛；布于外，则有移风易俗之善。故声诗之作，美上之长育人材，正在此矣。"①他认为只有理想的师者才会"善教"，而只有"善教"者才能培育"三代之英"。他说：

> 盖将成尔之德，激清学校，腾休都邑。俾夫多士耸善，庶邦成流，格美俗于诗书，被颂声于金石，致我宋之文，炳焉复三代之英。②

在《代人奏乞王洙充南京讲书状》中，范仲淹称赞王洙"素负文藻，深明经义"③，后来在《乞召还王洙及就迁职任事札子》中又称赞他"文词精赡，学术通博，国朝典故，无不练达，搢绅之中，未见其比"④。在《奏为荐胡瑗李觏充学官》中，他称赞胡瑗"志穷坟典，力行礼义"；称赞李觏"讲贯六经，莫不赡通"，是"鸿儒硕学"⑤。在《举张问孙复状》中，他称赞孙复"素负词业，深明经术"⑥。这些人正因道德才学的卓越，才被范仲淹延聘或举荐为师。

范仲淹将聘请名师、兴学办教作为于庆历兴学的重要内容。他在《答手诏条陈十事》中说：

> 今诸道学校如得明师，尚可教人六经，传治国治人之道。
> ……
> 臣请诸路州郡有学校处，奏举通经有道之士，专于教授，务在兴行。⑦

---

① 《范文正公文集》卷十九《代人奏乞王洙充南京讲书状》，《范仲淹全集》(上)，凤凰出版社 2004 年版，379 页。
② 152 页。
③ 《范仲淹全集》(上)，凤凰出版社 2004 年版，第 379 页。
④ 《范仲淹全集》(上)，凤凰出版社 2004 年版，第 410 页。
⑤ 《范仲淹全集》(上)，凤凰出版社 2004 年版，第 557 页。
⑥ 《范仲淹全集》(上)，凤凰出版社 2004 年版，第 387 页。
⑦ 《范仲淹全集》(上)，凤凰出版社 2004 年版，第 478 页。

在他的奏请下,朝廷于庆历四年三月乙亥下诏规定,各路州县皆立学,教师从本路所属官员中选拔,每三年一轮换;如果官员不足,就从乡里挑选博学有道之士充任,也是三年为一任期。① 这样州县办学就有了充分的师资保障。

范仲淹在地方和中央为官时,都热心延聘、举荐教师到各级学校任教。早在出仕之初,在广德任司理参军时,他就关注当地文化教育事业。经过范仲淹的延师办学,广德文风渐盛。在之后的为政和教学生涯中,范仲淹先后聘请和举荐过的著名学者有胡瑗、孙复、李觏、王洙等,这些人都为北宋教育事业的发展作出了贡献。

2. 恪守"师道"

范仲淹认为为师者必须忠于职守,恪守师道。他称赞戚同文是以"贲于丘园,教育为乐"的"绝德至行,高尚不仕"②之士,又说:"孟子谓得天下英材而教育之,一乐也。"③他主张:"吾辈方扣圣门,宜循师道。"④如何"循师道"呢？他概括说:"所贵国家教育之道,风布于邦畿;进修之人,日闻于典籍。士务稽古,人知向方。"⑤意为教师的教学活动必须有助于国家的教化,使人民接受正确的思想引导,思古向善;同时要传授文化知识,使学生熟悉典籍。可见,师道主要表现为"传道"和"授业"两项,教师必须恪守此道。同时,教师因能恪守师道而为国家所"贵",这是范仲淹"尊严师道"思想之本意。

范仲淹也曾从教为师。天圣五年(1027年),他应南京留守晏殊之邀执掌应天府学。在此期间,他为人师表,恪守师道,在教务、教学方面精益求精,作出了很大成绩。范仲淹注重对学校的规范管理,训督有法度,学生起居皆立时刻,要求严格;注重学风建设,要求学生诚实守信,勤奋学习;注重教风建设,他为人师表,对教学工作兢兢业业,一丝不

---

① 《长编》卷一百四十七,庆历四年三月乙亥。
② 《范文正公文集》卷八《南京书院题名记》,《范仲淹全集》(上),凤凰出版社2004年版,第165、166页。
③ 《范文正公文集》卷九《上执政书》,《范仲淹全集》(上),凤凰出版社2004年版,第191页。
④ 《范文正公文集》卷八《说春秋序》,《范仲淹全集》(上),凤凰出版社2004年版,第164页。
⑤ 《范文正公文集》卷十九《代人奏乞王洙充南京讲书状》,《范仲淹全集》(上),凤凰出版社2004年版,第379—380页。

苟,因材施教,要求学生做到的自己先做到。在他的严格管理下,应天书院办得成绩卓著。

范仲淹亦官亦师,在从政为宦之时,也热心培育人才,不改师者本色。天圣初年(1023年),他在监泰州西溪镇盐仓期间结识了富弼,他很欣赏这位年轻人,认为是"王佐才也"①,故对其多有眷顾,并教之以文,告知以道,从此奠定了两人"师友僚类,殆三十年"②的密切关系。在《祭范文正公文》中,富弼深情回顾了与范仲淹的这段交往:

> 某昔初冠,识公海陵。顾我誉我,谓必有成。我稔公德,亦已服膺。自是相知,莫我公比。一气殊息,同心异体。始未闻道,公实告之。未知学文,公实教之。③

范仲淹执掌应天府书院期间,富弼为书院举子,富弼为范公门生。当时晏殊正欲择婿,经范公的美荐,晏殊择富弼为婿。据《宋元学案》记载:

> 晏元献判南京,文正权掌西监,晏属之择婿。文正曰:"监中有二举子,富弼、张为善,皆有文行,可婿。"晏问孰优,曰:"富修谨,张疏俊。"晏取先生为婿。

后来富弼的科举之途多舛,曾举进士不中。天圣八年(1030年)宋仁宗恢复制科后,范仲淹又鼓励推荐他应制科,结果举"茂才异等":

> 果礼部试下。西归,范文正公追之曰:"有旨以大科取士,可亟还。"遂举茂才异等。④

富弼在《祭范文正公文》中对此事亦有回顾,他说:"肇复制举,我掸大科,公实激之。"可见作为师友的范仲淹,他在富弼的成长之路上是发挥了重要作用的。

总之,范仲淹所说的"立师资",不仅仅是教师因知识和才能而"立",更重要的是因其"道行"而"立"。即教师不仅要博学多能,还要

---

① 《宋史》卷三百一十三《富弼传》。
② 《范文正公褒贤集》卷一《祭范文正公文》,《范仲淹全集》(下),凤凰出版社2004年版,第958页。
③ 《范文正公褒贤集》卷一《祭范文正公文》,《范仲淹全集》(下),凤凰出版社2004年版,第957页。
④ 《宋元学案》卷三《高平学案》。

"体道"和"弘道",进而为人师表,冠乎群伦,这才是师道的完整意义。为师者只有恪守此师道,才能得到"尊严"。反之,如果"师道不振,斯文销散"①或"师道既废,文风益浇"②,那么"尊严师道"就无从谈起。

三、"重师礼"

范仲淹认为"尊严师道"还表现为"重师礼"③。所谓"重师礼"就是尊师重教。这首先表现为对于教师的善待,其次表现为对于儒家师门之礼的遵守。

1. 敦奖名教

善待师者是范仲淹的一贯主张,如云:"敦奖名教,以激劝天下。"④又云:"可敦谕词臣,兴复古道,更延博雅之士,布于台阁,以救斯文之薄,而厚其风化也,天下幸甚!"⑤

首先,他认为对于已有功名官位的为师者要给予敦奖。在《代人奏乞王洙充南京讲书状》中,他奏请朝廷对已任贺州富川县主簿、但曾充任应天府书院说书已三年的王洙,"特与除授当州职事官兼州学讲说"。另在《奏举姚嗣宗充学官》中,他说姚嗣宗"文笔奇峭,有古人风格,兼通经术,宜置国庠",故乞奏朝廷"特授一学官,候通前任成四考日,与转原官"。⑥

其次,范仲淹继承了孔孟的独立士人精神,认为对于"岩穴草泽之士"也要给予敦奖。他在《上执政书》中说:

> 至于岩穴草泽之士,或节义敦笃,或文学高古,宜崇聘召之礼,以厚浇竞之风。国家近年羔雁弗降,或有考槃之举,不逾助教之命,孝廉之士适以为辱,何敦劝之有乎?⑦

---

① 《范文正公文集》卷九《上执政书》,《范仲淹全集》(上),凤凰出版社2004年版,第190页。
② 《范文正公文集》卷九《奏上时务书》,《范仲淹全集》(上),凤凰出版社2004年版,第176页。
③ 《范文正公文集》卷八《邠州建学记》,《范仲淹全集》(上),凤凰出版社2004年版,169页。
④ 《范文正公文集》卷七《近名论》,《范仲淹全集》(上),凤凰出版社2004年版,第132页。
⑤ 《奏上时务书》。
⑥ 《范文正公政府奏议》卷下《奏举姚嗣宗充学官》,《范仲淹全集》(上),凤凰出版社2004年版,第560—561页。
⑦ 《范文正公文集》卷九《上执政书》,《范仲淹全集》(上),凤凰出版社2004年版,第191页。

对于蛰居在民间的节义饱学之士,范公认为朝廷要以聘召之礼厚待之,即不能只授予其"助教"身份,还要给予其更高的学术地位和荣誉,这样可抑制浇薄奔竞之风,敦劝天下。

范仲淹践行此说,景祐二年(1035年),他在苏州创立府学时,就直接聘布衣胡瑗为"苏州教授";皇祐元年(1049年),他又举荐"草泽"李觏为官,其《荐李觏并录进礼论等状》云:

> 臣伏见建昌军草泽李觏,前应制科,首被召试。有司失之,遂退而隐,竭力养亲,不复干禄,乡曲俊异,从而师之。善讲论六经,辩博明达,释然见圣人之旨。著书立言,有孟轲、扬雄之风义,实无愧于天下之士。而朝廷未赐采收,识者嗟惜,可谓遗逸者矣。臣窃见往年处州草泽周启明,工于词藻;又江宁府草泽张元用,及近年益州草泽龙昌期,并老于经术。此三人者,皆蒙朝廷特除京官,以示奖劝。臣观李觏于经术文章,实能兼富,今草泽中未见其比,非独臣知此人,朝廷士大夫亦多知之。①

范公认为李觏虽出自"草泽",但"善讲论六经,辩博明达,释然见圣人之旨"。故特奏请朝廷授官,以示奖劝。

再次,范仲淹重视医学,他在青少年时期就有"不为良相,愿为良医"②的理想。他视"医道"为"儒道",为此他主张敦奖"医师"。他在《奏乞在京并诸道医学教授生徒》中说:

> 《周礼》有"医师,掌医之政令","岁终考其医事,以制其禄"。是先王以医事为大,著于典册。我祖宗朝,置天下医学博士,亦其意也,即未曾教授生徒。

范仲淹认为"医事为大",先王和就曾敦奖"医师",祖宗朝也曾设"医学博士",亦有敦奖之意,不过未曾令其教授生徒。范仲淹将敦奖"医师"的主张落在了实处,他鉴于"今京师生人百万,医者千数,率多道听,不

---

① 《范仲淹全集》(上),凤凰出版社2004年版,第398—399页。
② (宋)吴曾:《能改斋漫录》卷十三《文正公愿为良医》条。该条原文为:"范文正公微时,尝诣灵祠求祷,曰:'他时得位相乎?'不许。复祷之曰:'不然,愿为良医。'"

经师授,其误伤人命者日日有之"的局面,谏议在京师选择医术高明且"能讲说医书"者为"医师",设置"官学"教授生徒,所有医生必须经过官学培训、考核方可行医,其"医道精深高等者",还可入翰林院。另外,京师外所有诸道州府的"医学博士",也要教授生徒,并"选官专管",对于学有所长、医术高明者也予以相应的褒奖。通过这些举措,可达到"所贵天下医道各有原流,不致枉人性命,所济甚广,为圣人美利之一也"①的目的。

2. 师门之礼

范仲淹认为,遵守儒家师门之礼是"重师礼"的更重要的表现形式。他视先师孔子作为人文化成之王,应当享有最崇高的礼仪,后世帝王不能以对待臣下之礼来对待孔子,故他在《景祐重建至圣文宣王庙记》中说:

> 荡荡乎惟道为大,……盖后之明王遵道贵德而不敢臣,故奉之以王礼,享之于大学,昭斯文之宗焉。②

因孔子是"斯文之宗",儒道为大,故后世帝王对孔子应尊之以王礼,并供奉于学校,以彰显"儒道"的神圣和庄严。在《邠州建学记》中,范仲淹对将夫子庙迁于新建学宫的做法非常赞赏,他说:

> 增其庙度,重师礼也;广其学宫,优生员也。③

范仲淹认为将夫子庙扩建于学宫是"重师礼"的体现,而广建学宫则体现了对儒生的善待。

在《岁寒堂三题》序中,范仲淹告诫范氏子弟:"可以为友,可以为师。持松之清,远耻辱矣。执松之劲,无柔邪矣。禀松之色,义不变矣。扬松之声,名彰闻矣。有松之心,德可长矣。"④可见在范公看来,教师的职业是神圣的,故对于为师者,范仲淹向来以礼相待,如对胡瑗,他就

---

① 《范仲淹全集》(上),凤凰出版社 2004 年版,第 580—581 页。
② 《范文正公逸文》之《景祐重建至圣文宣王庙记》,《范仲淹全集》(上),凤凰出版社 2004 年版,第 707 页。
③ 《范仲淹全集》(上),凤凰出版社 2004 年版,169 页。
④ 《范文正公文集》卷二《岁寒堂三题》,《范仲淹全集》(上),凤凰出版社 2004 年版,第 35 页。

"爱而敬之"。据《宋元学案》记载：

> （胡瑗）以经术教授吴中，范文正爱而敬之，聘为苏州教授，诸子从学焉。①

范公不仅对胡瑗"爱而敬之"，他隆师礼，重师道，对一切鸿儒硕学如张载、李觏、孙复、石介等皆诱掖劝奖，左提右挈，终使"学校遍于四方，师儒之道以立"。②

在《南京书院题名记》中，他称赞睢阳先生戚同文"以贲于丘园，教育为乐。"而其弟子门人亦能继承睢阳遗风，"并纯文浩学，世济其美，清德素行，贵而能贫"。因此，他希望南京书院诸生"不孤师门之礼教"，"孜孜仁义，惟日不足，庶几乎刊金石而无愧也"。③

按全祖望的说法，"高平实发原于睢阳戚氏"④，可见范仲淹本身就是戚同文学派的思想传人。他也继承了"不孤师门之礼教"的门风，严守儒门师教，不负师训。在《饶州谢上表》中他自称：

> 此而为郡，陈优优布政之方；必也入朝，增蹇蹇匪躬之节。庶从师训，无负天心。⑤

范仲淹说"师训"体现"天心"，"天心"即天道。范公勉励自己，在州郡为官要布施良政，在朝廷为臣要贞节不屈，总之要严守"师训"，不负先圣之意。

范公对有师恩于他的师者皆能以礼相待，他与晏殊的交往就很能说明这一点。范仲淹在年龄上还长晏殊两岁，但晏殊出道较早，并于天圣五年（1027年）任南京留守时邀请范仲淹执掌应天府学，还于天圣六年推荐范仲淹担任馆职。晏殊的知遇举荐，对范仲淹的成长产生了重要作用，故范仲淹对晏殊终身执门生弟子之礼。

范仲淹与晏殊有很多诗歌书信往来。景祐元年（1034年），范仲淹

---

① 《宋元学案》卷一《安定学案》。
② 《宋元学案》卷三《高平学案》。
③ 《范文正公文集》卷八《南京书院题名记》，《范仲淹全集》（上），凤凰出版社2004年版，第165、166页。
④ 《宋元学案》卷三《高平学案》。
⑤ 《范文正文集》卷十六《饶州谢上表》，《范仲淹全集》（上），凤凰出版社2004年版，第343页。

谪守睦州，到达睦州不久，他便写信给晏殊，告诉他这里的社会治理状况不太理想，还谈及了他的一些作为，如抑制豪强、扶弱济贫、播行仁义等，结果社会风气有所好转。其信中还云：

> 乃延见诸生，以博以约，非某所能，盖师门之礼训也。①

这是说他还召见了当地的儒生，并培养教育他们，希望他们发挥教化的作用，伸张正义，从根本上改变社会风气。对于这些举措及成效，范仲淹说都是老师教育的结果，并非自己有能力，他不过是遵守"师门之礼训"而已。

皇祐元年（1049年），已六十一岁的范仲淹由邓州迁知杭州。途中，他执弟子礼，专程拜访了时知陈州的晏殊，两人诗酒唱和，欢聚数日。范仲淹的《过陈州上晏相公》云：

> 曩由清举玉宸知，今觉光荣冠一时。
> 曾入黄扉陪国论，重求绛帐就师资。
> 谈文讲道浑无倦，养浩存真绝不衰。
> 独愧铸颜恩未报，捧觞为寿献声诗。②

范仲淹说自己一生的荣光皆因恩师当年的举荐，如今自己已年迈，但师恩未报，实感惭愧，只能举杯献诗祝恩师长寿。他说与恩师谈文讲道毫无倦意，并赞美恩师"养浩存真"，感激之情，发自肺腑。

此事堪称尊师重教的佳话。叶梦得在《石林燕语》中赞之曰：

> 范文正公以晏元献荐入馆，终身以门生事之，后虽名位相亚亦不敢少变。庆历末，晏公守宛丘，文正赴南阳，道过，特留欢饮数日。其书题门状，犹皆称门生。将别，以诗叙殷勤，投元献而去。有"曾入黄扉陪国论，却来绛帐就师资"之句，闻者无不叹服。③

难能可贵的是，范仲淹虽"重师礼"但并不盲从师礼。天圣七年（1029年），范仲淹因上章反对仁宗于冬至日率百官为刘太后贺寿而

---

① 《范文正公尺牍》卷下《与晏尚书》，《范仲淹全集》（上），凤凰出版社2004年版，第619页。
② 《范文正公文集》卷六《过陈州上晏相公》，《范仲淹全集》（上），凤凰出版社2004年版，第113页。
③ （宋）叶梦得：《石林燕语》卷九。

得罪权贵,并因此遭贬。范仲淹的举动让他的举主晏殊"闻之大惧,召仲淹,诘以狂率邀名且将累荐者"。针对晏殊的"狂率邀名"指责,范仲淹并不屈服,而是"正色抗言",据理力争。随后范仲淹又写了《上资政晏侍郎书》,对晏殊的"好奇邀名"指责进行了详细申辩,好在晏殊也是明达之士,最终"愧谢"范仲淹。① 此事表明,范仲淹对晏殊的尊重,是建立在道义而非盲从的基础上的,这大有"吾爱吾师,吾更爱真理"的意味。

第四节　教育改革

如前所述,范仲淹认为当时的贡举制度存在严重缺陷,使得国家无法选拔德才兼备的经世致用人才,由此造成严重的"乏人"局面。而这种局面又源于州县的教育不兴和学校教育内容的不合理,因此他主张在振兴学校教育的同时,以科举改革为纽带,以教育内容改革为基础,进行全面的教育改革。

一、科举制度的改革

众所周知,宋太祖建国初就确立了科举取士制度,经过几十年的发展,取士规模不断扩大,已远超唐朝,到了真宗年间,"三冗"之一的"冗员"问题已经出现,按理来说,北宋不至于"乏人"。但由于宋初贡举与教育脱钩,考试只重视文章词赋和贴经墨义,忽视德行和经义策论,故取士虽多,但经世致用人才并不多。对此,范仲淹指出,士人"虽济济盈庭",但"求有才有识之士十无一二"②,可见范仲淹所说的"乏人",是指缺乏为官清廉,擅长国计民生,精通文韬武略的有用之才。

范仲淹认为这种局面如不改变,王道复兴是无从谈起的。如何改变这种局面,他认为除了进行吏治改革之外,还要进行科举制度的改

---

① 《长编》卷一百八,天圣七年十一月。
② 《范文正公政府奏议》卷上《答手诏条陈十事》,《范仲淹全集》(上),凤凰出版社2004年版,第478页。

革,使国家的取士标准从注重诗赋墨义转变为注重经义策论、德行道艺,以此来选拔通经达道的经世致用人才,这样就可标本兼治,彻底解决吏治问题。他说:

> 今来选人壅塞,宜有改革,乃足以劝学,使其知圣人治身之道,则国家得人,百姓受赐。①

范仲淹极力反对只以诗赋取进士和以墨义取诸科的科举考核形式,他在《答手诏条陈十事》中,认为朝廷专以词赋墨义取士,专扣声病,结果导致了士人只关注词赋而忽视经义,只粗通墨守经文而不求甚解,这样不利于培养通经达道之士,反而成全了众多末学浅近之辈:

> 及御试之日,诗赋文论共为一场,既声病所拘,意思不远,或音韵中一字有差,虽平生苦辛,即时摈逐。如音韵不失,虽末学浅近,俯拾科级。②

马端临也有类似的观点,他在《文献通考》中指出:"诗、赋不过工浮词,论、策可以验实学,此正理也。"③

王安石于熙宁年间实行的科举改制,主张进士考试"罢诗赋、贴经、墨义"④,只考经术。范仲淹也重经术,反对专以词赋取士,但并不主张取缔诗赋考试。事实上,范公不反对士人工于词赋,他在《赋林衡鉴序》中说:

> 律体之兴,盛于唐室。贻于代者,雅有存焉。可歌可谣,以条以贯。或祖述王道,或襃赞国风,或研究物情,或规戒人事,焕然可警,锵乎在闻。国家取士之科,缘于此道。⑤

对于言之有物,文以载道,抒发雅致情怀的律体词赋,范仲淹是非常欣赏的。他所反对的只是言之无物、言不及道的堆砌辞藻,以及专扣

---

① 《范文正公政府奏议》卷上《答手诏条陈十事》,《范仲淹全集》(上),凤凰出版社 2004 年版,第 479—480 页。
② 《范文正公政府奏议》卷上《答手诏条陈十事》,《范仲淹全集》(上),凤凰出版社 2004 年版,第 478、479 页。
③ 《文献通考》卷三十一《选举考四·举士》。
④ 《长编》卷二百二十,熙宁二年丁巳。
⑤ 《范文正公别集》卷四《赋林衡鉴序》,《范仲淹全集》(上),凤凰出版社 2004 年版,第 453 页。

声病、无病呻吟的浮艳文风。他认为"风化厚薄,见乎文章"①,如果"修辞者不求大才"②,只会舞文弄墨,吟风弄月,这样的人才上不可安社稷,下不可安百姓。

范仲淹坚持传统儒家的人才观,主张德才兼备,以德为先的人才标准,故他反对"不求履行,惟以词藻墨义取之,加用封弥,不见姓字"③的考核方法,主张对外郡发解举人,要先考其德行,后考其艺业。他说:

> 外郡解发进士、诸科人,本乡举里选之式,必先考其履行,然后取以艺业。

> 臣请重定外郡发解条约,须是履行无恶、艺业及等者,方得解荐,更不封弥试卷。④

"封弥"试卷是宋代为维护科举公正而创设的制度,范仲淹认为这项制度只以试卷定去留,存在不利于了解考生品行的弊端,故他主张"不封弥试卷",但如果州郡对举子已进行过品行考察,进士考试时仍须"封弥试卷"。这表明范仲淹极为重视德行问题,也表明他对科考制度的设计安排是非常周到细致的。

关于进士考试的具体程序和内容,范仲淹认为:

> 先策论以观其大要,次诗赋以观其全才。以大要定其去留,以全才升其等级。⑤

关于制科考试的具体程序和内容,范仲淹认为:

> 先之以六经,次之以正史,该之以方略,济之以时务,使天下贤俊翕然修经济之业,以教化为心,趋圣人之门,成王佐之器。⑥

范仲淹科举改革的基本思路,是把经义和策论的考核放在首位并作为决定考生去留的标准,而把诗赋放在其次并作为衡量考生综合素

---

① 《范文正公文集》卷九《奏上时务书》,《范仲淹全集》(上),凤凰出版社2004年版,第172页。
② 《范文正公文集》卷九《奏上时务书》,《范仲淹全集》(上),凤凰出版社2004年版,第176页。
③ 《范文正公政府奏议》卷上《答手诏条陈十事》,《范仲淹全集》(上),凤凰出版社2004年版,第479页。
④ 《范文正公政府奏议》卷上《答手诏条陈十事》,《范仲淹全集》(上),凤凰出版社2004年版,第479页。
⑤ 《范文正公文集》卷九《上执政书》,《范仲淹全集》(上),凤凰出版社2004年版,第190页。
⑥ 《范文正公文集》卷十《上时相议制举书》,《范仲淹全集》(上),凤凰出版社2004年版,209页。

质、决定其名次等级的依据。这便改变了专以诗赋墨义取士的做法,有利于培养王佐之才。

范仲淹的科举改革思想与其政治改革思想是密切相关的。本着"择吏为先"的原则,他于庆历三年(1043年)发起了"庆历新政",在其纲领性的新政文件《答手诏条陈十事》中,他提出了十项改革措施作为新政的主要内容,其中的前五项措施——明黜陟、抑侥幸、精贡举、择官长和均公田都与"择吏"相关。他试图通过振兴纲纪,改革官员的选拔、任用、考核、晋升、待遇等制度安排来整饬吏治,不过范仲淹更深层次的考量,还是希望通过立学校、精贡举来"长育人材",培养和选拔一批又一批知晓"礼义廉耻"的杰出人才来充实官僚队伍,这样就可从根本上改变官僚士大夫群体的不良状况,最终解决吏治问题。至于范仲淹的这些思想在专制主义政体下能否实现,则属于另外一些问题的讨论了。

二、教育内容的改革

随着州县立学的逐渐普及,特别是到了仁宗"庆历兴学"之后,北宋已"学校遍天下"①,但国家"乏人"的局面依然没有得到根本改变。对此,范仲淹在庆历五年所写的《邠州建学记》中感叹道:

> 人曷尝而乏哉?天地灵粹,赋于万物,非昔醇而今漓。吾观物有秀于类者,曾不减于古,岂人之秀而贤者独下于古欤?

意思是,为何古圣王时期并不缺乏人才,独于今日缺乏人才,难道是今不如古吗?范仲淹随后指出:

> 诚教有所未格,器有所未就而然耶!②

所谓"教有所未格",是说州县虽已普遍立学,但教学并不规范,教育质量并不高;所谓"器有所未就",是说学校的学生并未得到良好的教育。

---

① 《范文正公集补编》卷四《苏州郡学范文正公祠记》,《范仲淹全集》(下),凤凰出版社2004年版,1145页。
② 《范文正公文集》卷八《邠州建学记》,《范仲淹全集》(上),凤凰出版社2004年版,169页。

因此,尽管学校已遍布天下,但仍培养不出多少国家需要的经世致用人才,加之科举专以诗赋墨义取士,更导致了教学脱离社会的实际需要,于是就出现了范仲淹所说的士人"虽济济盈庭",但"求有才有识之士十无一二"①的局面。所以他认为,要彻底解决人才匮乏的问题,除了兴学办教,进行科举改革之外,还必须在教学内容方面进行改革。

在教学内容上,范仲淹主张以经世致用之学取代专务诗赋墨义的空疏之学,这是范仲淹教学改革思想的重要组成部分。如前所述,范仲淹对不根乎经籍、无关教化的空疏文风、学风和教风多有批评,他极力主张以经世致用之学教授学生,认为只有这样才能造就国家需要的有用人才。他曾明确地说:

> 使天下奇士,学经纶之盛业,为邦家之大器,亦策之上也。②

> 国家劝学育材,必求为我器用,辅我风教。③

经世致用之学的特点是明体达用,内圣外王,即士人要在通经的基础上发挥治国安邦的实际功用,这与胡瑗所创立的"明体达用之学"不谋而合。

作为教育家的胡瑗,以其于天圣末和景祐初在吴中一带讲学时所创立的"苏湖教法"暨"明体达用之学"而闻名当世,备受推崇。据《宋元学案》载:

> 其教人之法,科条纤悉具备。立"经义""治事"二斋:经义则选择其心性疏通、有器局、可任大事者,使之讲明《六经》。治事则一人各治一事,又兼摄一事,如治民以安其生,讲武以御其寇,堰水以利田,算历以明数是也。凡教授二十余年。庆历中,天子诏下苏、湖,取其法,著为令于太学。④

"苏湖教法"实为"分斋"教学法,其特点是将经义及时务作为教学

---

① 《范文正公政府奏议》卷上《答手诏条陈十事》,《范仲淹全集》(上),凤凰出版社2004年版,第478页。
② 《范文正公文集》卷九《上执政书》,《范仲淹全集》(上),凤凰出版社2004年版,第191页。
③ 《范文正公文集》卷十《上时相议制举书》,《范仲淹全集》(上),凤凰出版社2004年版,第209页。
④ 《宋元学案》卷一《安定学案》。

内容,但将其分为"经义斋"和"治事斋",然后根据学生的特点分别进行教育,前者为"明体",后者为"达用"。这体现了因材施教和经世致用的教育思想,并与范仲淹的教育理念相吻合,故范公于景祐二年在苏州创立府学时,曾聘请胡瑗为教授,庆历兴学时,范仲淹又将"苏湖教法"引入了太学,后又推荐胡瑗"升之太学"①为教。

对于胡瑗的"明体达用之学"在当时所产生的影响,胡瑗的高足刘彝曾评价说:

> 臣闻圣人之道,有体、有用、有文。君臣父子,仁义礼乐,历世不可变者,其体也。《诗书》史传子集,垂法后世者,其文也。举而措之天下,能润泽斯民,归于皇极者,其用也。国家累朝取士,不以体用为本,而尚声律浮华之词,是以风俗偷薄。臣师当宝元、明道之间,尤病其失,遂以明体达用之学授诸生。夙夜勤瘁,二十余年,专切学校。始于苏、湖,终于太学,出其门者无虑数千余人。故今学者明夫圣人体用,以为政教之本,皆臣师之功。②

作为教育家的胡瑗,同范仲淹一样,也反对崇尚声律浮华之词的浅薄文风,反对国家以文词取士,故以"明体达用之学"教授诸生,结果成就了一代教育美事,这是值得大书特书的。但若说学者明夫体用,以政教为本之学风的形成,皆归功于胡瑗一人,则未免夸大其词。事实上,胡瑗的成长与范公的提携奖掖有密切关系,其"明体达用之学"与范仲淹的经世致用之学也有密切联系,故刘彝对乃师的评价,"不仅掩盖了范仲淹的开创者地位,而且对胡瑗教育思想也欠缺更加深入的理解"。③

事实上,早在天圣三年(1025年)的《奏上时务书》中,范仲淹对"体用本末"不明、脱离实际的文风和教风就提出了批评,他指出:

> 修辞者不求大才,明经者不问大旨。师道既废,文风益浇,诏令虽繁,何以戒劝?士无廉让,职此之由。其源未澄,欲波之清,臣

---

① 《范文正公政府奏议》卷下《奏为荐胡瑗李觏充学官》,《范仲淹全集》(上),凤凰出版社2004年版,第557页。
② 《宋元学案》卷一《安定学案》。
③ 李存山:《范仲淹与胡瑗的教育思想研究》,《杭州研究》2010年第2期。

未之信也。①

在《答手诏条陈十事》中,他也指出:

欲正其末,必端其本;欲清其流,必澄其源。②

范仲淹所说"本"和"源",是指经术;"末"和"流"是指文风和吏治,他认为由于为学者不明经术,所以文风日益浇薄,士人无清廉逊让之行,吏治败坏。在此,他虽然还没有明确地将经术和治事联系起来,但用"体用本末"的思维方式来看待教学问题的倾向已很明显。

如前所述,范仲淹认为为学必须"宗经",必须"根乎经籍",必须"敦六籍以恢本"③,科举也必须"先之以六经",这表明他视六经为教学之"本",虽然他没有使用"体"的概念,但六经为"体"的思想是很明确的。另须注意的是,范仲淹所说的六经为"本",是指六经作为先王之"道"和形上之"体",对现实的人伦日"用"具有指导意义,故他说如能"乐古人之道",则"进可为卿大夫"以治国,"退可为乡先生"④以化民。可见,范仲淹所理解"体""用"关系,不仅是"明体达用"和"学以致用",还包括"因用得体"和"体因用明"之意,也就是说,"体"如果不能指导"用","体"的存在就是无意义的,这表明范仲淹的经世致用之学更强调经术与治事之间的密切联系。

对于治事教育,范仲淹也很重视,他认为培养和造就"内圣外王"人才是教育的根本目的。因此,国家所举之士,必须德才兼备,即士人不仅要"能熟经籍之大义","明经籍之旨",还要"知王霸之要略","并练王霸之术",他认为这才是"朝廷劝学育才之道",也是"朝廷教育之本意"⑤。

至于如何培养"王霸兼备"的人才,范仲淹认为学校不能教以"不急之务,杂以非圣之书",学生也不能"博习非圣,旁攻异端"⑥,而要教以实

---

① 《范文正公文集》卷九《奏上时务书》,《范仲淹全集》(上),凤凰出版社2004年版,第176页。
② 《范文正公政府奏议》卷上《答手诏条陈十事》,《范仲淹全集》(上),凤凰出版社2004年版,第474页。
③ 《范文正公文集》卷八《南京府学生朱从道名述》,《范仲淹全集》(上),凤凰出版社2004年版,第150页。
④ 《范文正公文集》卷八《南京书院题名记》,《范仲淹全集》(上),凤凰出版社2004年版,第165页。
⑤ 《范文正公文集》卷十《上时相议制举书》,《范仲淹全集》(上),凤凰出版社2004年版,第209页。
⑥ 《范文正公文集》卷十《上时相议制举书》,《范仲淹全集》(上),凤凰出版社2004年版,第209页。

学,即"教以经济之业",国家要"取以经济之才"①,要使"天下贤俊翕然修经济之业,以教化为心,趋圣人之门",这样就可造就王霸兼备的"王佐之器"。②

---

① 《范文正公政府奏议》卷上《答手诏条陈十事》,《范仲淹全集》(上),凤凰出版社2004年版,第478页。
② 《范文正公文集》卷十《上时相议制举书》,《范仲淹全集》(上),凤凰出版社2004年版,第209页。

第六章 范仲淹的军事思想

范仲淹是北宋著名的政治家、教育家和文学家,同时也是著名的军事家。他在继承我国传统优秀军事思想的基础上,通过对北宋军事弊政的深刻反思,结合领导抗击西夏的战争实践,逐渐形成了自己的治军、用兵和御边方略,并对战争的本质和规律进行了探讨和总结,进而形成了具有时代特征的军事思想。

第一节 范仲淹军事思想形成的背景

人们通常以"积贫积弱"来概括北宋乃至整个宋代的国运。所谓"积贫"是指北宋政府的"国用不足",用今天的话讲就是财政危机。"积弱"是指北宋的军力不振。由于军力的积弱不振,北宋在同外敌的战争中始终处于被动挨打、胜少败多的局面,从而不得不丧权辱国,委曲求全。

一、北宋之"弱兵"

北宋于公元960年建国时,中国境内尚存在数个区域割据政权。本着"先易后难"的原则,宋王朝先后消灭了南方的荆湖、后蜀、南汉、南唐,并迫使福建漳、泉一带的陈洪进和吴越的钱俶相继纳土归附。太平兴国四年(979年)正月,太宗亲征北汉,入援的辽兵被击败,北汉投降,至此,中国境内的汉族割据政权都被消灭了。但后晋时被"儿皇帝"石敬瑭割让给辽朝的幽云十六州尚未收复,因太祖曾有"燕蓟未复,不欲称一统太平"①的遗志,故太宗在消灭北汉后立即挥师北伐,但因轻敌冒进,反遭高梁河之败。太宗雍熙三年(986年)三月,北宋再次出兵北伐,但在岐沟关也惨遭失败,北伐无功而返。随着两次对辽战争的失败,北宋君臣的心态趋于怯懦,正如王夫之所说,太宗之大举北伐,"骤与强夷相竞,始易视之,中轻尝之,卒且以一衄而形神交馁"②,以至于"岐沟一蹶,终宋不振"。③

宋真宗景德元年(1004年)闰九月,辽军大规模南侵,宋真宗在宰相寇准等人的迫请下,才勉强同意亲征。同年十二月,双方议和,规定宋辽为南北朝兄弟之国,宋朝每年交给辽朝绢二十万匹、银十万两,以换取双方从此休兵的和平局面。其实寇准当初就反对议和,而主张策划"百年无事"④的长远之计,但由于宋真宗的坚持,和约得以订立,史称"澶渊之盟"。但这种和平局面真的很脆弱,到了宋仁宗庆历二年(1042年),辽乘宋夏战事紧张之际,以向宋朝索取被后周世宗夺回的关南之地为名,并以战争相威胁,迫使宋朝以"每年增绢一十万匹,银一十万两"的代价修改"澶渊之盟"。其实,当时"契丹实固惜盟好,特为虚声以动中国,中国方困西兵,宰相吕夷简等持之不坚,许与过厚,遂为无穷之害"。⑤ 从此,宋朝以每年向辽输送绢三十万匹、银二十万两的屈辱代价换来了北部边境的相对安宁,但后来靖康之难的发生便再次表明,以屈辱和退让为代价而不是实力为基础而获得的和平,是难以持久的。

在仁宗宝元二年(1039年)至庆历四年(1044年)长达七年的宋夏战争中,宋军也同样胜少败多。数年间双方在三川口、好水川、定川寨等地发生的战役,皆以宋军的惨败而告终。后来由于范仲淹御边西北,实行"积极防御"的策略,才力挽败势,稳住了局面。庆历四年十月,宋夏议和,宋朝册封元昊为夏国主,元昊对宋名义上称臣。宋朝每年"赐"

---

① 《宋会要辑稿·帝系》一之三。
② (清)王夫之:《宋论》卷一。
③ (清)王夫之:《宋论》卷二。
④ 《长编》卷五十八,景德元年十二月戊戌。
⑤ 《长编》卷一百三十七,庆历二年九月乙丑。

给夏国绢十三万匹、银五万两、茶二万斤,逢节日与元昊生日另"赐"银二万两、银器二千两、绢帛二万三千匹、茶一万斤。宋夏恢复贸易。这个结局对宋而言无疑是屈辱的。

宋朝与金的战斗,也是胜少败多。北宋就是被金灭亡的。伴随着靖康之耻而建立起来的南宋政权,始终摆脱不掉割地求和、岁输绢币、君臣被掳的历史阴影,其对金的作战,如绍兴北伐、隆兴北伐、开禧北伐等,也大多是以失败而告终。至于南宋与蒙元的战斗,那就更加悲惨了。所以有的学者指出:

> 综观宋朝的军事史,简直可以说是一部充满屈辱的历史、一部不堪回首的历史。①

北宋在当时的世界上拥有数量最为庞大的军队(在宋仁宗时,北宋军队的数量曾达一百二十五万之众),但军力为何如此不振呢?笔者认为,造成北宋军力不振的原因是多方面的,但主要的原因是北宋的治军之道存在诸多弊端。

二、"重文轻武"的治军原则

北宋是在唐季五代的衰乱局面下建立起来的一个新王朝。唐季五代的一个重要特点是军事支配政治,即骄兵悍将,左右政局。在此时期,出现了所谓"兵权所在,则随以兴;兵权所去,则随以亡"②的军人政治局面。五代君主像走马灯似的轮换,都与军权的强弱有关。在这期间,军队成为藩镇诸侯割据、战乱的主要工具,是造成社会不稳定的最重要因素,军队本身的动乱和失控,往往引发国家与社会的动荡。宋太祖赵匡胤本人就是通过手下将士的拥立,才黄袍加身,篡位当上皇帝的。因此,他对于藩镇专兵、武将逞强的局面深为痛恶,也深有所忌,以至于处处提防武人、疑忌武人,形成了重文轻武的祖传家法。正如钱穆先生所说:"由不断的兵变产生出来的王室,终于觉悟军人操政之危

---

① 汪圣铎:《两京梦华——中华历史通览·宋代》,中华书局2001年版,第3页。
② (宋)范浚:《香溪集》卷四《五代论》。

险。"①为了不重蹈覆辙,宋太祖建国后就立即整顿军队,着手改组禁军,使军权能够牢牢地控制在皇帝手中,以确保新王朝的长治久安。为此,他首先解除了一些对新王朝可能造成威胁的权高位重的宿臣老将们的兵权。通过"杯酒释兵权",石守信等宿将统领禁军的权力被解除了,而代之以资浅才庸的将领。在此举中,赵匡胤对武臣们的防范和疑忌心理表露得再清楚不过了。

宋初太祖也曾优容武人,如《长编》载:

> 国初,并、益、广南各僭大号,荆湖、江表止通贡举,西北二方皆未宾服。太祖垂意将帅分命(李)汉超及(郭)进等控御西北,其家族在京师者,抚之甚厚;所部州县管榷之利悉与之,资其回图贸易,免所过征税;许令召募骁勇以为爪牙,凡军中事悉听便宜处置;每来朝,必召对命坐,赐以饮食,锡赉殊异遣还。由是边臣皆富于财,得以养士用间,洞见蕃夷情状,时有寇钞,亦能先知预备,设伏掩击,多致克捷。故终太祖世无西北之忧,诸叛以次削平,武功盖世。斯乃得壮士以守四方,推赤心置人腹中之所致也。②

但这是在国家尚未统一、边患未除的情况下优容武人的。这种优容不过是笼络人心的权宜之计,其目的还是利用这些人的影响来稳定西北边防,以便集中力量铲平南方诸叛。照后来曾巩的看法,这不过是"小其名而崇其势,略其细而求其大,久其官而责其成"③而已。为何要"小其名"呢?说明太祖在本质上还是轻视武人的,只不过当时国家尚未统一,西北边患严重,还需利用武人,故在当时对武人采取了区别对待、灵活务实、打击与利用并重的策略,这恰恰是太祖的高明之处。故在太祖时,虽然全国兵力只有二十来万,而"犹日加选练,简去羸老,专于精锐,故能征伐四夷,混一区夏"④。随着政权的稳固,对武人的压制也日益明显,据宋人蔡絛记载:"枢密院故事,枢密使在院延见宾客,领武臣词讼,

---

① 钱穆:《国史大纲》(下册),商务印书馆1996年版,第525页。
② 《长编》卷十七,开宝九年十一月庚午。
③ (宋)曾巩:《曾巩集》卷四十九《本朝政要策·任将》,中华书局1984年版,第663页。
④ 《长编》卷二百四,治平二年正月壬午。

必以亲事官四人侍立,仍置天戈方尺二于领事案上。盖国初武臣,皆百战猛士,至密院多有所是非干请,故为之防微。"①这种做法显然对武人充满了偏见和歧视。陈登原先生也说:

> 北宋当太祖时,石守信见疑,曹彬潘美见疑。以枢密院故事言之。则所有武臣,大体见疑。②

为了削弱武将的权力,加强对军队的控制,宋太祖还改组了禁军的统帅机构。宋初承后周军制,由殿前司和侍卫司统领禁军,合称"二司"。太祖在建隆二年(961年)就撤销了殿前司统帅都点检和副都点检的职务,以原次长官都指挥使、副都指挥使、都虞候为殿前司的正副长官。侍卫司的长官都指挥使、副都指挥使、都虞候的职务也陆续废除。这样,侍卫司没有了长官,原先属于侍卫司的侍卫马军和侍卫步军各自独立成为两司,与殿前司并列合称"三衙",三衙长官皆称都指挥使,并称"三帅"。三衙三帅之设,降低了军队统帅的级别,同时也在无形中分散了军权。北宋还实行调兵权与领兵权的分离,枢密院掌管全国军政,但其权力主要限于发令调遣,并不参与日常统兵;日常统兵的重任由三衙负责,但三衙长官却无权发兵,即所谓的:

> 天下之兵,本于枢密,有发兵之权而无握兵之重;京师之兵,总于三帅,有握兵之重而无发兵之权。③

这便形成了枢密院与三衙将帅相互牵制的格局,这种格局反映了宋王朝重文轻武、以文制武的治军策略。枢密院与掌管全国政务的中书省并称"二府"(政府、枢府或称东府、西府),枢密院长官称枢密使和枢密副使,一般由文臣担任,参与重大军政事务的决策,与宰相、参知政事同属执政大臣之列,地位很高。而三衙将帅一般由才能平庸或资历较浅的将领担任,而不用名将,其地位自然不高。宋太宗曾对近臣说:"朕选擢将校,先取其循谨能御下者,勇武次之。"④北宋又规定武臣不能参政,

---

① (宋)蔡絛:《铁围山丛谈》卷一。
② 陈登原:《国史旧闻》(2册),中华书局2000年版,第270页。
③ (宋)范祖禹:《范太史集》卷二六《论曹诵札子》。
④ 《长编》卷二十五,雍熙元年二月壬午。

并且"见大臣必执梃趋庭,肃揖而退"①,这便人为地降低了武臣的政治地位。

在此局面下,武臣们也势必会感到压抑与愤懑,据司马光《涑水纪闻》记载:

> 上在澶渊南城,殿前都指挥使高琼固请幸河北,曰:"陛下不幸河北,北城百姓如丧考妣。"冯拯在旁呵之曰:"高琼何得无礼!"琼怒曰:"君以文章为二府大臣,今虏骑充斥如此,犹责琼无礼,君何不赋一诗咏退虏骑邪?"上乃幸北城,至浮桥,犹驻辇未进,琼以所执挝筑辇夫背,曰:"何不亟行!今以至此,尚何疑焉?"上乃命进辇。……,虏众遂退。他日,上命寇准召琼诣中书,戒之曰:"卿本武臣,勿强学儒士作经书语也。"②

这里记述的是澶渊之战时宋真宗亲征时的情景。怯懦的宋真宗是在武将高琼等人的迫请下才无奈到达澶渊北城的,为此,高琼受到了签书枢密院事冯拯的呵斥,这回高琼终于愤怒了,顶撞了这位以文辞进为二府执政的大臣,表达了武臣们的不满,但高琼的忠勇不但没有得到表彰,反而还受到袒护文臣的真宗训诫,北宋武臣遭受歧视的局面于此可见一斑。其实对武人的提防和猜忌是北宋王朝一以贯之的家法,仁宗时,北宋最负盛名的战将狄青,仅因出身行伍,没有科举功名,就倍受当时一批文臣如欧阳修、韩琦等人歧视,最后莫名其妙地被陷害致死,就充分地说明了这一点。但长此以往,武臣们的忠勇和气节就难以保持,于是出现了"士戏于伍,将戏于幕,主戏于国,相率以戏而已"的糟糕局面。这种局面的出现,在王夫之看来,正是由于北宋统治者对武士们"疑忌深而士不敢以才自见"③。

以文臣驾驭武臣,就是以外行领导内行,其结果必然是对客观军事规律的忽视。因为军事和战争为国之大事,非经专门的研习和长期的实践,是无法精通军事规律的,更无法在千变万化的战场上随机应变地

---

① (宋)汪藻:《浮溪集》卷一《行在越州条具时政》。
② (宋)司马光:《涑水纪闻》卷六。
③ (清)王夫之:《宋论》卷一。

作出决策。对此,《孙子兵法》曾明确指出:

> 不知三军之事而同三军之政,则军士惑矣;不知三军之权而同三军之任,则军士疑矣。三军既惑且疑,则诸侯之难至矣。是谓乱军引胜。①

而北宋恰恰就是大量任用"不知三军之事"和"不知三军之权"的文人来掌管军权、驾驭武人,这无疑是乱军之道。

三、广收流亡的召募之制

宋承五代兵制,仍然实行召募兵制。关于宋代的兵制,《文献通考》记述道:

> 召募之制起于府卫之废。盖籍天下良民以讨有罪,三代之兵与府卫是也;收天下犷悍之徒以卫良民,今召募之兵是也。……自国初以来,其取非一途,或土人就在所团立,或取营伍子弟听从本军,或乘岁凶募饥民补本城,或以有罪配隶给役,是以天下失职犷悍之徒悉收籍之。伉健者迁禁卫,短弱者为厢军。制以队伍,束以法令,贴贴不敢出绳墨。平居食俸廪、养妻子,备征防之用;一有警急,勇者力战斗,弱者给漕挽,则向之天下失职犷悍之徒,今为良民之卫矣。②

在这里,史家强调的重点显然是"收天下失职犷悍之徒",这的确是宋代召募兵制的特点。所谓"失职犷悍之徒",主要是指离开土地的无业流民和街坊游惰的不逞之徒,这些人一旦被召募入伍便成为职业军人,其强健者选为禁军,短弱者分为厢军,他们黥面刺字,终身仰食于官,即使疾病衰老也不会被淘汰。范仲淹在仁宗庆历三年(1043年)九月所上《答手诏条陈十事》中说:

> 唐衰,兵伍皆市井之徒,无礼义之教,无忠信之心,骄蹇凶逆,至于丧亡。我祖宗以来,罢诸侯权,聚兵京师,衣粮赏赐丰足,经八

---

① 《孙子兵法·谋攻篇》。
② 《文献通考》卷一百五十二《兵考四》。

> 十年矣。……新招者聚市井之辈,而轻嚣易动,或财力一屈,请给不充,则必散为群盗。……臣恐急难之际,宗社可忧。①

在范仲淹看来,大量招收这类"市井之辈"入伍,再加之统兵无道,缺乏严格的训练,势必造成军纪的涣散和败坏,故国家一旦面临危难,军队就难以保家卫国。

关于北宋军队管理的无序和军纪的涣散,苏舜钦在《上范公参政书·咨目二》中也说:

> 今诸营教习固不用心,事艺岂能精练?盖上不留意,则典军者亦不提辖,将校得以苟且,骤弛纪律,加之等级名分,往往不肯自异,至于人员与长行交易饮博者多矣。此则约束教令岂复听从?故出入无时,终日戏游廛市间,以鬻伎巧绣画为业,衣服举措不类军兵,习以成风,纵为骄惰。若不更加严察缓急,何以御寇?皆由主军政者素不择人所致也。②

仁宗庆历六年十月甲戌,御史中丞张方平上书披露:

> 其诸州宣毅悉聚游惰不逞之民,非有材力计勇之所选也。后缘光化军军贼窃发,朝廷条约失体,姑息过当,如养骄子,转生怨怼。臣比在审刑,诸州奏到宣毅兵士文案,无月不有。大则谋欲杀官吏、劫仓库;小则谋欲劫民户入山林,多至三五十人,少亦一二十人以告。赏之科重,故有谋辄被告发。虽教阅,乃同儿戏,无益军国,坐竭官私,不征不役,居惟念乱,……逐乐惰游,搅扰里闾,侵凌细弱,趋坑冶以逐末,贩茶盐而冒禁……。③

宣毅军是在宋夏战争期间新组建的禁军。张方平笔下的宣毅兵士,几与土匪强盗无异,北宋军人的素质于此可见一斑。

关于北宋的军纪之差,《长编》亦多有记载,如宋真宗大中祥符三年(1010年)十月乙亥:

---

① 《范文正公政府奏议》卷上,《范仲淹全集》(上),凤凰出版社 2004 年版,第 483—484 页。
② (宋)苏舜钦:《苏学士集》卷十,四库全书本。
③ (宋)张方平:《乐全集》卷二十二《论地震请备寇盗事》。

> 皇城司奏,察访御龙直班院副指挥使吕遇日暮醉归,马逸不能制,百姓石谦为马践伤。又言常时本班将士无故不出,令不能禁。上曰:"可下开封府按问。"因谓王旦等曰:"禁军将士,无故不令出班,故每班置市买二人。太祖朝法令严肃,无敢犯者。太宗时稍纵宽待,亦安敢醉酒驰马!"①

又大中祥符四年五月己丑:

> 遣使籍缘汴装卸卒分隶诸州下军,以其间多强暴之辈,凌扰平民也。②

又仁宗庆历五年闰五月丙戌朔:

> 先是,承平久,将帅多因循,军士纵弛。……万胜、龙猛军蒲博争胜,撒屋椽相击,市人惊骇,……及上祀南郊,有骑卒亡所挟弓……③

又仁宗皇祐三年(1051年)八月癸未:

> 京师发龙猛卒戍保州,在道窃取人衣屦,或饭讫不与人直。④

又仁宗嘉祐四年(1059年)七月庚申:

> 有御营卒桑达数十人,酗酒斗呼,指斥乘舆有司不之觉。皇城使以旨捕送开封府推鞫,案成,弃达市。⑤

军纪如此败坏的部队,自然不会有严格的训练,战斗力也必然不强。仁宗庆历元年五月甲戌,正值宋夏战争期间,陕西经略安抚判官田况上《兵策十四事》,其中有关于同西夏作战的北宋骑兵的描述:

> 缘边屯戍骑兵,军额高者无如龙卫,闻其有不能披甲上马者。况骁胜、云武二骑之类,驰走挽弓,不过五六斗,每教射,皆望空发

---

① 《长编》卷七十四。
② 《长编》卷七十五。
③ 《长编》卷一百五十六。
④ 《长编》卷一百七十一。
⑤ 《长编》卷一百九十。

箭,马前一二十步即已堕地。以贼甲之坚,纵使能中,亦不能入,况未能中之。①

仁宗庆历二年五月甲寅,集贤校理欧阳修上疏曰:

> 今沿边之兵不下七八十万,可谓多矣,然训练不精,又有老弱虚数,十人不当一人,是七八十万之兵不得七八万人之用。加之军中统制支离,分多为寡,兵法所忌。此所谓不善用兵者虽多而愈少,故常战而常败。②

仁宗至和元年四月庚申,殿中侍御史吕景初言:

> 比年召置太多,未加拣汰。若兵皆勇健,能捍寇敌,竭民膏血以啖之,犹为不可,况羸疾老怯者,又常过半,徒费粟帛,战则先奔,致勇者亦相牵以败。③

作为享受国家优厚待遇的北宋正规军——禁军,其战斗力甚至远远不及边陲的乡兵、土兵。据《长编》载,仁宗康定元年四月乙巳:

> 诏河北都转运使姚仲孙、河北缘边安抚使高志宁,密下诸州军添补强壮。初,知制诰王拱臣使契丹还,言见河北父老,皆云契丹不畏官军而畏土丁,盖天资勇捍,乡关之地,人自为战,不费粮廪,坐得劲兵,宜速加招募而训练之,故降是诏。④

一经王拱臣指出契丹"不畏官军而畏土丁"的事实,宋廷便立即下诏添补土丁。可见,北宋统治者对于禁军也是缺乏信心的。

其实西夏人同样也轻视北宋官兵,司马光在治平二年(1065年)所上《言西边上殿札子》中说道:

> 其(按:指西夏)所以诱胁熟户、迫逐弓箭手者,其意以为:东方客军(按:指北宋官军)皆不足畏,惟熟户弓箭手生长极边,勇捍善斗,若先事剪去,则边人失其所恃,入寇之时可以通行无

---

① 《长编》卷一百三十二。
② (宋)欧阳修:《居士集》卷四十六《准诏言事上书》。
③ 《宋史》卷三百二《吕景初传》。
④ 《长编》卷一百二十七。

碍也。①

《宋史》亦载：

> 康定初，赵元昊反，西边用兵诏募神捷兵，易名万胜，为营二十。所募多市井选懦，不足以备战守。是时禁兵多戍陕西，并边土兵虽不及等，然骁勇善战；京师所遣戍者，虽称魁头，大率不能辛苦，而摧锋陷阵非其所长。②

以上所述，就是北宋军队面貌的真实写照。能指望这样的军队战必胜、攻必克吗？能指望这样的军队执干戈以卫社稷吗？宋代的历史告诉我们，这只能是一个梦想。诚然，在召募制下，军队的战斗力未必不强，如东晋谢玄镇守广陵时，就曾广募徐、兖二州的流民劲勇组成一支部队，史称"北府兵"。"北府兵"实为召募之兵，但经过严格训练，这支部队却士气高昂、骁勇善战、精锐无比，在著名的"淝水之战"中，谢玄等人就是靠这支部队以少胜多，击败强敌苻坚的。但北宋的召募之兵，由于多为"游惰不逞之民"和"失职犷悍之徒"，素质极差，只为官给食禄，才寄居营伍。加之黥面刺字，世人视之如同罪犯囚徒，这自然会使兵士产生自卑心理，对社会也会产生报复心态。北宋时期，来自下层军士的小股兵变时有发生，从某种意义上来说，正是这种心态的表露。再加上治军不严，统兵无道，致使军纪败坏，将惰兵疲。这样的军队，必定士气低落，常战而常败。故北宋的募兵养兵之制，实有不足法者。

四、"将从中御"的御将之道

北宋兵制的另一严重缺陷是"将从中御"、将权委任不专。鉴于唐季五代以来骄兵悍将的历史教训，宋王朝对军队将帅实行严厉的防范措施，以避免军事强权和失控局面的出现。宋太宗曾说过："国家若无外忧，必有内患。外忧不过边事，皆可预防。惟奸邪无状，若为内患，深可惧也。帝王用心，常须谨此。"③宋太宗所说的"内患"，除指农民起义

---

① （宋）司马光：《传家集》卷三十五。
② 《宋史》卷一百八十七《兵志一》。
③ 《长编》卷三十二，淳化二年八月丁亥。

外,主要就是指军队的叛乱和造反。为杜绝内患,北宋王朝采取了"守内虚外"的国策,将防范的重点放在对内的控制而放松对外部威胁的防范,于是采取了一系列防范武人的措施。如对带兵出征作战的大将实行"将从中御"的办法,使其按皇帝赐给的阵图和方略指挥战斗,而无独立的战争指挥权,并广设监军宠臣,对前线将领进行牵制。这种所谓"将从中御"的御将之道,从宋太宗就开始实行了。

宋太宗热衷于"赐阵图"和干预军事。尽管在对辽战争中胜少败多,他却曾大言不惭地说:"朕每出兵攻伐,意颇精密,将兵之人丁宁谕之,不听者多至败事。"①

景德元年(1004年)十一月乙亥,当辽军南侵,真宗北上御敌亲征时,曾"内出阵图二,一行一止,付殿前都指挥使高琼等"②。宋夏战争时,宋仁宗曾"以阵图授诸将"③。宋神宗也秉承祖传家法,在每当国家用兵之时,他都"或终夜不寝,边奏络绎,手札处画,号令诸将,丁宁详密,授以成算,虽千里外,上自节制,机神鉴察,无所遁情"④,结果却招致灵州和永乐两次大败。

"将从中御"严重违反军事规律,是导致北宋在对外战争中总是处于不利局面的重要原因,故遭到大臣们的不断反对。太宗端拱二年(989年)正月,知制诰田锡奏疏说:

> 今委任将帅,而每事欲从中降诏,授以方略,或赐以阵图,依从则有未合宜,专断则是违上旨,以此制胜,未见其长。⑤

宋真宗咸平二年(999年)闰三月庚寅,京西转运副使朱台符上疏曰:

> 国家养兵百万,士马精强,器甲坚利,可谓无敌于天下矣。然自拒马失律以还,夏廷逆命之后,军声不振,庙胜无闻,一纪于兹,蒙耻未雪。何者?将帅弗用命而委任不专也,卒既骄惰而不习知边事也,有以见军政之不修也。夫将帅者,王之爪牙,登坛授钺,凿

---

① 《宋会要辑稿》兵一四之一三。
② 《长编》卷五十八。
③ 《宋史》卷二百七十八《王德用传》。
④ 《长编》卷三五三,元丰八年三月戊戌。
⑤ 《长编》卷三十。

门推毂,阃外之事,将军裁之,所以克敌而致胜也。近代动相牵制,不许便宜,兵以奇胜而节制以阵图,事惟变适而指踪以宣命,勇敢无所奋,知谋无所施,是以动而奔北也。孙武曰:"不知军之不可以进而谓之进,不知军之不可以退而谓之退,是谓縻军",此之谓也。臣愚以为疑则勿用,用则勿疑,谨择其人,专委其任,有功者宠以爵位,有罪者威以斧钺,明示刑赏,断在必行,孰敢不用命哉。①

宋仁宗广设内臣监兵,乱赐阵图的做法,曾遭致文臣武将异议。据史载晏殊批评反对内臣监兵:

> 陕西方用兵,殊请罢内臣监兵,不以阵图授诸将,使得应敌为攻守;及募弓箭手教之,以备战斗。②

王德用亦批评道:

> 咸平、景德中,赐诸将阵图,人皆死守战法,缓急不相救,以至于屡败。诚愿不以阵图赐诸将,使得应变出奇,自立异效。③

另外,北宋时统兵将帅还常常受到皇帝派来的内臣监军的监视,如宋初设"走马承受"一职,诸路各一员。仁宗时:

> 以三班使臣及内侍充,隶经略安抚总管司,无事岁一入奏,有边警则不时驰驿上闻。然居是职者恶有所隶,乃潜去"总管司"字,冀以擅权。④

事实上,走马承受虽不算正式的监察官员,但由于直接对皇帝负责,成为皇帝派驻各路的耳目,故颇有权势。他们招权纳贿,挟制将帅,危害很大。据《却扫编》记载:"祖宗时,诸路帅司皆有走马承受公事二员,一使臣,一宦者,……与帅臣抗礼,而胁制州县,无所不至,于时颇患苦之。"⑤

---

① 《长编》卷四十四。
② 《宋史》卷三百一十一《晏殊传》。
③ 《宋史》卷二百七十八《王德用传》。
④ 《文献通考》卷六十二《职官十六》。
⑤ (宋)徐度:《却扫编》卷中。

除走马承受之外，宋廷还在军队中广设监军，主要由内侍宠臣担任，目的是使将帅不得专其权。这种做法即使在宋夏战争期间也没有停止。据《长编》载，康定元年(1040年)二月：

> 己丑，皇城使、文州防御使、入内副都知王守忠领梓州观察使，为陕西都钤辖。知谏院富弼言："唐代之衰，始疑将帅，遂以内臣监军，取败非一。今守忠为都钤辖。与监军何异？昨用夏守赟，已失人望，愿罢守忠勿遣。"不听。①

不仅是在战时，即使在和平时期，内侍监军也无孔不入。庆历新政失败之后，富弼出知青州，在赈济灾民的过程中，富弼遭到内臣的诬陷，据《却扫编》记载：

> 仁宗一日语辅臣曰："闻富弼在青州，以赈济流民为名，聚众十余万人，且为变如何？"众未及对。时王文安公尧臣为参知政事，越次进曰："陛下何以知之？"仁宗曰："姑言何以处，无问所从得也。"公固请不已，仁宗曰："有内臣出使回言之。"公曰："富弼本以忠义闻天下，岂应有此？但内臣敢诬大臣，而罔主听如是，不治则乱之道也。"仁宗寤，立黜宦者。②

就连富弼这样的忠义之士和朝廷重臣也受到了内臣的监督和诬陷，这说明北宋的监军宠臣之设确实广泛，同时也说明北宋统治者对臣下的提防心理无比严重，故王尧臣认为这是"乱之道"。

监军宠臣之设，对军队来说是一种破坏因素。如在宋夏战争时的"三川口之役"前后，鄜延路都监黄德和就发生了很坏的作用。战役结束后，殿中侍御史文彦博说："今防边用兵逾数十万，将不专权，军不峻法，何以御之哉。"③另据司马光《涑水记闻》记载：

> 景祐末，西鄙用兵，大将刘平死之。议者以朝廷委宦者监军，主帅节制有不得专者，故平失利。诏诛监军黄德和。或请罢诸帅

---

① 《长编》卷一百二十六。
② (宋)徐度：《却扫编》卷中。
③ 《长编》卷一百二十六，康定元年三月癸未。

>监军,仁宗以问宰臣吕文靖公,公曰:"不必罢,但择谨厚者为之。"仁宗委公择之,对曰:"臣待罪宰相,不当与中贵私交,何由知其贤否?愿诏都知、押班保举,有不称职者,与同罪。"仁宗从之。翌日,都知叩头乞罢诸监军宦官,士大夫嘉公之有谋。①

大将刘平在"三川口之役"中战死。朝廷官员认为刘平之死与"主帅节制有不得专者"有关,于是朝廷下诏诛杀了临阵逃跑的监军黄德和。另有大臣提出取缔诸帅监军,如但阻力很大,宰相吕夷简设计"罢诸监军宦官",得到了士大夫的赞赏。此后,监军宠臣之设有所好转。但既然是祖宗家法,要想根除是很难的。

宋英宗治平元年(1064年)十二月,朝廷又任命内侍王昭明、李若愚等为陕西沿边诸路驻泊兵马钤辖,干预边事。这种做法引起了正直大臣们的反感,谏官吕海言:

>自唐以来,举兵不利,未有不由于监军者。我朝因循前弊尚多,久未更革,奈何又增置此员?如走马承受官品至卑,一路已不胜其害,况今钤辖重寄,其实已均安抚使之权矣……,借若武将中有一员内臣,……则军旅无由精锐,……臣欲乞朝廷罢之,精择帅臣,凡事一切委付,庶几阃外之权专制,则于体重矣。

同时,御史傅尧俞、赵瞻也力请罢还王昭明等,但朝廷"讫不从"②,最终没有听从这些建议。

宋代对统兵将帅权力的牵制还体现在许多方面。如宋太祖时制定的"更戍法",规定京师与外郡、外郡与外郡之间的禁军兵士每隔三年轮换一次,这名义上是为了让兵士习山川劳苦,以消其"四方不轨之气",但实际上是有意地造成"兵不知将,将不知兵"③的局面,使得兵无常帅、帅无常师,将不能专其兵。据《长编》载:

>太祖皇帝惩唐季五代之乱,始为军制:联营厚禄,以收材武之

---

① (宋)司马光:《涑水记闻》附录一《辑佚·罢宦官监军》,中华书局1999年版,第333—334页。
② 《长编》卷二百三,治平元年十二月戊申。
③ 《宋史》卷一百八十八《兵志二》。

> 士;屯重兵于京师,以消四方不轨之气;番休互迁,使不得久而生事。故得百余年天下无事。①

显然,实行兵士轮番休整相互迁移的真正目的是防止兵将结合而发生兵变,这对于北宋政局的稳定的确发挥了作用。但这一规定使得兵将之间互不了解,缺乏有效的磨合和训练,结果如同张洎所说:"元戎不知将校之能否,将校不知三军之勇怯,各不相管辖,以谦谨自任,未闻赏一效用,戮一叛命者。"②所以每遇战事,兵将只是临时组合,这样的军队自然缺乏凝聚力和战斗力。康定元年八月宋夏战争期间,陕西经略安抚副使韩琦就曾指出:

> 沿边总管、钤辖下,指挥、使臣甚众,每御敌皆临时分领兵马,而不经训练服习,将未知士之勇怯,士未服将之威惠,以是数至败衄。③

韩琦认为,这种"数至败衄"的局面,完全是由于士兵训练不精、将权委任不专而导致的。

宋初还规定统兵将帅不得设置亲兵保卫自己。太祖乾德四年(966年)闰八月己丑,"诏殿前、侍卫诸军及边防监护使臣,不得选中军骁勇者自为牙队"④。此诏显然是担心军将们拥有私人势力而朝廷难以控制。乾德五年二月甲戌,又诏"殿前都指挥使、义成节度使韩重赟罢军职,出为彰德节度使"。原因是"有潜重赟私取亲兵为心腹者",结果"上怒,欲诛之"。⑤ 宋代绝少诛杀大臣,仅为"私取亲兵"便欲诛杀一高级将帅,足见此事之犯忌。太宗雍熙三年(986年)八月,名将杨业在抗辽战争中阵亡,震惊朝野,端拱二年(989年)正月知制诰田锡上疏称:

> 近代侯伯,各有厅直三五十人,习骑射为腹心,每出入敌阵,得以随身。后来不敢养置,昨杨业陷阵,访闻亦是无自己腹心,以致

---

① 《长编》卷三百一,元丰二年十一月癸巳。
② 《长编》卷三十,端拱二年正月癸巳。
③ (宋)韩琦:《韩魏公集》卷一四《陈用兵练卒之策奏》。
④ 《长编》卷七。
⑤ 《长编》卷八。

为敌所获。今虽时异事殊,然废置利害,亦宜询访行之。①

在对西夏的战争中,宋军阵亡将领也很多。庆历元年(1041年)十二月甲午,知秦州韩琦奏请:

> 诸路总管许置亲兵百五十人,钤辖百人,招讨都监等七十人,月加给钱二百。其出师临敌,主将陷殁者并斩。②

朝廷迫不得已才同意了这个请求,并于庆历四年十一月庚午下诏申明:"主兵之官,皆有牙队带器械以从护之。其遇贼不用命而致陷没主将者,自今人虽众并以军法论,苟能显立功效,亦当优拔之。其令诸路部署司申严饬戒。"③至此,这一不合理规定才被废除了。

实行将从中御,通过各种手段限制、削弱将帅的权力,虽有利于皇权对军队的控制,却违背了激将励将的军事原则,历来为兵家所忌讳。如《孙子兵法》云:"将能而君不御者胜"④;又云:"凡用兵之法,将受命于君……君命有所不受"⑤;《六韬》亦认为:"国不可从外治,军不可从中御。二心不可以事君,疑志不可以应敌。军中之事,不闻君命,皆由将出,临敌决战,无有二心。"⑥可见"军不可从中御"是在先秦时期就已经形成的优秀军事思想,也是对战争规律的深刻总结,故为历代政治家、军事家所推崇。但北宋王朝却广设监军宠臣,对将帅处处牵制,委任不专,将从中御,这势必严重地削弱军队的战斗力,导致战争的败北。

北宋王朝鉴于历史的经验和教训,通过各种措施来控制军队,使军队牢牢掌握在皇帝手中,从而克服了晚唐五代以来军事支配政治、军人跋扈无礼的局面,消除了军队对社会稳定的破坏作用,改变了军队的面貌。在两宋近三百年的时间里,没有出现大的兵变,军队没有再度威胁国家和社会的安全,没有破坏政治机制的正常运转,军队成为维护中央集权的有力工具,为宋代社会生产力的发展,为宋代文化事业的进步创

---

① 《长编》卷三十。
② (宋)韩琦:《韩魏公集》卷一六《请置亲兵奏》。
③ 《长编》卷一百五十三。
④ 《孙子兵法·谋攻篇》。
⑤ 《孙子兵法·九变篇》。
⑥ 《六韬》卷三《龙韬·立将》。

造了一个稳定的社会环境,这不能不说是宋代治军之道的成功之处。但北宋的治军之道也存在诸多弊端,如歧视武人、广收流亡、将从中御等。不遗余力地"弱其兵弱其将"①,又使得北宋的治军之道在许多方面都违背了军事规律,从而极大地削弱了军队的战斗力。笔者认为,不合理的治军之道是北宋乃至整个宋代在军事上始终处于积弱不堪、被动挨打地位的主要原因,故北宋的治军之道又实为"弱兵之道"。

第二节 范仲淹军事思想的主要内容

范仲淹的军事思想,主要包括对北宋军事弊政的一系列改革思想,以及在宋夏战争中所形成的积极防御战略及相应的战术措施。

在宋夏战争的初期,元昊所向披靡,宋军屡战屡败。对此范仲淹认为,北宋不合理的军事体制及对战备的忽视,是造成宋军屡遭败绩的根本原因。他的军事思想,在很大程度上是在对北宋的军事体制及其指导思想的反思中形成的。

首先,范仲淹针对北宋重视"文治"而忽视"武治"的弊端,从治道层面揭示了"文治"与"武治"的内在联系,主张"文武之道,相济而行"。

范仲淹认为,五代"专上武力",军人跋扈,割据战乱,朝廷不能节制,这固然是"武之弊",但北宋的纠弊之举——"重文轻武"也带来了新弊即"文之弊"②,"文之弊"的集中表现就是国家重视文治而忽视武备,重视文人而歧视武人,从而无法造就能征善战、保家卫国的良将,使国家武力不振。

范仲淹认为:"文武之道一,而文武之用异。然则经天地,定祸乱,同归于治者也。"③这是说,"文治"与"武治"虽然表现形态不同,但二者都是为了实现共同的治道,缺一不可。因此,将"文治"与"武治"割裂、

---

① 梁启超:《王安石传》,海南出版社1993年版,第10页。
② 《范文正公文集》卷十一《上吕相公书》,《范仲淹全集》(上),凤凰出版社2004年版,第224页。
③ 《范文正公文集》卷十一《上吕相公书》,《范仲淹全集》(上),凤凰出版社2004年版,第223—224页。

对立开来是错误的。他认为合理的治道应该是"文武之道,相济而行",而非此消彼长。所以他又说:

> 圣人之有天下也,文经之,武纬之。此二道者,天下之大柄也。昔诸侯暴武之时,孔子曰:"俎豆之事,则尝闻之。"此圣人救之以文也。及郏谷之会,孔子则曰:"有文事者,必有武备,请设左右司马。"此圣人济之以武也。文武之道,相济而行,不可斯须而去焉。①

所谓"文经之,武纬之",是说文武二道不可偏颇,二者同为治国之"大柄"。他说圣人的"救之以文"和"济之以武",体现的就是"文武之道,相济而行"的精神。

其次,范仲淹针对北宋重视王道而忽视霸道的缺陷,主张在治国的指导思想上应王霸兼备。

儒家历来崇尚王道而反对霸道。孟子认为王道的特点是"以德服人""以德行仁",而霸道则是"以力服人""以力假仁"②,但孟子尊王贱霸,有割裂王道与霸道的思想倾向。宋儒继承了传统儒家的王霸之辨,也具有崇尚王道而反对霸道的思想特征。范仲淹从历史的经验出发,认为不应以王道而否定霸道,他说:"前代御戎,其策非一。……管仲,霸臣也,而能攘戎狄,保华夏,功高当时,赐及来代,况朝廷之盛德乎?"③他进一步说:

> 昔成周之盛,王道如砥,及观《周礼》,则大司马阵战之法粲然具存。乃知礼乐之朝,未尝废武。④

范仲淹从体现王道之盛的《周礼》尚具"大司马阵战之法"的事实,推论出"礼乐之朝,未尝废武"的结论。他意在说明,国家推崇王道仁政,以礼乐为治,这固然不错,但也应权衡王霸,重视武备,以御强侮,切不可因文废武。

范仲淹对于"文武异道""二权相轧"乃至重视王道而忽视霸道所造

---

① 《范文正公文集》卷九《奏上时务书》,《范仲淹全集》(上),凤凰出版社2004年版,第173页。
② 《孟子·公孙丑上》。
③ 《范文正公文集》卷九《上执政书》,《范仲淹全集》(上),凤凰出版社2004年版,第193—194页
④ 《范文正公文集》卷九《上执政书》,《范仲淹全集》(上),凤凰出版社2004年版,第192页。

成的不良后果,认识得十分清楚。如在《奏上时务书》中,范仲淹就对"人不知战,国不虑危"的现实提出了批评,他说:

> 我国家文经武纬,天下大定。自真宗皇帝之初,犹有旧将旧兵,多经战敌,四夷之患,足以御防。今天下休兵余二十载,昔之战者,今已老矣,今之少者,未知战事。人不知战,国不虑危,岂圣人之意哉?①

在《上执政书》中,范仲淹批评沿边诸将"不谋方略、不练士卒,结援弭谤,固禄求宠",所以"一旦急用,万无成功"。② 他指出,良将应"洞达天人",即要具有深厚的文化修养;良将的培养应传承有序,非一朝一夕所能造就,即"嗣续忠孝,将门出将"。但北宋崇文抑武的社会环境,导致开国之初众多能征善战的良将后继无人。③ 在《答安抚王内翰书》一文中,范仲淹同样指出:"奈何将佐之中,少精方略。或因门地,巧于结托,以取虚名;或出军班,昧于韬钤,以致败事。"④

对于士卒的状况,范仲淹也很忧虑。他说:"今诸军老弱之兵,讵堪征伐?"⑤在仁宗庆历三年(1043年)九月所上《答手诏条陈十事》中,范仲淹又进一步指出朝廷并没有汲取唐亡的教训,其所实行的招募流亡的兵制存在严重问题。这类"市井之辈"大批入伍,统兵无道,缺乏训练,军纪涣散,难以保家卫国。⑥

再次,针对北宋忽视武备、无精兵宿将的局面,范仲淹主张修武备、育将材和练精兵。

北宋在宋夏战争前的武备是非常松弛的。自从宋真宗景德元年(1004年)十二月,北宋与辽签订"澶渊之盟"以来,宋廷上下自以为"和议"会永保太平,于是放松武备。对此局面,一些有识之士心怀忧虑,呼吁加强武备,以防边患。如富弼尝言:

---

①《范文正公文集》卷九《奏上时务书》,《范仲淹全集》(上),凤凰出版社2004年版,第174页。
②《范仲淹全集》(上),凤凰出版社2004年版,第192页。
③《范仲淹全集》(上),凤凰出版社2004年版,第193页。
④《范文正公文集》卷十《答安抚王内翰书》,《范仲淹全集》(上),凤凰出版社2004年版,第221页。
⑤《范文正公文集》卷九《上执政书》,《范仲淹全集》(上),凤凰出版社2004年版,第188页。
⑥《范文正公政府奏议》卷上,《范仲淹全集》(上),凤凰出版社2004年版,第483—484页。

> 而所可痛者,当国大臣,论和之后,武备皆废。以边臣用心者,谓之引惹生事;以搢绅虑患者,谓之迂阔背时。大率忌人谈兵,幸时无事,谓敌不敢背约,谓边不必预防,谓世常安,谓兵永息,恬然自处,都不为忧。……是致宝元元年,元昊窃发,数载用兵,西人困穷,未有胜算。又至庆历二年,契丹观衅而动,嫚书上闻,中外仓皇,莫知为计。不免益以金帛,苟且一时之安。二边所以敢然者何?国家向来轻敌妄战,不为预备之所致也。①

富弼指出,在与辽议和之后,北宋朝野认为辽"不敢背约",于是麻痹大意,淡化军事,导致"武备皆废"。富弼认为,元昊的叛宋和宋夏战争中契丹的趁火打劫,都是"国家向来轻敌妄战,不为预备"所导致的。除了富弼,还有一些大臣如欧阳修、张方平等人也一再呼吁加强武备,但并没有引起朝廷的足够重视。

范仲淹也认为北宋"兵久弗用,武备不坚"。② 在天圣三年所上的《奏上时务书》中,他借用历史的经验说:"唐明皇之时,太平日久,人不知战,国不虑危,大寇犯关,势如瓦解,此失武之备也。"③事实上,后来元昊的大肆入侵,就是由于北宋放松武备。另外,范仲淹还指出,北宋所处的军事地理环境是"今自京至边,并无关崄"。④ 在这种极为不利的军事地理环境下,如果再人为地放松武备,其结果可想而知。因此,范仲淹特别强调加强武备的重要性。他于康定元年五月初至陕西任职时就发现:"今缘边城寨有五七分之备,而关中之备无二三分。"由于边防松弛,他担心西夏趁虚而入,主张加强边备:"为今之计,莫若且严边城,使持久可守;实关内,使无虚可乘。"⑤

关于加强武备的具体措施,范仲淹认为除了要完善沿边军事防御体系,关键是培养将帅,练就精兵。他说:

> 或得其人,精练士卒,山川险恶,据以待寇,俟有斩获,乘胜深

---

① 《长编》卷一百五十,庆历四年六月戊午。
② 《范文正公文集》卷九《上执政书》,《范仲淹全集》(上),凤凰出版社 2004 年版,第 183 页。
③ 《范仲淹全集》(上),凤凰出版社 2004 年版,第 173 页。
④ 《范仲淹全集》(上),凤凰出版社 2004 年版,第 174 页。
⑤ 《长编》卷一百二十七,康定元年五月甲戌。

入。贼势一破,鸟散穷沙,复旧汉疆,宜有日矣。①

范仲淹认为,如果有优秀的将领,就可"精练士卒",然后伺机破敌,甚至有望"复旧汉疆"。但现实并非如此。他在战前即对北宋兵不精、将不捍的状况有所认识,在亲临陕西前线之后,他越发认识到"中原无宿将、精兵"②局面的严重。如他在初知延州时就发现:

> 今延安兵马二万六千,患训练未精,将帅无谋。问以数路贼来之势,何策以待,皆不知所为,但言出兵而已。此不可不为忧也。③

军队的状况如此不堪,边防的巩固便无从谈起。因此,如何培养优秀的军事将领,就成为范仲淹军事思想的重要内容。首先,他认为必须从体制入手,改变用将不专、将从中御的错误做法。

范仲淹善于总结历史的经验,他经常反思汉唐军功强大而北宋军力不振的原因,并将北宋的军制与汉唐的军制相比较,从而反观北宋军制的弊端。他指出,北宋因无"宿将、精兵",故不能捍卫边疆,更不可能深入敌境打击敌人,从而收复失地故土。而汉唐时代的将军却往往能"拓疆万里",关键是其"授任与今不同",即汉唐时代的将军能够全权掌控军队,权有所专,且文武双全,故"善破敌"。而北宋统治者出于对武人的防范心理,对军队将领多方牵制,热衷于"将从中御",结果导致将权委任不专,"宿将、精兵"无法产生。④ 范仲淹认为这是导致北宋军力不振的关键因素。

范仲淹对于边将不能专权的现实是深有体会的。他在庆历元年十一月所上《攻守二议奏》中说:

> 臣自庆州已睹朝廷两度差除中使督促,令擘画入界牵制。臣虽称未利,其如邻道出兵,递相计会,诸将上畏朝旨,不敢不进,亦有将佐贪侥幸之功,惟务劫掠,朝去暮还,十度得功,不补一败,徒

---

① 《范文正公文集》卷十一《上吕相公书》,《范仲淹全集》(上),凤凰出版社 2004 年版,第 223 页。
② 《长编》卷一百二十七,康定元年五月甲戌。
③ 《范文正公文集》卷十一《上吕相公书》,《范仲淹全集》(上),凤凰出版社 2004 年版,第 223 页。
④ 《长编》卷一百二十七,康定元年五月甲戌。

费恩赏,边事何涯!望朝廷深察,更不差中使督促诸路轻易入界。①

范仲淹在知庆州期间,就曾两次目睹朝廷派遣"中使"前来督战,尽管他反对也无法阻止这种"将从中御"行为,将佐被迫侥幸应付,结果是"十度得功,不补一败",于是他恳请朝廷"更不差中使督促诸路轻易入界"。

范仲淹谏议朝廷对于边帅要"授以方略,委之边任"②,他又称:"祖宗朝任用边将,赏赐至厚,使用度充足;委信至重,使生杀在己。惟惜官职,不令满志,恐有懈惰,不思立功,实前王驭将之术也。"③范仲淹赞成厚待武将,委任以专,而不应多方掣肘。

北宋的治军原则是"将不得专其兵",由此形成了"兵不知将、将不知兵"④的积弊。范仲淹对此也力图纠正。康定元年八月,范仲淹到达延州后,深感原有的指挥和训练机制非常机械,于是他大阅州兵分州兵,淘汰部分将领,精简原有兵马,由六将统领,每将统领三千人,分部训练,兵将相随。这样就初步克服了"兵不知将、将不知兵"的积弊,部队的战斗力得到了提升。其实,对于北宋军制中的这一弊端,在宋夏战争期间一直受到朝臣们的批评。后来,王安石变法时改变传统的"更戍法",实行"将兵法",就是滥觞于范仲淹的军制改革。

重视人才是范仲淹一以贯之的为政理念。他在《得地千里不如一贤赋》中说:"地广千里,功亏一贤","贤者之深功,何百城而能及?"⑤他很早就提出了"育将材"⑥主张,他说:"自古兵不得帅,鱼肉无殊"⑦,认为只有优秀将领统帅下的士兵才不会沦为任人宰割的鱼肉,但优秀将领的产生有其固有的规律,不可仓促提拔。范仲淹来到西北前线后,鉴于"将佐之中,少精方略"的局面,更加重视军事和边防

---

① 《长编》卷一百三十四。
② 《范文正公文集》卷九《奏上时务书》,《范仲淹全集》(上),凤凰出版社2004年版,第174页。
③ 《范文正公政府奏议》卷上《奏议许怀德等差遣》,《范仲淹全集》(上),凤凰出版社2004年版,第514页。
④ 《宋史》卷一百八十八《兵志二》。
⑤ 《范仲淹全集》(上),凤凰出版社2004年版,第440—441页。
⑥ 《范文正公文集》卷九《上执政书》,《范仲淹全集》(上),凤凰出版社2004年版,第184页。
⑦ 《范文正公文集》卷九《奏上时务书》,《范仲淹全集》(上),凤凰出版社2004年版,第174页。

人才的培养和提拔,他说:"宜于沿边及诸处使臣军员中搜访智勇之人,如资地至浅,勋劳未著,即使权领职任,令手下各有兵甲,俟其有立,实时进擢,庶可用之才,早补将帅之乏。"①这是其军事思想和军事领导才能的重要体现。

范仲淹认为名将不能只具匹夫之勇,还必须是文武双全的"智勇之人",即名将要有深厚的文化修养,能够"洞达天人"②。所以他又特别注重将帅的文化知识和军事理论水平的提高。在宋夏战争期间,范仲淹培养了一批战将,其中对狄青、种世衡的培养,便堪称经典。据史载:

> 尹洙为经略判官,青以指使见,洙与谈兵,善之,荐于经略使韩琦、范仲淹曰:"此良将材也。"二人一见奇之,待遇甚厚。仲淹以左氏春秋授之曰:"将不知古今,匹夫勇尔。"青折节读书,悉通秦、汉以来将帅兵法,由是益知名。以功累迁西上閤门副使,擢秦州刺史、泾原路副都总管、经略招讨副使,又加捧日天武四厢都指挥使、惠州团练使。③

狄青在宋夏战争初期就表现出了骁勇善战的军事才能。在尹洙的推荐下,韩琦和范仲淹接见了狄青并厚待之。范仲淹鼓励狄青多读书并授以《春秋》,狄青不负所望,"折节读书",后因文化水平的提升和通晓兵法,成为威震遐迩的战将。种世衡也是范仲淹一手提拔的优秀战将和守边人才,他英勇无比,曾筑青涧城和细腰城,开荒屯田,招抚羌人,足智多谋,为守边大业作出了重要贡献。

以上诸点皆为范仲淹对北宋军事弊政的深刻反思。除此之外,在宋夏战争期间,范仲淹作为西北边防的统帅,他依据对敌我双方各种因素的比较分析,还形成了积极防御的战略指导思想。在这一战略思想的指导下,北宋沿边部队成功地抵御了西夏的侵略,最后迫使元昊议和。因此,积极防御战略是范仲淹军事思想的集中体现。

---

① 《范文正公文集》卷十《答安抚王内翰书》,《范仲淹全集》(上),凤凰出版社2004年版,第221页。
② 《范文正公文集》卷九《上执政书》,《范仲淹全集》(上),凤凰出版社2004年版,第193页。
③ 《宋史》卷二百九十《狄青传》。

范仲淹在担任陕西边帅的初期,宋军内部存在着激烈的攻、守之争。早在康定元年五月,在总结"三川口之战"的失败教训时,范仲淹就初步形成了这种战略思想,他当时曾上疏提出了"严边城,使持久可守""实关内,使无虚可乘"的策略,主张"不与大战",反对"五路入讨",总之不能急于求成,而只能通过持久战,不断消耗对手,待"二三年间,彼自困弱"时再行"天讨",因为对手毕竟地小国贫,资源有限,即使是兵精将悍,也经不起长期消耗。他还客观地评估了北宋的国力,认为"中原无宿将、精兵",积弊难返,故不能像"汉、唐之时"那样"拓疆万里",而只能"缓图之"。他认为这才是"上策"。① 这些都是范仲淹积极防御战略思想的体现。

庆历元年十一月,范仲淹上"攻守二议"长疏,对其积极防御的战略思想进行了全面阐述,宋仁宗对此表示赞赏,②于是范仲淹在次年复上疏曰:

> 国家太平日久,而一旦西贼背德,凌犯边鄙,公卿大夫争进计策,而未能副陛下忧边之心。且议攻者谓守则示弱,议守者谓攻必速祸,是二议卒不能合也。臣前至延安,初请复诸寨,为守御之备;次则幸其休兵,辄遣一介示招纳之意。朝廷以群言之异,未垂采纳。今臣领庆州,日夜思之,乃知攻有利害,守有安危。何则?盖攻其远者则害必至,攻其近者则利必随;守以土兵则安,守以东兵则危。臣谓攻远而害者,如诸路深入,则将无宿谋,士无素勇。或风沙失道,或雨雪弥旬。进则困大河绝漠之限,退则有乘危扼险之忧。臣谓攻近而利者,在延安、庆阳之间,有金汤、白豹之阻,本皆汉寨,没为贼境,隔延、庆兵马之援,为蕃汉交易之市,奸商往来,物皆丛聚,此诚要害之地。如别路入寇,数百里外应援不及,则当远为牵制,金汤、白豹等寨可乘虚取之,因险设阵,布车横堑,不与驰突,择其要地作为城垒,则我无不利之虞。至于合水、华池、凤川、平戎、柔远、德靖六寨兵甲粮斛,可就屯泊,固非守备之烦也。又环

---

① 《长编》卷一百二十七,康定元年五月甲戌。
② 《长编》卷一百三十五,庆历二年正月壬戌。

州定边寨、镇戎军干兴寨相望八十余里,二寨之间有葫芦泉,今属贼界,为义渠、朝那二郡之交,其南有明珠、灭臧之族,若进兵据葫芦泉为军壁,北断贼路,则二族自安,宜无异志。又朝那之西,秦亭城之东,有水洛城,亦为之限。今策应之兵由仪、陇二州十驿始至,如进修水洛,断贼入秦亭之路,其利甚大,非徒通四路之势,因以张三军之威也。臣谓守以土兵则安者,以其习山川道路之利,怀父母妻子之恋,无久戍之苦,无数易之弊。谓守以东兵则危者,盖费厚则困于财,戍久则聚其怨,财困则难用,民力日穷,士心日离,他变之生,出于不测。臣所谓攻宜取其近而兵势不危,守宜图其久而民力不匮。招纳之策,可行于其间。

今奉诏宜令严加捍御,观衅而动,与邻道协心而共图之。又睹赦文,谓彼无骚动则我不侵掠。臣恐贼寇一隅,远在数百里外,应援不及,须为牵制之策,以沮贼气。至时诸路重兵,岂能安坐。如无素定之画,又无行营之备,恐当牵制之时,茫然无措,虽见利而莫敢进,虽观衅而莫敢动,寇至愈盛,边患愈深,叛亡之人,日助贼算,不可不大为之谋也。愿朝廷于守策之外,更备攻术,彼寇其西,我图其东,彼寇其东,我图其西,宁有备而不行,岂当行而无备也!所谓备者,必先得密旨,许抽将帅,便宜从事,并先降空名宣头之类,恐可行之日,奏请不及。臣前曾遣人入界,通往来之问,或更有人至,不可不答,如朝廷先降密旨,令往复议论,岁年之间,当有成事。若谓边将之耻未雪,而不欲俯就,臣恐诸路更有不支,其耻益大。贼或潜结诸蕃,并势合谋,则御之必难。且自古兵马精劲,西戎之所长也,金帛丰富,中国之所有也。礼义不可化,干戈不可取,则当任其所有,胜其所长,此霸王之术也。①

范仲淹认为单纯的"攻"策或"守"策都是错误的,所谓"且议攻者谓守则示弱,议守者谓攻必速祸,是二议卒不能合也。"故他在《再议攻守疏》中谏议:"愿朝廷于守策之外,更备攻术。"②范仲淹的战略是以守为主的攻

---

① 《长编》卷一百三十五,庆历二年正月壬戌。
② 《范仲淹全集》(上),凤凰出版社2004年版,第656页。

守兼备之策,他将其攻守之策概括为这么几点:首先是论证了"攻其远者则害必至,攻其近者则利必随",因而主张近功,反对远攻;其次认为"守以土兵则安,守以东兵则危",主张多用土兵;再次认为"招纳之策,可行于其间",主张议和;最后也表示坚决听从仁宗的诏令,"与邻道协心而共图之"。总之,范仲淹主张以守为主,攻守兼备,同时采取机动灵活的战略战术,"彼寇其西,我图其东,彼寇其东,我图其西"。这是其积极防御战略思想的基本内容。

第三节　范仲淹军事思想的特点

范仲淹"世专儒素"[①],为北宋大儒。他"一生纯然无疵"[②],崇尚儒道,自觉以儒家思想作为其立身处世和经邦济世的指导思想。在其以文臣身份统兵西北的过程中,他将儒家的人本主义精神及和平外交思想贯彻到整个御边事业中,使其军事思想呈现出鲜明的儒家特色,范仲淹因此也成为中国历史上典型的"儒将"。

一、人本主义

范仲淹深受儒家价值观的影响,极具仁者情怀。在长期的从政生涯中,他始终奉行儒家的仁政思想,以人为本,推行德政,故史家说他"为政尚忠厚,所至有恩"[③]。在任职西北边塞期间,他也始终坚守儒者本色,以儒家思想来指导御边事业,表现为深悟军机、珍爱生命、体恤将士、安抚羌人,重用土兵、开荒屯田等军事谋略,从而使其军事思想带有鲜明的人本主义特色。

范仲淹认为在处理民族关系问题上,也要坚守以德服人的仁政立场,尽量不要诉诸武力,他说:"尚周文之文,而百官懋德;下汉武之武,

---

① 《范文正公文集》卷十六《耀州谢上表》,《范仲淹全集》(上),凤凰出版社2004年版,第347页。
② 《宋元学案》卷三《高平学案》。
③ 《宋史》卷三百一十四《范仲淹传》。

而四夷怀恩"①,意为应以周文王怀柔远人的文治政策为上,而以汉武帝武力征服的政策为下。

经过战火的洗礼,范仲淹对战争的残酷性有了更深切的体会。在庆历二年十月所上《让枢密直学士右谏议大夫表》中,他痛切地说:

> 自西事以来,延安东路、北路,官军伤折万余人;并金明、承平诸寨杀虏过蕃部万余户,约四五万口;及麟府丧陷,镇戎三败,杀者伤者前后仅二十万人矣。死者为鱼肉,生者为犬羊。②

在《答赵元昊书》中,范仲淹对元昊说,自宋夏战争爆发二年以来,蕃汉两地人民均遭受巨大的战争创伤,他说:

> 二年以来,疆事纷起,耕者废耒,织者废杼,边界萧然,岂独汉民之劳弊耶?使战守之人,日夜豺虎,竞为吞噬,死伤相枕,哭泣相闻,仁人为之流涕,智士为之扼腕。③

面对给战争给民众带来的伤痛,范仲淹"痛心疾首,日夜悲忧,发变成丝,血化为泪"。④ 出于对民众的悲悯情怀,他希望尽快结束战争,早日恢复和平生活,避免战争给各族人民带来更大的灾难。

范仲淹之所以坚持积极防御战略,是认为在条件不具备的情况下,出于贪功目的或报复心理而轻敌深入,会造成兵将和民众的大量伤亡,即导致"所伤必重"⑤的惨剧,这是范仲淹不愿看到的。

宋军于"三川口之战"惨败后,韩琦迫不及待地与敌决战,他尝言:"大凡用兵,当先置胜负于度外。"⑥他于"好水川之战"前派属官尹洙前来延州,试图说服范仲淹与他一同出兵讨伐元昊,但"越三日,仲淹徐言已得旨,听兵勿出。洙留延州几两旬,仲淹坚持不可。辛丑

---

① 《范文正公文集》卷八《皇储资圣颂》,《范仲淹全集》(上),凤凰出版社2004年版,第146页。
② 《范仲淹全集》(上),凤凰出版社2004年版,第365页。
③ 《范仲淹全集》(上),凤凰出版社2004年版,第216页。
④ 《范文正公文集》卷十八《让枢密直学士右谏议大夫表》,《范仲淹全集》(上),凤凰出版社2004年版,第365页。
⑤ 《长编》卷一百三十,庆历元年正月丁巳。
⑥ (宋)罗大经:《鹤林玉露》乙编卷二之《韩范用兵》。

（二月二十二日），洙还至庆州，乃知任福败绩"。① 另据《东轩笔录》记载：

> 仁宗时，西戎方炽，韩魏公琦为经略招讨副使，欲五路进兵，以袭平夏。时范文正公仲淹守庆州，坚持不可。是时，尹洙为秦州通判兼经略判官，一日，将魏公命至庆州，约范公以进兵。范公曰："我师新败，士卒气沮，当自谨守，以观其变，岂可轻兵深入耶？以今观之，但见败形，未见胜势也。"洙叹曰："公于此乃不及韩公也。韩公尝云：'大凡用兵，当先置胜败于度外。'今公乃区区过慎，此所以不及韩公也。"范公曰："大军一动，万命所悬，而乃置于度外，仲淹未见其可。"洙议不合，遽还。魏公遂举兵入界，既而师次好水川，元昊设覆，全师陷没，大将任福死之。魏公遽还，至半途，而亡卒父兄妻子号于马首者几千人，皆持故衣纸钱招魂而哭曰："汝昔从招讨出征，今招讨归而汝死矣。汝之魂识亦能从招讨以归乎？"既而哀恸声震天地，魏公不胜悲愤，掩泣驻马，不能前者数刻。范公闻而叹曰："当是时，难置胜败于度外也？"②

韩琦兵败撤退的场面令人极度震撼！几千个亡卒父兄妻子震天动地的哀恸，分明是对"置胜败于度外"的非理性、非人道决策的血泪控诉。相比之下，范仲淹"岂可轻兵深入"的谨慎之举，体恤生灵万命的仁者情怀，无疑更胜一筹，故罗大经在《鹤林玉露》中说："国朝人物，当以范文正为第一，富、韩皆不及"。③

范仲淹作为文臣统兵的儒帅，不仅珍惜将士的生命，不追求那种"一将功成万骨枯"式的赫赫军功，还能够体恤将士，以"仁"治军。史载："仲淹为将，号令明白，爱抚士卒。"④他认为"自古将帅与士旅同其安乐，则可共其忧患，而为国家之用"，故他做到了"士未饮而不敢言渴，士

---

① 《长编》卷一百三十一，庆历元年二月戊戌。
② （宋）魏泰：《东轩笔录》卷七。
③ （宋）罗大经：《鹤林玉露》乙编卷二《韩范用兵》。
④ 《宋史》卷三百一十四《范仲淹传》。

未食而不敢言饥"。① 在宋夏战争期间,朝廷对前线将领多有奖励,但范仲淹对于自己"所得赐赉,皆以上意分赐诸将,使自为谢"②。范仲淹对将士的体恤,不仅表现在能与将士同甘共苦,还表现在不忍对将士的"不教而诛"。据史载:

> 会王伦寇淮南,州县官有不能守者,朝廷欲按诛之。仲淹曰:"平时讳言武备,寇至而专责守臣死事,可乎?"守令皆得不诛。③

孔子曾说"善人教民七年,亦可以即戎矣",又说"以不教民战,是谓弃之"。④ 意为只有通过长期的教育和训练,才可以让人民作战;如果不教而战,等于让人民白白送死。荀子也说:"不教而诛,则刑繁而邪不胜;教而不诛,则奸民不惩。"⑤ 范仲淹继承了这些合理思想,认为朝廷平时忽视武备,一有战事却要求守将拼死战斗,如果不能拼死战斗朝廷就要诛之,范仲淹认为这是不合理的。

此外,范仲淹在任职西北时所采取的一系列战术及御边措施,也充分体现了其人本主义精神。

例如,范仲淹对于士兵不仅给予生计上的关照,在精神上也给予充分的尊重。据欧阳修的《神道碑铭》记载:

> 初,西人籍为乡兵者十数万,既而黥以为军,惟公所部但刺其手,公去兵罢,独得复为民。⑥

按照北宋兵制规定,招募的士卒一律要黥面刺字,这是一种防止军人逃跑也带有歧视武人的做法。但经过范仲淹的申请,其麾下的乡兵只在手背刺字,以便将来战争结束后,这些乡兵仍可正常为民。显然,这是一项具有人道主义色彩的改革措施。

---

① 《范文正公文集》卷十七《让观察使第一表》,《范仲淹全集》(上),凤凰出版社2004年版,第353—354页。
② 《范文正公褒贤集》卷一《资政殿学士户部侍郎文正范公神道碑铭》,《范仲淹全集》(下),凤凰出版社2004年版,第938页。
③ 《宋史》卷三百一十四《范仲淹传》。
④ 《论语·子路》。
⑤ 《荀子·富国》。
⑥ 《范文正公褒贤集》卷一《资政殿学士户部侍郎文正范公神道碑铭》,《范仲淹全集》(下),凤凰出版社2004年版,第938页。

二、慎战主和

中国以儒家为代表的传统军事思想,大多慎战主和。儒家崇尚王道政治,反对霸道政治;向往仁义教化,反对暴力征伐,故从基本思想倾向上来看,儒家虽不无条件地反对战争,但对战争和暴力征伐是持否定立场的。孔子声称,他对于"军旅之事,未之学也"。① 又说:"善人为邦百年,亦可以胜残去杀矣。"②孟子也说:"争地以战,杀人盈野;争城以战,杀人盈城,此所谓率土地而食人肉,罪不容于死。"③可见,基于对战争的暴力和非人道性质的认识,是形成儒家反战立场的重要原因。与儒家思想相类似,道家也主张慎用兵。《老子》不是寝兵主义者,但对战争带来的灾难是痛惜的,他指出:"师之所处,荆棘生焉。大军之后,必有凶年。"因此最理想的局面是不动干戈,他又说,"以道佐人主者,不以兵强天下"④,反之,"天下无道,戎马生于郊"⑤。另外,我国传统兵法中的"不战而屈人之兵""以战促和"等思想,也具有鲜明的以暴制暴、以和平为终极目的的特点。如《孙子兵法·九变》云:"故用兵之法,无恃其不来,恃吾有以待之;无恃其不攻,恃吾有所不可攻也。"⑥

范仲淹继承了以儒家为代表的慎战主和的军事思想,认为正确的战争理念应该是"有征无战,不杀非辜"。即认为战争虽然难以避免,但如果正义的一方足够强大,能够不战而屈人之兵,从而避免滥杀无辜,范仲淹认为这才是"王者之兵"⑦。这个战争理念是儒家人本主义精神的典型体现,也是范仲淹军事思想的精华。

范仲淹并不是幼稚的战争取消主义者。他一再呼吁加强战备、完善军制、培育将帅和精练士卒,就是为了建立强大的国防;而建立强大国防的目的,则是平复叛乱,保家卫国。即使在北宋军事形势已经好转

---

① 《论语·卫灵公》。
② 《论语·子路》。
③ 《孟子·离娄上》。
④ 《老子·三十章》。
⑤ 《老子·四十六章》。
⑥ 李零:《吴孙子发微》,北京:中华书局1997年版,第87页。
⑦ 《范文正公文集》卷十《答赵元昊书》,《范仲淹全集》(上),凤凰出版社2004年版,第216页。

的情况下,范仲淹的计划也只是"谋取横山,复灵武"①,即收复唐宋故土,而从未想过要大兵屠城,血腥报复,消族灭种,毁其宗庙。他的理想是,蕃汉人民"往来如家。牛马驼羊之产,金银缯帛之货,交受其利,不可胜纪","使蕃汉之民,为尧舜之俗"。②

范仲淹一直认为,如果能通过"招纳"即迫使元昊称臣议和的方式而非战争的方式解决争端,是最理想的结局。他曾借北魏孝文帝之口说:"兵,凶器也。难克所愿,动必耗病,谓百姓远方何?今匈奴内侵,军吏无功,边民父子荷兵日久,朕动心痛伤,何日忘之?未能消弭,愿且坚兵设候,结和通使,休宁北陲,为功多矣!且无议兵。"范仲淹渴望能有一个和平安宁的环境能够让各族人民安居乐业,他说:"故百姓无内外之徭,得息肩于田亩,天下富实,鸡鸣犬吠,烟火万里,可谓和乐者乎!"③为此他曾劝说仁宗道:"兵马精劲,西戎之所长也;金帛丰富,中国之所有也……臣前知越州,每岁纳税绢十二万,和买绢二十万,一郡之入凡三十万,傥以啖戎,是费一郡之入,而息天下之弊也。"④

从任职西北前线开始,范仲淹就谋划以和平外交手段"招纳"元昊。为此,范仲淹几乎付出了生命的代价。事情的经过大体是这样的:

庆历元年正月,元昊遣塞门寨主高延德到延州与范仲淹乞和,范仲淹觉察元昊并无议和诚意,便未将此事上报朝廷,而是自己给元昊写了一封回信,即《答赵元昊书》。此信很长,主要是回顾了双方悠久的交往历史,并动之以情,晓之以理,劝说元昊归附,随后派部下韩周同高延德一同还抵元昊。

但接下来的情况发生了变化,先是范仲淹派韩周等入西界通书给元昊,对方对汉使"礼意殊善",但随着西夏在战事上的胜利,西夏使者的"书辞益慢",范仲淹认为这有辱朝廷,于是怒不可遏,当着使者的面将"其不可以闻者"尽行烧毁,只是潜录了一份副本上报朝廷,潜录的内

---

① 《范文正公褒贤集》卷一《资政殿学士户部侍郎文正范公神道碑铭》,《范仲淹全集》(下),凤凰出版社2004年版,第938页。
② 《范文正公文集》卷十《答赵元昊书》,《范仲淹全集》(上),凤凰出版社2004年版,第216页。
③ 《范文正公文集》卷七《上攻守二策状》,《范仲淹全集》(上),凤凰出版社2004年版,第140页。
④ 《范文正公集补编》卷一《再议攻守疏》,《范仲淹全集》(上),凤凰出版社2004年版,第656页。

容也有所改动。范仲淹此举遭到朝中大臣的弹劾,说他不该与元昊私自通书,也不该焚书以报,总之是触犯了"人臣无外交"的大忌,故宋庠说"仲淹可斩也"。只是由于杜衍、吕夷简和孙沔的相救,仁宗才"薄其责"。①

争取通过和平谈判手段而非军事手段解决争端,是范仲淹军事思想的重要内容。在与元昊的沟通过程中,他未就有关事宜及时上报请示朝廷,在程序上可能存在疏忽不当之处,但绝无妄自尊大、不忠于朝廷的本意,对此,范仲淹在《耀州谢上表》中进行了充分的说明和申辩。事实上,正是由于范仲淹这一议和渠道的保留,才为后来宋夏之间结束战争、正式签订和约作了铺垫。

在宋夏战争最为激烈的时刻,范仲淹也没有放弃招降元昊的努力。"好水川之役"前,范仲淹反对诸路联合出兵,其理由之一,就是想保留延州这一条议和的渠道。庆历元年正月丁巳,范仲淹上疏曰:

> 且元昊稔恶以来,欲自尊大,必被奸人所误,谓朝廷太平日久,不知战斗之事,又谓边城无备,所向必破,以恣桀慢之心,侵扰不已。今边备渐饬,度其已失本望。况已下敕招携蕃族首领,臣亦遣人探问其情,欲通朝廷柔远之意。使其不僭中国之号而修时贡之礼,亦可俯从。今鄜延是旧日进贡之路,蕃汉之人,颇相接近。愿朝廷敦天地包容之量,存此一路,令诸将勒兵严备,贼至则击,但未行讨伐,容臣示以恩意,岁时之间,或可招纳。如先行攻掠,恐未能深据要害,徒为钞劫,损王师之体,纵能残彼妻孥,焚彼聚落,如白豹之功,官军既退,戎类复居,专心重报,增其怨毒,边患愈滋,无时敢暇。若天兵屡动,不立大功,必为远人所轻。臣又近召张亢到延州熟议,亦稍愿与戎人相见于界上。臣所以乞存此一路者,一则惧春初盛寒,士气愈怯,二则恐隔绝情意,偃兵无期。若施臣之鄙计,恐是平定之一端,苟岁月无效,遂举重兵取绥、宥二州,择其要害而据之,屯兵营田,作持久之计。如此,则茶山、横山一带蕃汉人户,去昊贼相远,惧汉兵威逼,可以招降,或即奔窜,则是去西贼之一

---

① 《长编》卷一百三十一,庆历元年四月癸未。

臂,拓疆制寇,无轻举之失也。①

范仲淹从战争一开始就认为招降元昊是可能的。他认为只要元昊放弃帝号,坚持进贡,就可以招纳。而鄜延路原为西夏进贡之路,他"愿朝廷敦天地包容之量,存此一路",即不从此路"先行攻掠"西夏,以示恩意。但仍然要通过修筑堡寨、屯兵营田的方式蚕食西夏边界,他认为通过这种持久战,最终"可以招降"元昊。范仲淹的想法得到了朝廷的认可。

范仲淹积极筹划议和,这是其慎战主和精神的体现。但范仲淹对"和"这个问题也有着理性主义和现实主义的深刻考量。他深知,不建立在实力基础上的和约,很难永保和平。所以他又提出了"以和好为权宜,以战守为实事"的卓越观点,他说:

> 今西北二方,复相交构,夹困中国。元昊率先叛命,兵犯延安,次犯镇戎,杀伤军民,曾无虚岁。中国之兵,讨伐未利,而北虏举十万众,谓元昊是甥舅之邦,责中国不当称兵。此交构之迹,更何疑哉?国家以生民之故,增物帛以续盟好,彼既获利,方肯旋师。今乘西夏通顺之议,又欲主盟邀功,以自尊大。元昊屡战屡胜,且倚北戎事势,虽求通顺,实欲息肩,亦如北戎大获厚利。候其物力稍丰,可以举众,则必长驱深入,有吞并关辅之志。何以知之?昨定川之战,我师不利,彼作伪诏,诱胁边人,欲定关中,其谋不细。盖汉多叛人,陷于穷漠,衣食嗜好皆不如意,必以苻坚、刘元海、元魏故事,日夜游说元昊,使其侵取汉地,而以汉人守之,则富贵功名衣食嗜好得如其意。乃知非独元昊志在侵汉,实汉之叛人日夜为贼之谋也。朝廷若从其通顺,则北戎邀功,自为主盟,下视中国,要求无厌,多方困我,而终于用兵矣。若拒绝其意,则元昊今秋必复大举,北虏亦必遣使问我拒绝元昊之故,或便称兵塞外,张势胁我。国家至时宁不疑惧?必于陕西选将抽兵,移于河北,未战而西陲已虚。元昊乘虚而来,必得志于关辅。此二虏交构之势,何以御之?臣等思度,是和与不和,俱为大患。然则为今之谋者,莫若择帅练

---
① 《长编》卷一百三十。

兵,处置边事,日夜计略,为用武之策,以和好为权宜,以战守为实事。彼知我有谋有备,不敢轻举,而盟约可久矣。如不我知,轻负盟约,我则乘彼之骄,可困可击,未必能为中国之患也。①

范仲淹认为西夏、辽二敌已从西、北两面互相声援、共同对付的"交构"之势。辽已借元昊侵宋之机而获得了厚利。元昊因物力维艰会暂时同意议和,但索要无度,一旦拒绝,待其息肩之后还会大举南犯。在这种艰难局面下,范仲淹认为,只能把"和好"作为权宜之计,而加强自身的军事实力才是最可靠的,否则和平不会持久。范仲淹认为只有以强大的国防为后盾的"盟约"才会发挥作用,否则对手会"轻负盟约",和平很难保证。

范仲淹所说的"以和好为权宜,以战守为实事",并非否定"和好"的价值,而是认为"和好"局面的存在,必须以"战守"之实事为后盾,否则"和好"不会持久。范仲淹的这个认识,首先是对战争与和平辩证关系的深刻领悟,同时也是对历史经验的深刻总结。众所周知,北宋自与辽签订"澶渊之盟"以来,宋廷上下以为"和议"会永保太平,于是放松武备、弱兵弱将,达三十年,终于在元昊的叛命进犯中无力讨伐,酿成惨剧。

---

① 《范文正公政府奏议》卷下《奏陕西河北和守攻备四策》,《范仲淹全集》(上),凤凰出版社 2004 年版,第 530 页。

参考文献

1. (宋)范仲淹:《范仲淹全集》,凤凰出版社点校本。
2. (宋)范仲淹:《范文正集》,四库全书本。
3. (宋)欧阳修:《欧阳修全集》,中华书局点校本。
4. (宋)李觏:《李觏集》,中华书局点校本。
5. (宋)韩琦:《安阳集编年笺注》,巴蜀书社点校本。
6. (宋)韩琦:《韩魏公集》,上海:商务印书馆。
7. (宋)石介:《徂徕石先生文集》,中华书局点校本。
8. (宋)孙复:《孙明复小集》,四库全书复印本。
9. (宋)胡瑗:《周易口义》,四库全书复印本。
10. (宋)王安石:《王文公文集》,上海人民出版社点校本。
11. (宋)周敦颐:《周敦颐集》,中华书局点校本。
12. (宋)程颐、程颢:《二程集》,中华书局点校本。
13. (宋)张载:《张载集》,中华书局点校本。
14. (宋)张方平:《张方平集》,中州古籍出版社点校本。
15. (宋)蔡襄:《蔡襄集》,上海古籍出版社点校本。
16. (宋)苏舜钦:《苏舜钦集》,上海古籍出版社点校本。
17. (宋)司马光:《司马温公文集》,中华书局点校本。
18. (宋)司马光:《涑水记闻》,中华书局点校本。
19. (宋)苏轼:《苏轼文集》,中华书局点校本。
20. (宋)苏辙:《苏辙集》,中华书局点校本。
21. (宋)曾巩:《曾巩集》,中华书局点校本。

22. （宋）魏泰：《东轩笔录》，中华书局点校本。

23. （宋）程俱：《麟台故事校证》，中华书局点校本。

24. （宋）邵伯温：《邵氏闻见录》，中华书局点校本。

25. （宋）邵博：《邵氏闻见后录》，中华书局点校本。

26. （宋）文莹：《湘山野录 续录》，中华书局点校本。

27. （宋）徐度：《却扫编》，中华书局点校本。

28. （宋）田况：《儒林公议》，中华书局点校本。

29. （宋）沈括：《梦溪笔谈》，中华书局点校本。

30. （宋）洪迈：《容斋随笔》，上海古籍出版社点校本。

31. （唐）宗密：《华严原人论校释》，中华书局点校本。

32. （宋）智圆：《闲居编》，续藏经本。

33. （宋）志磐：《佛祖统纪》，上海古籍出版社点校本。

34. （宋）朱熹：《晦庵先生朱文公文集》，四部丛刊本。

35. （宋）朱熹：《五朝名臣言行录》，四部丛刊本。

36. （宋）黎靖德编：《朱子语类》，中华书局点校本。

37. （元）脱脱等：《宋史》，中华书局点校本。

38. （宋）李焘：《续资治通鉴长编》，中华书局点校本。

39. （宋）欧阳修等：《新唐书》，中华书局点校本。

40. （宋）欧阳修等：《新五代史》，中华书局点校本。

41. （宋）赵汝愚：《宋朝诸臣奏议》，上海古籍出版社点校本。

42. 《宋大诏令集》，中华书局点校本。

43. 《宋会要辑稿》，中华书局影印本。

44. （元）马端临：《文献通考》，中华书局影印本。

45. （宋）王称：《东都事略》，四库全书复印本。

46. （清）王夫之：《宋论》，中华书局点校本。

47. （清）黄宗羲、全祖望：《宋元学案》，中华书局点校本。

48. （清）赵翼：《廿二史札记校证》，中华书局点校本。

49. （清）吴广成：《西夏书事校证》，甘肃文化出版社点校本。

50. 吴天墀：《西夏史稿》，商务印书馆。

51. ［德］傅海波、［英］崔瑞德编：《剑桥中国辽西夏金元史》，中国社会科学出版社。

52. [美]包弼德:《斯文:唐宋思想的转型》,江苏人民出版社。
53. 钱穆:《国史大纲》,商务印书馆。
54. 钱穆:《中国近三百年学术史》,商务印书馆。
55. 邓广铭:《邓广铭治史丛稿》,北京大学出版社。
56. 漆侠:《宋学的发展和演变》,河北人民出版社。
57. 刘泽华:《刘泽华全集》,天津人民出版社。
58. 李华瑞:《宋史论集》,河北大学出版社。
59. 王云五:《宋元政治思想·范仲淹的政治思想》,台湾商务印书馆。
60. 王德毅:《宋史研究论集·吕夷简与范仲淹》(第2辑),台北鼎文书局。
61. 汤承业:《范仲淹研究》,台北:"国立"编译馆。
62. 汤承业:《范仲淹的修养与作风》,台湾商务印书馆。
63. 余英时:《朱熹的历史世界——宋代士大夫政治文化的研究》,生活·读书·新知三联书店。
64. 邓小南:《祖宗之法——北宋前期政治述略》,生活·读书·新知三联书店。
65. 邓小南:《宋代文官选任制度诸层面》,河北教育出版社。
66. 陈植锷:《北宋文化史述论》,中华书局。
67. 李存山:《范仲淹与宋学精神》,中国人民大学出版社。
68. 程应镠:《范仲淹新传》,上海人民出版社。
69. 方健:《范仲淹评传》,南京大学出版社。
70. 景范教育基金会:《范仲淹研究文集》(1—3集),新亚洲文化基金会出版。
71. 范国强:《范仲淹研究文集》(1—4集),人民出版社。
72. 张希清、范国强主编:《范仲淹研究文集》(5),北京大学出版社。
73. 范敬中主编:《中国范仲淹研究文集》,群言出版社。
74. 范仲淹研究会编:《范仲淹研究论集》,苏州大学出版社。

75. 王瑞来:《天地间气:范仲淹研究》,山西教育出版社。

76. 王瑞来:《立心立命:宋代士大夫政治文化随笔》,中华书局。

77. 陈荣照:《范仲淹研究》,三联书店香港分店。

78. 曾瑞龙:《拓边西北:北宋中后期对夏战争研究》,浙江大学出版社。

79. 诸葛忆兵:《范仲淹研究》,中国人民大学出版社。

80. 冯友兰:《中国哲学史》(上、下册),中华书局。

81. 牟宗三:《心体与性体》,上海古籍出版社。

82. 赖永海:《佛学与儒学》,浙江人民出版社。

83. 劳思光:《新编中国哲学史》,广西师范大学出版社。

84. 黄明理:《范氏义庄与范仲淹:关于范仲淹儒学史地位的讨论》,台湾师范大学博士学位论文,1997年。

85. 李同乐:《北宋士大夫的政治理想和实践:以北宋前中期为中心的研究》,华东师范大学博士学位论文,2010年。

86. 吴挺誌:《北宋中后期的文臣统兵:以陕西沿边五路经略安抚使为例(1038—1100)》,台湾大学硕士学位论文,2011年。

后 记

本书是"江苏文库·研究编"系列丛书之一。当初笔者在接受该书的写作任务时,"江苏历代文化名人传"项目负责人姜建先生就该书的写作提出明确要求,希望传记能突出范仲淹的思想特色。姜建先生的要求正合我意,因笔者非史学出身,对于文献学也是外行,故很难对范仲淹的生平事迹及相关史料作深入细致的甄别和进行有创见的研究。无奈之下,笔者用较多的篇幅,着力对范仲淹在北宋儒学复兴过程中的地位和作用,以及范仲淹的哲学思想、名节观、政治思想、教育思想和军事思想等进行了整体探讨,以期在对范仲淹学术成就进行全面阐述的基础上,努力塑造范仲淹的"思想者"形象,而对其生平事迹则用较少的篇幅略述了。

以往的范仲淹研究多关注他的庆历新政、西北御边、政治功业、教育贡献、范氏义庄和文学成就等,而对其思想学术成就则关注较少。事实上,作为杰出思想界、政治家、军事家、教育家和文学家的范仲淹,他的一生,充溢着对于政治理想、学术精神和道德操守的不懈追求,他的道德功业与其思想学术是密不可分的,因而在历史上才拥有崇高的地位。如果只关注其道德节操和社会功业,而忽视其思想精神和学术成就,就很难全面地、深刻地认识这位历史伟人。例如,如果我们不了解他的"乾坤为本,大化流行"的本体论哲学,就难以深刻理解其"历代之政,久皆有弊。弊而不救,祸乱必生"的政治变革思想;如果我们不了解他的以"回向三代"为特征的政治思想、不了解他的"不以物喜,不以己悲"的生命哲学、不了解他的"居庙堂之高则忧其民,处江湖之远则忧其君"的道德操守,就很难体会他在《岳阳楼记》中所说的"先天下之忧而忧,后天下之乐而乐"这一千古名句所蕴含的思想价值;如果我们不了解他的"以天下为己任"的使命意识、不了解他的"儒者报国,以言为先"和"大厉名节"的忠贞情怀,也很难体会其"宁鸣而死,不默而生"的人生境界。

  不过因学识所限,笔者对范仲淹的思想研究不够深入,特别是未能对其哲学、政治、伦理、教育和军事等思想的内在联系作出整体和宏观的论述。另外,笔者对范仲淹的思想阐发也不够全面,如对其文学思想和经济思想就未能涉及,对其与"宋初三先生"的思想联系,以及对荆公新学和程朱理学的影响也未能深入讨论,这些都是需要在未来的研究中加以改进和完善的。

2021 年秋 10 月

于东南大学九龙湖畔